Conrad Müller
Alexander von Humboldt und das Preußische Königshaus.

Briefe aus den Jahren 1835-1857

SEVERUS Verlag

ISBN: 978-3-95801-678-1
Druck: SEVERUS Verlag, 2017

Der SEVERUS Verlag ist ein Imprint der Diplomica Verlag GmbH.
Bibliografische Information der Deutschen Nationalbibliothek:
Die Deutsche Nationalbibliothek verzeichnet diese Publikation in der Deutschen Na-
tionalbibliografie; detaillierte bibliografische Daten sind im Internet über
http://dnb.d-nb.de abrufbar.

Conrad Müller

Alexander von Humboldt und das Preußische Königshaus
Briefe aus den Jahren 1835-1857

SEVERUS

Inhaltsverzeichnis

Vorwort

Brandenburg-Preußen war niemals der einseitige Militärstaat, als den es Feinde, welche die Schärfe seines Schwertes zu fühlen bekamen, deutsche Neider, die sich von seinem Aufstieg überholt sahen, Demagogen, die auf die Unterwühlung seiner Macht ausgingen, hinzustellen liebten. Es legte nur inmitten seiner von allen Seiten bedrohten Lage begründeten Nachdruck auf eine erhöhte Wehrhaftigkeit des Volkes, um allen vaterländischen Gefahren und Aufgaben gewachsen zu bleiben. In ihrer rastlosen Pflege, Erhaltung und Fortbildung ging sein ehrwürdiges, von kerndeutschem Reichs- und Kulturboden stammendes Herrschergeschlecht mit leuchtendem Vorbild voran. Doch selbst in dem soldatisch ausgeprägtesten seiner Fürsten, in König Friedrich Wilhelm I. überwog noch der friedliche Haushalter, der strenge Volkserzieher, der Freund des Bürgertums, der kluge Schöpfer von Beamtenschaft und Verwaltungsordnung. Vollends in seinem genialen Sohne lebte, wie seine Jugendneigungen und die Rheinsberger Zeit schon verraten, von Grund aus eine reiche und empfängliche Künstlerseele, die für alle neun Musen schwärmte, die für Geschichtschreibung, Dichtung, Musik, Schauspiel, Baukunst, Malerei und Naturschönheit bis an ihr Lebensende gleich angeregt blieb und darüber hinaus sich auch in die Rätsel der Religion und Philosophie nachdenklich versenkte. Erst die Pflichten des Königsamtes und die Staatsnotwendigkeiten haben aus ihrer Uranlage auch den überragenden Regenten, den stählernen Sieger auf blutiger Wahlstatt, den weitblickenden Diplomaten, den großen Strategen, den vorsorglichen Finanzordner, den vielseitigen Kulturförderer gebildet. Friedrich der Große hat selbst diesen Zwiespalt zwischen seiner eingeborenen Natur und dem kategorischen Imperativ des Staatsdienstes, dessen erster „serviteur" — anfänglich sogar erster „domestique" — er sein wollte, immer tief empfunden und in vertraulichen Gesprächen oder Briefen nicht selten beklagt. Vielleicht ist es das Größte an ihm, daß er mit der Kraft des sittlichen Willens ihn überwand und die verschiedenen Welten des freien Genius und des bindenden Staats- und Volkswohles so zu verschmelzen wußte, daß keine die andere schädigte, sondern beide in ihm ein harmonisches Gleichgewicht fanden. Wie die farbigen Brechungen eines seltenen Prismas einten sie sich zu abgeklärtem Lichte.

Gerade im Hinblick auf diesen Begründer der preußischen Großmacht, auf seine vielseitige Begabung und geniale Lebenskunst gibt es kein kleingeistigeres, hinfälligeres Schlagwort als das von dem angeblichen Gegensatz zwischen dem militärischen Potsdam und dem Weimar der klassischen Zeit, wie es heute in durchsichtiger Absicht gepredigt und von geschichtsunkundigen Massen leider auch geglaubt wird. Es ist eine der trübsten Legenden, die erfunden worden sind, um dem Ansehen des alten Preußens und seines Herrscherhauses Abbruch zu tun und zugleich Verwirrung in ein einheitliches Nationalbewußtsein zu tragen. Seine einzige Scheinstütze bildet jene bekannte Vorliebe Friedrichs des Großen für französische Sprache, Literatur und Unterhaltung, die ihm nach der damaligen Sitte der absoluten Fürstenhöfe von seiner Mutter anerzogen wurde und ihn dem engeren Zusammenhang mit der deutschen Geistesentwicklung im 18. Jahrhundert mehr entfremdete, als seinem wahren Wesen, seinem Willen und seiner eigenen Anteilnahme daran entsprach. Seine wohlgemeinte, jedoch in ihren Einzelheiten zum Teil fehlgehende Schrift „De la Littérature allemande" (1780) wirbelte daher mit ihren absprechenden Urteilen über Goethes „Götz" und Shakespeare starken Staub auf, obwohl sie der von ihr hart mitbetroffene Weimarer Olympier ebenso wie Justus Moser und andere berufene Kenner auf ihren anregenden Kern hin viel ruhiger und gerechter einschätzten. Selbst Schiller brachte seinen Vorwurf, daß die deutsche Muse von des großen Friedrichs Throne ungeehrt und schutzlos gehen müsse, nur deshalb bitterer vor, weil er in diesem zugleich Deutschlands „größten Sohn" erblickte, sowie er Goethe der „Polarstern" blieb, „um den die Welt sich dreht, während er selbst ruhig und unbeweglich in ihrer Mitte steht". Und der Weise von Königsberg, Kant, war der erste, welcher dem ganzen Jahrhundert den fekularen Namen des friederizianischen gab.

Bei allen diesen Geistesheroen brach gemeinsam die dankbare Einsicht durch, daß die Gestalt und die Taten des Preußenkönigs auch dem deutschen Nationalgefühl und Geistesaufstieg erst den belebenden Hauch und eine Sonnenwende gebracht hatten, und sie verziehen ihm gern, daß darüber sein Blick unter der französischen Einwirkung und Umgebung für ihr eigenes

Emporstreben etwas unvollkommen und rückständig geworden war. Letzten Endes suchte er doch mit ihnen zusammen wie Moses das gelobte deutsche Land auch in der Literatur. Er sagte es ja selbst am Schlusse seiner Schrift. Woran das klassische Weimar in Preußen tatsächlich Anstoß nahm, das war keineswegs dessen Herrscherhaus und Staatsgebilde, sondern das war ein gewisser überheblicher, herausfordernder und verstandesdürrer Berlinismus, wie er auch im „Faust", in den „Xenien" und sonst von ihm literarisch verspottet wurde. Schauen wir heute auf jene Kämpfe noch schärfer zurück, so verringert sich der vermeinte Abstand von Sanssouci und Weimar noch mehr. Die literarische Bildung Friedrichs II. wurzelte eigentlich tiefer noch im antiken Altertum als in der französischen Klassizität, die schließlich auch nur ein gewisser gallischer Abglanz der Antike war. Der ausgezeichnete Berliner Philologe August Boeckh hat in einer Akademierede 1846 sich eingehend mit den klassischen Studien Friedrichs II. befaßt und ihren Umfang wie ihren ausdauernden Ernst gleich erstaunlich gefunden, obwohl er sich nicht der Originale, sondern französischer Übersetzungen bediente. Sein Bildungstrieb war hierin universal und währte lebenslang ungebrochen bis zu seinem Tode, umfaßte mit gleicher Begier und weitem Bereiche griechische und römische Dichter, Philosophen, Historiker, Redner: „so ziehen sich durch Friedrichs Schriften Anspielungen und Beziehungen aus Mythologie, Geschichte, Literatur des Altertums, schmückende Lesefrüchte, die heute in ähnlichen Werken selten zu finden find, weil solche Studien selten soweit gemacht werden..."

Gerade diese klassischen Studien aber regte Friedrich auch in seiner kritischen Schrift als erste, notwendigste Grundlage für den geistigen Aufschwung der deutschen Nation nachdrücklich an, sowie er am 6. September 1779 durch seinen Kabinettsbefehl an den Minister von Zedlitz ihre Einführung in der Ursprache auch in den Schulunterricht anordnete. Stand in diesem entscheidenden Punkte das klassische Weimar nicht genau auf dem gleichen Boden? Erwuchs seine dichterische Blüte nicht aus eben dieser humanistischen, befruchtenden Erneuerung des Altertums? Sind viele Gedichte Schillers, bedeutsame Schöpfungen und Dramen Goethes nicht mit den gleichen Anklängen an die Antike durchwebt wie die friederizianischen Schriften? Wo Denken, Fühlen/Handeln auf beiden Seiten zudem deutsch war, wo

Friedrich der Große seine eigene Muse in dem Vorwort zu seinen „Poésies diverses" ein „buntes Allerlei, bittren Ernst und Schelmerei", aber „ganz teutonisch, wunderlich und oft ironisch, die ein grob und eigenartig Schandfranzösisch radebrecht", nennt, was bleibt trotz des französischen Schnürleibes da an wirklicher Scheidung des inneren deutschen Geistes von Sanssouci und von Weimar noch übrig? Ruhte der eine wie der andere nicht auf wesensähnlichen Grundpfeilern, wenn sich auch die Formen und die Gewänder schieden?

Aber ihr Zusammenhang fußte noch auf anderen Gründen. Zunächst auf einem dynastischen Band der Blutsverwandtschaft. Von den Schwestern Friedrichs des Großen, die dem großen Bruder körperlich und geistig nicht wenig ähnelten und bewundernd zu ihm aufblickten, ging sein Liebling Wilhelmine 1731 nach Bayreuth, Philippine Charlotte wurde, kaum vierzehnjährig, dem Braunschweiger Herzog Karl I. verlobt und Luise Ulrike wurde 1744 Königin von Schweden. Alle drei waren lebhafte, talentvolle Fürstinnen, deren höchster Ehrgeiz es wurde, ihre neuen Residenzen nach dem Vorbild, das ihnen von Rheinsberg und Sanssouci her vertraut war, zu Musenhöfen und Kunststätten auszugestalten; eine Erbanlage zu geistiger Betätigung und das friederizianische Beispiel wirkten hierbei zusammen, wie sich dies am klarsten aus dem Briefwechsel zwischen Friedrich II. und der Markgräfin Wilhelmine ergibt; aber nicht minder war Luise Ulrike in Stockholm der Mittelpunkt reichen Geistesverkehrs und musischer Schöpfungen. Und Braunschweig verdankt den Ruf als Kunststadt mit kostbaren Sammlungen, den es noch heute mit Recht genießt, wesentlich der darin verschwenderischen Regierung Karls I. und seiner preußischen Gemahlin. Nur daß in diesem niedersächsischen Land die fürstlichen Bestrebungen eine bodenständigere, reiner deutsche Richtung annahmen. Anläßlich der Schrift „De la littérature allemande" ließ die Herzogin durch ihren Hofprediger Jerusalem gegen ihren königlichen Bruder sogar eine entschiedene Verteidigung der deutschen Literatur, deren Aufschwung sich mit Lessing ja nicht wenig auf Wolfenbüttler Gebiet bewegt hatte, in die Öffentlichkeit ausgehen. Es ist kein Zweifel, daß ihre Tochter Anna Amalia, die 1756 sich nach Weimar verheiratete und als Vormünderin von Karl August (1758—75) die bahnbrechende Schöpferin des klassischen Weimars, die verständnisvolle Schirmherrin von Herder, Goethe,

Wieland wurde, diesen Zug von ihrer Mutter, Friedrichs II. Schwester, überkommen und an die Ilm verpflanzt hat.

So ergibt sich eine unschwer zu verfolgende dynastischgeistige Erblinie, die von Sanssouci über Braunschweig nach Weimar weiter verläuft. In ihrem Banne bewegt sich vollkommen auch Herzog Karl August, der nicht nur ein leiblicher Großneffe des Philosophen von Sanssouci, sondern auch dessen begeisterter Verehrer, treuester Anhänger und ein politischer wie militärischer Parteigänger Preußens war. übernahm er nachmals, sehr zum Verdrusse seiner lieben Thüringer, doch selbst die Führung eines preußischen Reiterregiments und hielt nach Jena, unbeirrt von den eigenen Leiden und Gefahren oder von Napoleons Drohungen, auch im Unglück standhaft zu Preußen. Denn nicht nur Goethe war und blieb „fritzisch" gesinnt, sondern nicht minder sein Fürst und hoher Freund.

So löst sich geschichtlich der lärmend verkündete Widerstreit zwischen Potsdam und Weimar in einen künstlichen Nebelspuk auf. Er zerrinnt zuletzt ganz während der Befreiungskriege. Ihre hochgesinnte Volksbewegung schmolz geradezu aus den Edelmetallen des preußischen und weimarischen Geistes zusammen; neben einem Vorck, Scharnhorst, Blücher, Stein, Arndt stehen unter ihren vornehmsten Wegbereitern auch Karl August, Schiller, dieser heroische Herold nationaler Ehre und der deutschen Vaterlands- wie Freiheitsliebe, an dem sich noch ein Theodor Körner und Schenkendorf entzündeten, Fichte und selbst das kampffrohe, deutsche Burschentum Jenas. Der am weimarischen Idealismus gereifte Staatsmann Wilhelm von Humboldt aber verpflanzte dessen erneuernden Keime und Kräfte auf Preußens Boden in die gesamte Jugenderziehung und Bildung. So floß ein kostbarer Wechselstrom herüber und hinüber, bis er stark genug war, die Ketten des korsischen Zwingherrn zu sprengen und der Freiheit Deutschlands eine neue Gasse brach. Die Freundschaft, das Bündnis zwischen Potsdam und Weimar, schuf ihn zum deutschen Heile, nicht ihre Spaltung.

Freilich fiel auf den sieghaften deutschen Völkerfrühling dann nur zu bald ein kalter Reif vom Wiener Kongreß und ein dunkler Schatten von Metternichs Staatskunst her. Der 1814 wieder erneuerte Jesuitenorden, der in der Wiener Hofburg mit seinem preußenfeindlichen, reichsverderblichen Ränkespiel nun sein altes Hauptquartier abermals aufschlug, hatte keinen geringen Anteil daran. Es kam die Fata Morgana der Heiligen Allianz, es kamen die Karlsbader Beschlüsse und Demagogenverfolgungen, und Preußen ließ sich zu seinem Schaden aus schlecht belohnter Bescheidenheit und Treue in dieses trübe Fahrwasser mitziehen, in dem die neugeborenen Hoffnungen auf nationale Einigung und auf eine gesunde, selbständige Verfassungsentwicklung versanken. Das war diejenige Zeit, wo man wirklich von einem gewissen Gegensatz Preußens und Weimars sprechen konnte; denn auch Großherzog Karl August schüttelte nun bedenklich sein Haupt. Aber selbst jetzt starb nicht die innere Bindung zwischen beiden Welten ab, sondern erhielt sich wie ein Erbstück aus edlerer Vergangenheit, als Brücke zu einer andersgearteten Zukunft. Es woben sich sogar neue Fäden zu den alten, welche die geheiligte Erinnerung unter den Befreiungskämpfern, auch bei den jungen preußischen Prinzen und in Familien, wie der von Humboldtschen, festhielt; die Doppelheirat der beiden weimarischen Prinzessinnen Maria und Augusta an den Berliner Hof war ein sichtbares Zeichen davon; mächtiger noch wirkte im stillen der unzerstörbare Geist von 1813 nach, selbst wo er oben verknöchert und unten verwildert oder irregeführt erschien. Unter seinen verständnisvollen Siegelbewahrern rechnet an bevorzugter Stelle auch Alexander von Humboldt mit. Von früher Jugend an hat er den doppelten Einstrom des friedenzianischen und Weimarer Geistes empfangen und in ihrer Einheit ein Lebenselement nicht nur für seine wissenschaftliche Forschung, sondern auch für sein anderes Wirken bewahrt. Auch er ist ein wichtiger Zeuge für die seit dem großen König fortlaufenden preußischen Zusammenhänge mit Weimar. Noch im Greisenalter, im Spätabendrot seines wunderbar langen Erdenwallens ist es ihm unter dem ihm hierin geistverwandten und zugetanen König Friedrich Wilhelm IV. gegeben gewesen, sie aufs neue wirksam aufzufrischen. Er übernahm bei ihm eine ähnliche Rolle, wie sie Goethe bei seinem Herzog oder, wenn man weiter zurückgeht, Aristoteles, der Weise von Stagira, bei dem großen Alexander gespielt hatte. Die vereinte Sehnsucht des geistvollen Fürsten wie des gelehrten Forschers von Weltrang ist dahin gegangen, Preußen jenes augusteische Zeitalter zu schaffen, das einst Schiller an seiner vollkommenen Größe vermißt hatte. Mit seltener Liebe und Begabung, mit tiefem Ernst und mühevoller Arbeit haben sie den Gedanken verfolgt. Und wenn unter den zerstörenden Stürmen der Politik und der Revolution von 1848 auch nicht alle Blütenträume zu reifen vermochten, so hat das alte Preußen damals bei bescheidener Machtfülle und Finanz sicher viel Vorzüge von Kulturhöhe und geistigem Aufblühen entfaltet, die bei einem Rückblick einen begründeten Neid zu erregen geeignet sind. Kaiser Wilhelm I. hat es bei der Enthüllung des Reiterstandbildes seines von ihm immer treu geliebten Bruders vor der Nationalgalerie mit Recht und mit lebhaftem Nachdruck betont, wie ungemein viel dieser für Hebung der Kunst und Wissenschaft getan habe, um dadurch vor allem sein Volk zu bilden und zu veredeln.

In den Verkehr zwischen dem König und Alexander von Humboldt eröffnet der vorliegende Briefwechsel, der aus dem noch unerschlossenen Bestände des Brandenburg-Preußischen Hausarchios stammt, zum erstenmal einen unmittelbaren, urkundlich grundlegenden Einblick. Er ist nur ein Teil der außerordentlich umfangreichen Korrespondenz, welche Friedrich Wilhelm IV. aus innerer Neigung mit weiten Kreisen, höfischen, aristokratischen, gelehrten, künstlerischen und geistlichen, gepflogen und deren Sammlung und Pflege sich später sein gleichnamiger Neffe, nachmals Kaiser Friedrich, besonders angenommen hat. Aber er ist einer der wichtigsten Ausschnitte aus ihr und wird deshalb in möglichster Ausführlichkeit und mit den einschlägigen Erläuterungen hier dargeboten. Das äußere Verfahren der Wiedergabe hält sich dabei an die Formen, welche der Verlag grundsätzlich hierin zu beobachten pflegt; die Rücksicht auf Einordnung und Raum hat dabei eine Reihe Kürzungen in der Einleitung wie in den Fußnoten verlangt. Wenn Fachkenner hier und dort noch etwas Wissenswertes, zum Beispiel mehr vergleichende Zitate, Belege und ähnliches, vermissen sollten, so werden sie es zumeist diesem Umstande zugute zu halten haben. Die Einzelheiten des Ganzen ergeben sich hinreichend an ihren jeweiligen Stellen; die Einleitung soll auf dem größeren Hintergrunde der Zeit und deutschen Geistesgeschichte deren näheres Verständnis vorbereiten. Allen denen, die an dem Zustandekommen dieses Buches einen inneren oder äußeren Anteil nahmen, sei von Herzen auch hier ein ernster Dank gewidenet, der Leitung und den Beamten des Brandenburg-Preußischen Hausarchios, die nach allen Seiten hin gütige Beihilfe leisteten, den Verwaltungen der verschiedenen benutzten Bibliotheken, infonders aber Herrn Dr. Kurt Iagow, der Plan und Ausführung mit warmem Verständnis förderte und mit viel Geduld die schwierige Vorlage zum Druck einzurichten verstand, ferner Herrn Geheimen Archivrat Dr. G. Schuster, der das Unternehmen von seinen ersten Anfängen bis zu den Korrekturen mit gleichbleibender Freundschaft und seinem erfahrenen Wissen begleitete, und zuletzt dem inzwischen abgeschiedenen Geheimrat Professor Dr. G. Roethe, der dem Herausgeber die Einsicht in fesselnde Humboldtakten der Berliner Akademie der Wissenschaften noch kurz vor seinem Tode vermittelte. Als berufener Hüter gewährte sie ihm dann entgegenkommend Herr Professor Dr. Sthamer.

Wenn der Herausgeber zum Schluß noch eine Anregung geben darf, so wäre es die, daß die Forschung über Alexander von Humboldt einmal etwas gründlicher als bisher seiner politischen Tätigkeit und Rolle nachgehen möchte. Sie ist bedeutender gewesen als sie scheint, konnte hier aber nur dort, wo ein fachlicher Anlaß dazu vorlag, im Vorübergehen gestreift werden. Nicht wenige gelegentliche Äußerungen des großen Forschers verraten indes, daß er sich viel mit ihr beschäftigte, und daß, wenn er auch liberal, westmächtlich, insonders franzosenfreundlich eingestellt war, sein welterfahrener Geist mit seinen zuweilen sehr feingeschliffenen Urteilen, zum Beispiel über den englischen Parlamentarismus, über den amerikanischen Freiheitsbegriff und anders mehr, sich doch weit über die landläufigen Parteianschauungen erhob. Namentlich scheint es von Wert, seinen diplomatischen Berichten und Beobachtungen während seiner öfteren Pariser Aufenthalte näher nachzuforschen. Prägten die Deutschen an der Seine damals doch das hübsche Wortspiel, der offizielle Vertreter Preußens wäre wohl „Gesandter", aber Humboldt wäre „Geschickter".

Potsdam, am 22. März 1927., Dr. Conrad Müller.

Einleitung

1. Das Humboldtsche Geschlecht[1]

Die Humboldts sind ihrem Ursprünge nach ein altmärkisches Kolonistengeschlecht und, was schon ihre Namensbildung[2] verrät, von kerndeutschem, vielleicht niederländischem Schlage, wie er sich bei der großen Eindeutschung des slawischen Ostens reichlich in den Grenzmarken festgesetzt hat. Ihre Anfänge verlieren sich, wie meist bei solchen bäuerlichen und bürgerlichen Sippen, im Dunkel. Der erste geschichtlich gesicherte Vorfahr war der Bürgermeister (Konsul) Johann Humbolt zu Königsberg in der Neumark, unweit Schwedt a. d. Oder. Er starb dort am 11. Februar 1638 mitten in den schwersten Wirren des Dreißigjährigen Krieges, der diesen Teil der Mark als häufigen Durchzugsweg der Kriegführenden und wegen der wichtigen Oder- und Warthepässe besonders hart heimsuchte. Da er 62 Jahre alt wurde (vgl. Augustini Kehrberges Historisch-Chronologischen Abriß der Stadt Königsberg in der Neu-Mark, Frankfurt a. d. Oder 1715,1., S. 47), so wurde er 1575 geboren. Königsberg war damals noch ein Hauptort der Neumark, wohlbefestigt, ranggleich mit Soldin und oft das Kampfziel der streitenden Parteien. Sein Stadtoberhaupt hatte also unter der blutigen Kriegsfurie einen schweren Stand, bald gegen Wallenstein und die Kaiserlichen, bald gegen die Schweden oder Polen, welche von der nahen Grenze her mit ihren sogenannten Kosaken, einem wüsten Gesindel voll Beutegier, trotz ihrer angeblichen Neutralität ständig das Land bedrohten. Als im Herbst 1622 daher wieder ein

---

[1] Als Unterlagen sind hier benutzt außer genealogischen Handbüchern besonders der Abriß von Julius Löwenberg über das Vaterhaus Alexander von Humboldts in dessen dreibändiger Biographie, herausgegeben von K. Bruhns (Leipzig 1872, I, 1–17); die hausgeschichtlichen Mitteilungen und Stammtafeln, welche sich in den zahlreichen Briefwechseln beider Brüder sowie in dem Lebensbild« Gabrielens von Bülow (Berlin 1893) finden, endlich die Freiherrlichen Taschenbücher, Gotha 1877, 1878 und 1919.

[2] Ihre Auslegung freilich bleibt unsicher; sie kann, wie dies der Sprachforscher Fr. Pott z. B. annimmt, auf eine Zusammensetzung Hun-bolt (nach dem Muster von Luitpold, Diepold, Hiltbolt, Siegbold) zurückgehen und würde dann etwa „der Riesenhafte" bedeuten oder auch aus einer Verbindung von Hump-Hold, der Humpenholde, entstanden sein, so wie sich Kobold aus Koben-Hold, als hausgeisternder Kobenfreund, gebildet hat.

Vormarsch des Friedländers zu nahen schien, ergriff die Bürger-schaft von Königsberg solche Unruhe, daß von allen Ratsmit-gliedern allein Johann Humbolt, getreu einer Weisung der Kur-fürstlichen Regierung zum Ausharren, die noch überliefert ist, auf seinem Posten verblieb[3]. Es ist möglich, daß dieser älteste Johann Humbolt der Sohn eines kurfürstlichen Trabanten Chri-stoph Johann Hombold war, der um 1608 erscheint, und daß ein naher Verwandter von ihm, Bruder oder Vetter, jener komman-dierende Leutnant in Frankfurt a. d. Oder Zachanas Humpolt war, den die Ortschronik dort 1627 nennt, und der später als Taufzeuge in der Königsberger Familie noch 1650 auftritt.

Ein Sohn des Bürgermeisters war dann Clemens Humpolt, der noch in den besten Mannesjahren am 2. Januar 1650 starb. Er war zuletzt kurfürstlicher Amtmann auf Neuhoff, einem bran-denburgischen Amte, das im Dramburger Kreis lag, der damals noch zur Neumark, nicht zu Pommern gehörte. Er wird uns ge-schildert als ein echter evangelischer Christ im Sinne Paul Ger-hards, ein pflichttreuer, tapferer Diener seines kurfürstlichen Herrn, ein guter Deutscher, ein rastlos tätiger, auch schreiblusti-ger und besinnlicher Mann, ein menschenfreundlicher, sich selbst aufopfernder Nothelfer in allen Drangsalen. Wer erkennt hier nicht sehr bedeutsame Keime zu menschlichen Vorzügen, welche sich, freilich losgelöst von ihrem kirchlichen Rahmen, später auch bei den großen Nachkommen wiederholt haben? Von einem Adelsstande oder gar von altem pommerschen Ur-adel, den so viele Genealogen und Geschichtschreiber den Hum-boldts zuschreiben, erfährt man indessen nichts. Derselbe Cle-mens und seine Erben oder Geschwisterkinder erscheinen in Lehns-, Darlehns- und Pfandsachen meist in der Stellung märki-scher Gutspächter, oder, wie solche damals hießen, Arrendato-ren; sie in geordnete Filiationen zu bringen, hält schwer. Ein festbezeugter Sohn von Clemens war der sich ebenfalls noch bürgerlich zeichnende Conrad Hombold, welcher nach den Kol-

---

[3] S. die treffliche Abhandlung von Paul Schwartz über „Die Neumark während des Dreißigjährigen Krieges" (Landsberg a. W. 1899), welche freilich Johann Humbolt nicht mit Namen kennt. Es scheint ihrem Autor die Stadtchronik Kehrbergs entgangen zu sein. Dort heißt es 2. Abteilung S. 13: „weil die Raths-Glieder außer Burgemeister Johann Humpolten ausgewichen, welchen die Regierung zu Cüstrin ln einer Sendung de A° 1633 26. Oktob. Stand zu halten animirete..."

lektaneen Königs am 11. März 1682 zum kurfürstlichen Rat bestellt und in einem Küstriner Lehnsbriefe vom 18. Oktober 1689 als Hof- und Legationsrat genannt wurde. Er starb 1723. Neu ist an ihm seine Reiselust nach fremden Ländern, sein vielseitiger Bildungsdrang und seine diplomatische Betätigung in Frankreich schon in jüngeren Jahren; diese Eigenschaften bringen weitere Einschläge in das Geschlecht, die nicht wenig in jenen „unwiderstehlichen nomadischen Gewohnheiten", über welche Alexander v. Humboldt gelegentlich scherzte, wiederkehren. Zugleich vollzog sich mit diesem Ahnen sichtlich ein Übergang aus dem überwiegend bürgerlichen oder ländlichen Mittelstande zum höheren Beamtentum und Hofdienste. Er prägte sich auch darin aus, daß Conrad Humboldt seinen einzigen Erben Hans Paul in die preußische Armee übergehen ließ. Derselbe trat in das ältere Kadettenkorps zu Kolberg ein, war 1703 Fähnrich erst beim v. Heidenschen, dann v. Canitzschen Regimente, machte unter König Friedrich I. die Spanischen Erbfolgekämpfe beim preußischen Hilfskorps mit und wurde, bereits Kapitän geworden, bei Turin am 7. September 1706 unter Prinz Eugen schwer verwundet. Eine Kugel zerschmetterte ihm den Fuß, und er mußte als invalider Hauptmann in den Heimatsdienst beim Kolberger Garnisonregiment zurückgehen. Dort verheiratete er sich 1713 mit Sophie Dorothea v. Schweder, der Tochter eines preußischen Generaladjutanten, mit dessen einflußreicher Familie bereits ältere Beziehungen bestanden. Er setzte nun auch, von dieser vornehmen Verwandtschaft unterstützt und nach seiner Pensionierung auf den ursprünglich v. Kleistschen Allodgütern Zamenz (oder Zemmenz) und Zeblin im Neustettiner und Kösliner Kreise grundgesessen, 1738 die Nobilitierung bei König Friedrich Wilhelm I. durch.

Von den vielen Kindern dieses Hauptmanns Hans Paul v. Humboldt starben mehrere schon jung, doch überlebten ihn bei seinem Tode Ende 1739 noch vier Söhne (Ludwig Erdenann, Paul Heinrich, Friedrich Wilhelm, Alexander Georg) und eine Tochter Dorothea Henriette, die sich 1751 wieder mit einem Verwandten, dem preußischen Major Bogislaw Gabriel v. Schweder, verheiratete. Die Söhne traten sämtlich in den Militärdienst, fielen in den friderizianischen Kriegen zum Teil jung, wie Friedrich Wilhelm 1743 beim Regiment Fürst Moritz in Böhmen, der von Talpatschen gefangen und getötet wurde, oder wurden, wie Paul Heinrich bei Mollwitz, blessiert. Der jüngste, Alexander Georg, 1720 auf Zamenz geboren, diente in den Dragonerregimenten des Generals v. Finckenstein und des Generalleutnants v. Platen und gewann als Major im Siebenjährigen Kriege das besondere Vertrauen des großen Königs. Er wurde als Adjutant zum Herzog Ferdinand von Braunschweig kommandiert und erhielt gelegentlich vertrauliche Aufträge. Mit Ausgang des Krieges nahm er den Abschied, wurde 1764 zum Kammerherrn ernannt und dem Hofe des damaligen Prinzen und Thronerben von Preußen überwiesen. Es war eine heikle Stellung bei den trüben Verhältnissen, die sich rasch in dessen Ehe mit Elisabeth von Braunschweig entwickelten.

Humboldt legte daher seine Stellung dort nieder, ohne die Gunst des großen Königs und seines Nachfolgers zu verlieren. Er hatte sich inzwischen 1766 mit der früh verwitweten Freifrau Maria Elisabeth v. Hollwede, Tochter des ostfriesischen Kammerdirektors Johann Heinrich Colomb, einer Base der späteren Fürstin Blücher, vermählt, und sie hatte ihm einen bedeutenden Grundbesitz zugebracht. Sie besaß von ihrem ersten Gatten, dem Hauptmann beim Regiment Gensdarmes Ernst v. Hollwede, das schöne Gut Ringenwalde (im Kreis Nieder-Barnim bei Soldin) und hatte Schloß Tegel, einst ein Jagdschloß des Großen Kurfürsten, in Erbpacht; von ihrer Mutter erbte sie das stattliche Haus Jägerstraße 22 zu Berlin, wo Alexander v. Humboldt auch zur Welt kam, und kaufte endlich noch das Gut Falkenberg später von dem Oberstleutnant v. Lochow an. Denn sie verfügte auch noch über größeres bewegliches Familienvermögen. So vermochte der Major und Kammerherr Alexander Georg v. Humboldt, ihr neuer Gemahl, auch nach seinem Abgange ein unabhängiges, vornehmes Leben zu führen. Die früheren Verbindungen mit der Herrscherfamilie verblieben ihm, namentlich zum Thronfolger, der in Tegel öfter bei ihm verkehrte, und auch zu dem Hofe und Hause des Prinzen Ferdinand, dessen Kinder bekanntlich der geniale Prinz Louis Ferdinand und Prinzeß Luise, die spätere Fürstin Radziwill, waren. Er galt als besonderer Philanthrop; ja, zeitweilig wurde er sogar als „der kommende Mann" in Preußen betrachtet. Das verrät ein Brief des englischen Botschafters von 1776[4], worin er als „ein Mann von klarem Verstande und schö-

---

4   Er wurde zuerst abgedruckt in v. Raumers Beiträgen zur neueren Ge-

nem Charakter" und als voraussichtlicher Kabinettsminister unter Friedrich Wilhelm II. bezeichnet wurde. Das wurde er nun freilich nicht, aber sein Ansehen trug ihm auch manche materielle Vorteile ein, so die gewinnbringende Beteiligung an der Pacht der General-Lotterie und Tabaksregie.

Aus seiner Ehe gingen nach einem rasch wieder ablebenden Töchterlein die beiden Söhne (Friedrich) Wilhelm (Christian Karl Ferdinand), geboren 22. Juni 1767 und (Friedrich Wilhelm Heinrich) Alexander, geboren 14. September 1769, beide also nur durch einen Altersunterschied von zwei Jahren getrennt, hervor. In diesem Doppelgestirn erreichte das Humboldtsche Geschlecht, in ihm gewissermaßen alle die Ausstrahlungen und Lichtbildungen der Vorzeit vereinend, seinen Höhepunkt, nachdem es selbst seinen klar verfolgbaren Weg aus schlichten Anfängen kleinstädtischen Daseins andauernd unter den schützenden und tragenden Flügeln des brandenburgisch-preußischen Aars über die bürgerliche Verwaltung in Adelstand, Armee und Hofstellung hinein vollzogen hatte. Als Erbtümer lagen in seinem Blute gesunde Kraft, rastloser, selbst ehrgeiziger Vorwärtsdrang nach immer höheren Lebenszielen, pflichttreue Bewährung in den verschiedensten Stellungen und Aufgaben, geistige Beweglichkeit, Reiselust, diplomatische und höfische Neigungen und daneben von Grund aus auch ein reicheres, zu innerer Versenkung gestimmtes Gemütsleben, Unabhängigkeitssinn, Freude an Natur, hilfreiche Güte. Von der mütterlichen Seite her floß ein wesentlich anderes Element, ein hugenottisches und südfranzösisches, ein. Die Colomb[5], von sich aus ebenfalls bürgerlich, stammten aus Bauzac im Departement Gard, einem Teil der einstigen Provinz Languedoc; der Stammahn Jean Colomb ging nach Nimes, der protestantischen Hochburg, die in den Hugenottenkriegen so viel blutige Greuel der Verfolgung sah. Sein Sohn Henri flüchtete nach der Aufhebung des Ediktes von Nan-

---

schichte, Teil V, 297. Alexander von Humboldt kommt in seinem Schreiben vom 21. März 1842 an Varnhagen von Cnse (L. Assing [2], S. 113), in welchem dem letzteren Familiendaten für die Biographie des »erstorbenen Bruders Wilhelm an die Hand gegeben werden, ausführlicher auf ihn zu sprechen und legt namentlich Verwahrung dagegen ein, daß sein Vater von dem britischen Botschafter auch als ein ehemaliger „Beamter beim verbündeten Heere" angegeben wird. „Das Wort Beamter ist ein sonderbares Mißverständnis" — sagt er mit Recht.

5   Vgl. das Taschenbuch der Briefadligen Häuser, Gotha 1907, 1908.

tes dann aus Frankreich, zuerst nach Dänemark, hierauf nach Deutschland, wo er sich unter dem Schutz der duldsamen Hohenzollernherrschaft als Kaufmann in Neustadt a. D. niederließ. Erst sein Sohn Peter (Pierre, geboren 29. Januar 1719, gestorben in Aurich 18. März 1797), der zum Geheimen Finanz-, Kriegs- und Domänenrat sowie zum Präsidenten der ostfriesischen Kammer emporstieg, erhielt 1786 den preußischen Dienstadel. Vermählt war der Geheimrat seit 1760 mit Marie Elisabeth Bacmeister (1740-1807)[6]. Ihre Nichte, welche nachmals die Mutter des Bruderpaares Humbaldt wurde, scheint in ihrer ersten Ehe wenig glücklich gewesen zu sein, hatte mit einem Sohne aus derselben manchen Kummer und war viel kränklich, eine blasse, stille Frau mit gemessenem Wesen, aber stetig in Gewohnheiten und Freundschaften. Alexander wie Wilhelm V. Humboldt haben beide beklagt, daß sie in ihrer Jugend Sonne und mütterliche Wärme entbehrten. Sicher dankt namentlich Alexander v. Humboldt seiner noch verhältnismäßig frischen Abstammung von hugenottischem Blute, das der hohenzollerischen Mark so viel tüchtige Kulturträger und dankbare Untertanen zuführte, nicht wenig von seinen geistigen und gesellschaftlichen Vorzügen, insonders die liebenswürdige Grazie seiner Unterhaltung und Korrespondenz, sowie die gesteigerte Neigung zu Kunst und Wissenschaft. Wenn er sich später jahrzehntelang in Paris aufhielt, in dessen Salons und Instituten wohlfühlte und in französischer Sprache fast noch einen glänzenderen, zierlicheren Ausdruck besaß als in der deutschen, so wirkte darin zweifellos ein unbewußtes Erbteil der Mutter mit. Am vollkommensten glaubte er selbst freilich das Spanische zu beherrschen. Tegel, das dem jungen Alexander in Briefen noch ein lästiges Schloß „Langeweil" war, ist aber in wachsendem Maße ein Lieblingsaufenthalt des ganzen Humboldtschen Geschlechtes geworden, sein gemeinsamer Zufluchtsort in allen Stürmen des Lebens, namentlich seitdem sich Wilhelm v. Humboldt, sein nächster Erbe, vom Staatsdienst (1820) dauernd dorthin zurückgezogen, das alte Schlößchen mit Schinkels Meisterhilfe zu einem edlen Tuskulum ausgebaut, mit alten und neuen Kunstschätzen geschmückt, den

---

[6] Von ihren neun Kindern wurden Amalie, die zweite Gemahlin Blüchers (1772−1850), und ihr jüngster Sohn Peter (1775−1854), der berühmte Reitergeneral, bekannt.

Park verschönt und zuletzt die stimmungsvolle Familiengrabstätte darin mit der Thorwaldsenschen Statue der Hoffnung (Spes) angelegt hatte. Allen Gliedern wurde es zur „wahren Heimat", wie Wilhelms Tochter Gabriele v. Bülow einmal schrieb, ein Hafen voll Schönheit, Ruhe und Frieden. Und auch Alexander hat sich seinem Zauber, je älter er wurde, immer weniger entzogen. Man wandelte dort gewissermaßen heimisch zwischen zwei Welten, zwischen der irdischen lebensvollen und dem Lande der verklärten Toten. Wehmütige Erinnerung verschmolz mit lieblichem Genusse von Kunst und Natur; tiefsinniger und funkelnder Geist schwebte darüber. Und die Havel, einer der lieblichsten deutschen Ströme, breitete ihre sanften, silberblauen Spiegel darum aus. Vor dem Schlosse aber blühte und duftete alle Jahre der alte Fliederbaum, den die kleine Gabriele mit ihren Kinderarmen einst leidenschaftlich vor dem Untergange geschützt hatte, als Schinkel ihn der Schloßerweiterung, die er mit den vier Türmen und dem antik idealen Anbau plante, opfern wollte. In feinen Zweigen hob noch eine Nachtigall ihr schluchzendes Lied an, als der Sarg Alexanders, von Berlin überführt, in der Mainacht 1859 daran vorbeigetragen wurde.

Da in den folgenden Blättern nicht selten familiäre Mitteilungen oder Anspielungen Alexanders unterlaufen, vereinfacht es ihr Verständnis, wenn man sich endlich den mitlebenden Kreis seines Geschlechtes kurz vertraut macht. Er selbst blieb unvermählt, obwohl er von Jugend auf den Verkehr mit schönen oder geistvollen Frauen liebte, als gesuchter Tänzer und Gesellschafter bei ihnen galt, der zum Beispiel der bekannten Henriette Herz das Menuett à la Reine lehrte und auch später auf feinen Reisen Liebesabenteuern nicht abhold gewesen sein soll. So führte er bis zu seinem Tode einen Junggesellenhaushalt; seine erste Berliner Wohnung nach der Rückkehr aus Paris lag hinter dem Neuen Packhof Nr. 4 in der Stadtmitte, die zweite hinter der Werderschen Kirche, seine spätere, langjährige Oranienburger Straße 67 in einem kleinen zweistöckigen Hause, welches dem ihm befreundeten Geheimen Kommerzienrat Alexander Mendelssohn gehörte, also im Norden oder „sibirischen" Stadtviertel, wie Humboldt selbst scherzte. Der amerikanische Reisende Bayard Taylor, der ihn am 25. November 1856 dort besuchte, hat uns davon die treueste und anziehendste Schilderung und der treffli che Marine- und Landschaftsmaler Eduard Hildebrandt von dem Arbeitszimmer und der Bibliothek Humboldts darin zwei packende, zeithistorisch wichtige Bilder hinterlassen, welche hier beigegeben sind. Besonders das „Studio" heimelt in seinem schlichtfreundlichen Biedermeierstil, in welchem so viel innere Kultur und Behaglichkeit sich ausprägt, mit seinem grünen Sofa, dem ans Fenster gerückten Schreibpult, dem Riesenpapierkorb und der Weltkarte an sandfarbiger Wand an, während der Bibliotheksraum mit seinem Durchblick in das Naturalienkabinett, mit der Überfülle seiner Bücherschätze, Gemälde, Ehrengeschenke — darunter rechts der Rauchschen Büste des Königs und der Statuette der Königin — sich prunkender darstellt.

Bedienung und Verwaltung führte im Hause das Faktotum Johann Seifert, der Humboldt zuerst als Diener auf der sibirischen Reise 1829 begleitet hatte und seitdem ständig bis zu seinem Tode um ihn war. Leider ist er von dem Vorwurf nicht freizusprechen, daß er die angeborene Güte und zuletzt Greisenschwäche seines Herrn, dem er unentbehrlich geworden war, über Gebühr ausgenutzt hat. Die Handhabe dürfte ihm der Umstand geboten haben, daß Humboldt seit seinem Pariser Aufenthalt und kostspieligen amerikanischen Reisewerke andauernd in finanziellen Sorgen und Bedrängnissen stand, daß jener daher wohl Ansprüche auf Lohnrückstände besaß. Die Dienste Seiferts vergalt er gleichwohl reich, soweit es nur immer in seinen Kräften stand. Vor allem war er darauf bedacht, das Alter seines Dieners für seinen eignen Todesfall sicherzustellen. Angesichts alles dessen berührt es peinlich, daß Seifert die Sucht nach Vorteilen noch weiter trieb. Er ließ sich von seinem Herrn zuerst in dem beim Hausvogteigericht hinterlegten Testament alle „sachliche Habe, als da sind: goldne Medaillen, Chronometer und Uhren, Bücher, Landkarten, Gemälde, Kupferstiche, Skulpturen, Instrumente, Zobelpelz, Wäsche, Silberzeug, Betten, Möbel" verschreiben; da er aber mit Grund befürchtete, dies Vermächtnis könnte von den berechtigten Erben angefochten werden, ging er so weit, sich dasselbe am 25. November 1858 noch bei Lebzeiten als Eigentum gerichtlich übertragen zu lassen. Die Familie Humboldt war davon, wie ein empörter Brief Gabrielens v. Bülow an ihre Kinder vom 12. Mai 1859 widerspiegelt (Lebensbild, S. 52 f.), ebenso schmerzlich überrascht, wie tief entrüstet: „Das ist alles sehr traurig und sehr unbegreiflich und das Schmerzlichste dabei der Gedanke, daß der Onkel in so unwürdigen Händen gewesen ist, wie es sich immer mehr erweist..." In der Tat verfuhr Seifert ohne alle Rücksicht, brachte nicht nur, wie der Berliner Kunstauktionskatalog von Th. Müller 1860 kundgibt, den gesamten Nachlaß, selbst die Ehrengeschenke gekrönter Häupter und des Königspaares, sowie die 160 Diplome gelehrter Akademien und Gesellschaften unter den Hammer, sondern verkaufte auch die Bibliothek nach England, obwohl der preußische Prinzregent sich erbot, sie zu erwerben. Dort ging sie bald größtenteils bei einem Brande zugrunde. Die Reibungen und Abwicklungen der Erbschaft mit Seifert zogen sich noch bis 1868 hin. Diese beklagenswerten Vorgänge, welche die Kehrseite eines lebenslangen Junggesellendaseins wurden, haben auch die höchst unerwünschte Folge gehabt, daß der wissenschaftliche und literarische Nachlaß Humboldts vergantet und zerstreut wurde, darunter auch die empfangene Korrespondenz, soweit sie von ihm noch bis zum Tode aufbewahrt war. Selbst die Schreiben der Souveräne und des Königspaares sind in diese unverständige und bedauerliche Behandlung hineingezogen worden[7]. Ein und das andere hat Humboldt wohl schon zu Lebzeiten an dritte, namentlich an Barnhagen von Ense als Autographen weitergegeben; aber da er sonst eher zurückhaltend und vorsichtig mit Originalen hoher Persönlichkeiten umging, verschwanden gewiß diese Ausnahmen gegenüber der anderen Mehrzahl, die sich nun verzettelt und verloren hat. Gerade um dieser zu vermutenden Verluste willen gebot es sich, die Mißverhältnisse, welche sie veranlaßten, näher aufzuklären. Denn die Tatsache, daß Humboldt zuletzt nur noch als Mieter und Nutznießer bei seinem Diener wohnte, daß an der Haustür dessen Schild und Name und nicht der seine stand, daß Seifert als Hauswirt von seinem zweiten Stockwerk aus mittels der „Zugbrücke" die fremden Besucher zuließ, sie empfing oder abwies, steht fest, so unglaublich sie klingt, und obwohl Humboldt über solche „Sklaverei"

---

[7]   Ein größerer Bestand von Briefen des Nachlasses wurde seinerzeit von dem Leipziger Professor Dr. Karl Bruhns für seine grundlegende Biographie Alexander von Humboldts erworben. Nach fachkundiger Angabe waren es 600 an Zahl. Indessen sind darunter nach einer gütigen Mitteilung des Herrn Professors Dr. Wilhelm Bruhns zu Clausthal, in dessen ererbtem Besitze sich jetzt diese Briefe befinden, keine auf den Verkehr mit dem preußischen Königshause bezüglichen Dokumente mehr vorhanden.

gelegentlich selbst zu Freunden seufzte.

Einen wohltuenden Ersatz für das, was er selbst entbehrte, fand Alexander in dem Verhältnis zu seinem älteren Bruder, zu dessen engerer und weiterer Familie. Ferdinand Gregorovius hat in der Einführung des Briefwechsels der beiden Brüder ihren gemeinsamen Lebensgang bis zum Tode Wilhelms 1835 geistvoll geschildert und die mit dem Alter steigende Wärme ihrer Zuneigung beleuchtet. Aus den köstlichen Briefwechseln Wilhelms und seiner Gattin Karoline v. Dachröden, der Jugendfreundin von Schillers Lotte, kennt man ferner zur Genüge auch den veredelnden Einfluß, den beseelenden Hauch, den diese seltene Frau auf ihre gesamte Umgebung ausgebreitet hat. Nach dem Heimgang der edlen Schwägerin 1829, der nur ein Vorspiel zu dem bald folgenden, allmählichen Ersterben des geliebten Bruders († 1835) war, wuchs Alexander von selbst in die Rolle des ehrwürdigen Familienoberhauptes hinein und übertrug seine zärtliche Liebe nun auf die Hinterbliebenen Kinder und deren neues Geschlecht. Sein Briefwechsel mit Friedrich Wilhelm IV. hebt 1835 unmittelbar mit ergreifenden Berichten über die letzten Tage des Bruders an und ergänzt mit manchen wertvollen Einzelheiten das, was von anderen Gliedern der Familie bereits darüber vorliegt. Unermüdlich nimmt er die folgenden Jahrzehnte an den Geschicken seiner Nachkommen teil und pflegt des Verstorbenen eigenes Andenken sowie seinen literarischen Nachlaß mit liebevoller Sorgfalt, veranlaßt die Herausgabe seines bedeutendsten Sprachwerkes über die Kawisprache auf Java durch Professor Buschmann (Berlin 1836−1840), sammelt selbst mühevoll die zerstreuten oder verborgen gehaltenen Sonette von ihm (Berlin 1853). Man kann den Wunsch nicht unterdrücken, es möchte Alexander nach seinem Ableben an Stelle der gewinnsüchtigen Verschleuderungen seines Dieners ein gleich einsichtiger und gewissenhafter Sachwalter seiner hinterlassenen Geistesschätze erwachsen sein. Von den Neffen und Nichten standen ihm, obwohl er sich niemandem unter ihnen verschloß, doch die beiden Schwestern Adelheid (geb. 1800 in Paris) und Gabriele (geb. 1802 in Berlin) am nächsten. Die erste wurde, kaum konfirmiert, als Napoleon I. von Elba 1815 wieder einbrach, dem Gardeoffizier und nachmaligen Generalleutnant August v. Hedemann durch Kriegstrauung vor dem Auszuge verbunden, die zweite vermählte sich 1821 mit dem Diplomaten Heinrich v.

Bülow, der später Gesandter in London und von 1842–1845 Staatsminister des Auswärtigen wurde. Beiden Schwiegersöhnen war Alexander sehr zugetan, schätzte namentlich v. Bülow als den einzigen befähigten Staatsmann, mit dem er harmonierte. Die Urteile von anderer Seite lauteten über ihn kühler, gelegentlich war auch der König, der ihm persönlich sonst stets wohlwollte, unzufrieden mit seiner Haltung in London. Das Schmerzlichste war, daß er das letzte Jahrzehnt viel kränkelte und zuletzt sogar verwirrten Geistes wurde. Diese zunehmenden Leiden, welche schon 1846 feinen frühen Tod herbeiführten, machten Humboldt viel Unruhe und zerbrachen ihm auch manche politischen Hoffnungen. Sie sind nicht selten Gegenstand des brieflichen Austausches mit dem König. Die v. Hedemannsche Ehe, die sich überwiegend in Magdeburg und auf dem Dachrödenschen Erbgut Burgörner im Mansfeldischen abspielte, litt darunter, daß sie kinderlos blieb. Die anderen Kinder Wilhelms standen ihrem Onkel ferner und hatten sehr wechselnde Charaktere und Schicksale; zwei der körperlich und geistig bevorzugtesten Söhne, Wilhelm und Gustav, fanden in Italien, in Ariccio und Rom, unter teilweise recht merkwürdigen Umständen 1803 und 1807 zum größten Schmerz der Eltern ein frühes Ende. Im allgemeinen traf Alexander bei feinem „unwahrscheinlichen, präadamitischen" Lebensalter das traurige Los, viele der nächsten Angehörigen vor sich hinsterben zu sehen. Er rief dann, zu dem Familienfriedhof in Tegel pilgernd, wohl erschüttert aus: „Wie oft bin ich nun, der urälteste meines Geschlechtes, diesen Weg zur Säule gegangen, welche durch Thorwaldsen Hoffnung verheißt. Ich begrabe mein ganzes Geschlecht!" Seelisch griff ihn jeder dieser Todesfälle stark an.

Diejenige, welche bis zuletzt in verehrender Bewunderung bei dem „Urgreis", wie sich Alexander mit Vorliebe nannte, ausharrte, war v. Bülows Witwe Gabriele. Sie war eine prächtige, lebensvolle Frau, voll gesunden, tapferen und klugen Urteils, von starker, gut preußischer Vaterlandsliebe, überall frisch zugreifend und mahnend, sich das kurze Leben nicht mit Streit und Neid zu vergiften, kaum schlafbedürftig, auch darin echt Humboldtschen Schlages, daß sie es bis auf 85 Jahre brachte. Noch 1887 empfing sie beglückt in ihrem Tegeler Reiche die damalige Prinzeß Wilhelm mit ihren drei ältesten Söhnen und erfreute sich des rein Menschlichen, das ihr in dieser schön und wohltuend entgegentrat, und das sie selbst immer höher gestellt hatte, als allen äußeren Glanz. Sie war es auch, welche in ihren Briefen der zärtlichen Familienliebe ihres großen Onkels, seiner Liebenswürdigkeit, seiner unterhaltsamen, schalkhaften Plauderkunst, seinem Drange, anderen eine Freude zu bereiten, manch' bleibendes Denkmal gesetzt hat. Sie pflegte ihn endlich treu, als seit seinem bösen Grippeanfall im Herbst 1858 seine Kräfte immer mehr abnahmen; ihre liebende Hand schloß ihm die Augen, die so tief forschend in die Geheimnisse der Natur gedrungen und dabei so oft gütig oder schelmisch geblickt hatten, als er am 6. Mai 1859 sanft entschlummerte.

In Tegel, bei dem Thorwaldsenschen Standbild der Hoffnung, ruht nun auch nach einer fast königlichen Leichenfeier, die ihm der Prinzregent Wilhelm und seine Gemahlin Augusta in Berlin bereiteten, das, was sterblich an ihm war; man könnte über diese ganze stille, in Tannen gebettete Friedensstätte die Worte aus Schillers Gedicht: „Thekla. Eine Geisterstimme" hinsetzen, welche Wilhelm von Humboldt in seinen letzten Zügen nach dem hier nachfolgenden Zeugnis seines Bruders wie träumend vor sich hinsprach:

„Dorten wirst auch du uns finden,
wenn dein Lieben unserm Lieben gleicht …"

2. Humboldts Entwicklungen und Wandlungen

Es war das Zeitalter der Aufklärung, in welches die Jugend und Erziehung der beiden Brüder fiel. Seine Luft wehte auch in ihrem Elternhause. Noch ging von der weltgeschichtlichen Gestalt des großen Königs sekulares Licht aus; aber es neigte doch schon zu einem Spätabendrot, in dem die Schatten wuchsen und kleine Geister, selbst dunkle Nachtvögel zu schwirren begannen. Alexander selbst rechnete sich, als die Hundertjahrfeier von Friedrichs Thronbesteigung 1840 begangen wurde, noch „zu dem alten Geschlecht, welchem aus eigner, jugendlicher Anschauung das Bild des großen Monarchen vor die Seele tritt". Und zugleich mit ihm jener kategorische Imperativ der Pflicht, den er vorlebte, den Kant in die Philosophie einführte und der Triebrad und Seele des alten Preußen zugleich war. Tatsächlich wiesen ja auch die gesamte Überlieferung der Familie und die militärische Vergangenheit des Vaters, wie dargetan, die jungen Humboldts in den friderizianischen Kreis. Vermutlich hing es damit zusammen, wenn Alexander später seinem Genfer Freunde, dem Naturforscher M. Auguste Pictet, es als seinen ersten Knabentraum bezeichnete, Offizier zu werden: „J'avais l'esprit inquiet et je voulus être soldat."

So lag es wohl nur an seiner vielen Kränklichkeit und an dem unerwartet frühen Tode des Vaters († 1779), wenn es nicht dazu kam. Denn nun ging die Leitung der Erziehung allein in die Hände der Mutter über, die, selbst Beamtentochter, sichtlich das Ziel verfolgte, ihre Söhne zu hohem, zivilem Staatsdienste vorzubilden. Sie nahm sich ihrer Verpflichtungen mit allem Ernste und Nachdruck an, wählte mit hauptsächlicher Rücksicht auf die schwankende Gesundheit und anfängliche geistige Schwerfälligkeit des Jüngeren die ausschließliche Form des privaten Unterrichts, bewilligte einen beträchtlichen Geldaufwand, um die geschätztesten Lehrer heranzuziehen, den Knaben umfassende Bildung zuzuführen und ihnen zugleich Umgang mit den höheren und geistig belebten Kreisen Berlins zu eröffnen.

Ihr pädagogischer Hauptberater wurde dabei der spätere Wirkliche Oberregierungsrat Kunth, der seit 1777 Hofmeister in ihrem Hause war, ein ruhiger, gewissenhafter Mann, der mit fester Hand seine verantwortliche Aufgabe angriff, mehr die Richtung gebend und die Aufsicht führend als selbstlehrend. Er gewann für sie die besten Mitarbeiter, welche ihm Berlin zu bieten schien, Professoren des Gymnasiums zum Grauen Kloster und des Joachimstalschen, wie E. G. Fischer (für Mathematik und Sprachen), den volkstümlichen Schriftsteller J. Jakob Engel (für Philosophie und schöne Wissenschaften), ferner Kandidaten, wie Th. Bartholdi und J. Löffler (für klassische Sprachen), den Redakteur der „Gazette littéraire de Berlin" Le Bauld des Nans (für moderne Sprachen), vermittelte durch seine Freundschaften aber auch höhere Unterweisungen, wie die Teilnahme an politisch-statistischen Vorträgen Dohms und die erste Einführung Alexanders in die Botanik durch den berühmten Doktor E. L. Heim, der seit 1780 auch Hausarzt in Tegel war.

Bei dem geringen Altersunterschiede wurde der Unterricht beider Brüder gemeinsam durchgeführt; sie teilten völlig ihre Lehrer, Stunden, Arbeiten und Erholungen, obwohl sich bald fühlbare Unterschiede im Wesen, in den Anlagen und Neigungen zwischen ihnen offenbarten. Scharfer, eindringender Verstand, lebendige Wißbegierde waren beiden eingeboren, wenn sie auch bei dem Jüngeren infolge seiner Körperschwäche langsamer hervortraten. Alexander erzählte selbst später, „daß seine Erzieher in den ersten Jahren seiner Kindheit ganz daran verzweifelten, es würden sich ja auch nur gewöhnliche Geisteskräfte bei ihm entwickeln, und daß erst in späteren Knabenjahren auf einmal Licht in seinem Kopfe eingetreten wäre." Selbst einem Schiller stieß nach seinen vertrauten Briefen an Körner später noch das. schroffe und voreilige Fehlurteil über Alexander zu, als er ihn in Jena und Weimar kennenlernte, selbst liebenswürdig mit ihm verkehrte und psychologische, naturwissenschaftliche Unterhaltungen mit ihm pflog, daß er in ihm mehr einen begrenzten Verstandesmenschen ohne Einbildungskraft, ja einen eitlen Maulhelden fände, der wenig in den Wissenschaften leisten würde.

In Wahrheit zeigte Alexander schon als Knabe neben lebhafter, forschender Liebe zur Natur, die sich in eifrigen Sammlungen und Beobachtungen von Pflanzen und Tieren verriet, so daß er im Hause scherzweise der „kleine Apotheker" hieß, neben träumender Sehnsucht nach Reisen und fremden Ländern auch eine nicht geringe Kunstbegabung; am erfolgreichsten betrieb er das Zeichnen, das ihm später für seine Forschungen vortreffliche Dienste tat. Bis zu welcher Vollendung er es darin brachte, erhärtet am klarsten das hier beigegebene Selbstporträt, ein Kreidebild, das er 1314 in Paris vor dem Spiegel von sich entwarf, und das unseres Erachtens nicht nur das treueste, sondern auch das feinste Konterfei von ihm aus jenen früheren Jahren ist. Ebenso lernte er Radieren und Kupferstechen bei dem berühmten Chodowiecki, und später noch in Paris machte er bei dem befreundeten und tonangebenden Porträtisten Baron v. Gerarb ernsthafte Studien in Ölmalerei. Nur gegen Musik hatten beide Brüder, wie nicht selten hervorragende Denker, eine ausgesprochene Abneigung; Wilhelm war sie störend, unerträglich, und Alexander nannte sie eine „calamité sociale", worunter er wohl mehr eine „gesellschaftliche Plage" als ein „soziales Unglück", wie es übersetzt worden ist, verstand. Alles in allem bot ihnen ihre Jugenderziehung, die sich überwiegend in Berlin vollzog, da namentlich in den letzten Jahren in Tegel meist nur die Sonntage und Ferien zugebracht wurden, eine reiche Zufuhr an geistigen Anregungen und Bildungsstoffen, zugleich eine seltene Freiheit der eigenen Bewegung und Entfaltung; denn keine äußere Sorge, kein Schulzwang, nicht einmal eine Prüfung beschwerte sie.

Wie kam es, daß die jungen Edelleute sich gleichwohl, ihren eigenen Geständnissen zufolge, damals so wenig wohlfühlten? Daß sie der mütterlichen Wärme, einer anheimelnden Familiengemeinschaft zu entbehren glaubten, wurde schon berührt; aber das war es doch nicht allein, was erkältend wirkte. Diese gesamte Erziehungskunst der Aufklärung litt an einseitiger Überschätzung der menschlichen Verstandeskultur, war ein Treibhaus von ihr, ließ aber eine Leere in religiösen, ethischen und Gefühlswerten. Kirche und Christentum traten den beiden Humboldts überhaupt nur in zwei rationalistischen Theologen entgegen, in ihrem Erzieher Löffler, der sie klassische Sprachen lehrte, dann später als Professor neben Kunth kurze Zeit ihr Mentor auf der Frankfurter Universität mit war und nachmals in Gotha Oberkonsistorialrat wurde, und in dem bekannten, alleswissenden Berliner Oberkonsistorialrat Zöllner, bei dem Alexander merkwürdigerweise technologische Vorlesungen zu den noch recht im Argen liegenden Kameralwissenschaften hörte. Wie sollte da ein tieferes und bewußteres Glaubensleben Wurzel schlagen?

Was aber das Reich der Ethik und edler, gesunder Empfindungen anlangt, so war Berlin in jenen Jahren hierin für junge, werdende Geister ein gefährlicher Boden. Oben herrschten die Gunstwirtschaft der Gräfin Lichtenau und rosenkreuzerische Mystik, mit Geistererscheinungen aus Zauberlaternen, mit westmächtlichen Diplomatenkünsten und verschleierten Ränken sächsischer und Wiener Herkunft umrahmt; im Bürgertum bei gleißendem Wohlstande, der noch ein Nachglanz der friderizianischen Sonnenbahn war, geistige Dürre, Lockerung der Sitten, innerer Zerfall. Wie immer in solchen Zuständen deutschen Niederganges, erhoben landfremde oder parasitäre Einflüsse um so kühner und zielbewußter ihr Haupt, nicht nur vom Auslande her, sondern schädlicher noch im Innern. Sie witterten Morgenluft. Neben der jesuitischen Stoßtruppe Roms, die in dem evangelischen Preußen eins der unbequemsten Reformationsgebilde und stärksten Hindernisse auf ihrem „Eroberungsfluge um die Welt" sah, war das wurzellos zerstreute Judentum, um mit dem freisinnigen Kenner Mommsen zu reden, ein wesentlicher Gärungsstoff der Zersetzung. Zäh und still führte es nicht nur seinen tausendjährigen Kampf gegen die christliche Weltanschauung fort, sondern verstand es auch klug, die neuen Errungenschaften der Reformation und des friderizianischen Staates sich zunutze zu machen, seine religiöse Duldsamkeit, die strenge Rechtsgleichheit, die Entwicklung der modernen Geldwirtschaft, den Aufschwung von Handel und Industrie, nicht minder aber auch die geistige Macht, welche das Aufblühen der Wissenschaften, der Literatur und einer öffentlichen Meinung ihm versprach. Alles dies waren wertvolle Hebel, die seiner Befreiung von älteren Beschränkungen, seiner Gleichberechtigung und seiner gesteigerten Vorherrschaft gleichermaßen dienten. Kaum irgendwo fand es für diese Bestrebungen einen willigeren Boden und offenere Türen als in dem religiös und ethisch abgestumpften Berlin der Aufklärung und unter der in sich selbst zersetzten Regierung Friedrich Wilhelms II. Wer von draußen aus dem Reiche nach der preußischen Hauptstadt kam, dem gingen ihre Strömungen und Zustände meist bald auf die Nerven. Als Goethe 1778 in ihr weilte und übrigens dabei auch einen Besuch in Tegel machte,

blieb ihm, der immer gut „fritzisch" gesinnt war, als Haupteindruck, daß er sich unter einer „verdorbenen Brut" befand, wo er „von dem großen Könige seine eigenen Lumpenhunde schlecht reden hörte". Im „Faust" aber setzte er der Berliner Aufklärung und Tegel noch ein bleibendes Spottdenkmal mit den berühmten Versen des Proktophantasmisten (Nicolais).

Tonangebend waren in der bürgerlichen Gesellschaft vornehmlich nacheinander zwei reiche jüdische Häuser, das des als Philosophen überschätzten Moses Mendelssohn, den man als „neuen Sokrates" feierte, und dessen Bannkreise sogar ein so scharfsinniger und selbständiger Kopf wie Lessing nicht wenig erlag, und nach dessen Tode 1786 dann der Salon des Arztes Markus Herz, der Vorträge über Kant hielt. In seiner Gemahlin Henriette, einer gefeierten Schönheit von portugiesisch-orientalischer Herkunft, besaß er eine besondere Anziehung. Bei Herz sammelte sich damals das geistige Berlin vornehmlich; Nicolai, Engel, Gentz, Ramler, die beiden Brüder v. Schlegel, viel Diplomaten, hohe Gäste und selbst Schleiermacher verkehrten darin. Einen dritten Mittelpunkt dieser Art, jedoch edler geformt, bildete Rahel Levin, die Tochter eines Kaufmanns, mit ihren ästhetisch-philosophischen Zirkeln. Man kennt das längere Verhältnis Alexanders von der Marwitz zu ihr, der dann 1814 in der Schlacht bei Montmirail fiel. Übergetreten, heiratete sie im gleichen Jahre Varnhagen v. Ense, der, damals noch aktiver Diplomat, mit Hardenberg auf dem Wiener Kongreß und 1815 in Paris tätig war und nachher die preußische Ministerresidentur in Karlsruhe übernahm.

So gabelte sich die geistig belebte Gesellschaft Berlins, in welche Kunth seine Humboldtschen Zöglinge seinem Vorhaben gemäß einführte, in zwei gleichlaufende und vielfach sich berührende Äste: in die literarische Aufklärung, welche sich um Erich Biesters „Berlinische Monatsschrift" zusammenfand, und in die Salonphilosophie des aufstrebenden Neujudentums, die mit jener zusammenfloß und sich an gesellschaftliche Pariser Vorbilder anlehnte. Daß diese Atmosphäre für zwei junge deutsche Edelleute, auch wenn sie ihnen manchen ästhetischen Anreiz bot und geistigen Trieb vermittelte, eine besonders glückliche und stärkende gewesen wäre, wird man schwerlich behaupten können; eher war sie geeignet, frühreifend und lockernd zu wirken, war in gewissem Sinne eine Vorschule für jugendliche Selbstüberschätzung, Skepsis, Überkritik und Entfremdung vom familiären und preußischen Boden. Was man an Einzelheiten oder Folgen von ihr hörte oder beobachtete, wirkte nicht eben erfreulich. Der blutjunge Alexander war als Tanzmeister von Henriette

Herz kaum weniger seltsam wie als ihr Schüler in hebräischer Kurrentschrift, in der er ihr dann langatmige Briefe sandte und das Schloß seiner Eltern als „Schloß Langeweil" verspottete. Der ältere Wilhelm aber krönte diese Berliner Werdezeit gar damit, daß er, begleitet von seinem ersten, revolutionsbegeisterten Mentor Campe, beim Ausbruch der französischen Umwälzung nach Paris reiste, um der „Leichenfeier des Despotismus" beizuwohnen. Das Jahr darauf zog es auch seinen jüngeren Bruder dorthin. Das sind doch etwas sonderbare Früchte einer aufgeklärten Erziehung Berliner Zuschnittes damals, und sie werden nur verständlich, wenn man die dahinter stehenden Zeitströmungen allseitig in den rechten Anschlag bringt. In der Tat bleibt es bemerkenswert, daß beide Humboldts nicht noch bedenklicher unter der einseitigen Verbildung des Rationalismus litten, sondern sich mit der höheren und gesünderen Kraft, die in ihnen wohnte, über sie erhoben und neue Wege selbständiger Entwicklung einschlugen. Gleichwohl ist nicht zu verkennen, daß auch in Alexander v. Humboldt, so wenig Neigung und Eignung er jemals zum Revolutionär besaß, doch gewisse Grundanschauungen haften blieben, die mit den Ideen von 1789 zusammenhingen und seine politischen Urteile und Stellungnahmen später vielfach beeinflußten. Namentlich, soweit die sogenannten Menschenrechte und Fragen humanitärer Natur in Betracht kamen. Er selbst hat sich wiederholt und mit einem gewissen Nachdruck nicht nur als Zeitgenossen und Augenzeugen des Jahres 1789 bezeichnet, sondern sich auch als Anhänger seiner neuen Maximen bekannt, wobei er den unlöslichen inneren Zusammenhang derselben mit den aus ihnen geborenen dunklen Ereignissen doch unterschätzte. Etwas von ihrem verschwommenen Talmiglanze blieb an ihm hängen. Gerade hierin verriet sich ein Nachklang aus seiner Jugendzeit, der ihn nicht verließ. Es ist nötig, dies zu erwähnen, weil dieser Punkt bedeutsam auch in seinem Verhältnis zu dem preußischen Königshaus einspielte, dessen fürstlicher und vaterländischer Beruf es hierin auf einen vollkommenen Gegenstandpunkt stellte. Er war der Urgrund der widerstrebenden, unüberbrückbaren Spannungen, welche sich folgerichtig daraus ergaben, und zugleich die Erklärung des zwiespältigen Verhaltens Humboldts, das ihm nach seinem Tode selbst den Schein und Vorwurf eines Doppelspieles zugezogen hat.

Von Berliner Jugendeindrücken und den kosmopolitischen Ideen von Freiheit, Gleichheit und Brüderlichkeit blieb gleichfalls beeinflußt seine Stellung zum Judentum. Früh genoß er, wie berührt, in dessen tonangebenden Kreisen geselligen Umgang und geistige Anregungen. In dem Herzschen Hause und bei gemeinschaftlichem Unterrichte schloß er auch Jugendfreundschaften mit dem Brüderpaar Joseph und Nathan Mendelssohn, mit Simon Veit, dem ersten Gemahl von Dorothea Mendelssohn, sowie mit dem jungen Mediziner Beer, der sich dann philosophisch und schöngeistig betätigte und mit dem sich ein besonders lebhafter Verkehr und Briefwechsel anspann. Von ihm knüpften sich weitere Fäden zu dem Beerschen Hause, die nachmals bei Alexander in seinem vielseitigen, fördernden Eintreten für den Komponisten Giacomo Meyer Beer sich fortsetzten. Seine Korrespondenz mit König Friedrich Wilhelm IV. bietet reichliche Belege dafür. Man hat diese Beziehungen von beteiligter oder ihm abgeneigter Seite soweit ausgelegt, daß Humboldt die stärksten und edelsten Bausteine seines Geistes dem Judentum verdanke, ja religiös zu diesem geneigt habe. Insonders eine Schrift von Adolf Kohut (Leipzig 1871) hat solchen Nachweis versucht. Dem ist schon der sorgfältige und verständnisvolle Biograph Alexanders, Alfred Dove, entschieden entgegengetreten, indem er dagegen eine Reihe Ansichten und Äußerungen Humboldts zusammenstellte, welche geeignet waren, zu erhärten, daß sein scharfblickender Geist sich auch hier auf eine obere Linie stellte und die Kehrseiten der jüdischen Eigenart nicht vergaß; über gefeierte Größen derselben, wie zum Beispiel Heinrich Heine, fällte er gelegentlich scharfe Urteile. So hat es ihm auch nicht an manchem launigen Spott über das Treiben Berliner Salons gefehlt. Indessen bleibt bei alledem doch die Tatsache nicht zu leugnen, daß Alexander bis an sein Lebensende eine ähnliche wohlwollende Stellung zur Emanzipation des Judentums eingenommen hat wie etwa Lessing. Er blieb gleich diesem, schon als Klient des Mendelssohnschen Bank- und Wohnhauses, mit seinen Kreisen fortdauernd liiert und entfaltete neben mancher gereizten oder übertriebenen Kritik am kirchlichen Christentum zuweilen eine überraschende Parteinahme für sie, mochte es sich nun um eine Opernvorstellung oder Ordensauszeichnung Meyerbeers, um die Zulassung jüdischer Privatdozenten, wie des Physikers Rieß oder Dr. Eisensteins, an die Berliner

Universität oder um Größeres, die von der Regierung 1842 und 1847 geplante gesonderte Judengesetzgebung, handeln. Und wenn er einmal, vielleicht nur ausweichend, wirklich gesagt haben soll, die mosaische Religion wäre diejenige, welche sich noch am ehesten mit den Forschungen der objektiven Wissenschaft vertrüge, so war dies zum wenigsten einer Mißdeutung fähig, so hoch man auch den monotheistischen Gottesbegriff des Alten Testamentes werten mag.

In dies Kapitel fällt auch sein ständiger Verkehr mit Varnhagen v. Ense. In diesem ehrgeizigen und durch seine selbstverschuldete Entamtung 1819 verletzten Diplomaten hatte sich das preußische Regiment einen erbitterten Gegner und einen gefährlichen Frondeur geschaffen, dessen Bedeutung unterschätzt wurde, dessen wahre Ansichten und Ziele sich erst durch seine nachgelassenen Tagebuchblätter enthüllt haben. Sie halfen nicht nur die Revolution von 1848 vorbereiten, sie waren zuletzt selbst unmittelbar revolutionär. Er wurde nicht nur Demokrat, sondern verbissener Republikaner und offener Umstürzler, der zu gewaltsamem Bürgerkrieg drängte. Seine Tagebücher bezeugen dies vor und noch nach 1848 unwiderleglich; hier loht ein unbezähmbarer Haß gegen die Monarchie überhaupt und die preußische im besonderen auf.

Das Bedenklichste dabei aber war, daß dieser selbe revolutionäre Agitator ein wegen seiner fesselnden, fein geglätteten Darstellung bewunderter Schriftsteller und Verfasser zahlreicher patriotischer Lebensläufe war, daß er durch seinen freilich zweifelhaften Adelsnamen[8], seine frühere Diplomatenstellung zahlreiche und immer geflissentlich erweiterte Beziehungen zum Hofe, zur vornehmen Gesellschaft und den Ämtern besaß, während seine eigene familiäre Verwandtschaft durch feine Vermählung mit Rahel Levin und durch die Heirat seiner Schwester mit dem Hamburger Arzte Dr. Assing in das Judentum ging. Er war somit in gewissem Sinne ein wichtiger Verbindungsoffizier für das revolutionäre Lager, dem er im Innersten angehörte, mit den preußischen Hof- und Regierungskreisen. Es ist sehr bezeichnend, daß Alexander von Humboldt einmal bemerkte, Varnhagen gelte am Hofe noch als Monarchist, er dagegen als Jakobiner. Wie er seinem jungen Freunde Althaus weiter verriet, wäre er in

---

8   Vgl. Karl Misch, Varnhagen von Ense in Beruf und Politik. Gotha 1923.

den fünfziger Jahren von gewisser polizeilicher und ministerieller Seite sogar als solcher überwacht und wären seine Briefschaften heimlich geöffnet worden. Dabei war Humboldt weder eine politische Genialität, noch Kampfnatur, am wenigsten ein erhitzter Revolutionär, sondern wie Varnhagen selbst verzeichnen muß, allen gewaltsamen Auflehnungen, Vulkanausbrüchen oder anarchischen Staatszuständen durchaus abgeneigt. Seine Opposition beschränkte sich auf liberal-konstitutionelle Wünsche, auf die Kritik königlicher Handlungen, die ihm von diesem Standpunkt aus verfehlt schienen, sowie gewisser romantischer Schattenseiten der monarchischen Regierungsweise, die von anderen mitlebenden Zeitgenossen und selbst von den vertrautesten Ministern, Generälen und Freunden Friedrich Wilhelms IV., wie von dem General Leopold v. Gerlach, auch nicht anders eingeschätzt und gerade aus persönlicher Verehrung des Königs beklagt wurden.

Erwägt man dies alles, so ist es ein sich rächender Fehlgriff von ihm gewesen, sich just Varnhagen v. Ense zum politischen Beichtiger zu wählen und in dessen wenig verschwiegenen und galligen Busen seine wechselnden Tagesstimmungen über die politischen Zeitläufe, seinen Tadel über des Königs Fehler, Eigenheiten, Neigungen, Tatenscheu und Redeüberschwang, nicht selten auch seine grollende Klage über seine politische Zurücksetzung und seine Beschwerden im Hofdienst mündlich oder schriftlich auszuschütten. Mit Sorgfalt und berechneter Zuspitzung wurden solche Augenblicksäußerungen samt allen Zettelchen und Beilagen registriert und tendenziös an antichristlichen, antimonarchischen und revolutionären Fäden aufgereiht, zuletzt auch noch dem greisen Forscher und Hofmanne die Erlaubnis abgedrungen, davon bei seinem Tode öffentlich Gebrauch machen zu dürfen.

So kam jene Sammlung der „Briefe von Alexander v. Humboldt an Varnhagen v. Ense aus den Jahren 1827–1858" zustande, welche dessen Nichte Ludenilla Assing noch bei Lebzeiten des inzwischen schwer erkrankten Königs bei Brockhaus in Leipzig 1860 herausgab. Sie wurde eine literarische Sensation, zugleich aber ein menschliches und öffentliches Ärgernis. Denn sie war ein Racheakt Varnhagens noch über das Grab hinaus an dem wehrlosen König, dessen verwundende Kenntnis ihm nur sein erloschener Zustand ersparte, ein neuer Schlag gegen das preußische Königshaus von Seiten seiner subversiven Gegner, endlich im Grunde eine Versündigung, ein Abbruch an dem guten Andenken Alexander v. Humboldts, den noch kurz vorher der Prinzregent von Preußen mit fast königlichen Ehren zu Grabe hatte tragen lassen. Noch lebend hätte er gewiß selbst scharfe Zurückweisung gegen einen solchen Mißbrauch seines Vertrauens wider seinen geistvollen, allzeit gütigen König, Förderer und Freund, dessen menschliche Vorzüge er oft rühmte und an dem er auch persönlich hing, erhoben.

Geschichtlich hat sich je länger, je schärfer aber das darin zusammengestückelte Mosaik des Verhältnisses zwischen Friedrich Wilhelm IV. und Humboldt als eine verzerrende Entstellung ergeben. Um so mehr zu bedauern bleibt es, daß sein beabsichtigter Ersteindruck und sein fahler Schein doch auf die Darstellung der damaligen Vorgänge noch mehr Schatten, als ihnen an sich schon innewohnten, geworfen, daß sich ein gerecht und gründlich abwägender Biograph wie Alfred Dove in dem grundlegenden, dreibändigen Werke von Karl Bruhns über Alexander (Leipzig 1872) davon nicht völlig zu befreien gewußt hat, ja, daß selbst Treitschke noch ihren Bann durchfühlen läßt. Bismarck, der gewiß eingeweihteste und zuverlässigste Kritiker, hat in vielem über den König, seine Gaben, seine Ziele, seine Entschlüsse und Beweggründe bereits milder nicht nur, sondern auch aufklärender und anerkennender geurteilt. Nach ihm war dieser geistreiche und liebenswürdige Hohenzoller bei ausgeprägter Vorliebe für Religion, Kunst und Wissenschaft und trotz geringer Neigung für Diplomatie, Staatsverwaltung und Militärdienst, doch keineswegs politisch unbegabt, übersah und übertraf vielmehr seine Minister, unter denen er keinen überlegenen Ratgeber fand, nicht selten an Voraussicht, zum Beispiel im Krimkriege und bei Ablehnung der Kaiserkrone. Mittels seiner „negativen Entschlüsse" wußte er in manchem, sogar in der heißumstrittenen preußischen Verfassungsfrage trotz aller Widerstände und Umwege zuletzt doch seinen Willen durchzusetzen. Seine Schwäche gegenüber der Berliner Revolution bei gleichzeitigem militärischen Durchgreifen in Baden und Sachsen erklärt Bismarck mehr aus dem in ihm immer verborgen wirkenden deutschen Nationalgedanken; er wollte sich durch Strenge nicht die Sympathien der liberalen Anhänger im Reiche verscherzen und vernachlässigte darüber das dringendste heimische

Bedürfnis Preußens, die Wiederherstellung der Ordnung. Dieser „schwarz-rot-goldene Gedankengang" wäre ihm besonders von seinem Liebling, dem katholisierenden Staatsmann Joseph Maria v. Radowitz, der ein „geschickter Garderobier seiner mittelalterlichen Phantasie" gewesen wäre, nahegelegt worden. Entwaffnend wirkten am Könige auf alle, selbst auf hartgesottene Gegner, seine angeborene Herzensfreundlichkeit, sein guter Humor, sein schlagfertiger Witz und seine offenen Selbstbekenntnisse. So, wenn er nach 1848 zu Bismarck, für dessen politische Bedeutung er früh einen scharfen Blick zeigte, bei der Audienz in Sanssouci auf dessen Vorwürfe über sein Zurückweichen in den Märztagen beschwichtigend sagte: „Man ist immer klüger, wenn man vom

Rathaus kommt: was wäre damit gewonnen, daß ich zugäbe, wie ein Esel gehandelt zu haben?" So erklärte er auch wiederholt seelenruhig, selbst zu wissen, daß er „kein Friedrich der Große wäre", oder nannte die Konsequenz die „elendeste aller Tugenden".

Die Varnhagenschen Publikationen führen also von vornherein irre, wenn sie ohne Nachprüfung jede oppositionelle Auslassung Humboldts als eine höhere einwandfreie Wahrheit voraussetzen. Das echte Bild Humboldts und fein Nachruhm haben aber unter der tendenziösen Behandlung Varnhagens noch mehr gelitten, als sein Nachlaß unter den raffgierigen Händen seines Faktotums; bei beiden hat seine bis zur Schwäche gehende Vertrauensseligkeit einen schlechten Dank geerntet.

Es ist hier nicht der Ort, im einzelnen auf die weiteren und entscheidenden Entwicklungen Humboldts in Wissenschaften, Forschungen und Entdeckungen einzugehen, auf seine Studien- und Lehrjahre an den Universitäten Frankfurt a. d. Oder und Göttingen, in Berlin, an der Hamburger Handels- und Freiberger Bergakademie, auf seine immer universalere Erfassung aller exakten Wissenschaften, auf seine sich häufenden Untersuchungen, Anregungen und Publikationen über sie, auf seine geologischen Ausflüge ins Siebengebirge und in die Vogesen, auf die größere Reise mit seinem bewunderten Vorgänger und Freund Georg Forster nach dem Niederrhein, Holland, Belgien, England, Frankreich, die zu einem inneren Erlebnis und vorbereitenden Wendepunkt für ihn wird, auf seine Weltreise nach Venezuela, Südamerika und Mexiko mit Alms Bonpland, welche zu einer wissenschaftlichen und kulturellen Neuaufschließung des westlichen Kontinents in diesen Teilen nach jahrhundertelanger Absperrung durch Spanien emporwächst und durch ihre außerordentlichen Ergebnisse und Anstrengungen in den Urwäldern am Orinoko, bei Besteigung des Chimborassos usw. das Aufsehen der gesamten gebildeten Welt auf sich zieht, zugleich die schwankende Gesundheit Humboldts überraschend stärkt, auf seinen fast zwanzigjährigen Pariser Aufenthalt und die Ausarbeitung, Drucklegung und Herausgabe seines dreißigbändigen Riesenwerkes, die ihn dort bis 1827 fesselt, und auf anderes derart mehr. Die Lebensabrisse von Fr. Gregorovius, ferner im zwölften Bande seiner Gesammelten Werke in der Cottaschen Ausgabe, vor allem die bei K. Bruhns, sowie die akademischen Gedächtnisreden auf ihn, zahlreiche Briefwechsel usw. bieten darüber reichliche Auskünfte. Nur zweier Episoden in diesem meteorgleichen Aufstiege soll hier, wo es sich um das engere Verhältnis Humboldts zu seinem Königshause und dem preußischen Staate handelt, noch gedacht werden, weil sie zwei besondere, nicht überall genügend gewürdigte Schicksalsfügungen für ihn in sich schließen. Die eine ist sein Frühlingsaufenthalt 1797 in Jena und Weimar bei seinem älteren Bruder, der nach der glücklichen Vermählung mit seiner edlen, hochgebildeten Jugendliebe Karoline v. Dachröden sich aus dem Staatsdienste und der Berliner Wüste dorthin zurückgezogen hatte und in engster Geistesgemeinschaft mit den Größen des klassischen Weimars, insonders mit Schiller stand. Alexander war von früheren Besuchen her kein Unbekannter mehr, Schiller zog ihn schon als Mitarbeiter für seine „Hören" heran, war aber von seinem kurzen Aufsatz über „Die Lebenskraft oder der rhodische Genius" enttäuscht, obwohl oder vielleicht gerade weil Alexander sich darin sichtlich Mühe gegeben hatte, ihm zuliebe ein ihm sonst fremdes mythisches Pathos anzuschlagen.

Der angeborene Wesensunterschied beider Brüder hatte inzwischen Fortschritte gemacht. Wilhelm vollendete sich, geschult an Kantischer Philosophie, immer ausgeprägter in der Weimarer Luft zum idealistischen Humanisten echt deutschen Schlages, war schwerblütiger, dem Innern und den Geisteswissenschaften, der Philosophie, Ästhetik, Poesie, Sprachforschung und Pädagogik zugekehrt, zugleich von reichem, empfindsamen Gemütsleben; wenn ihn dann der faustische Wissensdrang und die ererbte

Humboldtsche Reiselust auch nach Spanien, Italien und Frankreich und zu fremden Sprachstudien, wie den baskischen und javanischen, trieb, im Grunde blieb er immer auf deutschem Boden und in der Bannmeile seiner klassischen Weltanschauung, die er als Minister und Staatsmann auch zu einem fruchtbaren Borne der vaterländischen Erhebung und preußischen Volkserziehung anwandte. Alexander selbst erschien er immer als „der Reflex von dem, was in der höchsten Blüte der Menschheit uns aus vergangenen Jahrhunderten entgegenstrahlt" (Brief an Lichtenstein vom 7. Juni 1825). Dieser selbst war von Natur mehr Weltkind, lebhafter in der irdischen Umwelt wurzelnd, leichter beschwingt, vielfarbiger, kühler, ehrgeiziger, kritischer, realistischer angelegt. Seine Hausgenossen, sogar sein Bruder, wollten in der Kindheit auch Züge von Selbstgefälligkeit, Sucht zu glänzen und Boshaftigkeit („un petit esprit malin") an ihm bemerken, doch gingen solche wohl mehr auf seine Frühreife, welche die Erziehung erzeugte, sowie auf seine Kränklichkeit zurück, wie dies bei chronisch leidenden Kindern nicht selten ist, oder waren ähnlich, wie seine zuweilen spöttische oder drastische Sprache, Ausflüsse seiner scharfen Beobachtungsgabe. Er selbst machte sich nachmals über die ihm nachgesagte „malice" lustig, auch im Verkehr mit dem Könige.

Ob man sie daher psychologisch richtig gedeutet hat? Das will um so fraglicher erscheinen, wenn man Alexander v. Humboldt im späteren Leben in seinen Worten, wie in seinen Handlungen immer abgeklärter, milder, herzensgütiger, hilfreicher und einfühlender in andere Schicksale werden sieht, so daß man eher ein Zuviel an gefälliger Aufopferung und selbstloser Güte an ihm beobachtet, als einen Mangel. Wenn sich bei beiden Brüdern daher die gemeinsame Bluts-, Jugend-, Bildungs- und Gesinnungsgemeinschaft auch niemals verleugnete, so wirkte sie sich doch abweichend aus, bei dem älteren metaphysisch, bei dem jüngeren empirisch. Weiter, freier, deshalb auch kosmopolitischer spannte Alexander seine geistigen Flügel aus, indem er bald die Grenzen der deutschen Heimat hinter sich ließ und den Erdball zum Schauplatz seiner Forschungen nahm. Dadurch trat er als Bahnbrecher mit an die Spitze einer veränderten Zeitepoche, die sich steigend von ihrer klassischen und romantischen Vorgängerin abwandte, dem irdischen Diesseits und Wirklichkeitssinne, der exakten Forschung, Naturwissenschaft, Technik den Vorrang gab. Ihre realistischeren Züge haben sich im verflossenen Jahrhundert mit ihren Licht- und Schattenseiten ja der gesamten Gegenwart und Kulturmenschheit aufgeprägt, nicht nur in den äußeren Fortschritten und Erfindungen, sondern ebenso in ihrer geistigen Verfassung, in ihrer Philosophie, Geschichte und Politik. Einen derartig weittragenden Umschwung als Führer mitzuerzeugen, dazu gehörte neben dem Vollbesitz der schon errungenen Erkenntnisse aber ein genialer Eigenwuchs und Mut, der über sie zu neuen Grundwahrheiten hinausschritt. In ihm überragte Alexander seinen Bruder. Jedenfalls ist es eine bemerkenswerte Tatsache, daß in Weimar ihm von Anfang an und im Widerspruch zu Schiller, Goethe, der ja nicht nur in seinen Dichtungen ein Lobsänger der Natur, sondern durch seine Studien über Pflanzenleben, Farbenlehre, Mineralogie und Osteologie auch ein nachdenklicher Ergründer von ihr war, große Wärme und vorahnendes Verständnis für seine Bedeutung entgegentrug. Noch gegen Ende seines Lebens, am 11. November 1826, als Alexander bei seiner Rückkehr aus Paris nach Deutschland wieder einmal einige Zeit an der Ilm, wo der große Olympier gerade die Helenaepisode des „Faust" vollendete, weilte, sagte dieser zu Eckermann über ihn: „Was ist das für ein Mann! Ich kenne ihn so lange, und doch bin ich von neuem über ihn in Erstaunen. Man kann sagen, er hat an Kenntnissen und lebendigem Wissen nicht seinesgleichen. Und eine Vielseitigkeit, wie sie mir gleichfalls noch nicht vorgekommen ist! Wohin man rührt, er ist überall zu Hause und überschüttet uns mit geistigen Schätzen. Er gleicht einem Brunnen mit vielen Röhren, wo man überall nur Gefäße unterzuhalten braucht, wo es uns immer erquicklich und unerschöpflich entgegenströmt..." So lag es Alexander auch fern, das Geisteserbe der klassischen Zeit zu verwerfen; er blieb ihm, wie der Kantischen Philosophie lebenslang anhänglich und dankbar, hielt es als einen Grundstein der eigenen Bildung wert, fügte es als solchen in den Bau feiner Weltanschauung mit ein. Er wurde so nicht nur geographisch ein Wanderer zwischen zwei Welten, der alten und neuen, sondern auch im deutschen Geistesleben. Selbst wo er unbekannte, ferne Ufer suchte, verlor er niemals das heimische Gestade, von dem er ausging, aus dem Auge, bemühte sich, den Adel der deutschen Gedankenwelt, die Schönheiten der Form und des klassischen Stiles auch auf seine naturwissenschaftlichen Darstellungen zu übertragen. Das ist neben der großartigen Fülle des Wissens einer der unbestreitbarsten und anziehendsten Vorzüge seines Hauptwerkes, des berühmten „Kosmos", namentlich in seinen beiden ersten Bänden, die nicht wenig vom Hauche Weimars an sich tragen, während die späteren sich nüchterner und strenger wissenschaftlich geben. So erstaunlich die darin aufgespeicherte Fachkunde ist, wesentlicher noch ist die ausgeglichene Klarheit und innere Harmonie, mit welcher ihre tausendfältigen Tatsachen und Phänomene unter höhere Gesichtspunkte eingeordnet und in der Einheit des Alls, in der bewundernden Ehrfurcht vor ihrem Schöpfer zusammengefaßt werden. So wird diese Humboldtsche Weltbeschreibung, an deren Werden König Friedrich Wilhelm IV. den regsten inneren und äußeren Anteil genommen hat, immer ein fester Grenz- und Grundstein der Naturerkenntnis bleiben, so viele Einzelheiten auch von der fortschreitenden Forschung in ihr schon überholt sein oder weiter geklärt werden mögen.

Eine eigentümliche Fügung des Schicksals waren bei beiden Brüdern endlich ihre feindlichen Zusammenstöße mit Napoleon I., dem mächtigsten Zwingherrn ihrer Tage nicht nur, sondern auch dem größten Sohne der französischen Revolution. Es schien zuweilen, als ob die Vorsehung es darauf abgesehen hätte, ihre jugendliche Schwärmerei für Pariser Freiheit, Gleichheit und Brüderlichkeit gründlich zu dämpfen. Wilhelm, der 1789 in Paris einer „Leichenfeier des Despotismus" beizuwohnen wähnte, und Alexander, der 1790 dort dem sogenannten Verbrüderungsfest auf dem Marsfelde zuschaute, mußten bald die Erfahrung machen, daß in der Schreckensherrschaft der Guillotine der französische Despotismus noch viel grausamer wieder auferstand und am blutigsten im Degen des korsischen Cäsars fortlebte. Ihr eigenes Vaterland, der Staat Friedrichs des Großen wurde von ihm in den Staub, in Trümmer und Fesseln geworfen; es bedurfte harter Demütigung, todesmutiger Arbeit und Tapferkeit, ehe es gelang, ihm in den Befreiungskriegen auf deutscher Erde wieder ein Ziel zu setzen. Die Pariser Frieden 1814 und 1815 wurden erst eine wirkliche Leichenfeier für den Despotismus gallischer Gloire und Großmannssucht;

Wilhelm v. Humboldt, der an ihnen unter Hardenberg staatsmännisch mitarbeitete, während sein Bruder an der Seine seine wissenschaftlichen Ziele verfolgte, mögen manchmal an den proteischen Wandel der Zeitereignisse, durch den ihre jugendlichen Schwärmereien eine starke Berichtigung erlitten, zurückgedacht haben. Für Alexander aber gewann Bonaparte, der ihn auf dem Gipfel seiner Macht als Empereur sehr ungnädig, ja verächtlich bei Hofempfängen zu behandeln liebte, noch eine schicksalhafte Bedeutung auch hinsichtlich seiner wissenschaftlichen Unternehmen dadurch, daß er die ersten größeren Reisepläne desselben gewollt und ungewollt durchkreuzte und ihn hiermit zu anderen Wegen, die abseits seiner Machtgewalt lagen, veranlaßte. Denn sobald die Brüder nach dem Tode der Mutter am 14. November 1796 als Erben eines reichen Familienvermögens freie Herren eigener Entschlüsse wurden, war ihr nächster Gedanke, Italien zu bereisen, wohin Wilhelm seine klassischen Neigungen und Goethes Vorbild zogen, während Alexander von dem Wunsch getrieben war, dort tätige Feuerberge, den Vesuv, Utna, Stromboli zu beobachten. Sie gingen Mitte 1796 gemeinsam über Dresden, wo weitere wertvolle literarische und höfische Beziehungen angeknüpft wurden, nach Wien, um dort den Aufbruch nach Italien vorzubereiten. Indessen stellten sich ihnen bald unüberwindliche Schwierigkeiten entgegen. Der Urheber dieser Schwierigkeiten war der junge General Bonaparte, der für die Verdienste, die er sich um den Pariser Konvent am 13. Vendémiaire erworben hatte, als „Retter der Versammlung, der Republik und des Vaterlandes" zum Oberbefehlshaber der italienischen Armee ernannt worden war. Seit Frühjahr 1796 führte er nun in Oberitalien den Feldzug gegen Österreich, Sardinien und Piemont, beherrschte ganz Oberitalien und selbst kärntnisches und steinsches Gebiet immer siegreicher und zwang im Herbst 1798 Habsburg zu dem demütigenden Frieden von Campo Formio, der es die Lombardei und Belgien kostete und, selbst den päpstlichen Kirchenstaat zertrümmernd, die Cisalpinische Republik schuf. Unter solchen Umständen mußten die Brüder Humboldt von ihrem Vorhaben abstehen; einigen Ersatz dafür suchte Alexander zunächst in seiner Schweizerreise mit seinem Freiberger Studiengenossen Chr. Leopold Freiherrn v. Buch, dem nachmals berühmt gewordenen Geognosten, preußischen Akademiemitglied und Kammerherrn, und in einem längeren Salzburger Aufenthalt. Da traf ihn im November 1797 das überraschende Anerbieten des englischen Lords Bristol, mit ihm und in Gesellschaft der beiden Gräfinnen Dennis und Lichtenau, der königlichen

Gunstdame, sowie des Berliner Archäologen Hirt und des Franzosen Savary eine Fahrt nach Oberägypten anzutreten. Bei seiner Ungeduld, endlich einen wissenschaftlich bedeutsamen Ausflug durchzuführen, lockte es ihn lebhaft, und er sagte zu, nur mit der Bedingung, die Rückkehr von Alexandrien für sich allein über Syrien und Palästina vorzunehmen. Er traf auch die Ausrüstung dazu so eifrig, daß er im Frühling 1798 reisefertig und auch geistig hinreichend vorgeschult war. Bonaparte, der bereits seinen ersten Vorstoß gegen England und dessen Herrschaft in Indien durch Eroberung Ägyptens vorhatte und nach Mitte Mai 1798 von Toulon aus seine Überfahrt nach Malta und Alexandrim durchführte, mutmaßte wohl nicht mit Unrecht, daß mit der Reise des Lords Bristol noch die Hinterabsicht verbunden sei, gegen ihn am Nil zu wühlen, und ließ ihn in Mailand kurzerhand verhaften. Damit zerschlug sich das Ganze, auch Alexander v. Humboldt, der eben noch nach Paris geeilt war, um einige gute Instrumente zu kaufen und sich von seinem Bruder, der mit seiner Familie dort weilte, zu verabschieden, mußte davon abstehen. Man konnte im Grunde ihn zu dem Scheitern nur beglückwünschen. Ebenso war es besser für ihn, daß danach aus seinem letzten Versuch, sich 1798 in Ägypten dem französischen Heere und der sie begleitenden großen wissenschaftlichen Expedition noch anzuschließen, offenbar auf höhere Anweisung Bonapartes hin, nichts wurde.

Alle diese Fehlschläge entmutigten aber Alexander nicht und spornten seinen Ehrgeiz eher an, sich an immer weiter gesteckte und schwierigere Aufgaben zu wagen. Die Erfüllung fand er dann in der großen amerikanischen Reise von 1799—1804. Am 16. Juli 1799 landete er mit Bonpland auf der Korvette „Pizarro" als ein neuer Konquistador des Geistes im venezolanischen Hafen Cumana, dem Hauptorte der dortigen Provinz Neu-Andalusim. Seine langgehegte, unerschütterliche Sehnsucht wurde Wirklichkeit; er stand an der Schwelle seines wissenschaftlichen Weltruhms. Welcher Anläufe, Opfer, Mühen, Enttäuschungen, welcher wechselnden Pläne, Studien, Denkschriften, Bittgänge, Anknüpfungen über ganz Europa aber hatte es bedurft, ehe dies Ziel erreicht war! Seine gewaltigsten Anforderungen und Lasten hoben zudem erst jetzt mit seiner Ausführung in den unwegsamen Urwäldern, in den fiebrigen Flußtälern und wolkenhohen Vulkangebirgen des unbekannten, halbwilden

Landes an. Die Tatkraft des deutschen Weltreisenden verdiente nicht weniger Bewunderung, wie sein genialer Geist. Sie war wie ein edles Roß, welches der Wettlauf um den Sieg immer heißer vorwärts trieb.

3. Im ersten Staatsdienste

Von Anfang an ist Alexander v. Humboldt seitens der Königlichen Regierung in Preußen auf das Wohlwollendste, ja mit Bevorzugung und Auszeichnung behandelt und in jedem Streben, auf das er selbst Wert legte, gefördert worden. Diese Tatsache ist um so bemerkenswerter, als er selbst wenig amtliche Neigungen zeigte, nichts von einem Bureaukraten an sich hatte, in seinen Beschäftigungen viel umsprang und scheinbar wenigstens irrlichterierte, ja nicht einmal irgendwelche Prüfungen und Zeugnisse aufweisen konnte, sondern, wenn man dies so sagen darf, sich vollständig in eigener Freiheit selbst gebildet hatte. Aber er genoß dafür den Ruf, ein ausnahmsweise fähiger Kopf und Arbeiter zu sein, dessen Verwendung gewisse unbegrenzte Möglichkeiten bot; das ehrenvolle Andenken des Vaters am Hofe, sodann die familiären, adligen und geselligen Verbindungen seines Hauses mochten ein übriges tun, endlich besaß er selbst eine kluge diplomatische Art, sich in alle Verhältnisse zu schicken, andere sich durch Liebenswürdigkeit und Güte zu verpflichten und nebenbei auch sein eigenes Licht nicht unter den Scheffel zu stellen. „Läuten gehört zum schriftstellerischen Handwerk", soll er einmal gesagt haben. Nicht dröhnend und marktschreierisch, aber fein, zuweilen in Form lächelnder Selbstironie oder bewußter Bescheidenheit zog er den Strang, so daß der Ton sich in Ohr und Sinn schmeichelte. Denn seine Gabe, sich in fremde Seelenzustände, in ihre Lieblingsvorstellungen, Neigungen, Wünsche, Nöte, selbst Ausdrucksweisen zu versetzen und sie sich durch psychologische Behandlung dienstbar zu machen, war eine ungewöhnliche. Sie verlieh dem mündlichen wie schriftlichen Verkehr mit ihm einen großen und vielbezeugten Reiz und trug auch das ihre zu seinem Emporsteigen und seiner Gipfelstellung in der Welt bei.

Das erstemal trat er 1791 nach dem Abschluß der Hamburger Handelsakademie mit der preußischen Verwaltung in ernsthafte Beziehung. Er begann damals dem ihm mütterlich vorgezeichneten Studienplan der Kameralwissenschaften untreu zu werden und seinem naturwissenschaftlichen Forschungstriebe, in dem die Botanik, Steinkunde und Geologie bereits obenan standen, selbständiger nachzugehen. Zu diesem Zwecke wollte er an der

Freiberger Bergakademie sich mit dem Bergbau und seinen Einrichtungen näher vertraut machen. Es war ein geschickter Zug von ihm, der die begreiflichen Bedenken der Mutter über seinen neuen Studienwechsel am ehesten beschwichtigte, wenn er den Schritt im Einverständnis mit der preußischen Staatsverwaltung tat und sich mit ihm bald eine spätere Verwendung in dieser sicherte. Dann hatte er seinen Willen, und der Einwand über ein zielloses Umhergaukeln fiel fort. In diesem Sinne ist seine Eingabe vom 14. Mai 1791 an den damaligen sehr verdienstvollen und geschätzten Minister Freiherrn Fr. Anton v. Heinitz recht gut zu verstehen, der seit 1786 das Ministerium der rheinisch-westfälischen Lande und Neuchâtels sowie das preußische Münz- und Salzdepartement leitete. Alexander wagte somit, indem er ihm seine Absichten auf Freiberg mitteilte, im voraus an ihn die gewiß nicht alltägliche Bitte, „daß Sie über mich disponieren, mir nach meiner Zurückkunft den Zutritt zu den Vorträgen in Hochdero Departements zu verstatten und mich allenfalls schon jetzt (!) bei der Bergwerks- und Hüttenadeninistration anstellen zu lassen geruhen wollen..." Der Erfolg übertraf alle Erwartungen; es wurden ihm nicht nur die gewünschten Zulassungen bewilligt, sondern auch angekündigt, daß er als Assessor cum vota bei der betreffenden Verwaltung angestellt und mit dem Besuche der Salzwerke zu Halle und Schönebeck sowie einiger auswärtiger Salinen beauftragt werden würde. Er erhielt also ein keineswegs untergeordnetes Amt in Preußen, ehe er noch sein Fach studiert hatte und ohne ein Examen abzulegen, nur auf das Vertrauen zu seinen Fähigkeiten hin, — gewiß ein seltenes Maß von Wohlwollen gerade im preußischen Beamtenstaat, der sonst auf den geordneten Gang der Prüfungen und Instanzen unerbittlich hielt. Als Humboldt nach Beendigung der Kreiberger Lehrzeit, die er überwiegend den versteinerten Pflanzen zuwandte, am 29. Februar 1792 wirklich das Assessorat durch Ministerialreskript verliehen erhielt, fühlte sich der Zweiundzwanzigjährige doch etwas bedrückt, da, wie er seinem treuen Freiberger Freund und Führer, dem Bergakademien Freiesleben, schrieb, „es eine Schar uralter Eleven und Kadetten usw. noch gibt". Aber selbst sein eigener Einspruch half nichts; es blieb bei der Bestallung. Humboldt mühte sich daher, sich ihrer wenigstens in der Praxis wert zu machen. Schon im Juli desselben Jahres wurde er von dem Minister, der die unlängst an

Preußen gefallenen Berg- und Hüttenwerke in Franken näher kennen wollte, als Vorbesichtiger derselben hingesandt; in Bayreuth hatte er über ihren Zustand einen Vortrag zu halten und lernte bei diesem Anlaß auch Karl August v. Hardenberg kennen, dem die beiden fränkischen Fürstentümer als Provinzialminister unterstanden. Hierauf arbeitete er noch einen schriftlichen Bericht über alles auf 150 Bogen aus. In Anerkennung seiner Leistungen wurde er — eine zweite Überraschung — auf Hardenbergs Vorschlag gegen Ende August zum königlichen Oberbergmeister in diesen Fürstentümern ernannt und ihm durch den noch anwesenden Minister v. Heinitz sein Wirkungskreis ferner dahin erweitert, daß er behufs Untersuchung der Steinsalzgruben und Siedevorrichtungen auch Oberbayern, Salzburg, Salzkammergut, Galizien und Schlesien bereisen sollte. Er konnte also seine Wißbegier wie seine Wanderlust vollauf in Amt und Würden, mit festen Gehaltsbezügen befriedigen — wem ist in Preußen, das sich großkämpfen und großhungern mußte und seine Beamten nicht verwöhnte, sondern eher nach dem Sprichwort „pour le roi de Prusse" arbeiten ließ, wohl sonst sein Amtslos in jungen Jahren ähnlich glücklich gefallen? Er schnürte auch sofort sein Bündel und begann eine prächtige und lehrreiche Rundreise über München, Traunstein, Reichenhall, Passau, Hallein nach der heiteren Kaiserstadt Wien, wo er sich in Schönbrunn in die westindischen Gewächse des Gartendirektors v. Jacquin und in Galvanis neueste Stromentdeckungen versenkte, von dort über Tarnowitz und Wieliczka nach Breslau, wo die Leopoldinisch-Karolinische Akademie der Naturforscher ihn besonders ehrte, dann in das Waldenburger Revier und Riesengebirge. Anfang 1793 landete er wieder in Berlin, nachdem er etwa 600 Meilen zurückgelegt hatte, hielt Vortrag über seine Salinenbeobachtungen, sorgte für Herausgabe seines ersten, noch lateinisch geschriebenen Buches über die Freiberger Kryptogamen, das ihm vom sächsischen Kurfürsten eine große goldene Medaille eintrug, und stellte sich dann im Juni wieder in Franken ein, jetzt erst sein Oberbergmeisteramt dort aufnehmend. Um so emsiger und vielseitiger entfaltete sich nun seine Tätigkeit. Er ließ sich in dem kleinen Badeorte Steben bei Naila im Fichtelgebirge inmitten der Bergleute nieder, gründete dort mit Hilfe eines jungen Steigers, den er aus eigener Tasche besoldete, eine bergmännische Freischule zur Hebung ihrer Berufsbildung, überwachte und verbesserte den Betrieb in Steben und Arzberg, den eingegangenen zu Goldkronach rief er neu ins Leben, studierte alte Bergwerksakten des 16. Jahrhunderts und mehr derart, ohne daneben andere wissenschaftliche Arbeiten, besonders physiologische über Muskel- und Nervenreize, zu vergessen. Denn im Innersten seines Geistes betrachtete er, die letzten Gedanken stets auf eine große Forschungsreise richtend, seinen Staatsdienst nur als Schule und Durchgang zu einer solchen, speicherte in ihm möglichst viel neue Vorbereitung dazu auf. Daraus erklärt sich am ungesuchtesten jene Erscheinung an ihm, daß er, wie Peschel einmal treffend beobachtet, nicht wie andere sich Wissen aneignete, um einen Beruf damit auszufüllen, sondern die verschiedensten Berufe trieb, um sein allseitiges Wissen zu bereichern.

Ganz gewiß aber hat die preußische Regierung es ihm leicht gemacht, diesem Zuge ohne Beschränkung nachzuleben. Im Frühjahr 1794 stieg er weiter zum Bergrat auf und wurde nach Berlin berufen mit der Aussicht, die Bergwerke in Westfalen oder Rothenburg selbständig zu leiten. Indessen zog er, um sich nicht dauernd zu binden, es vor, einen Sonderauftrag noch an der Ostseeküste und in Polen auszuführen, worauf er nach Bayreuth zurückkehrte. Die Verwicklungen mit Frankreich, die durch den seltsamen Haager Vertrag Preußens mit den Seemächten (19. April 1794) sich einstellten, führten feinen vorgesetzten Staatsminister v. Hardenberg zunächst zu diplomatischen Verhandlungen nach Frankfurt a. Main zum König und darauf in das Hauptquartier des Feldmarschalls v. Möllendorf, der mit dem vertraglich vermieteten Hilfsheer von 64 000 Mann am Rhein stand und die Franzosen damit zweimal bei Kaiserslautern schlug. Er nahm nun auf vier Monate Humboldt als Kabinettssekretär mit, und dieser kam dabei zum erstenmal mit der Diplomatie und höheren Politik in unmittelbare Berührung. Leider ist nichts Näheres über seine damalige Tätigkeit darin bisher bekannt; ehrenvoll war das Vertrauen Hardenbergs zu ihm auf jeden Fall, und der künftige Staatskanzler war gewiß ebenso ein erlesener Lehrmeister. Anfang 1795 erhielt Humboldt seitens der Regierung das erneute Anerbieten, an Stelle des Freiherrn v. Reden die Leitung der sämtlichen schlesischen Bergwerke zu übernehmen und seine Wirksamkeit auch auf das benachbarte, durch die zweifache Teilung Polens erworbene Südpreußen auszudehnen. In seiner damals ablehnenden Antwort sprach er offen zu dem Minister davon, daß er im Begriff stehe, „seine Lage gänzlich zu verändern und fast alle öffentlichen Verhältnisse aufzugeben", wie er dies schon vorher seinem Freiesleben brieflich erklärt hatte. Jedoch gelang es Hardenberg, ihn vorerst noch durch die Ernennung zum Oberbergrat im Manufaktur- und Kommerzdepartement bei sich festzuhalten, allerdings nicht, ohne daß „ihm zugleich zu seinen vorhabenden auswärtigen Reisen" Urlaub verbürgt wurde. Die erste derselben trat er gleich im Juli des Jahres zunächst mit seinem Bayreuther Freunde, dem Leutnant v. Haften an, dessen Schwester seinem Herzen längere Zeit nahestand. Es ging über München, Innsbruck, Treviso nach Venedig, und von da durch Oberitalien über Vicenza, Verona, Parma und Mailand nach der Schweiz zurück. Von Schaffhausen kehrte Leutnant v. Haften nach abgelaufenem Urlaub wieder in seine Garnison zurück, während sich nun der inzwischen durch Ferien freigewordene Freiesleben dort einfand. Gemeinsam wurden Jura, die Schweizer und Savoyer Alpen besucht und über den St. Gotthard nach Airolo gewandert. Auf dem Rückwege fesselte Humboldt in Nastatt der gerade tagende europäische Kongreß.

Kurz war wieder danach nur seine praktische Tätigkeit in Franken, da ihn Mitte Februar 1796 die schwere und bald tödliche Erkrankung der Mutter nach Berlin rief, und im Sommer darauf ein neuer diplomatischer Auftrag zum Schutze der fränkischen Lande vor einem französischen Einfall nach Württemberg zu den Generalen Moreau und Desair führte. Dazwischen liefen immer wieder allerlei wissenschaftliche Fortbildungen und Studien über den Sauerstoff und andere Gasarten, über unterirdische Meteorologie, Astronomie, Ortsbestimmungen, Sextantenbeobachtungen, so daß das Interesse an dem Bergbau sichtlich mehr und mehr gegen die stillen Reisepläne zurücktrat. Das Ableben der Mutter brachte für Humboldt dann den letzten Bruch mit dem bisherigen Staatsdienste.

Überblickt man aber diese seine staatsdienstliche Anfangszeit, so wird man zugestehen, daß er sich darin mit ebensoviel Begabung, Geschick, Leistung, Erfolg wie Selbstbewußtsein, Unabhängigkeit und mannigfachem Eigenvorteil bewegt hat, und daß ihm von seinen Vorgesetzten eine Gunst, Nachsicht und Ausnahmestellung eingeräumt wurde, die sonst nicht landesüblich war. Er hatte allen Grund, dieser Bevorzugungen dankbar zu gedenken. Denn ein Beamter, der vorhatte, dem Staat nur im Vorübergehen und um anderer Zwecke willen zu dienen, war eigentlich keiner im preußischen Sinne.

4. Unter Friedrich Wilhelm III

Der fünfte Preußenkönig zählt mit zu den von einem oberflächlichen Urteil unterschätzten Fürsten. Gewiß war er kein hochfliegender oder weltblickender Feuergeist, behielt von einer traurigen Jugend und falschen Erziehung her immer etwas Bedrücktes, Unfreies, sich zu Gedanken, Entschlüssen und Taten schwer Durchringendes. Aber er war einer jener ernsten, pflichttreuen, stillen und redlichen Naturen, die mehr in sich bergen, als der äußere Schein verrät, und ihrer Umgebung nicht selten ein größerer Segen sind als das auflodernde und sich selbst verzehrende Genie. So ist es auch ein falsches Bild, ihn sich als einen einseitigen Militär vorzustellen, der weder selbst Bildungstrieb besessen, noch als Monarch für geistige Bestrebungen einen Wiederklang und ein Interesse gehabt hätte. Eher könnte man das Gegenteil behaupten: gerade weil ihm selbst die Gabe eines reichen Geistes und tieferer Jugendbildung abging, schätzte er sie bei anderen Befähigteren doppelt und stellte auch als Herrscher ihren allgemeinen Wert für die Volkserziehung in verständige Rechnung.

In der Tat ist unter der Regierung Friedrich Wilhelms III. in Preußen viel für ihre allgemeine Hebung, für das staatliche Unterrichtswesen und sogar für öffentliche Kunsterziehung geschehen. Man denke an die großzügige Reform der Universitäten unter der glücklichen Hand Wilhelm v. Humboldts, an den Altensteinschen Ausbau der Schulen, an Rauchs und Schinkels Meisterschöpfungen, an die Anlage des Alten Museums und anderes mehr. Wenn bei dem König sich auch die eigenen Kunstneigungen wesentlich auf Theater und auf ältere französisch-italienische Opernmusik beschränkten, so ließ er als Staatslenker es an offenem Blick und gesundem Verständnis für andere Gebiete der höheren Welt doch keineswegs fehlen. Ja, er hegte trotz seiner Nüchternheit und Schüchternheit ein gewisses inneres Bedürfnis, die Lücken, die er darin in sich selbst fühlte, noch möglichst auszugleichen. Nur durfte er hierbei niemals in seinem immer streng gehüteten Gefühl königlicher Würde und Unabhängigkeit beengt werden und liebte in seiner bescheidenen Zurückhaltung vor allem kein Aufhebens davon. Das hat ihm wohl am meisten die ungeschichtliche Nachrede von seiner vermeinten geistigen Gleichgültigkeit eingetragen.

Bei solcher Grundrichtung ist es selbstverständlich, daß ihm die Humboldtsche Familie und Alexander im besonderen früh schon näher getreten sind. Der alte Major v. Humboldt, Kammerherr bei seinem Vater, verkehrte mit diesem noch, als er schon König war und als die Söhne seiner zweiten Ehe, darunter als Ältester Friedrich Wilhelm, bereits heranwuchsen. Dem letztern war Alexander fast gleichaltrig, nur um ein Jahr jünger, – es wäre wunderlich gewesen, wenn die beiden Jugendgenossen, der Kronprinz und der Haussohn in dem vielbesuchten Tegel sich nicht schon gesehen und gekannt haben sollten. In späteren Jahren wird gleichfalls nicht wenig über Alexander in der königlichen Familie gesprochen worden sein, namentlich als er im Regierungsdienste bei dem Minister v. Hardenberg stand und seine ersten wissenschaftlichen Erfolge die Augen auf ihn lenkten. So nahm Friedrich Wilhelm III. gewiß bereits eine gute Kenntnis dieses sich auszeichnenden und aufsteigenden Sternes mit und brachte seinem weiteren Laufe viel innere Teilnahme entgegen, als er selbst 1797 auf den Thron kam. Vollends die Ausreise Alexanders nach Amerika, die von dort herüberkommenden Berichte, mußten sie immer höher spannen. Je weiter er sich in der anderen Erdhälfte von dem heimischen Blickrand entfernte, je kühner, ausdauernder seine Forschungen sich dehnten, desto bewundernder und wärmer neigte sich ihm die Aufmerksamkeit in seinem preußischen Vaterlande zu. Ein äußeres Zeichen davon war, daß er noch während seiner Abwesenheit durch königliche Kabinettsorder vom 4. August 1800 – also einen Tag nach dem Geburtstage Friedrich Wilhelms III. – zum außerordentlichen Mitglied der Akademie der Wissenschaften ernannt wurde. Als er dann 1804 und von allen Seiten gefeiert heimkehrte, wurde er schon in Paris durch die Anzeige von seiner Ernennung zum ordentlichen Mitglied der Akademie begrüßt; daheim aber verlieh ihm der König, der ihn in jeder Weise auszeichnete – „fast zuviel" schrieb er überrascht an Pictet –, zudem die Würde eines Kammerherrn mit einem freien Jahreszuschusse von 2500 Talern – „on m'a donné une pension de 2500 écus d'ici, 10000 frcs, sans me donner aucune besogne".

Er entwickelte nun eine großartige Tätigkeit, insonders für das im größten Stile geplante Reisewerk, zu dessen Bearbeitung er als Helfer seinen früheren Lehrer, den Botaniker Wildenow, den Astronomen Oltmann und für Zeichnungen den jungen Architekten Friesen heranzog; aber er hielt gleichzeitig auch eine Reihe fesselnder Vorträge in der Berliner Akademie und streute gleichsam als Reisegeschenke in gelehrte Zeitschriften allerlei Neues aus Amerika aus. Er lebte in einem Gartenhause des reichen Branntweinbrenners George, der darauf sehr stolz war, und beschäftigte sich mit ständigen Beobachtungen des Erdmagnetismus und Nordlichtes, anfangs gemeinschaftlich mit seinem Pariser gelehrten Freunde Gay-Lussac, der ihm gefolgt war, und so eifrig war er darin, daß er einmal nach eigener Angabe sieben Tage und Nächte halbstündig, ohne längeren Schlaf, die magnetischen Erscheinungen und Nadelschwankungen selbst aufzeichnete. Er half sich damit über die dunklen Geschicke hinweg, die nach Jena im Spätherbst 1806 über Preußen und durch die französische Besatzung auch über Berlin hereinbrachen. In dieser Zeit der Schmach und Trauer schrieb er den ersten Band seiner köstlichen „Ansichten der Natur" nieder; er nannte sie selbst sein Lieblingswerk und „ein rein auf deutsche Gefühlsweise berechnetes Buch". In ihm aus den irdischen Bedrängnissen in die ewige Größe und Schönheit der Natur flüchtend, fand er darin Gefühlstöne und einen dichterischen Schwung der Schilderung, womit er alle seine Vorgänger, selbst Forster und Goethe übertraf, wenn ihm von abgünstiger Seite deswegen auch eine „métaphysique allemande" vorgeworfen wurde. Abrisse, wie das „Nächtliche Tierleben im Urwalde" oder „Steppen und Wüsten", waren nach Inhalt und Form vollendete Meisterstücke vergleichender Naturkunde, bei denen der ganze Erdball in unseren Händen hin und her rollt, wie Peschel gesagt hat. Und sind es bis heute geblieben. Gerade der seelische Druck, unter dem Humboldt, den nach seiner eigenen Angabe Napoleon I. noch persönlich „haßte", bei der französischen Gewaltherrschaft fortgesetzt stand, hat wohl alle diese Vorzüge mitgeboren. Mußte er doch damals selbst die Plünderung des Schlosses Tegel durch die Franzosen mit ansehen, wobei mit vielen anderen Papieren auch der größte Teil jener unersetzlichen Briefe Schillers an Wilhelm von Humboldt zugrunde ging. „Auf den Bergen ist die Freiheit" — schloß seine Vorrede des neuen Werkes fast drohend und an Schillers „Teil" anklingend.

Es mochte eine Art Erlösung aus unhaltbaren Zuständen für ihn sein, als er 1808 vom König ausersehen wurde, dessen jüngeren Bruder, den Prinzen Wilhelm, Gemahl der hochgesinnten Prinzeß Marianne, nach Paris als Kenner desselben in einer heiklen Mission bei dem Empereur zu begleiten. Sie sollte eine Ermäßigung der immer höher geschraubten, zum Teil rückständigen Kontributionen Preußens erzielen und noch schlimmere Aussaugung, ja die weitere Aufteilung des Landes und gänzliche Verjagung der Dynastie abwenden. Sich unter solchen Umständen in die Höhle des Löwen, der damals auf dem Zenit seines Ruhmes und Cäsarismus stand, zu begeben, war gewiß ein Wagnis und hieß soviel, wie den Kopf in seinen Rachen stecken. Gleichwohl tat das mutig der Zollernprinz und bot sogar seine Freiheit als Unterpfand, sich selbst als Geisel, bis Preußen seine eingegangenen Verpflichtungen zu lösen imstande wäre. An Napoleons ehrgeizigen, weltdiktatorischen Plänen prallte solcher großherziger Appell natürlich ab; wenn er auch nicht ganz unempfindlich dagegen blieb und einige Erleichterung hinsichtlich der Besetzung Preußens zuließ, so wurden die Zahlungen Preußens sogar auf 140 Millionen Frank hinaufgesetzt; Prinz Wilhelm mußte unter neuen Bedrohungen, zu denen auch Steins aufgefangener, unvorsichtiger Brief herzuhalten hatte, einen Traktat Anfang September unterzeichnen, der dies anerkannte und Preußens Heer für ein Jahrzehnt auf 42000 Mann beschränkte. Erst durch den Erfurter Kongreß, die Fürsprache des Zaren dort und die Schwierigkeiten in Spanien lockerte sich einigermaßen dieser erdrosselnde Zugriff des Korsen. Humboldt, in der gelehrten Gesellschaft Frankreichs hochangesehen und befreundet, ja von ihr als ihr Adept betrachtet, erlebte alle diese dramatischen Vorgänge, die in Königsberg am Hofe, vor allem von der erschütterten Königin Luise wie eine verlorene Schlacht empfunden wurden und tiefe Entmutigungen erzeugten, zusammen mit dem Adjutanten des Prinzen v. Hedemann, der später der Eidam seines Bruders wurde, in unmittelbarster Nähe und Mitbeteiligung. Leider ist wieder nichts Gründlicheres bekannt, in welcher Weise er seine vielseitigen Pariser Beziehungen oder die Fähigkeiten seiner diplomatischen Natur und Erfahrung angewandt hat. Sie waren keineswegs gering und, wie wir sahen, schon unter Hardenberg am Rhein vorgeschult. Freilich blieb der vorliegende Fall ein an sich hoffnungsloser; denn um den Willen eines Napoleon I. aus den Angeln zu heben, dazu gehörte gewiß anderes als die noch so geschmeidige Klugheit und Geistigkeit eines einzelnen, den er zudem nicht leiden konnte und eines Tages mit der hochmütigen Beleidigung überfiel: „Sie treiben Botanik? Das tut meine Frau auch!" Indes scheint gerade sein Haß zu verraten, daß er in ihm mehr als nur einen Botaniker, zum mindesten einen recht kritischen und unbequemen Beobachter witterte. Das preußische Königshaus blieb jedenfalls Humboldt für seine damaligen Dienste verbunden.

Das zeigte sich am augenfälligsten darin, daß Friedrich Wilhelm III. seinem Kammerherrn, als Prinz Wilhelm gegen Ausgang 1808 Paris wieder verließ, ohne weiteres Urlaub und Genehmigung dort länger zu verbleiben erteilte. Da Humboldt seine wissenschaftliche Tätigkeit immer in erster Linie stand, da die Heimat in ihrem zerrütteten Niedergange keine Aussichten und Mittel für die Herstellung seines amerikanischen Reisewerkes, dessen verzögerte Herausgabe drängte, bot, vielmehr ihm fortwährend Unruhe und Störungen bereitete, so war es verständlich, wenn er jetzt den Aufenthalt in Paris dem Berliner vorzog.

Hier fand er alles, was ihm an der Spree fehlte: nicht nur den blendenden Glanz des neuen Kaiserreiches, das selbst sichtbaren Wert darauf legte, sich wenigstens dekorativ mit einem augenfälligen Aufwand von Kunst und Wissenschaft zu schmücken, über unbeschränkte Mittel hierzu gebot und wie ein Magnet die andere europäische Welt an sich zog, eine tatsächliche Blüte der Naturwissenschaften und der exakten Forschung, einen weiten Kreis von befreundeten Gelehrten, die ihm entweder schon persönlich nahestanden oder als auswärtigem Mitgliede des Pariser Instituts nun bekannt wurden, besonders aber noch eine fast verschwenderische Kunst der Druck- und Bildtechnik. Man möchte auch annehmen, daß er selbst im preußischen und monarchischen Sinne nach der traurigen Lage der Dinge eher an der Seine als in Berlin dem Vaterlande etwas zu nützen hoffen mochte, und daß im stillen auch der König annahm, es würden ihm seine Eindrücke an Ort und Stelle inmitten des Pariser Zentrums manche politisch wertvolle Bereicherung vermitteln können. Daß über diesen Fragen, die sich unwillkürlich einfinden, noch ein vollkommener Schleier ruht, daß man überhaupt einer politischen Mitwirkung Alexander v. Humboldts auch später bei seinen immer wieder erneuerten Aufenthalten in Frankreich sehr geringe Aufmerksamkeit geschenkt hat, bleibt sicher zu bedauern. Man hat öfter das Gefühl, daß sie mehr bedeuteten als eine ausschließlich gelehrte und private Angelegenheit und als sie schienen, daß sie vielmehr bei wichtigeren Entscheidungen um so beachtenswerter eingriffen, je harmloser sie umkleidet und je verschwiegener sie geübt wurden.

Für fast zwei Jahrzehnte verschwindet nun Alexander vom preußischen Boden, fast erdrückt und mit seinem Vermögen immer mehr zurückgehend unter der zunehmenden Last seines dreißigbändigen Riesenwerkes. Es kostete ihn, wie er selbst öfters erwähnt hat, an Zuschüssen sein letztes, großes Erbvermögen von 600 000 Franken, ohne daß irgendein nennenswerter buchhändlerischer Ertrag sich dafür einfand. Das preußische Königshaus, das seit Ende 1809 ja wieder in Berlin residierte, verlor ihn und seine Arbeiten niemals aus den Augen; soweit die Kräfte bei der eigenen und staatlichen Notlage reichten, wurde er in seinem wissenschaftlichen Unternehmen gestützt. Sein Bruder, seit 1809 Leiter des preußischen Kultusministeriums und bald Geheimer Staatsminister, stellte eine fortdauernde Verbindung mit ihm her. Als dann Paris Ende März 1814 von den Verbündeten genommen war, die alliierten Monarchen einzogen und auch Wilhelm v. Humboldt mit dem preußischen Staatskanzler v. Hardenberg bei den Friedensverhandlungen tätig war, ergab sich für Alexander wieder ein unmittelbarer Verkehr mit seinem König. Schon am Tage nach dem Einzuge, am 2. April, wurde er zu ihm beschieden, damit er ihm bei seiner genauen Kenntnis aller Pariser Verhältnisse und Örtlichkeiten als Begleiter und Führer diene. Alexander fand bei Friedrich Wilhelm III. solches Wohlgefallen, daß dieser, sich in das Gespräch mit ihm vertiefend, einmal selbst den General Yorck mit der angesagten Audienz warten ließ. Nachträglich wurden ihm durch Kabinettsorder vom 16. Mai 1816 für die geopferte Zeit und Mühe 1500 Taler angewiesen. Bedeutender noch war die Zuwendung, die ihm im Herbst 1815 zur Beschleunigung der Vollendung seines Reisewerkes mittels eines Kreditbriefs bis auf 24 000 Frank durch den Finanzminister Grafen v. Bülow zugeleitet wurde. Alexander verrechnete sie 1820 an den Staatsminister Freiherrn v. Altenstein im einzelnen und gab dazu an: „Auf diese Weise ist der ganze vierte Band in Folio, die ‚Nova genera et species plantarum aequinoctialium' auf königliche Kosten früher gedruckt worden, als noch der dritte Band vollendet war." Zugleich bot er als Gegengabe an und lieferte später auch vier Vollexemplare des Reisewerks, deren buchhändlerischer Wert (viermal 2753 Taler oder rund über 40000 Franken) eigentlich die von ihm empfangene Summe wieder überstieg. Der König ließ sie den Universitätsbibliotheken zugeben. Das war ein oft wiederkehrendes Schulbeispiel, wie wenig Nutzen Humboldt für sich aus seiner wissenschaftlichen Arbeit zu ziehen wußte oder überhaupt suchte.

König Friedrich Wilhelm III. zeichnete seinen gelehrten Kammerherrn nicht allein dadurch aus, daß er ihn so viel wie möglich in seine Nähe zog, zu der Triumphreise 1814 nach England neben Blücher, seinem Bruder Wilhelm usw. mitnahm, auf die Kongresse zu Aachen 1818 und zu Verona 1822 berief und weiter mit ihm nach Rom und Neapel reiste, wo Alexander dreimal den Vesuv zu neuen Höhenmessungen und Prüfungen der Kraterränder bestieg, er ließ ihm auch hohe staatliche Verwendung anbieten, so den Gesandtenposten in Paris; Alexander aber, grundsätzlich solche dauernden amtlichen Bindungen seiner freien Bewegung scheuend, lehnte auch diesmal ab. Das Wesentliche blieb für ihn ununterbrochen die Förderung seiner wissenschaftlichen Pläne, Arbeiten und Reisen. Ein Lieblingsgedanke war ihm nach der Erkundung des westlichen Erdteils eine Erforschung Asiens, teils im hohen Norden, teils in seinen zentralen Gebirgsstöcken oder im indischen Süden. Am ehesten war das eine oder das andere mit Hilfe Rußlands oder Englands, das Humboldt vom Wappen her häufig das „Reich des Leoparden"nannte, ins Werk zu setzen. Er fand hierfür beim König das verständnisvollste Eingehen, und mehrmals schien die Erfüllung so weit nahegerückt, daß sie nur noch der Eintritt unerwarteter und schwerwiegender Zeitereignisse hindern konnte. Bereits 1811/12 rüstete Rußland eine Mission über Kaschgar nach Tibet aus, welche Humboldts Sehnsucht zu befriedigen versprach. Indessen zerstörte die Schicksalshand Napoleons I. zum drittenmal den Humboldtschen, wie den russischen Forschungsplan; sein Zug nach Moskau schob ihn beiseite, ehe er sich noch gestaltete.

Ein lockender Ersatz winkte dann Humboldt, während er sich beim Aachener Kongresse im Gefolge des Königs befand. Er neigte nun mehr dazu, von Indien aus namentlich die Höhen und die geologischen Verhältnisse im Himalaya und Kuenlün

(Kwenlun) festzustellen und mit seinen früheren Kordillerenuntersuchungen zu vergleichen. Noch 1816 brachte er in den Pariser Annalen der Physik und Chemie einen Aufsatz „Sur le montagnes de l'Inde". Er muß nach späteren Andeutungen aber bereits 1814 den Londoner Aufenthalt mit dem König zu Anregungen derart benutzt haben. Jetzt in Aachen, wo sich ein europäischer Areopag zusammenfand und Frankreich sogar in die Heilige Allianz eintrat, wohin der König ihn ausdrücklich berufen hatte und wo auch sein alter Gönner Fürst v. Hardenberg anwesend war, schien eine selten günstige Gelegenheit vorzuliegen, auf die Idee zurückzukommen. Man möchte glauben, daß seine Heranziehung zum Kongreß von vornherein mit ihr als Zweck in Verbindung stand. Es wickelte sich auch alles für Humboldt auf das Günstigste ab. Am 18. Oktober machte er eine Eingabe an den Staatskanzler und schon den Tag darauf erging folgende Kabinettsorder des Königs an ihn:

„Der Staatskanzler Fürst v. Hardenberg hat Mir das Memoire vorgelegt, welches Sie ihm wegen Ihrer beabsichtigten Reise nach der indischen Halbinsel und dem indischen Archipelagus übergaben. Sie haben durch Ihre früheren Reisen nach dem südlichen Amerika und die schönen Werke, welche die Früchte derselben sind, einen Ruhm erworben, welcher Ihnen, sowie Ihrem Vaterlande zur Ehre und der Wissenschaft zum größten Nutzen gereicht, und Ich zweifle nicht, daß dasselbe mit Ihrem neuen Reiseplane der Fall sein werde. Ich bewillige Ihnen also sehr gern behufs der Ausführung desselben eine jährliche Unterstützung von 12 000 Talern in Gold auf vier bis fünf Jahre vom Tage Ihrer Abreise an, wie auch die astronomischen und physikalischen Instrumente, welche jedoch [— was Humboldt selbst beantragt hatte! —] Staatseigentum bleiben und nach Beendigung Ihrer Reise dahin abzuliefern sind, wo Ich es bestimmen werde. Ich werde es auch gern sehen, wenn Sie als Kenner dahin wirken, die dem Staate gehörenden Kabinette zu bereichern und werde an dem guten Erfolge Ihres wissenschaftlichen Strebens lebhaften Anteil nehmen.

Aachen, den 19. Oktober 1818. Friedrich Wilhelm."

Hier liegt ein urkundliches Zeugnis vor, wie weitgehend und warm der König sich bei aller ruhigen Schlichtheit der Form für die Sachen, die Humboldt am Herzen lagen, eingesetzt hat. Wir hören aus diesem Anlasse ferner, daß er schon 1814 dem Prinz-regenten von Großbritannien in London es nahegelegt hatte, Humboldt seines Schutzes in Indien zu versichern und daß dieser auch der Bitte darum nachkam. Die englische Regierung, über deren Wohlwollen sich Humboldt nach seiner Eingabe zu rosig täuschte, dachte indes 1818 anders, empfand Humboldts Auftauchen als eine Störung ihrer indischen Zirkel, witterte vielleicht bei dessen Pariser Beziehungen sogar eine französische Kabale dahinter, kurz ließ, von der englisch-ostindischen Gesellschaft scharfgemacht, auf die nötige Einreiseerlaubnis warten und das Ganze im Sande verlaufen. So wurde die königliche Großmut und die ansehnliche Bewilligung von 72 000 Talern leider hinfällig. Aber als ein schönes Ehrenzeugnis für die preußische Regierung damals in der Erschöpfung nach den Befreiungskriegen und nach den wirtschaftlichen Niedergangsjahren 1816/17 lebt sie noch heute fort. Fast rührend war es, daß betreffs der Ablieferung an den Staat die obige Kabinettsorder noch, als Humboldt für die Anschaffung der Instrumente die ersten 12 000 Taler umwendend zugingen, einen Nachtrag dahin erhielt, daß es „keineswegs in der Absicht Sr. Majestät liege, daran eine lästige und drückende Verpflichtung zu knüpfen. Da bekanntlich bei einer solchen Reise die Instrumente oft zerbrochen oder schon durch öfteren Gebrauch unbrauchbar werden oder auch anderweitig zu Schaden kommen, so wäre es unbillig, ihre Ablieferung nach Zahl und Eigenschaften in ihrer Integrität zu fordern...“ Humboldt solle sich ihrer „nur ungehindert und ohne Ängstlichkeit“ bedienen. Er konnte sich im alten Preußen wirklich nicht über Mangel an Rücksicht beschweren.

Das trat bei seiner Rückübersiedlung von Paris nach Berlin 1826/27 noch deutlicher hervor, über deren Gründe und Begleitumstände viel und recht Abweichendes und Irriges geschrieben worden ist. Denn außer ferneren wissenschaftlichen Unterstützungen wurden ihm 5000 Taler festes Jahresgehalt ausgesetzt und die Freiheit zugestanden, alljährlich vier Monate in Paris zu verbringen. Daß er mit seinen neuen Einkünften in Berlin auch nicht ausreichen würde, war bei seinen Anlagen und großen Plänen freilich vorauszusetzen; es heißt, sein Gehalt habe nie über den zehnten Tag des Monats hinausgelangt. Der König seinerseits tat, was er ihm zuliebe nur irgendwie einrichten und verantworten konnte; denn er hatte eine unverhüllte herzliche

Zuneigung und Verehrung für ihn. Er schätzte nicht nur seine Forschungen und Unternehmen nach ihrer sachlichen Bedeutung, er sah in ihm auch einen geistigen Führer und Berater, der ihm sonst fernliegende und verschlossene Gebiete offenbarte und in ein auch ihm willkommenes Licht setzte.

Bischof Eylert hat in seinen Erinnerungen an Friedrich Wilhelm III. manches Überschwengliche über dieses nicht alltägliche Verhältnis weit entfernter Naturen berichtet, was Humboldt selbst ironisch, ja ärgerlich abgelehnt hat, indessen dürfte folgende Stelle, wenigstens was den König anlangt, im großen ganzen doch zutreffen: „Von der großen Weltanschauung, der theoretisch, forschend und praktisch beobachtend Humboldt sein langes Leben gewidmet, floß sein Herz in beredter Zunge auch über in dem täglichen Umgange mit dem König. Das klar Gedachte und klar Ausgesprochene über ‚Naturgenuß und Weltgesetze, Weltbeschreibung und Naturgemälde', von dem vertrauten Hausfreunde in der Natur, in Gärten und auf Reisen gelegentlich gesagt, nahm sinnig und nachdenkend der königliche Hörer in sich auf; still verarbeitete er es in seinem Gemüt und kombinierte es auf seine eigentümliche Weise mit anderen Ideen. So bildete sich in ihm aus die große Analogie zwischen der Natur und der Offenbarung; in beiden sah er dieselben Gesetze, dieselben Geheimnisse und Wunder, in beiden verehrte er den nämlichen Schöpfer..." Nur von Politik war niemals die Rede, und auch die bezaubernde Unterhaltungsgabe Humboldts kam bei dem darin unbeholfenen König und seiner Umgebung wenig zur Geltung, so daß er wohl manchmal über Langeweile seufzte. Gleichgültig war ihm die Gunst des Königs nie, oft genug hat er sie mit Dank und nach des Königs Tode mit Pietät erwähnt. Wenn er den Zwang seiner Hofstellung auch manchmal lebhaft beklagte, sie war ihm doch ein Teil seiner eigenen ererbten Adelsnatur und je länger, je mehr ein Bedürfnis und eine Stütze seines Alters, abgesehen auch von den verschiedenen äußeren Vorteilen, die sie für ihn zur Folge hatte.

Allerdings war sie gleichzeitig eine Quelle von Neid, Mißgunst, Nachrede und selbst boshafter Feindschaft, wie solche an Höfen ja niemals fehlen und sich um ungewöhnliche, gewissermaßen nicht zum Bau und Herkommen gehörige Erscheinungen noch reichlicher sammeln. Dazu erregte sein deistischer Empirismus, sein unkirchlicher Standpunkt, auch manches ironisch beißende Wort von ihm über Mystik, über die „Frommen", über den jesuitischen Ultramontanismus, den er in Spanien und Südamerika studiert hatte, mannigfachen Anstoß und trug ihm Zwischenfälle und Widerreden ein, die er wohl schlagfertig abwehrte, welche aber doch Spannungen hinterließen, die ihm bei seinem im Grunde gütigen und weichen Herzen wehtaten. Auf den König übten solche Gegnerschaften oder Verketzerungen jedoch keinerlei Einfluß, er blieb in seinem Wohlwollen und auch in den Richtlinien, die er sich für den Verkehr mit Humboldt gebildet hatte, bis an sein Lebensende, selbst wo er dessen Ansichten nicht teilte, unveränderlich. Denn daß mit Humboldts Erscheinen nicht nur in den Betrieb der Wissenschaften, sondern in die gesamte geistige und gesellige Atmosphäre Berlins ein frischer Luftzug, eine wohltätige Belebung kam, verhehlte er sich nicht und dankte es seinem vertrauten Kammerherrn auf mancherlei Weise. Er gab zunächst ihm einen jederzeit freien Eintritt bei sich; er könne kommen, wann es ihm beliebe, mittags oder abends.

Schon im August 1827 ernannte er ihn zum Präsidenten einer Kommission zur Prüfung von Unterstützungsgesuchen der Gelehrten und Künstler, die ebenso Humboldts hilfreicher Menschenfreundlichkeit, wie seinem Eifer, der Geistesarbeit besseren Ertrag und soziale Hebung zu schaffen, entsprach. Als Bunsen im selben Herbst zum Besuch kam, überließ er ihm dessen Führung, das Jahr darauf hatte er im Juni dem ehrwürdigen Großherzog Karl August von Sachsen-Weimar, Preußens treuestem Freunde, aufzuwarten, mit dessen Weimarer Musenhof er ja von Zeit zu Zeit immer wieder Fühlung gehabt hatte und mit dem er die letzten Tage vor seinem nahen Tode — er starb auf seiner Rückreise in Graditz am 14. Juni d. J. — noch ernste, tiefe und denkwürdige Gespräche führte[9]. Goethe nannte es eine wunderbare Fügung, daß einer der besten Fürsten, die Deutschland je besessen, einen Mann wie Humboldt zur letzten Gesellschaft gehabt hätte. Bald darauf hatte Humboldt den König zu seinem alljährlichen Badeaufenthalte in Teplitz zu begleiten und das wiederholte sich weiterhin.

Den wertvollsten Beweis seiner Huld aber gab der König

---

[9]   Vgl. den Brief Humboldts an den Weimarischen Kanzler Müller bei Bruhns I, 232/33 und Eckermann, Gespräche III, 257 f.

wohl durch seine bei aller äußerlichen Zurückhaltung doch sichtbare Anteilnahme an den gelehrten Neuerungen Humboldts. Es waren vornehmlich drei: 1. seine Vorlesungen als Mitglied der Akademie an der Universität über physische Erdkunde, seine öffentlichen Vorträge als gleichlaufender, für weitere Kreise volkstümlich geformter Zyklus darüber in der Singakademie während des Winters 1827/28 — anknüpfend an Fichtes und Schlegels Vorbild, beide unentgeltlich, vorbereitet durch Pariser Anfänge und die Grundlage für den späteren Kosmos —; 2. die glänzende Versammlung der Gesellschaft der Naturforscher und Ärzte 1828 in Berlin, die Humboldt leitete und durch eine meisterhafte Ansprache auch in höhere nationale Bedeutung rückte, an der der König den Kronprinzen und andere Prinzen teilnehmen ließ und selbst dem Teeabend im Schauspielhause in einer Loge beiwohnte; 2. die Gründung der Geographischen Gesellschaft mit Karl Ritter. Allgemeines Interesse erregte endlich die Wiederaufnahme der erdmagnetischen Beobachtungen von 1807 durch Humboldt, wobei ihn jetzt in dem Ablesen und Aufzeichnen der Nadelschwankungen eine namhafte Schule jüngerer Kräfte unterstützen konnte; sie ging in dem berühmten eisenfreien Häuschen vor sich, das in dem Garten des Stadtrates Mendelssohn, des Vaters des Komponisten, auf der Leipziger Straße, wo nun das Herrenhaus steht, aufgebaut war. Im weiteren Zusammenhang mit alledem stand das endliche Zustandekommen einer Reise nach Asien durch russischen Beistand; es wurde also auf das 1812 gescheiterte Unterfangen zurückgegriffen. Durch die 1817 erfolgte Heirat des nachmaligen Zaren Nikolaus mit Prinzeß Charlotte, der ältesten Tochter des Königs und der verewigten Königin Luise, war seitdem eine noch festere Brücke von Berlin nach Petersburg geschlagen. Der König hat sie gewiß benutzt, um seinen Eidam für den unerfüllten Wunsch Humboldts zugänglich zu machen. Und dieser ging darauf ein, obwohl oder weil er damals schon mit dem Kriege gegen die Türkei beschäftigt war. So ließ der neugekrönte Selbstherrscher 1327 Humboldt durch seinen Minister Graf CanErin erst eine Andeutung nahelegen, ob „der Ural wohl des Besuches eines großen Naturkundigen wert wäre", und als Humboldt im November d. J. darauf wissenschaftlich eingehend und bejahend antwortete, gleich das Anerbieten machen, auf Kosten der russischen Krone eine ausgedehnte Forschungsreise im nördlichen Asien nach dem Ural und Altai, sowie nach der chinesischen Dsungarei und dem Kaspischen Meere — einem Sehnsuchtsziel schon der Jünglingsjahre Humboldts — anzutreten. Es wurde ausdrücklich zugefügt, Humboldt möge die Förderung der Naturwissenschaften als alleinigen Hauptzweck, den Nutzen aber, welchen die russische Regierung etwa aus seinen Entdeckungen für Bergbau und Landesindustrie ziehen könnte, als Nebenaufgabe betrachten. Zugleich wurde ihm in jedem Betracht Schutz und Beistand verheißen, allen Gouverneuren und Beamten ein entsprechender Ukas zugesandt, ihm ein besonderer Bergbeamter mit einer Reisekasse, sowie ein Feldjäger beigegeben, vortreffliche Wagen wurden gestellt usw.

Die Vorbereitungen dazu zogen sich über das Jahr 1828 hin; als Begleiter durften sich Humboldt der Chemiker und Mineraloge Professor Rose und der bekannte Naturforscher Professor Ehrenberg anschließen. Der Aufbruch erfolgte erst im Frühjahr 1829, wie er von Anfang an erbeten hatte; vorher traf ihn der harte Schlag, am 26. März den Tod seiner edlen vielverehrten Schwägerin Karoline, der auch für seinen Bruder Wilhelm ein nie mehr überwundener Verlust wurde, zu erleben. Der König ernannte ihn noch vor der Abreise zum Wirklichen Geheimen Rate mit dem Titel Exzellenz, eine mit Bezug auf russische Hof- und Beamtenverhältnisse sehr sinngemäße Aufmerksamkeit. Außerdem wurden ihm vom König und Kronprinzen die wärmsten Empfehlungsbriefe an die Kaiserfamilie mitgegeben. Der Verlauf der Reise selbst und ihr wissenschaftliches Ergebnis gehören nicht hierher; sie dauerte vom 20. Mai bis 12. November, über 2000 geographische Meilen wurden zurückgelegt, 658 Poststationen passiert, 12 244 Pferde benutzt, 53 Flüsse überschritten — gewiß schon physisch trotz aller Fürsorge für einen sechzigjährigen Mann wie Humboldt eine gewaltige Anstrengung. Das große Prachtwerk über „Asie centrale" (Paris 1843, 3 Bände) wurde später dem Zaren Nikolaus mit einer würdigen Widmung zugeeignet.

Mit dem Hause Orleans schon von früher her befreundet, wurde Humboldt, nachdem die Julirevolution 1830 dieses auf den Thron erhoben hatte, von der preußischen Regierung im Herbste 1830 gemäß seinem vertragsmäßigen Ansprüche erstmalig nach Paris beurlaubt, weilte vier Monate daselbst, machte aber nur auf ganz kurze Zeit einen Zwischenbesuch in Berlin, um dann ununterbrochen die Zeit bis April 1832 in Paris zu verbringen. Zur Anknüpfung preußischer Beziehungen mit dem neuen Hofe, zur Vermittlung intimer Beobachtungen und kenntnisreicher Nachrichten war er zweifellos eine besonders geeignete Persönlichkeit. Es war also verständlich, wenn der König ihn zu dieser einen begrenzten, außenpolitischen Sondermission andauernd verwandte, obwohl er mit ihm sonst politische Gegenstände nicht erörterte. Und wie schon früher hervorgehoben, es wäre angebracht, dieser diplomatischen Nebentätigkeit Humboldts, der nicht nur der Träger geheimer Depeschen und Weisungen war, sondern auch sehr sorgfältig und regelmäßig freie Berichte an das Auswärtige Amt oder an den König selbst erstattete, viel eindringender nachzugehen, als das bislang geschehen ist. War der Pariser Gesandte Preußens auf Urlaub, pflegte er ihn sogar amtlich zu vertreten.

Seine nächste Pariser Mission füllte die Monate August bis Dezember 1835, und während des bedeutsamen Besuches, den die Herzöge von Orleans und Nemours in Berlin Mai 1836 abstatteten und der den Auftakt zu dem Verlöbnis der Prinzeß Helene von Mecklenburg-Schwerin mit dem Sohne des Königs Louis Philippe bildete, stand er sowohl als begleitender Kammerherr, wie als politischer Berater im Vordergrund. Deshalb verband ihn mit der späteren Herzogin Helene von Orleans auch ein lebenslanger Verkehr, dem wir noch öfter begegnen werden; ihr Hofhalt wurde in Paris für ihn eine neue Anziehung. Das letztemal unter dem alten König weilte er vom 20. August 1838 bis 2. Januar 1829, also wieder ungewöhnlich lange da. Kein Wunder, wenn er so etwas stark in die Atmosphäre der Pariser Politik geriet und mit seiner Hinneigung zu ihr, die sich zudem mit Überresten der Ideen von 1789 verband, deshalb in Berlin politisch mit einiger vorsichtiger Einschränkung betrachtet wurde. Objektiv wird man diese diplomatische Seite an Humboldt erst endgültig beurteilen können, wenn man Inhalt und Tendenz seiner Berichte erschöpfend kennt.

Der Stillstand und die natürliche Verknöcherung, welche mit dem zunehmenden Alter des Königs und seiner Regierung in Preußen eintrat, kühlte auch sein Verhältnis zu Humboldt etwas ab. Mit seiner immer noch jugendlich lebendigen Seele empfand der Gelehrte ihre Einförmigkeit zuletzt „grau und dunkel und ungenießbar", obwohl der König ihm weiter persönlich zugetan blieb und er das auch gerechterweise anerkennen mußte. So hob er noch wenige Tage vor dem Heimgange Friedrich Wilhelms III. († Juni 1840) anläßlich der Grundsteinlegung des Friedrichsdenkmals Unter den Linden in der Akademie unter anderem hervor, „daß die Huld eines teuren Monarchen in allen Teilen des vergrößerten Reiches für Begründung wissenschaftlicher Anstalten und die edlen Blüten des Kunstlebens großartigst gesorgt hat..." So schrieb ihm auch sein alter Freund, der berühmte Königsberger Astronom Fr. W. Besfel, beim Tode des Königs: „Wenn der König einen als seinen Freund betrachtet hat, so sind Sie es gewesen ... Auch ich beklage innig, daß ein so schönes und seltenes Verhältnis zerrissen worden ist..." In Briefen an den Mathematiker Gauß, an den französischen Komponisten Kasimir Gide gestand Humboldt selbst, daß sein Gemüt durch den Tod eines Monarchen getrübt sei, der ihn eines langen Vertrauens gewürdigt und nie seine geistige Unabhängigkeit geschmälert habe.

Ein brieflicher Verkehr zwischen dem König und seinem Kammerherrn ist auf dem Brandenburg-Preußischen Hausarchiv nicht vorhanden. Er ist auch kaum anzunehmen, da der König streng darauf hielt, alle seine Akte durch den geordneten Weg der Ämter und Instanzen gehen zu lassen. Was er persönlich mit dem Gelehrten austauschte, geschah also ständig mündlich, und alles andere wurde durch Kabinettsorder geregelt. Einige derselben wurden ja hier verflochten. In dem Kunstnachlaß Humboldts findet sich endlich unter Nr. 462 als Geschenk Friedrich Wilhelms III. eine Sammlung von nicht weniger als 3600 Gemmenabdrücken verzeichnet, untergebracht in Kästen von Maserbirkenholz, die in Buchform gearbeitet waren. Wohin mag diese Seltenheit gelangt sein?

5. Das Verhältnis zu Friedrich Wilhelm IV

Es ist bekannt, daß Alexander von Humboldt während der Regierung Friedrich Wilhelms III. auch zu dem Thronfolger in näherer und freundschaftlicher Beziehung gestanden hat, ja daß er gegen deren Ende hin diesen Teil seiner Hofverpflichtungen für den angenehmeren gehalten hat. An den Astronomen Chr. Schumacher schrieb er 1839, er müsse jetzt öfter als früher „den einst berühmten Hügel von Sanssouci" bewohnen, das heißt bei dem dort residierenden Kronprinzen weilen, „und dieser Teil meiner Existenz ist, wie Sie wissen, der geistig erfreulichere".

Die persönliche Berührung zwischen beiden ging schon bis in die frühen Knabenjahre des Thronfolgers zurück. Die Tagebuchblätter ihres bekannten ersten Erziehers Fr. Delbrück verzeichnen wiederholt den Verkehr seiner prinzlichen Zöglinge mit dem großen Gelehrten seit Ende 1805. Vorher (8. April 1805) wurden von ihnen im Botanischen Garten die Gewächshäuser und die Aufzucht der von ihm aus Amerika geschickten Sämereien besucht oder am Hofe (14. bis 16. August) die übersandten Reiseandenken, Steinarten, Silberstufen, Flüchte, Kunsterzeugnisse, Götzenbilder der fremden Länder betrachtet. Am 28. November d. J. stattete dann Humboldt den Prinzen nach seinem Wiedereintreffen in Berlin den ersten Besuch ab, erzählte ihnen von der Chimborassobesteigung, von seinen lebensgefährlichen Abenteuern, von Patagoniern und Karaiben als schönsten Rassen der Ureinwohner und anderes mehr. „Die Prinzen waren zu meiner Freude so von Herzen für diesen trefflichen Mann eingenommen", trägt ihr Mentor ein. Den Sonntag darauf, am '1. Dezember, kam Humboldt wieder und brachte Mappen mit mexikanischen Naturzeichnungen usw. mit. „Es ist ein bewundernswürdiger Mann. Was weiß er nicht alles, und wie spricht er über alles und bei der Gelehrsamkeit, welche Menschenkenntnis und Bekanntschaft mit den jetzigen Welthändeln." (Über Napoleon und Lucchesini!)

Leider störte Delbrück das sich anbahnende Verhältnis mit dem „bewundernswürdigen Manne" dann selbst, indem er ihm mit jenem schulmeisterlichen Selbstbewußtsein und Taktmangel, den gelegentlich sogar die Königliche Mutter erfuhr, den genialen Vorschlag machte, dem Kronprinzen „die Anfangsgründe der mathematischen und physikalischen Geographie" zu lehren, also gewissermaßen unter seiner Oberleitung sein pädagogischer Kollege und Gehilfe zu werden. So kühlte sich diese Beziehung bald ab, zumal Wilhelm v. Humboldt, der Bruder, von Delbrück gleichfalls nicht gerade hoch dachte. Als daher später in Königsberg Alexanders prachtvolle „Ansichten der Natur" zur Vorlesung kamen (14. Juli 1808), wollten sie nach Delbrücks Eintrag angeblich plötzlich „nicht schmecken".

Waren des Kronprinzen erste Berührungen mit Humboldt vorübergehende und wurden durch seinen Fortgang nach Paris und die größeren Zeitereignisse der Befreiungskriege, an denen der Thronfolger ehrenvollen Anteil nahm, in den Hintergrund gedrängt, so lebten sie um so stärker auf in dessen Mannesjahren, als Humboldt von Paris dauernd an die Spree zurückkam, am stärksten aber wohl erst nach dem Tode Wilhelm v. Humboldts, der dem Kronprinzenpaare nicht nur durch sein andauerndes Leben und Wirken in Berlin und Tegel, zuletzt auch auf dem Gebiet der Kunst und Museen, sondern auch durch Wesensart verwandter war. Gewiß wird die Erscheinung Alexanders daneben auf den Thronfolger schon in jüngeren Jahren ihren Eindruck hinterlassen haben, aber sie bewegte sich doch in größerer Ferne. Zudem fällt es auf, daß Alexander, wenn der verbissene Zollernpamphletist Varnhagen hier nicht wieder übertreibt (Tagebücher I, 9), sich über die Königin Luise erregt und abfällig ausgelassen haben soll; nach ihm zerstörte er mit rücksichtsloser Kritik „das falsche Bild, das sich durch Übereinkunft und blindes Nachreden von dem Charakter der Königin Luise festgesetzt habe". Wenn diese Kritik auch nur in der Hauptsache zutreffen sollte, müßte man annehmen, daß ihm einst die Königin fremd und wenig geneigt gewesen ist, ob ihr nun seine religiöse, politische oder menschliche Richtung nicht zusagte oder auch seine Übersiedlung nach dem napoleonischen Paris mißfiel. Vielleicht hängt damit die entschiedene Abneigung zusammen, die zwischen Friedrich Ancillon, dem von der Königin noch kurz vor ihrem Hinscheiden empfohlenen Haupterzieher des Kronprinzen, und Alexander nach vielen zeitgenössischen Zeugnissen immer geherrscht hat. Man führt sie meist entweder auf die Gegensätze der beiden in ihrer gesamten Geistesverfassung und Weltanschauung oder noch mehr auf Ancillons Eifersucht wegen Humboldts wachsender Einflüsse zurück; sie könnte aber noch ältere Wurzeln haben. Dann wären diese leidenschaftlichen Ausfälle Alexanders auf Preußens edle Königin verständlicher, als sie es an sich bleiben.

Später ist es der König selbst gewesen, der seinen zärtlich geliebten Sohn, auf den er stolz war, und der ihn nach eigener Aussage am meisten an seine verewigte, unvergessene Gemahlin erinnerte, sowie er auch sichtbar deren Lieblingssohn war, mehr mit dem jüngeren Humboldt zusammenführte. Er legte Wert darauf, die reich sprudelnde Quelle des Wissens, die ihn bei seinem vertrauten und gelehrten Kammerherrn so oft ergötzt oder getränkt hatte, auch diesem zu erschließen. Mai 1830, also im Jahre der bald ausbrechenden Juli- und Polenrevolution, wurde Alexander dem Kronprinzen als Begleiter zugesellt, als dieser zur Begrüßung seines Schwagers Nikolaus I. nach Warschau reiste, um der Eröffnung des letzten polnischen Reichstages nach der freisinnigen Verfassung, die Zar Alexander I. den Polen gewährt hatte, beizuwohnen. Der Polenaufstand und sein Zusammenbruch besiegelten dann das Ende derselben und brachten die Wiedereinführung der russischen Gouvernementsregierung. Die deutschen Gäste kamen damals also in dumpf gärende Zustände; wie das gesamte liberale Lager, dürfte auch Humboldt von Sympathien für das religiös-fanatische und deutschfeindliche Polentum beherrscht gewesen sein.

Seine Aufgabe als kronprinzlicher Mentor war an sich eine schwierige, verwickelter als seine gewohnte Rolle beim Könige, die in ihrem Rahmen festlag. Denn er stieß hier auf eine andere, in sich bereits abgeschlossene Individualität — empfänglicher, farbiger, reicher an Geist, Bildung und Talenten, wärmer, liebenswürdiger und offener an Gemüt, fruchtbarer und schwärmerischer an Phantasie, aber auch eigenwilliger in ihrem monarchischen Bewußtsein, ausgeprägter in Neigungen und Abneigungen, schweifender in Anschauungen und Zielen, beweglicher und heftiger in ihren Empfindungen, reizbarer in den Nerven. Im Grunde gab es nur eine unmittelbare Gemeinschaft und eine tragfähige Verbindungslinie zwischen dem Thronfolger und diesem Humboldt, das war die gleiche Begeisterung für alles Geistige und Künstlerische, die tiefe Achtung vor wahrer Wissenschaft, Kunst und Bildung und das aufopfernde Bestreben, sie in Volk und Staat mit allen Kräften und Mitteln zu heben. Daneben bestand auf beiden Seiten nach der hilfreiche Drang wohlzutun, bei Friedrich Wilhelm IV. in der charitativen Form selbstloser Nächstenliebe und christlicher Fürsorge, bei Humboldt im Humanitären Gewände nach dem Goethewort: Edel sei der Mensch, hilfreich und gut! In allem übrigen, vor allem in Religion, Philosophie und Staatsauffassung gähnten Gegensätze, ja zum Teil unüberbrückbare Klüfte, so zwischen dem evangelischen Bekenntnis und gläubig-kirchlichen Standpunkt des Fürsten, der sich sogar in theologischen Denkschriften und in urchristlichen und verfassungsrechtlichen Reformanläufen unter ersehnter Preisgabe des landesherrlichen Summepiskopats betätigte, und dem etwas freidenkerisch und alttestamentlich angehauchten Pantheismus des Forschers, so zwischen dem lutherischen Obrigkeitsbegriffe, paulinischen Gottesgnadentum und historischen Ordnungsstaat der Hohenzollern und Humboldts festgehaltenen Ideen von 1789. In der Tat muß der gerechte Beurteiler zugeben, daß Friedrich Wilhelm IV., wollte er sich nicht selbst und seinen preußischen Herrscherstandpunkt ausgeben, unmöglich auf religiösem und politischem Felde den Ansichten Humboldts folgen konnte. Er zog offenbar aus den vorhandenen Unstimmigkeiten schon als Kronprinz den Schluß, daß hier seinem Einflusse feste Grenzen zu setzen wären, und hat sich im großen ganzen das Verfahren seines Vaters zu eigen gemacht, den einzigartigen Gelehrten in der Politik, da er Meinungen und Köpfe jeglicher Richtung und Prägung, sofern sie nur etwas wogen, achtete, wohl geduldig anzuhören, aber praktisch ihn nur dort, wo er wirklich nützen konnte, zu verwenden, nämlich bei der diplomatischen Verbindung mit Frankreich.

Desto vielseitiger, eifriger und weittragender fand er sich mit ihm auf dem neutralen und wachsenden Gebiete der geistigen und künstlerischen Bestrebungen zusammen. Freilich war er als Kronprinz noch unter der oberen Instanz des alten, sparsamen Königs und bei einem keineswegs üppigen Schatullvermögen, auf dessen sorgfältige Verwaltung er selbst möglichst hielt, vorerst nur weniges darin zu tun imstande. Hofstaatssekretär Schöning verwaltete damals die Schatulle, und aus seinen im Brandenburg-Preußischen Hausarchiv noch bewahrten Rechnungslegungen ist ein guter Einblick sowohl in die Einkünfte, Bilanzen, Ausgaben des kronprinzlichen Hof- und Haushaltes zu gewinnen, wie auch in die einzelnen Aufwendungen für Unterstützungen, milde Stiftungen und Vereine, endlich für die sogenannten Extraordinarien. Darin begegnet mehrere Jahre hindurch auch ein Posten an „Graff zum Althochdeutschen Sprachschatz" in Höhe von 666 Taler 20 Groschen Kurant. Es handelt sich um das heute noch vielgebrauchte Werk des Germanisten E. Gottlieb Graff, der, zuerst Schulrat und Königsberger Professor, dann weite Reisen zur Sammlung der althochdeutschen Überreste machte und seit 1830 der Herausgabe derselben in Berlin lebte. Der Kronprinz wandte seinen Studien die wärmste Aufmerksamkeit zu und wurde darin, wie ein eindringlicher Empfehlungsbrief Alexander v. Humboldts, Berlin, 18. März 1833, verrät, von diesem lebhaft bestärkt. Es ist dies ein Beispiel, wie sich die ersten Anknüpfungen zwischen dem Thronfolger und Humboldt angesponnen haben dürften. Ähnlich schickte 1837 Alexander an ihn das astronomische Jahrbuch von H. Chr. Schumacher ein, weil es seinen eigenen Aufsatz über die beiden Chimborassobesteigungen enthielt, oder klärte ihn in einem Schreiben vom 5. August 1826 von Teplitz aus, wo er in Begleitung des Königs weilte, über die wissenschaftliche Fälschung auf, welche ein gewisser Fr. Wagenfeld mit neun Büchern angeblicher phönizischer Geschichte Sanchuniathons kurz vorher getrieben hatte. Humboldt hielt mit dem eigenen Urteil über die Echtheit zurück, legte aber eine scharf kritische Verwerfung des Griechenforschers Forchhammer bei. Bereits aus den Varnhagenschen Veröffentlichungen der L. Assing weiß man ferner, daß kurze Handbillette des Kronprinzen öfter Humboldt zuflogen. Die Seiten 147/48 derselben enthalten drei Belege dafür aus den Jahren 1836,1839 und dem Anfang 1840 noch vor des alten Königs Tod. Es sind autographische Originale, welche Humboldt an Varnhagens Sammeleifer überläßt, gewissermaßen als Gegengabe für dessen Mithilfe bei der stilistischen Glättung seiner Niederschriften. Er gibt in seinem Briefe vom 1. April 1844 (Nr. 76, S. 138 f.) unter Nr. 5, 8,10 u. 11 selbst die nötigen Aufklärungen über diese heute in dem Varnhagenschen Nachlasse auf der preußischen Staatsbibliothek liegenden Stücke. Sie lauten:

I. 23. Dezember 1836. Abends.

Die quasi namenlose Nummer[10] hat die gelindeste aller Strafen zu erwarten, denn der Spruch wird ohne Zweifel, das heißt ganz gewiß, auf 6 Monate und 3 jährige Unanstellungsfähigkeit gemildert. Also einigen Trost schicken Sie als Christengeschenk nach dem vielgetreuen Krefeld. Vielleicht!!?!! gelingt mir's, die völlige Begnadigung dieser Kategorien herbeizuführen. — Empörend und horribel aber ist es, den armen Jungen so lange im eklen Loch schmachten zu lassen— bei solchen Eltern. — Wenn es Narren und Spitzbuben wären, seine Eltern, dann wär's kaum zu entschuldigen. — Sehen wir uns heut abend?

Fr. W.

II. B. 21. février 1839.

Chérissime Humboldt, vous connaissez tous les prétendants à toutes les couronnes —lisez, de grâce la lettre ci-jointe et faites moi connaître le seigneur Cados, ses père et mère et aieux ainsi que ses droits à la couronne de France, que je tâcherai alors à lui procurer.   Frédéric Guillaume, Pr.royal.

[Übersetzung: „Teuerster Humboldt! Sie kennen ja alle Prätendenten auf sämtliche Kronen — lesen Sie, bitte, den anliegenden Brief und lassen Sie mich den Seigneur Cados[11] kennen, seinen Vater, seine Mutter und seine Vorfahren ebenso wie seine Rechte auf die französische Krone, die ich dann ihm zu verschaffen versuchen werde. Friedrich Wilhelm, Kronprinz."]

---

[10] Es handelt sich hier um den jungen Krefelder Höninghaus, für dessen Begnadigung sich Humboldt beim Kronprinzen und dieser wieder beim König mit Erfolg eingesetzt hatte; er ist die „quasi namenlose Nummer"; das ekle Loch ist sein Gefängnis, wahrscheinlich die Berliner Hausvoigtei oder Spandau.

[11] Dieser „Seigneur Cados" war der „ministre secrétaire d'état" des bekannten Uhrmachers W. Naundorf in Spandau, der sich für den aus dem Temple geretteten Dauphin, den Sohn Ludwigs XVI., ausgab und sich darüber beschwert fühlte, daß die preußische Staatszeitung ihn abfällig behandelte. Nicht Cados, aber Naundorf, für den dieser schrieb, war Prätendent auf die französische Krone.

III.

Eine Episode aus Figaros Hochzeit.

Il y manque quelque chose —

Quoi —

Le cachet.

Fühlen Sie die feine Anspielung, theuerster Freund? Ihr Siegel muß mich aus fast ebenso großer Verlegenheit reißen, als die Gräfin Almaviva. Sonst bemerkt der Fürst, daß ich all das Schmeichelhafte, was Sie leider! von mir gesagt haben, gelesen habe, Pour vous divertir, lege ich mein Schreiben bei. Vale.

B., 22. März 1840.   Fr. W.

Nach der Humboldtschen Beischrift bezog sich diese Bitte des Kronprinzen auf einen Brief an den Fürsten Metternich, den er geschrieben hatte, als der Kronprinz diesem das Präsidium des archäologischen Instituts in Rom anbot. Er enthält einige Lobsprüche auf Friedrich Wilhelm, und diesem war es peinlich, ihn offen und ohne Siegel (cachet) seinem eigenen Schreiben an den Fürsten beizulegen. Humboldt siegelte also nachträglich und rühmt sich etwas seltsam am Schluß: „J'ai eu l'honnêteté et la maladresse de ne pas copier la lettre du roi au prince Metternich." Für den menschlich feinen, freundschaftlichen Verkehr und schriftlichen Umgangston des Kronprinzen mit dem „teuersten" Kammerherrn sprechen alle die Briefe hinlänglich und sind darum wertvolle Wegweiser, wie sich derselbe auch später fortgesponnen haben mag. Das letzte Billett des Kronprinzen nennt Humboldt selbst zu Varnhagen „heiter und fein".

In dieser Frühzeit des sich allmählich einbürgernden Schriftverkehrs zwischen dem Kronprinzen und Humboldt aber stehen noch die ergreifenden und inhaltlich wertvollen Berichte des Gelehrten über die letzten Tage seines geliebten Bruders Wilhelm 1835. Sein Leiden ging schon auf mehrere Jahre zurück, setzte seit Anfang des Jahrzehntes ein und bestand in zunehmender Körperschwäche mit Gliederzittern, Schwergehör und Rückenverkrümmung, die schließlich zur Auflösung führte. Der Hausarzt Dr. Ruft hatte ihm vergeblich mit einigen Badeaufenthalten in Gastein und Norderney zu steuern gesucht. Über den Todestag und die letzten Augenblicke sind noch die Mitteilungen Alexanders an den Biographen seines Bruders, Schlesier (Stuttgart 1843 bis 1845), ferner eine Aufzeichnung der ältesten

Haustochter Caroline, ein Brief eben derselben an den Oberhof-
marschall Freiherrn von Rennenkampf in Oldenburg, sowie das
Tagebuch Gabrielens (Lebensbild, S. 347 f.) ergänzend heranzuziehen. Alle bestätigen die milde Ergebung, erhebende Seelen-
kraft und liebreiche Rücksicht Wilhelms im Leiden und Sterben;
zuletzt ließ er sich noch das Bild seiner heißgeliebten vorausge-
gangenen Gattin aus dem Nebenzimmer reichen und sprach leise
Abschiedsworte zu ihm (vgl. Theodor Distel, Aus Wilhelm v.
Humboldts letzten Lebensjahren, Leipzig 1833)[12]. Die neuen
Mitteilungen Alexanders vom Krankenbett in Tegel vervollstän-
digen fesselnd das bisher Bekannte und zeigen zugleich, welch
innigen Anteil das Kronprinzenpaar an dem Hingange dieses
feingebildeten, hochverdienten Staatsmannes, der leider der
Metternichtigkeit und den Karlsbader Beschlüssen zuletzt zum
Opfer fiel, genommen hat. Die Beisetzung Wilhelms an der Seite
seiner Gemahlin unter den stillen Tannen der Familienruhestätte
und dem Standbild der Hoffnung, das er in seinen Sonetten viel
besungen hat, erfolgte am 12. April 11 Uhr morgens unter gro-
ßem Trauergeleite.

Es war für die Natur des Kronprinzen kein Vorteil, daß er erst
mit 44 Jahren zur Regierung gelangte. Wir berührten schon die
Schatten und die Wandelungen des Zeitgeistes, welche inzwischen die Metternichsche Restauration und die Heilige Allianz
ganz entgegengesetzt dem preußisch-nationalen Aufschwünge
der Befreiungskriege hervorriefen. Aber auch psychisch konnte
auf ein mehr feuriges als ausharrendes Gemüt, wie es der Kronprinz besaß, der lange Ruhestand als Thronfolger von 1815 –
1840 nicht günstig wirken. Gewiß war er kein Untätiger oder
vom König Zurückgedrängter, aber doch ein politisch noch Un-
verantwortlicher und letzten Endes Einflußloser, wie Humboldt
gelegentlich selbst anmerkt. Soweit sich der Kronprinz mit öffentlichen Dingen oder Amtspflichten zu befassen hatte, blieben
sie auf seine persönliche Ausbildung oder Neigung eingestellt,
entbehrten noch der freien Entfaltung und letzten Verantwortung. Die Folge war bei seinem reichen, rege und schöpferisch
angelegten Geistesleben, daß er das, was in ihm gärte und was er
noch nicht auszuwirken vermochte, in sich verschloß und wie
einen Geheimtempel schon für sich ohne Berührung und Kampf

---

[12] Es ist das beigegebene von Schick.

mit der Außenwelt fertig ausbaute, ehe noch der entsprechende Boden und die rechte Stunde hierfür da waren. Bei seiner überwiegenden Hinneigung zu Kunst und Wissenschaft war es ferner begreiflich, daß er auf deren Feldern sich Ersatz für die dürren und einförmigen Früchte der in Metternichs Schlepptau stagnierenden Politik suchte und anderes. Notwendigeres darüber hintanzusetzen lernte. Da zudem auf ihnen zweifellos seine ausgesprochenste Begabung lag — man hat nicht ohne Grund gesagt, er hätte mit seinem Wissen in mehreren Fakultäten eine Professur ausfüllen können, und er war keineswegs darin ein „großer Dilettant", wie ihn sich eine falsche und populäre Vorstellung gern ausmalt —, so bestach er dadurch das Urteil der Mitwelt im voraus so zu seinen Gunsten, daß es ihm zu einer Art Verhängnis wurde. Man übertrug seine Vorzüge hierin ohne weiteres auf seine künftige Regententätigkeit, obwohl für sie wesentlich andere Eigenschaften und Kräfte entscheidend waren, und sah daher dem Regierungsantritt des Thronfolgers mit hochgespannten, ja überschwänglichen Erwartungen entgegen, auf die ein Rückschlag nicht ausbleiben konnte.

Auch Humboldt gehörte zu denen, welche Außerordentliches von dem neuen Herrn erwarteten, und fand sich mit der Ungeduld und Einförmigkeit zuletzt unter Friedrich Wilhelm III., wie seine Briefe aus dieser Zeit bezeugen, meist durch die Losung des Abwartens bis zu dem bevorstehenden, alles ausgleichenden großen politischen Umschwunge ab. Sichtlich rüstete er sich auch seinerseits auf ihn und hoffte bei ihm auch eigene Einflüsse zu üben, die über das Gebiet und Maß der bisherigen rein geistigen Beziehungen in das Politische hinüberragten. Denn Alexander v. Humboldt ist allzeit nicht ausschließlich von dem Höhenfluge seiner Forschung erfüllt gewesen, sondern hat daneben keinen geringen Einschlag diplomatischen und höfischen Ehrgeizes besessen, weniger im Sinne selbstischer Eitelkeit, obwohl auch solche in etwas beigemischt war, als um damit seine gelehrten Pläne ebenso wie seine politischen Lieblingsideen zu fördern. Wenn man sich nicht selten über manche Widersprüche

in seinem Denken, Handeln und Verhalten gewundert hat, so fließen sie meist aus dieser Doppelstellung, die ihm mit dem zunehmenden Alter immer ausgebildeter und unentbehrlicher erschien; er wollte zugleich der freie Forscher von übernationaler Weltbedeutung und ein bevorzugter königlicher Kammerherr, vertrauter Freund des Herrschers und unbeschränkter Kritiker, ja linksstehender Frondeur an seiner Regierung, unabhängig von Amt und Verantwortung und doch ausschlaggebender Ratgeber in gelehrten und kulturellen Fragen wie in politischen Richtlinien und Entscheidungen sein. In dem letzteren Drange, der in ihm von allen den Seiten, welche in Humboldt einen liberal und westmächtlich gerichteten, wichtigen Vorkämpfer erkannten und schätzten, noch genährt wurde, glaubte er, seiner vieljährigen, verheißungsvollen Freundschaft mit dem Kronprinzen gemäß, 1840 auch für sich und diesen erweiterten Einfluß die ersehnte Stunde gekommen. Es spielte sich ja damals ein förmliches Wettrennen in allen Lagern ab, den aufgehenden Stern am Thronhimmel, von dem eine neue Ära, eine Wunderzeit voll Licht und Fruchtbarkeit prophezeit und vorausgesagt war, für sich einzufangen.

Und der König?

Er kam im vollkommenen Gegensatz als Bekenner eines Gottesgnadentums, das nicht ohne mystische Beimischung und Starrheit, sich gewissenhaft in den Dienst des Volkes und seines Wohls zu stellen, aber nicht minder unabhängig und nur Gott verantwortlich seinen Weg zu gehen gedachte, das vor allem aus der langen Vorbereitungszeit bereits eine Fülle fertiger Ideen, abgeschlossener Gedankengebäude mitbrachte und sie nun mit der ererbten historischen Macht des preußischen Volkskönigtums, allen Widerständen und Gegenströmungen zum Trotz, kühn auszuzimmern hoffte. Wie stand nun sein großer, gelehrter Freund Humboldt zum König in den Krisen seiner Regierung?

Es steht außer Zweifel, daß er dem jungen Herrscher in aufrichtiger Freundschaft anhing, daß er den geistvollen Umgang mit ihm und sein menschlich fesselndes Wesen so liebte, daß ihm sein engeres Verhältnis mit ihm fast zur unentbehrlichen Gewohnheit wurde; es ist ihm ebenso ernst damit gewesen, alles zu tun, was er seinerseits dazu leisten konnte, um die Regierung desselben in allen Richtungen zu einer fruchtbaren und großen zu gestalten, ihr mit Rat und Tat beizustehen, sie auch durch ehrerbietige und eindrucksvolle Vorstellungen zu Handlungen zu bewegen, welche sie volkstümlich machen sollten. Er selbst versichert diese Absicht auch in den folgenden Briefen an den König viel und nachdrücklich. Jeder, der den Briefwechsel unbefangen aufnimmt, wird daraus auch den Eindruck empfangen, daß hierin nicht nur ein selten wissensreicher Geist zu einem selten wißbegierigen Fürsten redet, ein pflichttreuer, dankverbundener Kammerherr unermüdlichen Dienst leistet, sondern vor allem auch ein hingebender Freund zu einem höhergestellten Befreundeten frei, aufrecht nach seinen andersgearteten Standpunkten und doch voll Achtung, Wärme, Schonung zu sprechen sucht. Jener Zug der Einfühlung, den Humboldt allgemein anderen gegenüber besitzt und anwendet, mag hierin noch rücksichtsvoller und vorsichtiger als sonst walten, aber auch er ist der eigenen Natur des Gelehrten so eingeprägt, daß es überraschend wäre, wollte er sich nicht in solcher Form geltend machen. Wo es sich um für ihn Größeres handelt, vermag Humboldt ausnahmsweise auch stärkere Töne anzuschlagen; nur wundert man sich zuweilen über den Anlaß dazu, so bei dem pathetischen Appell an Monarchenpflicht, den Meyerbeers gefährdete Ordensauszeichnung hervorruft (Nr. 30). Darauf paßt mehr das französische Sprichwort von dem zu vielen Lärm um eine Omelette. Trotz solcher kleinen Entgleisungen ist Humboldt bei Friedrich Wilhelm IV. von Anfang an in der Stellung als bevorzugter Vertrauter, als ständiger Begleiter oder Gast am Hofe, als vielseitig verwandter Kammerherr, als eine Art unabhängiger Oberkulturbeirat in allen geistigen und künstlerischen Angelegenheiten, als Diplomat mit Pariser Missionen tätig gewesen, ist mit Arbeiten, aber auch, wie wir noch näher sehen werden, mit Ehren, Gaben und Rücksichten überschüttet, ganz besonders auf das vornehmste und zartfühlendste in seinen wissenschaftlichen Forschungen und Werken, sowie in seinen finanziellen Verlegenheiten unterstützt worden. Der König folgte in alledem dem Vorbilde seines Vaters, gab dem überkommenen Verhältnis aber doch entsprechend den eigenen kongenialen Neigungen einen erheblich erweiterten Umfang und eine noch wärmere Note persönlicher Verehrung. Das zeigte sich schon in den Formen des unmittelbaren Verkehrs. Humboldt gehörte seit 1840, sofern er nicht in Paris abwesend war, zum alltäglichen Gefolge des Königs, der sein Wissen, seine Gespräche, seine Auskünfte, seine Erscheinung niemals missen wollte und darum selbst seine gelehrte Neigung, allein das Wort zu führen oder sich bei größeren Unterhaltungen in langausgesponnene Vorlesungen und Vorträge zu verlieren, mit großer Geduld und stillem Humor ertrug.

Das Äußerste, was er gegen solche Ausuferungen der Unterhaltung tat, war, daß er ein leeres Blatt vornahm und darauf eine seiner zierlichen Handzeichnungen zu entwerfen begann, während die Königin sanft ergeben ihre Handarbeit fortsetzte. Diese Szene am Teetisch des Königspaares ist von verschiedenen Augenzeugen beobachtet, erzählt und nicht immer ohne Übertreibung oder Schadenfreude gedeutet worden. Selbst Leopold von Ranke sah den greisen Forscher überraschend ausdauernd im Lichtkreis einer Lampe stehen und aus dem „Journal des Débats", dem Organ des Pariser Liberalismus, ausgedehnte Artikel vorlesen. Auch Alfred v. Reumont, der, wie wir erfahren werden, ihm mehrfach verpflichtet war, bestätigt Ähnliches und fügt noch hinzu: „Oder er wurde nicht müde, geographisches Detail vorzutragen, was dann, da seine Redeweise namentlich in den letzten Jahren oft einem langsam fließenden und murmelnden Bache glich, geringen Eindruck machte, auch wohl halbverstanden blieb. Es war ihm höchst unangenehm, wenn er unterbrochen wurde, wenn er nicht zu seiner Vorlesung kam, wenn er das Gespräch nicht beherrschte. In dieser Beziehung war er unglaublich eifersüchtig ..."

Nun doch wohl nicht viel mehr als andere Gelehrte auch, die sich gern sprechen und vortragen hören, und er war jedenfalls ein Geist, der Anspruch darauf erheben konnte, gehört zu werden. Humboldts graziöse Plauderkunst und schalkhafte, belebende Unterhaltungsgabe ist zudem von so vielen Seiten bezeugt und gerühmt, von den Familienmitgliedern, wie Gabriele v. Bülow, von Dichtern wie von Goethe und dem Schlesier Karl v. Holtei, von deutschen wie französischen Gelehrten, von Fürsten und Fürstinnen, daß er sicher nur bei besonderen Ausnahmen Langeweile um sich verbreitet haben kann. Wie hätte sonst auch Friedrich Wilhelm IV. sein Wohlgefallen an dem geistigen Austausch mit ihm gehabt? Die Vorlesung des Pariser Journals hing zum Beispiel mit seinem Wunsche, liberale Ansichten zu verbreiten, zusammen, nicht etwa mit weltfremdem Ungeschick.

Daß Humboldt mit seiner vertrauten Stellung zum König und mit seinen ungewöhnlichen Ansichten und Einflüssen Höflingen als ein Fremdkörper erschien, ebenso wie manchen Bureaukraten, Ministern und Geheimräten als ein unbequemer Eindringling, läßt sich denken; er selbst erzählt an Varnhagen mehrfach unangenehme Zusammenstöße derart mit solchen Kreisen und hat mit den Kultus- und Finanzministern immer auf schlechtem Fuß gestanden, so daß seine Klagen über deren „Eistemperatur" usw. kaum abrissen. Es wird auch an mancherlei Bemühungen nicht gefehlt haben, ihn aus der Nähe und Gnade des Königs zu verdrängen, namentlich von religiösen und politischen Gegnern, an denen es ihm ja nicht fehlte; er selbst hat durch manche scharfe oder unvorsichtige Äußerung die Zahl seiner Feinde noch vermehrt, so wenn er gegen die Männer der „Kreuzzeitung", die märkischen „Montmorencys" oder Pietisten scharf ausfiel, einmal München als eine „spelunca maxima des Ultramontanismus" bezeichnete oder noch spitzere Spottpfeile sonst gegen einflußreiche Zeitrichtungen und Zeitgenossen gebrauchte. Um so höher ist es dem König bei seiner abweichenden Stellung anzurechnen, daß er sich von solchen Zwischenfällen in seiner Eigenschätzung Humboldts nie beirren ließ und bis an sein Lebensende, noch nach seiner Erkrankung, seine Huld, Treue und Fürsorge ihm zugewandt hat. In welcher weitgehenden und zartsinnigen Weise dies geschah, dafür liegt ein überwältigender Stoff vor. Denn der König achtete und liebte ihn wirklich und hat dies unaufhörlich bewiesen. Er nahm ihn gleich 1840 als Begleiter zur Huldigung nach Königsberg mit, 1842 nach London zur Taufe des Prinzen von Wales, des späteren Eduards VII., zu welcher Peter Cornelius den kostbaren „Glaubensschild" schaffen mußte als Patengeschenk und als ein leider wirkungsloses Sinnbild evangelischer Gemeinschaft, 1845 nach Kopenhagen zu König Christian VIII.; viermal noch beurlaubte er ihn mit diplomatischen Aufträgen nach Paris, vom 20. Mai bis 8. November 1841, vom 16. September 1842 bis 19. Februar 1843, vom Dezember 1844 bis Mitte Mai 1845 und endlich vom Herbst 1847 bis in den Januar 1848. Die Februarrevolution dieses Jahres überraschte Humboldt einigermaßen, ebenso die nachfolgende deutsche; er hatte namentlich den Stand der Julimonarchie, deren Sturz der König 1847 nahe hielt (vgl. Varnhagen, 31. März 1847, Nr. 133), für fester gehalten und überschätzt — auch ein Beitrag, daß sein politischer Wirklichkeitsblick liberal, und pariserisch getrübt war. Nach dem Sturz der Orleans hat er Frankreich nicht mehr betreten, da er ihren Erben und Nachfolger Napoleon III. verachtete, ja haßte und sich auch darin von der Realpolitik Bismarcks, der sich damals ruhig mit ihm vertrug, aber auch mit ihm ein überlegenes Schach spielte, trennte. Gleichwohl war er so friedfertig, von dem neuen Empereur später den Großkordon der Ehrenlegion, den ihm dieser mit den schmeichelhaftesten Ausdrücken übersandte, anzunehmen; er vervollständigte damit seine großartige Sammlung der höchsten Orden aller Kulturstaaten der Erde, zu der er auch von Friedrich Wilhelm IV. den Schwarzen Adler-Orden empfing.

Trotz aller guten Bemühungen von beiden Seiten, sowohl des Königs wie auch Humboldts, mußten jedoch die Unterschiede der politischen Auffassungen immer von neuem Reibungen und Scheidewände ergeben. Und dies wurde auch der Kreuzweg, an dem sich beider Wege je länger, je mehr trennten. Humboldt fing schon ein Jahr nach der Thronbesteigung zu Varnhagen an zu klagen, daß er politisch so gut wie ausgeschaltet wäre, gewissermaßen nur eine „Atmosphäre" bilde, daß ihn die herrschende Regierungsweise aber bekümmere. In der Stände- und Verfassungssache ist er nach seiner Angabe überhaupt nicht gehört und herangezogen worden, was sich nach dem im vorigen Kapitel Gesagten leicht begreift. Eine gewisse und zunehmende Erbitterung über diese innerpolitische Entwicklung wie Kaltstellung läßt sich unschwer aus den vielen Äußerungen Humboldts darüber herauslesen; sie ist der natürliche Rückschlag gegen die hochgespannten Erwartungen, die er offenbar vorher auch in dieser Hinsicht gehegt hatte. Zu bedauern bleibt dabei, daß sie unter dem aufreizenden Einfluß Varnhagens zusehends auch an Schärfe und Ausfälligkeit gegen den König zunimmt, in dessen Dienst und Freundschaft sich Humboldt doch gleichzeitig bewegt. Alfred v. Reumont, der alle einschlägigen Verhältnisse aus der Nähe kennt, urteilt hierüber beachtenswert wie folgt: „Soviel ich in dieser Zeit mit Humboldt umgegangen bin, habe ich doch nie ein eigentlich unfreundliches Wort über den König aus seinem Munde vernommen. Er sagte wohl: der König ist nicht amüsabel mehr, oder: der König verharrt in unfruchtbarer Liebe zu Personen, denen er wohlwill, aber darüber hinaus — und darin lag doch wohl nichts Kränkendes — ist er niemals gegangen. Es war, als wenn eine gewisse Atmosphäre oder die Berührung mit einem Medium, dessen gehässige Gesinnung eine Art Einfluß auf ihn äußerte, nötig gewesen wäre, ihn zu den Sarkasmen und dem bitteren Spott zu verleiten, wovon nun leider zu schlimme Proben vorliegen..." Vergessen wird man hierbei auch nicht dürfen, daß wie bei manchem anderen berühmten Erdensohne, auch bei Humboldt das Herz oft nichts von der Zunge gewußt hat. Schon sein Bruder fand an ihm einen fühlbaren Zwiespalt zwischen beiden, und sein bester und längster französischer Freund, der große Physiker François Arago, dessen Tod 1852 ihn sehr tief erschütterte, hat von ihm sogar das kräftige Wort geprägt: „Mein Freund Humboldt ist das beste Herz der Welt, aber auch das größte Schandmaul, das ich kenne."

Indessen hat sich mit und nach 1848 die politische Kluft zwischen dem König und Humboldt doch immer fühlbarer verbreitert und trotz des ungestörten Wohlwollens Friedrich Wilhelms IV. zu einer inneren Entfremdung geführt, welche Humboldt auch die Lasten seines Hofdienstes freudloser, beschwerlicher machten, ohne daß den König daran eine Schuld traf. Seine Beschwerden nahmen von selbst mit der eingetretenen Abkühlung zu. Besonders verletzte und wurmte es ihn, daß der Schauspieler Louis Schneider, vorher ein beliebter Darsteller von lustigen Operettenfiguren, den auch der witzige Berliner Charakterzeichner Th. Hosemann mehrfach als solchen verewigt hat, zu den Leseabenden am Hofe herangezogen wurde, wie es heißt, auf Veranlassung der Königin, die mit ihm dem König die niederziehenden Tage nach 1848 und Olmütz 1852 ein wenig zu erheitern gedachte. Humboldt pflegte daraufhin mit einem bitteren Ausdruck von seinem „Kollegen" Louis Schneider zu sprechen.

Unberührt von diesem Wandel der Dinge und Gefühle verharrte gleichwohl gerade das Gebiet, auf dem vom Ursprünge an im Grunde der Schwerpunkt in dem Verhältnis des Königs und des Weltforschers ruhte, jene planvolle, harmonische, tätige Zusammenarbeit in Wissenschaft und Kunst, der Preußen einen seltenen Einstrom von hervorragenden Gelehrten, Malern, Dichtern, Komponisten, Architekten und an der Grenzscheide zweier Geisteswelten, der klassisch-romantischen und der naturwissenschaftlich-empirischen, für längere Zeit eine blütenreiche Kulturepoche verdankte, die sich in ihrer Auswirkung auf die Allgemeinheit und auf die Volksbildung über ihre friederizianische Vorgängerin erhob. Für sie war Humboldt, wie wir sahen, geradezu ein unersetzlicher Mitarbeiter und Bahnbrecher. Er vereinigte die Vorzüge des anerkannten Gelehrten von Weltrang mit seltener Weltkenntnis, mit einem weiten Horizonte, mit persönlicher und gesellschaftlicher Würde, mit Organisationstalent, mit kaum zu übertreffender Arbeitskraft und Vielseitigkeit. Seine diplomatische Ader, sein reicher Verkehr, sein Ansehen, seine liebenswürdige Unterhaltungsgabe, sein fast unerschöpflicher Briefwechsel erleichterten ihm Anregungen, Beziehungen, Vermittlungen aller Art. So handelte es sich eigentlich nur darum, Humboldt für die letzten beiden Jahrzehnte seines Lebens, das die Lehr- und Kampfjahre bereits hinter sich hatte und nun seine Ernte, wissenschaftlich und persönlich, in die Scheuern sammelte, Einfluß, Ordnung, Hebel und Mittel genug zu gewähren, um auch diesen Abschluß seines Forschens und Wirkens meisterhaft zu vollenden und Staat und Volk zugleich geistig zu fördern.

Eine innere Neugeburt Preußens, jenes augusteische Zeitalter, das unsere Klassiker einst schmerzlich unter Friedrich dem Großen vermißten, von dessen Throne nach Schiller die deutsche Muse ungeehrt und schutzlos gehen mußte, schwebte dem König als Ziel vor.

Kein gerechter Kenner wird übersehen, daß er es bewußt und mit Einsicht verfolgt, im wesentlichen auch durchgesetzt, und daß ihm Alexander v. Humboldt dazu die gewichtigsten und unbestreitbarsten Dienste geleistet hat. Gewiß fiel dem letzteren dabei, als er schon, wie er gen schrieb, ein „Urgreis" von „unwahrscheinlichem" oder „präadamitischem" Alter war, ein gehäuftes Maß von rastloser und verzweigter Tätigkeit und Unruhe zu; man begreift, daß er als Gelehrter, der seine stille Klause und den Frieden seines Hauses und Schreibtisches liebte, zuweilen darüber seufzte, aber sie zählte bei ihm doch zu den gesund und rüstig erhaltenden Antrieben und würde, nicht nach dieser Richtung verbraucht, sich nur nach anderer hin ausgelebt haben. Der König ließ sich seinerseits ebenso keine Mühe verdrießen, ja hat vom Standpunkt seiner Gesamtregierungspflichten darauf wohl einen zu weitgehenden Teil seiner Kraft und Zeit verwandt. Beide vermochten jedoch standhaft zusammenzustehen, weil sie gegenseitig fühlten, wie einig und ernst sie in dem gemeinsamen Bestreben sich zusammenfanden und ergänzten. Ohne Humboldts Hilfe hätte der König nicht die ersehnte höhere Kulturblüte Preußens, die ihm über seinen politischen Mißerfolgen viel zu gering gedankt worden ist, erlebt, ohne den König hatte aber Humboldt ebensowenig seine beherrschende Führung der wissenschaftlichen Kreise und Entwicklungen erreicht oder seinen „Kosmos" zum wesentlichen Abschluß gebracht. Daß ihn zum Beispiel der junge König sofort zum lebenslänglichen Kanzler der 1842 von ihm aus eigenem Entschluß eingerichteten Friedensklasse des Verdienstordens für Kunst und Wissenschaft erhob, war auf ihn wie berechnet und zugeschnitten. Er erhielt dadurch die Gelegenheit, sowohl die äußere, bürgerliche und soziale Geltung des Gelehrten- und Künstlerstandes zu heben, als auch auf bereits bewährte oder verheißungsvolle Geistesarbeiter die Augen zu lenken und endlich, da auch Ausländer für die Ehre der Auszeichnung in Frage kamen, weitgedehnte Fäden mit der gelehrten Welt in Frankreich, England, Italien, Rußland für Berlin anzuknüpfen. Er machte die Spreestadt damit auch zu einem Mekka für fremde Reisende und Forscher, die in ihm und dem Hofe einen neuen Anziehungspunkt fanden und dann leicht in weitere Beziehungen traten. Neben diesen Ergebnissen verschwand seine Klage, daß sein Alter dadurch nicht verschönert, oder daß ihm „der Wirrwarr der akademischen Wahlen zu seinem Orden" störend sei.

Immer blieb Humboldt bei allen in dies Gebiet fallenden Akten dem König ein ständiger und gerngehörter Ratgeber und Mittler. Er zog ihn in Berlin und Potsdam zu den täglichen Tafeln und Abendunterhaltungen heran, ließ sich von ihm über die verschiedensten Gegenstände, über alle neuen Fortschritte, literarischen Erscheinungen und Vorgänge in der wissenschaftlichen Welt (auch des Auslandes) unterrichten, durchreisende Gelehrte und Künstler von Namen vorstellen, zu Akademiesitzungen und Besichtigungen einladen, Vorschläge zu Unterstützungen, Auszeichnungen und Ordensverleihungen machen, kurz, legte einen unverkennbaren Wert auf eine ununterbrochene Verbindung mit seinem weltumspannenden Wissen, seiner klugen Erfahrung und milden Humanität. In Berlin suchte er ihn zuweilen selbst in seiner Wohnung auf; in Charlottenburg, in Potsdam standen Humboldt, je nachdem, im Stadtschloß, in Charlottenhof, einer Lieblingsschöpfung des Königs, oder bei Sanssouci auf dem „historischen Hügel" in den Neuen Kammern jederzeit eigene Räume zur Verfügung; ging der König nach Paretz, Stolzenfels, Putbus, Erdenannsdorf zu längerem Sommeraufenthalt, so sah er es gern, wenn ihm sein gelehrter Kammerherr auch dorthin folgte. Es konnte dann geschehen, daß, wenn sich abends der Hof zurückgezogen hatte, der König noch zur zwanglosen Aussprache mit seinem gelehrten Freunde in dessen Zimmern bis in die Nacht zusammenblieb. Streng beo-

bachtete Humboldt auch bei solchen vertraulichen Zusammen-
künften mit dem Herrscher alle Formen nicht nur der guten Gesellschaft, sondern auch seiner höfischen Stellung, wie er bekanntlich auch in seiner Kleidung auf ein würdiges, feierliches
Äußere mit Frack und weißer Binde ständig Wert legte. Er begleitete den König, während der Diener leuchtete, dann meist ein
Stück seines Rückweges oder bis zu seinem Wagen.

Neben diesem persönlichen und mündlichen Verkehr lief
aber auch der früher begonnene schriftliche fort. Seine kurzen,
sporadischen Anfänge in der Kronprinzenzeit lernten wir bereits
kennen; seit 1840 wird er ein stehender und gehäufter, um erst
kurz vor Humboldts Tode zu enden. Diesem schadete je länger,
je bedenklicher seine Anlage für Erkältung, Katarrh und die
fiebrige Grippe. 1857 stieß ihm auch ein sehr schmerzhafter,
schlagartiger Zustand zu, doch erholte er sich wieder wunderbar
und war nach Reumonts Zeugnis in Sanssouci zur Sommerzeit
ganz auf der Höhe und bei Tafel „sehr lebendig". Indes unterlag
er im Herbst 1858, zeitlich um ein Jahr später als der König, einem erneuten starken Grippenanfall, der ihn den ganzen Winter
über mit seinen Nachwehen, auch mit seinem wiederkehrenden
Hautübel verfolgte und zunehmend schwächte, bis dann der
Frühling seine letzte Auflösung und seinen sanften Tod am 6.
Mai brachte. Es begreift sich, daß unter solchen Umständen auf
beiden Seiten der geistige und briefliche Austausch zuletzt eingehen mußte. Er war seit der tragischen Wende 1848 an sich
allmählich abgeebbt, wenn auch niemals erloschen. Als der erkrankte König sich im Herbst 1858 rüstete, nach dem Sommer-
aufenthalte in Tegernsee nochmals einen Ausflug nach Italien zu
seiner Auffrischung zu unternehmen, ließ er Humboldt, seinen
langjährigen Vertrauten, noch einmal zu sich kommen und speiste mit ihm. Unter Tränen und Dank nahm er dann Abschied
von ihm. „Humboldt war in sein neunzigstes Jahr getreten, und
während er noch geistig lebendig war, zeigte sein Äußeres, seine
gebückte Haltung und seine unsichere Bewegung nur zu sehr die
Spur des Alters, dessen Zeit so nahe gerückt war —" schrieb
Reumont, der ihn damals sah, und der in Sanssouci mehrfach
Tür an Tür mit ihm wohnte. Aber noch auf der Reise gedachte
der König, wie die Königin schrieb, seines alten Freundes und
ließ ihn grüßen. Ob man ihm dann dessen Tod, als er nach ihm
aus Rom 1859 wieder in Sanssouci eintraf, angezeigt hat, oder ob

er bei den wieder auftretenden schlagartigen Zufällen und bei dem fortschreitenden Sinken der körperlichen wie geistigen Kräfte überhaupt noch imstande war, solche Nachrichten aufzunehmen, ist ungeklärt geblieben.

Das Brandenburg-Preußische Hausarchiv bewahrt die Überreste des Briefwechsels zwischen dem Könige und Humboldt, in der Hauptsache wohl vollständig, wenn auch dieses oder jenes Stück von den leicht verlorenen Tageszuschriften, Briefeinlagen oder losen Zetteln usw. verschwunden sein mag. Wie alle Humboldtschen Briefe, die niemals ohne sachlichen Gehalt sind, sind sie wirkliche Zeit- und Kulturdokumente, besonders reizvoll dadurch, daß sie in die Zusammenarbeit zwischen dem König und Forscher, in die gemeinsame Werkstätte ihrer Kulturbestrebungen den besten und unmittelbarsten Einblick eröffnen. Sie verdienen daher nicht nur vollauf ihre öffentliche Erschließung, sie beanspruchen auch ein näheres Eingehen auf ihre Eigenart und ihren Inhalt.

Es war eine fast unübersehbare Korrespondenz, die Humboldt von seinem Schreibtisch aus neben allem anderen in freiwilliger Neigung wie ein feines, unsichtbares Netz fast über die ganze mitlebende Welt spann. Nachweislich sind von ihm jedes Jahr seines späteren Lebens, mit Ausnahme etwa der letzten beiden, zwischen 1600 und 3000 Schreiben ausgegangen; er selbst hat als Durchschnitt 2000 angegeben. Ebensoviel und mehr hat er empfangen. Zu seinem letzten Geburtstage gingen noch 300 Briefe und Pakete an ihn ein. Man vervielfältige diese Jahressumme bei seiner fast neunzigjährigen Daseinsdauer, und man wird einen ungefähren Begriff von dem ungefähren Umfang der von Alexander v. Humboldt hinterlassenen Briefschätze gewinnen. Sie stellen, durchgängig eigenhändig und überwiegend umfangreicher mit eingehenderen Sacherörterungen abgefaßt, allein eine Schriftleistung dar, deren sich nur wenige Sterbliche rühmen können. Ihr Brunnen ist auch keineswegs ausgeschöpft, so zahlreiche Veröffentlichungen daraus bereits erfolgt sind, wie Humboldts Briefwechsel mit seinem Bruder, mit Varnhagen, Bunsen, Campe, mit dem Jugendfreund Gabriel Wegener, mit Ignaz v. Olfers, mit Goethe, mit Fr. Althaus, mit den Gelehrten Berghaus, Auguste Pictet, Gauß, Boeckh, v. Raumer, Dove, mit dem russischen Grafen v. Cancrin, in Bruhns Biographie und verstreut noch mehr. Allgemein anerkannt ist, daß sie, so verschieden sie im einzelnen beurteilt werden mögen, obwohl naturgemäß manches in ihnen sich wiederholt und an Gedanken und Ausdrücken typisch wiederkehrt, doch immer fesselnde und gehaltvolle Originale bilden, welche für die Geistesgeschichte nicht nur Deutschlands, sondern auch Europas und der noch weiteren Welt von den Tagen der französischen Revolution bis zum Anbruch der bismarckisch-wilhelminischen Glanzepoche ein aufschlußreiches Vademekum abgeben. Denn es kommt darin sehr vieles, was diese zwei Zeitalter hindurch die Menschheit oder die Forschung bewegt hat, zu irgendeiner Berührung gemäß der universalen Ausweitung des Humboldtschen Geistes selbst.

Wenn im folgenden daher dem bereits Bekannten als eine Fortsetzung und wertvolle Neuheit nun auch der Schriftverkehr Alexander von Humboldts mit dem preußischen König Friedrich Wilhelm IV., unter dem er am einflußreichsten für die Allgemeinheit hervorgetreten ist, sowie mit Prinzessin Augusta angeschlossen wird, so bedarf dies Unternehmen keiner Rechtfertigung mehr, wohl aber einer einführenden Darlegung gewisser Besonderheiten gerade dieses Briefwechsels gegenüber den anderen, privaten oder befreundeten.

Seine äußere und innere Eigenart bewahrt zwar Humboldt dann ungebrochen. Er hat sich in jungen Jahren, auf der amerikanischen Reise durch die feuchten Nachtlager auf Blättern in den Urwäldern am Orinoko eine wohl ischiatische Lähmung und Schmerzhaftigkeit des rechten Armes zugezogen, die sich nicht mehr verlieren will. Er ist dadurch, wie das auch auf dem beigegebenen Hildebrandtschen Aquarelle zu erkennen ist, genötigt, für gewöhnlich auf den Knien zu schreiben — eine unbequeme Zwangslage, die ihm nicht nur das Schreiben beschwerlicher, sondern auch unleserlicher macht. Er gerät dabei, wie er es gern nennt, in die „schiefe" oder „oblique Schlachtordnung" hinein, das heißt er schreibt nicht wagerecht von links nach rechts, sondern schräg, ja diagonal, auf der viereckigen Seite von unten nach oben (seit 1825 ständig in lateinischem Kursiv). Zugleich erhalten die Zeilen die Neigung, gegen Ende ineinander überzugehen, gemäß dem Schräglauf der Feder. Dazu kommt, daß seine Buchstaben wirkliches Augenpulver sind, so klein sind sie, wie Stecknadelknöpfe. Er selbst wird nicht müde, sich über ihre Winzigkeit und Unleserlichkeit lustig zu machen, nennt sie deutsch und französisch Hieroglyphen, mikroskopisch, eine „kleine staubartige Schrift, von den Arabern Gobar (= Staub) genannt, die der Wind fortwehen soll", unterzeichnet sich: „Ehrfurchtsvoll und immer gleich unleserlich... Ew. Königl. Majestät allerunleserlichster A. H.... Der immer gerade handelnde, aber schief schreibende Kanzler... Ew. Majestät allergetreuester Schönschreiber..." und ähnlich, beneidet seinen 82jährigen Pariser Freund Fontaine lebhaft darum, daß er an den König „noch so unangenehm leserlich" schreiben kann, und gibt sich, wenn er ein besonders dringendes Anliegen an den König hat, die größte Mühe, schöner und deutlicher als sonst die Zeilen und Buchstaben zu setzen. Gelingt es ihm auch nur ein wenig, so unterläßt er nie, den König mit einer munteren Wendung stolz darauf hinzuweisen, zum Beispiel: „in einer meiner schönsten Handschriften wage ich es (21. September 1847) ... In dankbarer Ehrerbietung und sehr leserlicher Schrift ohne oblique Schlachtordnung (17. September 1845)... Ew. Königl. Majestät auf geraden Linien schreibender, treuester A. H. (2. Oktober 1850)... Ich schmeichle durch meine heutige schöne Schrift (vor Weihnacht 1841, als er um Beschäftigung für darbende Künstler bittet) ..." Wenn er statt des gewöhnlichen größeren Quartformats des gelblichen Briefpapiers einen kleinen Oktavbogen nimmt, so hat er „den Wahn, darauf weniger schief zu schreiben" (21. Mai 1849); die kleinen Bogen „begünstigen weniger die schiefe Schlachtordnung" (4. März 1849), und „alle Gemütlichkeit verschwindet gar vor einem Foliobogen" (23. März 1841). Man wird es billigen, wenn dergleichen unterhaltsame Unterschriften beim Abdruck nicht gestrichen sind, sondern nur die stereotypen höfischen Formeln, die mit geringer Abwandlung wiederkehren und deren Ausfall am Schlüsse dann mit drei Punkten (...) angedeutet wird. Sie bringen von dem „allergetreuesten A. Humboldt" eine der üblichen Formeln der Ehrerbietung, Ehrfurcht oder Dankbarkeit.

Die Handschrift Humboldts ist also nicht leicht zu entziffern und greift die Augen erheblich an; man muß das Vergrößerungsglas oft zu Hilfe nehmen. Aber sie hat andererseits den Vorzug, in ihrer Eigenart ausgeprägt und — bis auf die allerletzte Zeit, wo die wiederholte Fiebergrippe und das absterbende Greisenalter sie kritzlich und zittrig machen — sehr fest und beständig zu sein, so daß der, welcher sich erst eingelesen hat, mit ihr besser auskommt als mit größerer, aber ungleichmäßigerer Schrift. Verbesserungen, Streichungen und ähnliches sind wenigstens in den Briefen und Zetteln an den Fürsten selten, eher treten an leerbleibenden Stellen einmal Nach« und Randschriften auf, auch ein vereinzelter Tintenfleck. Er wird dann nach dem Vorbild des Dichters Iustinus Kerners, der daraus Schmetterlinge und anderes Getier lieblich zu formen wußte, zierlich umrandet und erhält einen geographischen Titel, etwa als Kaspisches oder Schwarzes Meer. Im allgemeinen weist so die äußere Form des Briefwechsels viel menschlich Freies, Heiteres und vertraut Ungebundenes auf, was ihm einen wirklichen Reiz verleiht und zugleich auf seiten Humboldts die Gewißheit voraussetzt, daß er beim König damit auf Verständnis und geistigen Widerklang rechnen darf.

Dementsprechend hat auch der Ausdruck und Stil in ihm keinerlei Gezwungenheit. Er wahrt zwar grundsätzlich den Abstand und die höfischen Formen, die ihm als königlichem Kammerherrn dem Souverän gegenüber obliegen; er erstarrt aber nicht in ihnen, sondern belebt und durchbricht sie mit dem freien Spiel ernsten geistigen Austausches, launigen und satirischen Humors, humaner Gefühle und menschlicher Regungen. Auch sein ironisches oder naturwissenschaftlich drastisches Urteil läuft dabei unter, von Zeit zu Zeit gegen ihn selbst gerichtet. Ausgezeichnet versteht er es dabei, wie bei jedem noch, den Neigungen, Wünschen und Vorstellungen des Königs Rechnung zu tragen, ihnen, wo es irgend angeht, entgegenzukommen oder, wo er anders denkt, sie schonend zu umgehen. Denn er liebt es, allem Unterschied diplomatisch einen möglichst glatten und versöhnlichen Ausgang zu geben; ein Mann des schroffen Gegensatzes oder entschiedenen Kampfes um Überzeugungen ist er nicht, sondern eine vermittelnde Natur, die dem Streite abhold ist und ihm, je nachdem, begütigend, ängstlich oder kühl zusieht. Die eigenen ironischen Stimmungen und Spitzen biegt er dann wohl lächelnd gegen sich selbst um. Zu einem höheren Pathos erheben sich die Briefe nur ausnahmsweise, eher liegt eine leise, milde Skepsis über ihnen, wie sie geistvollen Lebenskennern nicht selten eigen ist.

Ein großer Teil sind unmittelbare Sachbriefe im königlichen Kammerherrndienste, hervorgerufen durch die Pflichten, welche Humboldt im Gefolge des Königs, als bevorzugter Begleiter oder Berater des Monarchen in solchen höheren Fragen und Angelegenheiten übernommen hat und mit seiner gewohnten Gewissenhaftigkeit erfüllt. Es erklärt sich daraus das nicht selten Sprunghafte, Abgerissene, Zufällige, Mosaikartige der Korrespondenz; denn sie ist nur eine Ergänzung des regen persönlichen und mündlichen Verkehrs, der daneben zwischen dem Fürsten und Gelehrten läuft und den der schriftliche Weg gewissermaßen nur auffüllt, nacharbeitet. Wenn bei der gemeinsamen Tafel, bei dem stattgehabten Vortrage, bei einem Gespräch oder bei einer Vorlesung am Teetisch ein Punkt dem König noch ungeklärt geblieben ist, wenn eine wissenswerte Einzelheit weiterer Nachforschung bedarf, wenn ein bedeutsamerer Vorgang in gelehrten oder künstlerischen Kreisen auftaucht, wenn eine Anregung, eine Hilfeleistung, eine Berufung, eine Wahl oder Festsitzung in der Akademie und an Hochschulen erwünscht ist, wenn die Orden an Gelehrte und Künstler verteilt werden sollen, sei es am allgemeinen Ordensfeste oder in der Friedensklasse des Pour le mérite, wenn fremde Berühmtheiten durchreisen und Audienz oder irgendeine andere Auszeichnung erwarten, wenn auf dem europäischen Büchermarkt größere Werke von geistigem oder künstlerischem Gewicht erscheinen, neue Opern einstudiert werden, immer ist Humboldt zur Hand, unterrichtet den König eingehend und umgehend, meist noch in der Nacht über das Nötige; versagt einmal sogar sein umfassendes Wissen, so weiß er doch rasch dritte Quellen heranzuziehen, welche die königliche Wißbegierde zu befriedigen vermögen. Aufmerksam, pflichttreu, kenntnisreich wie kein anderer versieht er dies Geistesamt, von dem ja auch auf ihn nicht wenig königliche Gunst, äußere Ehre und Einfluß zurückfällt.

Bei einem anderen Herrscher, als es Friedrich Wilhelm IV. war, hätte wohl die Gefahr vorgelegen, daß dieser gewissermaßen geistdiensttuende Kammerherr zur Rolle eines höfischen Konversationslexikons herabging. Hier schloß die eigene Geistesbegabung des Königs, wie seine hohe Verehrung für die Person und Forscherbedeutung des Informators von vornherein solche Unterwertung aus und schuf vielmehr ein kongeniales Zusammenwirken zu höheren Kultur- und Bildungszielen. Dieser Zweibund war geradezu der tragende Mittelpfeiler der damaligen Kulturblüte.

Was den literarischen Wert der Briefe anlangt, so dürfen sie natürlich nicht als Kunstwerke ästhetisch so abgewogen werden, wie dies unter anderen Alfred Dooe in übertriebener Scharfe versucht. Sie sind flüchtige Kinder des Tages oder der Nacht, dem Augenblick und Nächstliegenden Sachzwecke dienend, dazu ein buntes Gemisch der abweichendsten, plötzlich auftauchenden Gegenstände. Sie kunstvoller, planmäßiger zu formen, hat Humboldt nicht allein die Zeit gefehlt, sondern auch ein Grund. Mit dem gefühlvollen Briefwechsel in der Epoche der Romantik, der uns gerade sonst noch aus der Humboldtschen Familie vielfach anweht, haben sie nichts gemeinsam, und er ist kein geeigneter Maßstab für sie. Denn schöngeistig in diesem Sinne sind sie nicht und können es auch nicht sein. Um so mehr wird man es schätzen müssen, daß auch in dieser härteren, trockeneren Hülle neben dem Ernst der Scherz, neben der Pflicht mancher Gemütszug, neben den freudlosen Zerrissenheiten einer gärenden Zeit mancher launige Einfall, manche überraschende Wendung oder mancher helle Geistesblitz Raum findet. Nur eine unvermeidliche Schattenseite haftet einem solchen zugleich mit gelehrten und künstlerischen Fragen, mit einem Königshofe und allen Tagesvorgängen verflochtenen Briefwechsel an: er bedarf erheblich reicherer Erläuterung als irgendein anderer, der wesentlich auf rein ist. Denn seine Verästelungen in der Breite wie in der Tiefe find so mannigfaltige, verwickelte und zumeist so verborgene, daß sie ohne sorgfältige Bloßlegung nicht verständlich sind. Ist solche aber zur Hand, so bietet der Briefwechsel den reizvollen Anblick einer buntschillernden Fontäne, aus deren Sprühregen bald hierhin, bald dorthin ein leuchtender Tropfen herabfällt.

Die zahlreichen Zettel, die sich in der Korrespondenz des preußischen „Hofphysikus" mit Auskünften und Erklärungen über alle möglichen Gegenstände, kurz und eilig ohne weitere Formen und Umstände für den Hof erteilt, befinden, sind hier ausgeschieden, weil es den Raum beschweren würde, ohne etwas von Wert für unseren Hauptzweck zu bieten. Sie sind auch öfter von fremder Hand, besonders dem vielseitig beschlagenen Professor und Bibliothekar E. Buschmann, den Humboldt gern heranzieht. Über ihren zusammengewürfelten Inhalt sei nur angedeutet, daß er sich bald mit historischen Fragen, mit Konstantin dem Großen, Katharina II., Poniatowsky usw., bald mit archäologischen wie der Größe Babylons und des olympischen Stadions oder dem Styx, bald mit der Höhenlage von Städten,

Alpenspitzen und asiatischen! Bergen, bald mit einem Stich des Vieur Louvre, der Erklärung von Kaschmir usw. beschäftigt. Nur vereinzelte Stichproben werden geboten, um auch diese Gattung aufzuzeigen.

Schmerzlich zu beklagen bleibt, daß die Briefe des Königs an Humboldt infolge des traurigen Schicksals seines Nachlasses, wie geschildert, nur ausnahmsweise uns bisher bekannt sind. Jeder Briefwechsel, der ohne das Echo der Antworten und Gegenbriefe dasteht, besitzt eine unbefriedigende Einseitigkeit. Denn die meist schmeichelhaften Urteile, welche Humboldt über empfangene Schreiben des Herrschers und Freundes mehrfach einfließen läßt, können nicht ihren Verlust ersetzen. Durch ihn fehlt der letzte Schlüssel zu manchem Austausch oder Wortgeplänkel. Ein Glück, daß wenigstens noch einige bezeichnende Stichproben der königlichen Bescheide vorliegen. Sie erhärten, wie achtungsvoll, freundschaftlich und liebenswürdig Friedrich Wilhelm IV., dem es weder an Witz und Geist noch an Sprachgewalt gefehlt hat, mit dem großen Gelehrten, der ihm der „teuerste" oder „verehrteste Freund" oder „Alexandros" war, auch schriftlich umgegangen ist. Nur darf man nicht glauben, daß der König etwa jede der an ihn gerichteten Humboldtschen Mitteilungen schriftlich wieder beantwortet hat; weitaus die größte Anzahl derselben erheischte überhaupt keine Rückäußerung oder wurde bei mündlicher Gelegenheit bzw. durch Vermittlung beauftragter Dritter, selbst Flügeladjutanten, erledigt. So sind es nur ausnahmsweise, sei es durch Dringlichkeit oder Bedeutung hervorstechende Anlässe, bei denen eine knappe eigenhändige Entscheidung des Königs alsbald schriftlich erfolgt. Zum Beispiel im Falle des Professors Maßmann, bei der Begnadigung eines politisch Verurteilten. In anderen, weit häufigeren Fällen ist eine kurze Willensmeinung, eine Randnote, eine Befehlsübermittlung durch Kabinettsräte, Minister, Hofbeamte der von Humboldt selbst erbetene Abschluß seiner Anfrage oder Anregung. Ein umfänglicherer Schriftverkehr setzte wohl erst ein, wenn beide Korrespondenten räumlich weiter getrennt waren, namentlich wenn Humboldt sich monatelang in Paris aufhielt. Doch begegnet dann unter Umständen auch gerade sein Bedauern, daß er seit geraumer Frist ohne jedes eigenhändige Lebenszeichen des Königs wäre; übertrieben häufig wird auch da also der letztere nicht geschrieben haben, wenn auch ausführlicher, als wenn

Humboldt in seiner Nähe in Potsdam oder Berlin mitlebte. Daß ihn dann der König fast täglich von Angesicht zu Angesicht sah, ja ihn auch im eigenen Quartier aufsuchte, wissen wir ja. Das hob von selbst eine Briefstellerei seinerseits auf. Auch mit den anderen vertrauten Freunden, zum Beispiel Leopold von Gerlach, hielt es Friedrich Wilhelm IV. so. Hatte dieser an ihn auch umfänglich geschrieben, so beschränkte sich doch des Königs Antwort meist auf kurze Mitteilungen, Kabinettszettel oder Anweisungen. Er war an sich mit einer sehr weitgehenden Korrespondenz im Grunde mehr als überlastet.

Es ist selbstverständlich, daß alle Königsbriefe im großen und ganzen die Eigenart und die Merkmale getragen haben, welche wir auch sonst an Friedrich Wilhelm IV. beobachten; das sind Reichtum an Ideen und Phantasie, geistvolle Einfälle, schwärmerische Begeisterung neben gesundem und heiterem Humor, eine lebhafte, zuweilen sehr lebhafte Ausdrucksweise bei großer Sprachgewalt und Bildlichkeit, wie sie in dieser Zeit der Romantik beliebt und ähnlich zum Beispiel auch von Jean Paul, Görres und anderen schriftstellerisch angewandt wurde. Steif, langweilig, hölzern, seicht sind des Königs Worte wohl niemals gewesen, eher übersprudelnd in ihrer entzündlichen Empfindung und Phantasie. Doch finden sich auch genug abgeklärtere, ruhige Stücke darunter, die dann in Inhalt und Ton gleich ansprechend wirken. Humboldt selbst spricht sich in unserer Korrespondenz am 23. März 1841 einmal über des Königs Schreibweise dahin aus: „Die Freundlichkeit Ihrer Worte, das frische Leben, das die Redeformen hauptsächlich dann durchströmt, wenn Sie dieselben wie einen Hauch flüchtig auf das Papier werfen (oder an die versammelte Menge richten), lassen einen unwiderstehlichen Eindruck der Anmut und Milde..." Viele andere Zeitgenossen haben den gleichen Zauber darin gefunden, selbst hart gepanzerte, wie Bismarck. Neben dem Ernst sind dann auf beiden Seiten, beim König wie bei Humboldt, die muntere Laune, das graziöse Wortspiel, die witzige Anspielung, auch ein kräftiger Scherz zu ihrem Recht gekommen. Das belegen uns schon die wenigen Proben, die aus des Königs Feder erhalten sind, und dasselbe deutet Humboldt an, wenn er dessen Briefe und Billette mit Vorliebe „heiter" nennt, und zwar im guten Sinne. Er muß in sehr übler Stimmung gewesen sein, als er den König einmal auch als „irregulären Humoristen" bezeichnet hat, und zwar im bitteren

Geschmacke. Man könnte ihn danach auch als einen etwas irregulären Verehrer auffassen. Doch genug — Wesen und Kern des gegenseitigen Schriftaustausches ist hiernach wohl hinreichend beleuchtet.

6. Beziehungen zum Hofe des Prinzen Wilhelm

Es ist selbstverständlich, daß sich bei Alexander v. Humboldt schon sein äußerer Verkehr als Kammerherr und mehr noch sein geistiger als Gelehrter und Mensch nicht auf das Königspaar allein beschränkt, sondern auch andere Mitglieder des preußischen Königshauses umfaßt hat. Die einzelnen Fürstlichkeiten desselben mochten ihm je nach ihren eigenen Anschauungen verschieden gegenüberstehen, mochten seinen großen Einfluß für wohltätig oder bedenklich halten, entziehen konnten sie sich ihm nicht und wurden von seinen Wellenkreisen mehr oder minder mitberührt. Alexander genoß hier auch ein älteres Erbteil von seinem verstorbenen Bruder weiter. Alles, was sich um diesen als Staatsmann und Denker einst vor, in und nach den Befreiungskriegen scharte, hing traditionell mit dem Humboldtschen Hause zusammen, und hierzu gehörten nicht allein jene Zweige des Königshauses, die schon 1813/15 bedeutender hervortraten, wie die der königlichen Brüder (insbesondere des Prinzen Wilhelm d. Ä. und der hochgesinnten Prinzeß Marianne), sondern auch deren heranwachsendes Geschlecht von Nachkommen, der Radziwillsche Kreis der Prinzeß Luise und endlich das Weimarer Herzogshaus, mit dem Wilhelm v. Humboldt und seine Gattin Karoline doch immer auf das innigste befreundet blieben.

Diese letztere Beziehung gewann für Wilhelm und nachmals für Alexander noch eine erhöhte Bedeutung, als sich zwischen dem Berliner und Weimarer Hof ein dynastisches Doppelband knüpfte durch die Vermählung zweier Enkelinnen von Herzog Karl August mit zwei Söhnen Friedlich Wilhelms III. und der Königin Luise, 1827 der Weimarer Prinzeß Maria mit Prinz Karl und 1829 der Prinzeß Augusta mit Prinz Wilhelm von Preußen. Der enge Zusammenhang zwischen Preußen und Sachsen-Weimar, wo man schon zu Friedrichs des Großen Zeit ganz „fritzisch" gesinnt, wo Karl August ein glühender Verehrer seines Großoheims war, fand dadurch eine neue kräftige Stütze und wirkte natürlich auch auf das Haus Wilhelm v. Humboldts einschließlich seines Bruders zurück, insofern es — ehelich wie geistig — eine ähnliche Verschmelzung von Berlin und Weimar darstellte. Hatten doch der greise Goethe wie Wilhelm v. Humboldt schon das Aufblühen der Weimarischen Fürstenkinder, die nun als Bräute an Spree und Havel einzogen, mit liebevollem Auge verfolgt und sich an ihnen wetteifernd erfreut. Ergötzte der Olympier doch Prinzeß Augusta schon zu ihrem neunten Geburtstage mit dem kindlich lieblichen Gedicht: „Alle Pappeln hoch in Lüften, jeder Strauch in seinen Düften, alle seh'n sich nach dir um...", und schrieb er von ihr an Zelter wie ein zärtlichen Großvater bei dem Abschiede 1829: „Sie verbindet frauenzimmerliche und prinzeßliche Eigenschaften auf eine so vollkommene Weise, daß man wirklich in Bewunderung gerät und ein gemischtes Gefühl von Hochachtung und Neigung in uns entsteht." Gleichzeitig rühmte aber Wilhelm v. Humboldt an Stein, wie in ihrer kaum der Kindheit entgangenen Jugend sich schon „Festigkeit und Selbständigkeit des Charakters" zeige, nachdem er an der Fünfzehnjährigen bereits einen „lebendigen und durchdringenden Geist" gefunden hatte. Solche Worte verhallten schwerlich, sondern klangen in den Herzen der jungen Fürstentöchter, die nun auf Preußens historischen Boden traten, noch lange nach.

So ergab es sich von selbst, daß Alexander v. Humboldt neben dem engeren Umkreis des Königspaares eine besondere Verehrung auch in den Palästen der weiteren königlichen Verwandtschaft fand, bei den Söhnen der Prinzeß Marianne, in den neuen Familien der beiden weimarischen Schwestern, der Prinzessin Karl und Prinzessin Wilhelm. Für den früh Heimgegangenen Prinzen Waldemar († 1849) schrieb er zu dessen ostindischem Reisewerk (1855 erschienen) eine ehrende Einleitung voll Wehmut, für den anderen Sohn des Prinzen Wilhelm des Alteren, den Adeniral Prinzen Adalbert, den er naturwissenschaftlich als „im Wasser lebend" (aquatique) drollig zu bezeichnen liebte, hegte er große Zuneigung; am Hofe der Prinzessin Karl in Glienicke war er ein häufiger Gast.

Zu keinem dieser fürstlichen Kreise kehrte er aber lieber ein, als nach Babelsberg zu dem jungen Prinzenpaar Wilhelm. Der Prinz stand ihm dort an sich ferner; er war geistig ruhiger, zurückhaltender, enthaltsamer als sein an Geist oft überfließender Bruder. Das Schwergewicht seiner Anteilnahme ruhte auf militärischen und öffentlichen Angelegenheiten; die Pflege reiner Kunst und Wissenschaft, wie sie der Bruder über alles liebte,

nahm ihn nicht entfernt in gleichem Maße in Anspruch. Gleichwohl hatte er durchaus — auch darin mehr dem Vater ähnelnd
— einen offenen Blick für höhere Bewegungen der Zeit und Bedürfnisse der Bildung und verschloß sich niemals dem inneren
Drang nach einer eigenen Stellung und Betätigung in ihnen,
wenn er sie auch in bescheidenem, stillerem Maße übte. Aus
seiner Prinzenzeit erfahren wir gelegentlich im Zusammenhang
mit A. v. Humboldt davon. So empfiehlt dieser in seinem Briefe
vom 29. Mai 1842 (S. 55, Nr. 37) an seinen Freund Bunsen in London einmal einen Hauptmann von Orlich „im Auftrage des Prinzen von Preußen, einen sehr liebenswürdigen, wissenschaftlich
gebildeten, jungen Offizier, der sehr nützliche archivalische
Sammlungen über Friedrich Wilhelm I. und den Großen Kurfürsten[13] gemacht. Sie haben schon diplomatisch über ihn verhan-
delt und werden ihn gewiß auf seinem Zuge nach Afghanistan
beschützen. Mein junger Freund verdient diese Ehre..." Eine
andere Empfehlung des Prinzen derart, die sich wieder auf zwei
Offiziere, und zwar fremde, die eine astronomische Erfindung
gemacht haben wollen, welche Humboldt sehr kritisch beurteilt,
bezieht, behandelt folgender Brief, der zwar von Ludenilla Assing bereits unter Nr. 74 veröffentlicht ist, aber mit Unterdrü-
ckung der Offiziersnamen; er lautet wörtlich nach dem Original in
der Handschriftlichen Abteilung der Preußischen Staatsbibliothek:

Berlin, den 29. Dezember 1843.
    Ew. Königliche Hoheit
    beeile ich mich untertänigst anzuzeigen, daß das Kästchen,
die Universal-Gestirnuhr der beiden Erfinder Lieut. Dohse und
Haering v. Amwall enthaltend, mit den gnädigen Befehlen von
Ihnen richtig in meine Hände gekommen ist. Ich werde natürlich
alles tun, was in dieser Angelegenheit Ew. Königl. Hoheit angenehm sein kann. Die beiden Herren Offiziere haben mir schon in
einem Briefe aus Temeswar vom 13. Dezember d.J. die Ankunft
des Instruments mit dem sehr naiven Zusatze [gemeldet]:
    „daß ich beiden Erfindern von Sr. Majestät, dem König, dem

---

[13] Leopold von Orlich schrieb, Berlin 1836, über diese beiden Bollern, später
      über die Geschichte des 17. Jahrhunderts und der Schlesischen Kriege
      und gab von der hier besprochenen Asienreise 1845 ein Buch mit den
      Briefen, an A. v. Humboldt und Carl Ritter heraus.

Weltmedezin aller Künste und Wissenschaften, eine militärische Dekoration verschaffen solle."

Damit von dem Weltarzte aber eine solche Weltarzenei gereicht werde, müssen diese Herren einige Zeilen an Se. Majestät selbst richten. Die sogenannten Universal-Gestirnuhren hatten großen Ruf im Mittelalter, wurden aber in dem damaligen Zustande der Astronomie auf keinem Observatorium, wo der Beobachter selbst rechnet, benutzt! Graphische Erfindungen der Art sind daher nur zu einer Belohnung vorzuschlagen, wenn die Erfinder sich in irgendeinen Kontakt mit dem Monarchen setzen. Diese Regel befolgt der König sogar bei Büchern, für die keine schriftliche Danksagung erfolgt, wenn sie nicht mit einem Briefe begleitet sind. Ew. Königliche Hoheit werden unter diesen Verhältnissen wohl nicht mißbilligen, daß ich dem Herrn Lieut. Häring von Amwall freundlichst für das mir geschenkte Vertrauen danke, ihm aber ansage, um mir das Mittel zu erleichtern, ihm und seinem Freunde, nach dem Wunsche und den Befehlen Ew. Königlichen Hoheit, nützlich zu werden, mir einige Zeilen für Se. Majestät den König (mich nennend) zu senden. Der Sicherheit wegen haben wohl Ew. Königliche Hoheit die Gnade, den nach Temeswar bestimmten Brief an den Herrn Gesandten, General von Canitz, unter Ihrem Siegel kouvertieren zu lassen. Die Kiste werde ich gemeinschaftlich mit dem Professor Encke auf der Sternwarte eröffnen und diesen außerdem, wie in solchen Fällen gewöhnlich, für das Geheime Kabinett einen Bericht zu erstatten [bitten]. Da das Wort sinnreich auch bei Instrumenten, die nichts Neues haben, immer angewandt werden kann, so werde ich dann sicher suchen, eine kleine Portion der „allgemeinen Weltmedizin" zu erstehen.

In tiefster Ehrerbietung verharre ich Ew. Königlichen Hoheit untertäniger Al. Humboldt.

Aus diesen beiden Fällen ist zu ersehen, daß Prinz Wilhelm in wissenschaftlichen Fragen, die an ihn aus Armeekreisen herantraten, sobald sie über das rein Militärische hinausgingen, schon früh sich der Hilfe Humboldts zu bedienen pflegte. Ein Berliner Brief Humboldts vom 9. August 1855 verrät aber, daß er auch politische Gespräche mit dem Gelehrten, der gleich ihm damals im westmächtlichen Lager stand, geführt hat.

Viel näher aber und vielseitiger, beziehungsreicher, wenn man das sagen darf, entwickelten sich die Fäden, die ihn mit der weimarischen Schloßherrin von Babelsberg verbanden. Die Prinzessin erklärte (nach Varnhagens Tagebuch IV, S. 257) einmal, daß nur vier Personen sie recht kannten, und nannte neben der Herzogin von Sagan ausdrücklich Alexander v. Humboldt. So weitgehend schätzte sie selbst die innere Übereinstimmung mit ihm, die auch in zahlreichen gegenseitigen Besuchen, Aufmerksamkeiten, Unterredungen, Briefen usw. ihren Ausdruck fand.

Zweifellos war Prinzessin Augusta in jener Zeit, da sie mit dem greisen Humboldt verkehrte, nicht nur eine Fürstenerscheinung voll edler Würde und anmutiger Schönheit, sondern auch eine feingebildete, hochstrebende und willenskräftige Frau, die an ihren im klassischen Weimar aufgenommenen Jugendidealen treu hielt, an der versittlichenden Religiosität Herders, an Goethescher Geistespflege, an der humanen, vorbildliches Wohltätigkeit ihrer Mutter, an der national deutschen Gesinnung ihres Hauses, an seiner liberal-konstitutionellen, den Westmächten zugeneigten Politik. Zäh war sie bemüht, solche auch in den andersartigen Boden Preußens zu verpflanzen und weiter in die deutschen Reichsgeschicke zu verweben, als sie mit ihrer Heirat 1829 aus dem kleindeutschen in den führenden Bundesstaat eintrat. Es ist ihr und ihren edlen Absichten dabei nicht die Tragik erspart geblieben, welche so oft im undankbaren Gefolge der Politik auftritt, daß sie damit auf Widerstände, Mißerfolge und selbst Verkennungen stieß, die ihr zuletzt die Klage erpreßten, sie wäre eine „unbeliebte Kaiserin" geworden. Denn sie unterlag mit ihrer Weimarischen Richtung in der größeren Politik schon unter Friedrich Wilhelm IV. bei den Verfassungs- und Unionsfragen, während des Krimkrieges usw., mehr noch in der Bismarck-Wilhelminischen Epoche, wo auch ihr Gemahl getrennte Wege von ihr ging.

Unter dem Eindruck solcher Enttäuschungen hat sie sich nach beweglicher Frauenart dann zuweilen nach gewissen Seiten drängen lassen, zu frondistischer Opposition, zur Anknüpfung mit liberalen und auch klerikalen Kreisen, wie mit den Männern der Wochenblattpartei oder mit den rheinischen Ultramontanen. In etwas lebte in ihr wohl auch das Romanowsche Blut ihrer Mutter, der Großfürstin Maria Pawlowna, fort und erklärt mit ihre Vorliebe für Frankreich und Paris, für französische Literatur und Sprache, die auch in unserem Briefwechsel hier zu einem offenen Ausdruck gelangt (Nr. 3), sowie gewisse religiöse Neigungen insonders des Alters.

In den meisten dieser Züge fand sie also gerade an Alexander v.Humboldt nicht nur einen verständnisvollen Seelenfreund mit gleichgerichteten Neigungen, sondern auch einen politischen Leidensgenossen und vor allem einen zeitbeherrschenden Geist, der seit der Jugend mit ihrem geliebten Weimarer Heimatboden eng verwachsen war, ihn von seiner höchsten Blüte her kannte und verehrte und fortdauernd mit ihm, so wie sie selbst, in Verbindung blieb. Er war ihr eine Brücke zu ihrem unvergessenen Kindheitseden, von dem sie sich in den Park von Babelsberg hinter dem Rosengarten um das Borkenhäuschen sogar ein Stück feiner Landschaft hineingezaubert hatte.

Schon das allein würde die Wärme der Empfindung erklären, mit welcher sie sich der Gestalt des „weltberühmten Gelehrten", dem „teuren Humboldt", dem „Alten der Berge", ihrem lieben „Hofphysikus" oder lieben Greise zuwandte. Als sie zum ersten Male dessen Wohnung betrat, war sie von dieser „historischen Stätte" fast andächtig bewegt (Nr. 1). Und Humboldt wird sie rasch mit dem Zauber seiner Unterhaltungsgabe wie mit seiner Korrespondenz weiter gewonnen haben; denn das war ihm eigenes Lebensbedürfnis. Seine glänzende Beherrschung des französischen Stils war auf beiden Seiten eine willkommene Beigabe, so daß sich der Briefwechsel mit sehr wenigen Ausnahmen ganz darin bewegte. Freilich macht diese Form seine Entzifferung weder bei den schwierigen Handschriften leichter, noch für weitere Kreise genießbarer, so daß zum sicheren Verständnis eine gleichzeitige Übertragung ins Deutsche sich nicht umgehen läßt.

So bahnte sich bald ein reger, teils persönlicher, teils schriftlicher Verkehr an, der letztere namentlich, wenn Humboldt und die Prinzessin fern voneinander waren; standen sie sich in Berlin und Potsdam nahe, wurde er durch gegenseitige Besuche in Babelsberg, wo das Prinz Wilhelm-Paar eine vornehme Gastlichkeit pflegte, oder in Tegel mehr ersetzt. Ein gern erörterter Gegenstand war die Erziehung der beiden hoffnungsreichen Kinder der Prinzessin, an welche sie ihre ganze mütterliche Liebe und geistige Kraft setzte. Insonders des einzigen Sohnes, des „princeps juventutis", wie ihn Humboldt meist nennt. Hier konnte Humboldt aus dem Schatze seines Wissens wie seiner

Lebenserfahrung manchen Wink und Rat ihr geben, und auch der Briefwechsel läßt es daran nicht fehlen.

Eine besondere Annäherung brachten alsdann die Ereignisse des Jahres 1848. Sie trafen die Prinzessin besonders schwer, als sie, von ihr politisch erwartet, auch ihren Gemahl in ihre Sturmflut hineinrissen und ihn nicht nur mit Verfolgung und Lebensgefahr bedrohten, sondern auch zur Abreise nach England zwangen. Ihre eigene Flucht nach Potsdam, die Trennung von ihm, die Sorge um die gesamte Zukunft des Staates, Herrscherhauses und ihres Sohnes erschütterten und bedrängten sie hart: „es stürmt oft zum Entsetzen in ihrem großartig leidenschaftlichen Gemüte" — schreibt Curtius damals und rühmt zugleich den standhaften Wert dieser „bewunderungswürdigen Frau, welche der Mut nie verläßt..." Sie empfand den Umsturz 1848 und die preußische Demütigung in Olmütz danach gleich erregt und prägte darüber das scharfe Urteil, am 19. März 1848 wäre das alte, am 3. November 1850 das neue Preußen begraben worden. Humboldt wurde ihr jetzt der treueste Hausfreund. Von dieser doppelten Krisis an setzte ihre Teilnahme an den politischen Vorgängen noch lebhafter und stärker ein. Und wieder war es Humboldt, der ihr hier als nächster und bedeutendster Gesinnungs- und Schicksalsgenosse begegnete. Die deutsche Nationalfrage der Einheit, die nun in den Vordergrund trat, verband beide ebenso seelenverwandt wie die Verfassungsordnung. Kaum je ist daher auch der Austausch zwischen ihnen so ausgebreitet und planmäßig gewesen, wie in den Jahren nach der Revolution. Hier fließt der urkundliche Strom am reichsten. Namentlich als nach Rückkehr des Prinzen Wilhelm aus England dieser zum Militärgouverneur der Rheinprovinz ernannt wurde und seit dem März 1850 nach Koblenz übersiedelte, während der herangewachsene Prinz Friedlich Wilhelm gleichzeitig die nahe Universität Bonn besuchte.

Koblenz, wo die Prinzeß und später die Kaiserin sich besonders wohl fühlte, wo sie sich freier entfalten konnte, gewann damals eine eigentümliche Bedeutung. Eine wesentliche Aufgabe gelang zunächst dem prinzlichen Paar: es überwand die Schwierigkeiten und Scheidewände, die noch zwischen dem preußischen Regime und den Rheinlanden bestanden, durch Eingehen auf die Wünsche, die kirchlichen, wirtschaftlichen und anderen Interessen der Bevölkerung. Indessen wuchs sich der Hof in

Koblenz auch zu einer Art liberalen Seitenstücks zu Sanssouci und der damals konservativen preußischen Regierung in Berlin aus, insofern er ein Sammelpunkt der liberalen Bestrebungen und der bereits geschilderten Wochenblattpartei wurde. Hier wirkte sichtlich die Sonderstellung und Auffassung der Prinzessin tonangebend. Tatsache ist, daß das Koblenzer Schloß in den Jahren von 1850 bis 1857 im Zentrum Preußens mit Mißtrauen und Abneigung betrachtet und behandelt wurde. Wir finden auch die Spuren davon in dem Briefwechsel, in dessen starkpolitischen Stücken aus dem Jahre 1850 (Nr. 4/5) viel die Rede von „prudence" (Vorsicht), von Unsicherheit der Briefe und ähnlichem ist. In jenen Jahren war es auch, wo sich Humboldt sehr scharf zu seinem jungen Freund Althaus über seine Überwachung als „Jakobiner" aussprach. Humboldt stand damals — obwohl in Sanssouci beim König lebend — treu zur Prinzessin als deren Parteigänger und war ihr, wie der Brief vom 7. April und der ungewöhnliche zu ihrem Geburtstag (30. September) aus dem Jahre 1850 beweist, ein eingehender, weitläufiger Berichterstatter über alles, was sie vom Hof, von der Diplomatie, von der äußeren oder inneren Politik nur immer wissen wollte. In jener Zeit ist der Briefwechsel am ausgesprochensten davon erfüllt und zugleich am rückhaltlosesten und leidenschaftlichsten.

In der zweiten Hälfte der fünfziger Jahre läßt das mehr nach, bis das zunehmende Alter des Gelehrten und zugleich die Übernahme der Regentschaft in Preußen seit Herbst 1858 durch Prinz Wilhelm ihm wieder mehr den persönlichen Zuschnitt der ersten Jahre zurückgeben und die Fragen von Kunst und Wissenschaft überwiegen. Die Prinzessin und spätere Kaiserin hat das Gespräch mit interessanten Geistern immer als etwas Vorzügliches betrachtet, und immer schätzte sie den Umgang mit Humboldt besonders hoch. Zu seinem 80. Geburtstage verehrte sie ihm ein kostbares Schreibzeug mit Ansicht von Weimar und einem Begleitgedicht von Curtius. Theodor von Bernhardi erzählt aus den Anfängen der neuen Ära (VII, S. 12), daß er bei der Prinzeß ein gewebtes Sofakissen mit dem Porträt Alexander von Humboldts fand, „wirklich zu bewundern als Gewebe". Auf das tiefste besorgt, äußerte sie sich über seine körperliche Schwäche, wie nur noch sein Leben an einem Faden hinge, und bewunderte die Emsigkeit, mit der er trotzdem daran arbeitete, noch seine wissenschaftlichen Werke zu vollenden. Noch auf Humboldts letztem Krankenlager, Anfang 1859 und geschrieben mit ganz zitternder Hand (Nr. 7), besteht der briefliche Verkehr und besteht in der gleichen Anhänglichkeit, in gleich ehrerbietiger und vornehm geistvoller Form, die freilich manchmal den Stil des französischen Salontons hüben und drüben nicht verleugnet. Im allgemeinen ist er ein neuer Beweis für jene Kulturhöhe, welche das 18. und vorige Jahrhundert im Briefschreiben erheblich über die Gegenwart stellte. Man hatte damals sich immer etwas von Bedeutung zu sagen, Ernstes oder Heiteres, und pflegte auch den Drang dazu, der im jetzigen Geschlecht manchmal kaum noch als ein inneres Bedürfnis zu spüren ist. Die wenigen Stichproben, die hier aus der Originalkorrespondenz ausgewählt und miteinander ohne festen Zusammenhang verbunden sind, werden dies bestätigen, zugleich aber ihrerseits auch erhärten, daß sie durchschnittlich keine leichte Lektüre sind, nicht einmal in ihrer deutschen Übersetzung.

Wenn Prinzessin Augusta meist als eine kühle, innerlich stolz abgeschlossene Natur gegolten hat, so muß das mehr eine beherrschte Form gewesen sein, die sie ihrer fürstlichen Würde nach außen zu schulden glaubte. Denn ihre Äußerungen zu Humboldt sind durchaus voll warmherzigen Gefühls und der inneren Empfindungsweite einer geistig begabten Frau angemessen. Es mag sein, daß allmählich auch bei ihr, welche körperliche Leiden und Seelenkämpfe genug zu überwinden hatte, die zuletzt noch das erschütternde Ende ihres über alles geliebten Sohnes erlebte, sich ein grauer Schleier auf den Reichtum ihres Herzens legte, aber kalt ist dieses Herz, das so teilnehmend, mütterlich, barmherzig, selbst politisch leidenschaftlich schlagen, das sich für Heimat, preußische Ehre und deutsche Einheit begeistern konnte, gewiß nicht gewesen. Babelsberg wurde Humboldt durch den anregenden Verkehr mit Prinzessin Augusta besonders lieb, wo er sich auch in allerlei ritterlichen Höflichkeiten, wie er sie liebte, gegen die Schloßherrin und ihre Umgebung erschöpfte. Bald machte er zum Geburtstage auf ihren Wunsch einen Eintrag in ein Album, worin er von dem „kleinen, laubbekränzten Hügel sprach, wo Geist und holde Anmut walten", bald nahm er von dem Erzieher Ernst Curtius ein Gedicht vom „Aturenpapagei" in seine neue Auflage der „Ansichten von der Natur" hinein, immer belebte er den Geistesaustausch mit Neuem und Anregendem.

Sein Verhältnis zu dem Hausherrn, dem Prinzen, blieb dabei das gleich achtungs- und verehrungsvolle. Obwohl beide in ihren religiösen wie politischen Weltanschauungen nicht wenig getrennt waren, findet sich in den Humboldtschen Briefen oder Aufzeichnungen doch niemals eine absprechende oder abfällige Bemerkung über den Prinzen, wie sie sonst ihm nur zu leicht aus dem Gehege der Zähne oder des Tintenfasses entschlüpfte. Es ist sogar unverkennbar, daß sich in ihm nach 1848 eine gewisse Abwendung zu dem schlichteren Charakter des Babelsberger Schloßherrn vollzog. Möglich, daß er an diesen auch politische Hoffnungen wieder anzuknüpfen begann, die ihm unter dem regierenden Herrscher zerbrochen und aussichtslos geworden waren. Die liberale Richtung seiner Gemahlin konnte ihn wohl dazu verleiten. So rühmte er nach der Umwälzung am 2. November 1849 in einem Briefe an Bunsen, daß die Begebenheiten auf den Prinzen von Preußen gut gewirkt hätten; sein Benehmen sei „der einreißenden Reaktion gegenüber voll Würde und Milde". 1854 fand er das Prinzenpaar von den „edelsten und festesten Gesinnungen" beseelt und beklagte die zunehmenden Zerwürfnisse, die der Hof ihm bereite. Die bevorstehende Herausgabe der Briefe Kaiser Wilhelms I. wird erst darüber aufklären können, wie auf der anderen Seite der Prinz Humboldt gesehen und beurteilt hat. Jedenfalls hat er diesem nach seinem Abscheiden 1859 nicht nur die Schuld, die er bei dem Mendelssohnschen Bankhaus noch stehen hatte (1200 Taler), im Sinne der einstigen Zusage seines kranken Bruders abgelöst, sondern, was schwerer wog, eine so großartige Leichenfeier im Dom veranstaltet, wie sie wohl noch keinem Gelehrten zuteil ward. Überdeckt von Grün, von Trauerfloren und Fahnen wurde der schlichte Eichensarg aus dem weltbekannten Arbeitszimmer nach dem Dom überführt; Studenten mit Palmenzweigen schritten vor ihm, Marschälle mit dem Gesamtkörper der Universität folgten ihm, alle hohen Würdenträger des Hofes und Staates, alle gefeierten Persönlichkeiten der Stadt und Wissenschaft schlössen sich an. Die Glocken läuteten, am Domeingang empfing der Prinzregent mit allen königlichen Prinzen und anderen Fürstlichkeiten den Toten. Die Gedächtnispredigt hielt Generalsuperintendent Dr. Hoffmann. So ehrte ein dankbarer Zollernfürst einen Herrscher im Reiche des Wissens und einen Freund seines Hauses. In der

Nacht ging dann die Überführung nach Tegel zur Beisetzung im Schloßpark vor sich, wo heut noch ruht, was sterblich war an dem rastlosen, weltumspannenden Geiste Alexander von Humboldts.

Brieftexte

I. Briefe an König Friedrich Wilhelm IV

1. Tegel [Dienstag, 31. März 1835], 3½ Uhr nachmittags.

Mit innigster Rührung lese ich die herrlichen Zeilen Ew. Königlichen Hoheit. Ach! meine Hoffnungen sind sehr geschwunden. Mein Bruder war so heiter und ruhig gestern abend bis 8 Uhr — aber in der Nacht ist ein heftiges Fieber eingetreten. Man mußte Schröpfköpfe und Blutegel wieder anwenden, dazu eine schreckliche Unruhe und immer zunehmende Schwäche und Gedanken des nahen Todes mit den süßesten Erinnerungen an die Mutter der Kinder und „Hoffnung baldiger Einsicht in eine höhere Weltordnung". Der Kopf ist sehr eingenommen, viel Durst, aber glücklicherweise auch mehr Ruhe. Ich bin nie in meinem Inneren tiefer erschüttert worden; denn nun schon drei Tage dauert dieser Kampf. Mein armer Bruder ist tief bewegt und sichtbar erheitert durch dieses Andenken Ew. Königlichen Hoheit und der liebenswürdigen Kronprinzessin. Welch' ein edler, glücklicher Gedanke, daß Ew. Königliche Hoheit diesen feierlichen Augenblick dazu benutzen wollen, den Hader zu schlichten, der dem trefflichen, geistreichen Rust[14] nur zu sehr geschadet hat, werde lebendig dazu mitwirken (et avec toutes les ruses du cœur[2]), um ein solches Ziel zu erreichen. Der Allmächtige schenke meinem geliebten Bruder ein sanftes, bewußtloses Ende; denn anderer Hoffnung darf ich mich kaum hingeben. Wie werde ich allein in dieser Berliner Welt stehen! Nur Sie, gnädigster Kronprinz! fesseln mich an den Boden. Für meine anderen Neigungen habe ich wenig Gegengefühle gefunden, was mich traurig macht.

Al. Humboldt.

Meine Nichten, Hedemann[15], alles ist tief gerührt und voll

---

[14] J. N. Ruft, Geh. Medizinalrat und Generalstabsarzt der Armee (1775 bis - l840). Anläßlich von Schlaganfällen, die im März 1835 bei dem Kranken eintraten, scheint es zu Meinungsverschiedenheiten mit dem jüngeren Kollegen Dr. Fr. Dieffenbach, dem später berühmten Berliner Chirurgen, gekommen zu sein, so daß sich Ruft zurückzog. [2] Deutsch: „mit allen Listen des Herzens" — ein Lieblingsausdruck Alexanders, der ganz seinem eigenen Wesen und Handeln entspricht.

[15] Generalleutnant August v. Hedemann, Gemahl der Nichte Adelheid v. Humboldt, daher öfter auch als Neffe bezeichnet, starb ohne Erben kurz nach Alexander am 17. Dezember 1859

Dank für Ihre Gnade. Hedemann ist der Familie ein große Stütze, voll Liebe, Stärke und Adel der Gesinnung.

2. [1. April 1835] Mittwochs 9 Uhr.

Empfangen Ew. Königliche Hoheit zuerst den ehrerbietigsten Dank des armen Bruders und der ganzen tiefgerührten Familie für die übergroße Freude, welche die auf Ihre Veranstaltung unternommene Reise des edeln Rust[16] in Tegel verbreitet hat. Drei Sturzbäder, das letzte heute morgen um 6 Uhr, haben wundertätig gewirkt. Kein Fieber. Jedesmalige Heiterkeit nach dem Bade (5 Eimer des kältesten Wassers, dazu der untere Teil des Körpers in warmem Wasser); Moschus und Kalomel[17] scheinen ihn auch zu beleben. Der soporöse[18] Zustand verschwindet allmählich und wir hoffen, daß die schiefe Haltung des Kopfes, die wir seit 3 Tagen bemerken und die Druck auf das Gehirn andeutet, verschwinden wird. Ich gebe mich nach so langem, trübem Anblick nicht leicht sicherer Hoffnung hin; aber mit inniger Freude schildere ich den Zustand, wie ihn mir Dieffenbach soeben berichtet.

Mit dankbarster Ehrfurcht Ew. Königlichen Hoheit
untertänigster
Alex. Humboldt.

3. [2. April 1835] Donnerstag früh.

Ew. Königliche Hoheit haben gestern gegen den Pr.|ofessor] Ruft einen so lebhaften, menschlichen Anteil an dem Unglück geäußert, dem wir uns schmeicheln, entgangen zu sein, daß ich eile, Ihnen und der vortrefflichen, meinem armen Bruder stets so gnädigen Frau Kronprinzessin die Huldigung meiner innigsten Dankgefühle darzubringen. Die Besserung hält an; ich habe Tegel gestern fast zugleich mit Dieffenbach um 8 Uhr verlassen; das Fieber ist ganz verschwunden, der Kopf war frei, und er selbst, der Dienstag schon den zärtlichsten Abschied von den Seinen nahm und in diesem großen Augenblicke ein Gemisch von Stärke, Größe der Seele und Zartheit des liebenden Gemüts zeigte, die einen nie verlöschenden Eindruck machten, gibt sich jetzt der

---

16   Siehe den vorigen Brief.
17   Der Moschus des Bisams dient zur Herzstärkung, das Quecksilberchlorür (Kalomel) zum Abführen.
18   schläfrige.

Hoffnung hin. Ich glaubte nicht, daß meine alten Augen so viel Tränen vergießen könnten. Ich eile wieder nach Tegel. Die Schwäche der Glieder ist schmerzlos! Wir sind tief, tief gerührt von der so wohltuenden Gnade unseres Kronprinzen...

Ruft hat sich auf das edelste benommen und allen Groll gegen Dieff.[enbach] vergessen, sobald von einem solchen Interesse die Rede war.

4. Tegel [2. April 1835], Donnerstag abends.

Ew. Königliche Hoheit verzeihen wir gern, wenn ich noch einmal es wage, an diesem verhängnisvollen Abend Ihnen einige Nachricht von dem hilflosen Zustande meines armen Bruders zu geben. Ich benutze die Gelegenheit eines Gendarmen, den soeben Gen.[eral]Hedemann nach Berlin schickt. Die Schwäche ist immer im Zunehmen; ein scheinbarer Schlummer, unterbrochen durch den liebevollsten Ausdruck gegen alle Umstehenden, Dankbarkeit für die kleinsten Dienste. Die Besinnung und der Scharfsinn, mit dem er seinen Zustand ausspähet, leider! ungeschwächt. Das Fieber fängt wieder an, und die Sprache wird schwieriger: doch ist der Zustand, die Unruhe des unbequemen Liegens abgerechnet, schmerzlos. Nächst dem Monumente[19] das ihn „hinzieht", sind seine Gedanken oft auf Schiller, als seinen zärtlichsten Freund, gerichtet. Die schönen Worte der Thekla (eine Geisterstimme) „Dorten wirst auch Du uns wiederfinden, wenn Dein Lieben unseren Lieben gleicht"[20] wurden mehrmals träumend ausgesprochen wie ein Gedicht, an dem er zu arbeiten scheint, mitunter auch laut rezitiert eine große Zahl griechischer Verse aus der Iliade. Erst als ich meinen letzten Brief an Ew. Königs. Hoheit hatte abgehen lassen, fand ich ihn ruhig genug, um ein kürzeres Gespräch mit ihm zu haben und ihm den so ungemein teilnehmenden Brief ganz vorzulesen.

Er war in der dankbarsten Stimmung für die Gnade, mit der Ew. Königl. Hoheit ihn in den wichtigsten Momenten seines bewegten Lebens stets beglückt hätten; dankbar für die Freundschaft von Rust, „den ich", sagte er, „nicht bloß als Arzt, sondern als Mensch und Mensch von Geist und Herz geliebt". Besonders war er über Rust's edles Benehmen und sein Vergessen alles

---

[19] Die Säule der Thorwaldsenschen Hoffnung auf dem Parkfriedhofe.
[20] Nicht im „Wallenstein", sondern in dem gleichnamigen Gedicht Schillers.

Haders gegen Dieffenbach in inniger Rührung. „So könnte vielleicht mein Tod die Veranlassung zu etwas Gutem, zur Versöhnung zweier Menschen, die mir lieb sind, beitragen, zur Herstellung der alten Verhältnisse..." Möge er auf seinem Schmerzenslager richtig weissagen! Ich schließe diesen Brief um 9 Uhr abends. Dieffenbach, der eben kommt, findet den Zustand weniger verzweifelt als ich. Möge er sich nicht täuschen! ...

5. Berlin [5. April 1835], Sonntags 6½ Uhr.

Die Erlösung ist wohl sehr nahe, aber das Maß wird nur dort oben bestimmt. Was weiß der Mensch! Der gestrige Tag (ich verließ Tegel 11, Uhr nachts) war weniger erschütternd. Er war bis 6 Uhr ruhiger; fast immer halb soporöser Schlaf, selten unterbrochen und dann dieselben milden Blicke, Worte der zärtlichsten Liebe und der große Geist in seiner ganzen Stärke, alles klar fordernd, seinen Zustand in unserem Auge erspähend. Gegen Abend nahm das Fieber überhand. Die Schwäche immer im Zunehmen, und die Stimme, bei vielem Husten und Auswurf, heiser, fremdartig fein, kindlich; daher, um die Luftröhre zu befreien, ihm am Kehlkopf (äußerlich am Halse) Dieff.[enbach] Blutegel (4—5) setzte, die ihm allerdings Ruhe verschafften. Ich bitte Ew. Königl. Hoheit nicht um gnädige Verzeihung wegen dieser formlosen Briefe. Ihrer und der herrlichen Kronprinzessin hat er noch gestern mit inniger Liebe und Rührung, aber mit Heiterkeit gedacht; denn er vermied alle Ausdrücke, die das nahe Ende bezeichnen könnten. Acht Tage dauert nun schon unsere Trauer. Mit ehrfurchtsvollem Dankgefühl...

6. Berlin [6 April 1835], Montag früh 6½ Uhr.

Ich sollte fürchten. Sie durch die Schilderung unseres langen, grenzenlosen Elends zu martern, wenn ich nicht Ew. Königlichen Hoheit und der trefflichen Kronprinzessin Mitgefühl und die Stärke Ihrer schönen Seelen kennte. Da die Brust immer voller und das Atmen immer tiefer und beschwerlicher werden, so hat der gute, hoffende (!!) Ruft auf einen nochmaligen Aderlaß gedrungen. Er hat ihn ohne Murren ertragen, auch war der Zustand etwas gebessert, und es stellte sich in dem heftigen Fieber ein starker Schweiß ein, als ich ihn um 10 Uhr abends verließ. Meist unruhiger Schlummer, dazwischen milde Blicke. Die Taubheit ungeheuer. In den Phantasien des Schlummers gestern noch die Worte: „den Kronprinz... die liebe Kronprinzessin...[21] oft nennen ... auch ja Pr.[inzessin], Luise...[22]" Wenn ich mich entferne: „ich genoß dich heute so wenig". Ich war gestern zweimal in Tegel: ich glaubte, dem braven Rust im Moment der Trauung nicht fehlen zu dürfen, für mich ein wundersamer Anblick, der Priester da. stehend, wo Frau v. Humboldt verschied...

[Nachschrift:]

Das Blut ungeheuer entzündet, aber wie von einem jungen Manne — eine mich fast betrübende Lebensstärke.

7[23]. Donnerstags [Januar 1834].

Die Krokodile des Rio San Franzisko[24] und der erflehte Anstoß an eine Ministerialmumie (en service ordinaire) hat [verschrieben statt: haben] mich vergessen lassen, Ew. Königliche Hoheit an die heutige öffentliche Sitzung der Akademie, wegen des Geburtstages Friedrichs des Großen, untertänigst zu erinnern; 4 Uhr, auch viel später. Encke wird die Eröffnungsrede halten, schließend mit Lob des braven Hermbstedt[25]; dann Savi-

---

[21] Elisabeth (Ludovika), Tochter des Königs Maximilian I. von Bayern, geboren 13. November 1801, vermählt 29. November 1823 mit dem preußischen Kronprinzen, 1829 zur evangelischen Kirche übergetreten.

[22] Prinzessin Luise von Preußen, Tochter des Prinzen Ferdinand, 1796 vermählt mit dem Fürsten Anton Radziwill, verwitwet 1833, gestorben 1836. Ihr Haus ein Mittelpunkt des geistigen und künstlerischen Berlins, dem auch Wilhelm seit langem nahestand.

[23] Aus der Kronprinzenzeit Friedrich Wilhelms hat sich des Weiteren allein noch eine Gruppe loser, undatierter Zuschriften Humboldts erhalten, welche sämtlich wissenschaftliche Gegenstände oder Angelegenheiten der Akademie betreffen. Sie geben, nachdem die vorangehende Gruppe uns in den persönlichen Austausch zwischen dem Thronfolger und Alexander eingefühlt hat, den ersten Einblick in die Art, wie derselbe seine erbetenen Informationen, Anregungen und Erinnerungen über gelehrte Sachfragen erteilte. Zeitlich fallen die Zuschriften nach den darin gebotenen Einzelheiten in die Jahre 1834/37 und sind offenbar während eines Aufenthaltes am kronprinzlichen Hofe, wahrscheinlich in Potsdam gemacht, indem sie sich dem Tagesbedürfnis anschmiegten.

[24] Humboldt schrieb also damals über amerikanische Krokodile und hatte als Kammerherr „im gewöhnlichen Dienst" mit einem Ministerialdezernenten ein Geschäft — beides verschmolzen in diesen ägyptisierenden Stilsarkasmus.

[25] Der scharfsinnige Astronom und Sternentdecker J. Franz Encke (1791 bis 1865), langjähriger Kollege und Freund Humboldts, Direktor der Berliner Sternwarte und Vorsitzender Sekretär der Akademie. Als solcher hielt er die Gedächtnisreden auf die verstorbenen Mitglieder, hier auf den am 22.

gny[26] über altionische Gesetzgebung bei Schuldwesen, endlich Ho[f]fmann[27] über neue Volkszählungen und die Verdienste des Verf.[assers] der Göttlichen Ordnung, Süßmilchs[28]. Möchte diese Karte der Restauration Ew. Königliche Hoheit anlocken können, damit die Bänke nicht ungeschmückt bleiben; denn selbst die Urgeneräle, welche seit Hertzbergs[29] und des kauenden Merlans[30] deukalionischen Zeiten[31] die Akademie besuchen, werden seltener und schlaflustiger. Leopold v. Buch[32] habe ich zu nichts bewegen können. Ehrfurchtsvoll und immer gleich unleserlich, Ew. Königlichen Hoheit untertänigster Alex. Humboldt.

Oktober 1833 verschiedenen Professor und Geheimrat Friedrich Hermbstädt.

[26] Friedrich Carl von Savigny, Rechtsforscher, 1842–1848 preußischer Justizminister (1779–1861).

[27] J. Gottfried Hoffmann, Wirkl. Geh. Oberregierungsrat und Professor (1765–1847), Direktor des statistischen Bureaus, ein Begründer der amtlichen Volksstatistik.

[28] J. Peter Süßmilch, evangelischer Theologe, Oberkonsistorialrat, Propst an der Petrikirche und tätiges Mitglied der damaligen „Société des Sciences et Belles Artes" unter Friedrich dem Großen. 1741 gab er sein vielaufgelegtes Buch über die „Göttliche Ordnung in den Veränderungen des menschlichen Geschlechts" heraus, später eins über den „Göttlichen Ursprung der Sprache". Für Humboldt war er natürlich ein Antipode; die „Karte der Restauration" ist wohl nicht nur die Speisekarte (der Vorträge), sondern auch ein Hieb gegen ihn. Der große Statistiker Hoffmann kannte ihn gewiß näher von seinen einst neuartigen und klugen Versuchen, Stärke, Veränderung und Dichtigkeit der Landesbevölkerung aus den Pfarramtslisten festzustellen.

[29] Graf Ewald Friedrich von Hertzberg (1725–1795), Friedrichs II. Kabinettsminister, seit 1786 auch Kurator der „Société Royal".

[30] J. Bernhard Merian, geborener Baseler, 1750 von Maupertuis in die Akademie berufen, darin praktisch, weniger gelehrt tätig. Er war ihr ständiger Sekretär und vermittelte auch den Verkehr mit dem König, der den „notre bon Suisse" gern hatte, führte die Kollegen bei ihm ein u. a. Warum ihm Humboldt das schmückende Epitheton „kauend" gibt, war nicht zu ergründen — aß er gelegentlich in den Sitzungen, wie andere schlaflustig einnickten? Oder machte er, wie manche alte Leute, Kaubewegungen mit den Kinnbacken und beim Sprechen? Unterhaltsam ist Humboldts sarkastische Schilderung gewiß, aber nicht leicht aufzuklären. Er kannte Merian noch gut, da dieser erst 1807 starb; der junge Ancillon hielt demselben die Eloge (gedruckt Berlin 1810).

[31] Deukalionisch = paradiesisch, vorsintflutlich, von Deukalion, dem Noah der griechischen Weltflutsage

[32] Chr. Leopold Freiherr und Kammerherr v. Buch, der berühmte Geognost, Freiberger Studiengenosse und wissenschaftlicher Rivale Humboldts (1774–1853).

8. Freitags.

Ew. Königlichen Hoheit habe ich das Glück, jetzt schon des jungen Grafen La Borde Reise nach Petra[33] zu Füßen zu legen. Aus der Freude, die mir, dem Architektonisch-Unwissenden, das Durchblättern so vieler in ihrer Ödigkeit großartigen Ansichten gewährt hat, schließe ich auf das Interesse, welches ein solches Werk[34], voll der Erinnerungen an die ehrwürdigsten und ältesten Urkunden des Menschengeschlechts, Ew. Königlichen Hoheit gewähren wird. Es ist ein großes Verdienst eines so jungen Mannes, unter solchen Mühseligkeiten so viel geleistet zu haben und es so unbefangen und einfach zu erzählen. Ich beklage, daß er seinen Plan, diesen Winter Berlin zu besuchen, hat aufgeben müssen, da die hiesige Gesellschaft so sehr einiger Nahrung und geistiger Erfrischung bedarf. Ew. Königliche Hoheit haben wohl die Gnade, mir zu erlauben, daß ich das Werk morgen, Sonnabend abend, ganz spät abholen lasse, um es zwei Tage zu behalten. Nachher steht es monatelang wieder zu Ihren Befehlen....

[Nachschrift:]

Das Bild des Verf.[assers] ist von seiner Schwester, der schönen Mad.[ame] Gabriel de Lessert, gezeichnet.

9. Sonnabends,

Ew. Königliche Hoheit werden, hoffe ich, einige Freude haben an einem Werkes das ich Ihnen als Eigentum zu Füßen legen werde, sobald ich durch Herrn Hittorf[35] erfahre, daß es nicht käuflich ist.

---

[33] Comte Lion de la Borde, Voyage de l'Arabie pétrée, Paris 1830 oder auch Voyage pittoresque à Pétra (en Arabie). Mit der gräflichen Familie de la Borde war A. v. Humboldt von der Pariser Gesellschaft her wohlbekannt. Er rühmt sie näher in seinem Briefe an Karoline v. Wolzogen vom 6. Mai 1837. Die Schwester hatte den Pariser Polizeipräfekten Gabriel De Lessert geheiratet.

[34] Es ist das Großfoliowerk des Kunstschriftstellers Comte Lancelot- Théodore Turpin de Erissé (1782–1859), das 1835 zu Paris erschien und in dreißig schönen Lithographien enthält: Souvenirs du vieux Paris. Exemples d'architecture de temps et de styles divers − also eine Sammlung Altpariser Stadtansichten.

[35] Jacques Ignace Hittorf (1792–1867), geborener Kölner, Hofarchitekt, Stadtverschönerer und tonangebender Baukünstler in Paris, ein vertrauter Bekannter Humboldts, dessen berühmteste Schöpfung die prachtvolle Basilika St. Vincent-de-Paul ist, der aber auch das Bois de Boulogne, den Konkordien- platz, die Champs Elysées, den Nordbahnhof u. a. geschaffen hat. Am preußischen Hofe wurden Bücher als Widmungen nur ange-

Ich lege den mich rühmenden Brief des sehr liebenswürdigen Grafen Turpin (eines ausgezeichneten Landschaftsmalers) bei, weil der Brief einiges zum Verständnis des Unternehmens beiträgt. Wenn Se. Majestät und die königlichen Prinzen einige Exemplare nehmen wollten, so würde ich ein Dutzend bestellen, nicht weil der sehr wohlhabende Graf es bedarf, sondern um ihm das Interesse zu zeigen, was ein solches Werk hier erregt. Das Titelblatt ist sehr edel im freien Ausdruck „der alten Anhänglichkeit", aber ein zottiger Pudel hätte mir mehr Vertrauen eingeflößt, als die leichtbeinige Windhundgestalt[36]...

10.

Ew. Königliche Hoheit erlauben, daß ich Ihnen einige Grundrisse der alten sogenannten militärischen Monumente in Nordamerika, die ich unter meinen Papieren finde, als ein wertloses Geschenk zu Füßen lege. Ich könnte Ihnen bei einiger Muße eine kleine Abhandlung vorlesen, in der ich alles, was die Dimensionen dieser Mauern betrifft (einige sind von Stein 15 Fuß hoch, 5—7 Fuß dick und 6000 Toisen = 3000 Ruten lang) zusammengestellt. Schon heute habe ich, wegen der Zeichnung aus dem Journal von Chikago (Michigan), an den amerikanischen Geschäftsträger Mr. Wheaton[37] und nach London an Bülow[38] geschrieben...

11. Sonntags.

Nach dem uralten persisch-germanischen Glauben, daß man das Göttliche am würdigsten auf hohen Bergen anbete, darf ich Ew. Königliche Hoheit wohl am heutigen Tage mit den irdischen Bergkolossen belästigen. Darf ich Sie untertänigst bitten, den Jawahir und den minder sicher gemessenen Montblanc (Dhawa-

---

nommen, wenn sie nicht oder noch nicht käuflich waren und von einem eigenhändigen Schreiben des Verfassers begleitet wurden. Der Turpinsche Brief fehlt.

[36] Die Widmung an den Herzog von Bordeaux ist mit dessen Wappen, den bourbonischen Lilien, einem Anker der Hoffnung und einem wachehaltenden Windhund geziert. Daher Humboldts launiger Spott.

[37] Dieser Gesandte der Vereinigten Staaten in Berlin war auch Ehren- Mitglied der Akademie der Wissenschaften, so daß es sich natürlich erklärt, warum Humboldt sich in der gelehrten Sache an den Diplomaten wandte Er schrieb auch ein größeres Fachwerk über die Geschichte des Völkerrechts seit dem Westfälischen Frieden, 2. Aufl. Leipzig 1846.

[38] Freiherr Heinrich v. Bülow, Schwiegersohn Wilhelm v. Humboldts, seit 1827 preußischer Gesandter in London.

lagiri)[39] zuerst auf der sehr bequemen für Canning angefertigten, auf Leinwand gezogenen Generalkarte von Indien, dann auf der Karte von Blacker[40] Nr. 2 und 5 aufzusuchen? Sie finden den Jawahir, wo sich kreuzen die Linien der Breite 30 ½°und der Länge 79¾° auf Nr. 5; Sie finden den Dhawalagiri bei Kreuzung von 29° und 83° auf Nr. 2 von Blackers[41] Spezialkarte in 5 Blättern. Noch können Sie wenigstens den Jawahir[42] mit Ihrem Anblick erfreuen auf Grimms Himalaya (den Dhawalagiri hat Grimm nicht, weil er weit östlich von den heiligen Alpenseen fällt) und auf einer Reisekarte von Moorcroft[43], der bei Balk, als er von Cachemya[44] nach Orenburg[45] wollte, gröblichst erschlagen ward. („Je vous ferai du chagrin. Vous serez empalé"[46], schrieb der von Herrn Jomard[47] gefeierte Titus von Ägypten.) Die Zahlen der Höhen sind selbst in der letzten Karte von Ritter und Grimm ungenau, wahrscheinlich durch falsche Reduktion der englischen Füße. Die genauen Höhen enthält mein beiliegendes franz. [ösisches] Memoire[48]

Dhawalagiri 26 340 Pariser Fuß, Jawahir 24 156 Pariser Fuß.

Wollten Ew. Königliche Hoheit gnädigst einen Blick auf Nr. 9 und auf ein von mir gezeichnetes Kärtchen am Ende des Mémoires werfen, das die sonderbaren Verhältnisse der Bergrücken gegen die Kulminationspunkte (höchsten Gipfel, die sich über den Rücken erheben) darstellt. Diese Karte ist in dem beiliegen-

---

[39] Dhawala-Giri, der viertöchste Berg im Himalaya, bedeutet: Weißer Berg.

[40] Vgl. Blacker, Lt. Colonel, Memoir of the operations of British army in India 1817/19

[41] . Dazu: Maps and plans. London 1821. Hieraus stammt wohl die benutzte Karte.

[42] Ritters geogr.-statist. Lexikon (Ausgabe Joh. Penzler, Leipzig 1895, S. 907 des 1. Bandes) verzeichnet ein tributäres Hochland Jawhar in der indobritischen Präsidentschaft Bombay.

[43] William Moorcroft starb zu Andsko in Afghanistan am 27. August 1825. Der englische Reisende, der aus Lancashire stammte, veröffentlichte zusammen mit George Treback 1841 in London „Travels in the Himalaya provinces".

[44] ?Kachiyama in Japan?

[45] Das bekannte halb europäische, halb asiatische nördliche russische Gouvernement mit gleichnamiger Hauptstadt

[46] . d. h.: „ich werde Ihnen Ärger bereiten; Sie werden gepfählt werden..."

[47] Edmonde François Jomard, französischer Geograph und Altertumsforscher (1777-1852).

[48] fehlt.

den Buch (Geognosie von Walchner[49], natürlich ohne mich zu nennen, was eine jetzt allgemein eingeführte Raubmethode ist) wiederholt, mit Hinzufügung der Pentlandschen Peruanischen Berge, die dem Chimborasso einen 20. Mars gebracht[50]! Ich wage auch hinzuzufügen: die saubere Kalenderkarte von Ritter, auf der meine alten Augen aber nichts von Berghöhen entdecken können, und meine sehr leere und darum deutliche Skizze von Innerasien, auf der auch die beiden Himalayakönige auf rechter Stelle stehen. Ew. Königliche Hoheit werden gnädigst meinen weitschweifigen Erläuterungen verzeihen. Ich werde alle diese Materialien nach dem Potsdamer Feldzuge, zu dem ich mich rüste, selbst abholen und mich bemühen, künftig minder deutlich und ermüdend zu sein.... Berlin, den 17. September um 4 Uhr abends 1840.

12.[51]

Ew. Königliche Majestät glaube ich die traurige, fast hoffnungslose Lage des trefflichen Schinkel[52] nicht verbergen zu dürfen, so schmerzhaft es mir auch ist, unter dem frohen Jubel des Volkes, Ihr tief fühlendes, rein menschliches, königliches Herz zu betrüben. Diese Nacht von Danzig angekommen, wo ich an meinem 71. Geburtstage (14. September) mich unvorsichtig von einer „Naturforschenden Gesellschaft" als „Jubelgreis" habe

---

[49] Walckenaer? Unter den Bücherschätzen seines Pariser Freundes Barons Walckenaer fand Humboldt 1822 die berühmte spanische Weltkarte des Seefahrers Juan de la Cosa von 1500.

[50] d. h. die Berge Perus nach Barclay Pentland, dem irischen Geographen und Naturforscher († 1873), der in Peru und Bolivia Konsul war. Humboldt besprach seine Arbeiten über das süd liche Peru in v. Leonharbs und Bronns Jahrbuch 1837, S. 259 f. und erwähnt ihn auch sonst öfter in seinen Schriften. Aber was soll es bedeuten, daß diese Berge dem Chimborasso, dessen Besteigung fast bis auf den Gipfel eine Ruhmestat der amerikanischen Reise Humboldts 1802 bildete, einen 20. Mars — so steht im Manuskript unverkennbar — gebracht haben sollen? Etwa einen neuen Frühling oder um ihn als Sonne eine vermehrte Planetenschar von ähnlichen Bergen?

[51] Erster Brief aus der Königszeit Friedrich Wilhelms IV.

[52] Der Maler und Architekt Karl Friedrich Schinkel, am 13. März 1781 in Neuruppin geboren, gestorben erst am 9. Oktober 1841. Er lag in diesem traurigen Zustand, der auf Verkalkung der Gehirnarterien beruhte, noch über ein Jahr. Den König, der von Jugend auf ein Bewunderer und Freund Schinkels war und mit ihm große Pläne für seine Regierung vorhatte, traf sein Verlust sehr hart.

einsangen lassen, war ich heute morgen schon zweimal in dem Hause des Kranken. Dienstag, am 8., war Schinkel von Meran über München und Leipzig nach Berlin angelangt, schneller und mit mehr Anstrengung, als seine Familie es gewünscht. Die Nachricht von der Ausführung seiner Freskobilder, zu welcher er in dem erfahrenen Maler Zimmermann[53], einem trefflichen Koloristen, in München eine sichere Hilfe gefunden zu haben glaubte, die Freude, sich seinem Monarchen mit mancherlei gereiften Vorschlägen nahm zu dürfen, der Genuß einer herrlichen Alpennatur schienen so belebend und wohltätig auf ihn gewirkt zu haben, daß Rauch mir mit Tränen im Auge den Anblick schilderte, als er am 9. heiter und teilnehmend in seine Werkstatt trat und das der Vollendung nahe, schöne Modell des Pferdes[54] in Augenschein nahm. Noch am 10. nachmittags hatte er ein freies Gespräch mit Dr. Waagen[55]: kaum aber verließ dieser das Zimmer, so verfiel er, wie vom Schlage, besonders an der rechten Seite, gelähmt, in einen völlig bewußtlosen Zustand. Das eine Auge blieb starr; keine Sprache, keine Besinnung, dazu Krampf des Unterkiefers! Horn und Stosch[56] wurden hinzugerufen. Nach Aderlaß, Schröpfen und Blutegel verlor sich der Tetanos[57], die Bewegung kehrte zurück. Er scheint bisweilen noch die Freunde zu erkennen, drückt allen liebevoll die Hand, antwortet (wie Sterbende nicht tun), daß „er recht wohl sei". Man fürchtet, daß gesprungene Blutgefäße den Druck auf das Gehirn erregen und den soporösen[58] Zustand hervorbringen, der sich seit 5 Tagen ziemlich gleich bleibt. Sturzbäder von eiskaltem Wasser, während der untere Teil des Körpers in warmem Bade ruht, werden

---

[53] Es ist schwer, mit Sicherheit zu sagen, um welchen von den vier Künstlerbrüdern Zimmermann, die seit 1837 aus ihrer Vaterstadt Zittau nach München zuzogen, es sich hier handelt, ob um Max, Albert, den Stifter der Malerkolonie zu Eberfing und Polling, oder um Richard oder Robert. Vermutlich um Richard, der seit 1838 dort weilte und sich von den anderen „Zimmerleuten" durch Pflege der religiösen und historischen Malerei auszeichnete. Dieser erhielt später in Berlin auch die goldene Medaille.

[54] Zum Denkmal Friedrichs des Großen Unter den Linden, vollendet 1851.

[55] Gustav Friedrich Waagen (1794–1868), Befreiungskämpfer, Kunstschriftsteller, 1823 zur Einrichtung des Berliner Museums berufen, seit 1830 Direktor der Gemäldegalerie.

[56] A. L. Ernst Horn, Geh. Medizinalrat und Professor zu Berlin (1774–1848); August Wilhelm von Stosch, Geh. Medizinalrat und königlicher Leibarzt zu Berlin (1783–1845).

[57] Starrkrampf.

[58] Schlafsüchtigen.

(wie bei meinem unglücklichen Bruder) angewandt. Die letzte Nacht war von erquickendem Schlafe, aber Beuths[59] Schwester, die den Kranken Tag und Nacht sorgsam pflegt und den tiefen Schmerz der Familie teilt, gab vor einer Stunde mir wenig Hoffnung. Die Ursache des Übels liegt gewiß sehr tief und festgegründet seit vielen Monaten. Möge Gott, der Allmächtige, den wundervoll erhalten, in dem auf eine so einzige Weise hohe Geistesgabe mit Anmut und Einfachheit der Sitten, mit der naivsten, demütigsten Unkenntnis des eigenen Wertes gepaart war!

Sollten Ew. Majestät und die edle Königin vielleicht auch schon auf anderem Wege von dem Schicksal meines Freundes gehört haben, so verzeihen Sie mir Beide doch gnädigst die Zudringlichkeit dieser Zeilen. So ist denn das Unerforschliche des menschlichen Daseins das Gewebe unseres dunklen Lebens; keine Freude die irdische [d. h. auf Erden] in der sich nicht der Keim der Trauer entfaltet.

Worte fehlen mir heute, um Ew. Königlichen Majestät für das Glück zu danken, mich zu der Huldigungsfeier berufen zu haben. Am späten Abend des Lebens bin ich noch nicht für solche Auszeichnung stoisch unempfindlich geworden.

Mit der tiefsten Ehrerbietung, Ew. Königlichen Majestät alleruntertänigst getreuester

Alex. Humboldt.

Die Zustände in Frankreich sind töricht-unheimlich. Fürst Wittgenstein habe ich heute morgen nicht gefunden, höre aber durch Minister Nagler[60] und Baron Werther[61], daß er überaus wohl und erheitert ist.

13. Berlin, 22. September 1840.

Ew. Königliche Majestät haben mich gestern, an einem denkwürdigen Tage[3], wieder so ausgezeichnet gnädig und liebe-

---

[59] Peter Christian Wilhelm Beuth (geboren 1781 in Kleve, gestorben 1853 in Berlin), Organisator des preußischen Gewerbewesens, damals Direktor der Abteilung des Finanzministeriums für Gewerbe, Handel usw. Er war Schinkel ein ebenso wertvoller Mitarbeiter wie treuer Freund.

[60] Seit 1823 preußischer Generalpostmeister, seit 1836 zugleich Staatsminister. [2] Wilhelm Freiherr von Werther (1772−1859), 1824−1837 Gesandter in Paris, wo er in häufigem Verkehr mit Humboldt stand, 1837 bis 1841 Minister des Auswärtigen in Berlin, gestorben als Oberstmarschall.

[61] Am 21. September nach der Wiederkehr aus Ostpreußen zu der Berliner Huldigung am 15. Oktober d. J.

voll behandelt, daß ich es wagen zu dürfen glaube, von dem reinsten Pflichtgefühle geleitet, Ihnen alleruntertänigst über solche Gegenstände Bericht abzustatten, welche vor und nach Ihrer Thronbesteigung Sie oft in einsamen Gesprächen zu berühren geruhet haben. Der interimistische Verwalter des Altensteinschen Ministeriums, G. R. v. Ladenberg[62], dessen praktische Umsicht und Tätigkeit nicht genug gerühmt werden kann, klagt über die zunehmende Schwierigkeit seiner Lage. Er wagt nicht vorzugreifen, und die wichtigsten Angelegenheiten bleiben unentschieden. Bei den vielen Verzweigungen dieses Ministeriums entsteht daraus großer Nachteil. Ich erflehe von Ew. Königlichen Majestät die recht baldige Ernennung des G. L. R. [Geheimen Legationsrates] Eichhorn[63] zum Staatsminister, eine Ernennung, die nach allen sorgfältig von mir eingesammelten Nachrichten unter den gebildeten Ständen, vom Pregel bis zum Rhein Ihrem Namen Segen bringt. Der definitive Antritt des Amtes wird allgemeine Freude erregen.

Wenn durch ein landständisches Ereignis in Königsberg[64] Ew. Majestät veranlaßt worden sind, in der Weisheit Ihrer politischen Ansichten und um die Einmischung eines neuen Ferments in der

---

[62] Karl Freiherr von Stein zum Altenstein (1770–1840), der seit das neugegründete Ministerium für Unterricht und geistliche Angelegenheiten leitete, war im Dezember 1838 zurückgetreten; v. Ladenberg, Wirkt. Geh. Ober-Reg.-Rat, Direktor im Ministerium, Mitglied des Staatsrates, später Minister und Präsident der Oberrechenkammer, verwaltete es vorläufig.

[63] Joh. Albr. Friedrich Eichhorn (1779–1856), 1811 bei der Berliner Universität Syndikus 1821 Abteilungsdirektor für die deutschen Angelegenheiten, kämpfte als solcher namentlich den wichtigen Zollverein gegen alle Widerstände durch. Man sah daher seiner Übernahme des Unterrichtsministeriums mit großen Erwartungen entgegen; sie erfolgte in Übereinstimmung mit Humboldts Bitte hier amtlich am 8. Oktober 1840. Jedoch enttäuschte er in dieser neuen Stellung je länger je mehr, selbst die ihm früher Wohlgesinnten, darunter am meisten Humboldt. Wenn Varnhagen (Tagebuch II, 283, 400) recht berichtet, hat dieser ihm zuletzt sogar das harte Urteil in das Gesicht gesagt, es wäre unter ihm ja weit ärger als unter Wöllner. Nach 1848 trat Eichhorn zurück.

[64] Anspielung auf die politischen Vorgänge, Parteikämpfe, Schwankungen und Zeitungskriege, welche sich an die Huldigung in Königsberg im September d. J. und an die Ansprachen des Königs am 9. September dort anschlossen. Sie hinterließen im Lande und besonders ln Ostpreußen eine lebhafte Aufregung und Mißstimmung. Humboldt, der selbst liberal-konstitutionell gesinnt war, dürfte sie geteilt haben, so sehr er sie hier verbirgt, um den König desto fester bei seinen geistigen Bestrebungen festzuhalten.

jetzigen Staatsverwaltung zu vermeiden, mit der Ihnen eigentümlichen edlen Freimütigkeit und Bestimmtheit sich über eine auch in Deutschland viele Gemüter bewegende Angelegenheit königlich zu erklären, so steht gewiß um so fester und neu belebter in Ihrem hohen Sinne der Entschluß, die Kraft und den Glanz Ihrer Regierung durch Einigung und Benutzung aller geistigen Elemente zu vermehren, sich vertrauensvoll diesen Elementen (sie beherrschend) hinzugeben und so fortschreitend die Bedürfnisse zu befriedigen, welche die Vortrefflichkeit unserer Lehranstalten seit einem halben Jahrhundert in dem Volke erregt haben.

In der Kenntnis dieser wohltätigen Stimmung hat das Ministerium der geistlichen, Unterrichts- und Medizinalangelegenheiten Ew. Majestät die Berufung der berühmten Professoren Albrecht[65] und Dahlmann[66] alleruntertänigst vorzuschlagen gewagt. Die Veranlassung zu ihrer Entlassung in Göttingen liegt schon fern von uns und gehört der Geschichte an. Die Hannoversche Regierung glaubt seitdem selbst, sich einer Einigung der Parteien erfreuen zu dürfen. Professor Albrecht hat das Glück, ein Untertan Ew. Majestät zu sein. Er hat sich vor kurzem mit der Tochter eines Mannes (des Prof. Ideler) verheiratet, welcher Ew. Majestät auf das vorteilhafteste als Gelehrter und Staatsbürger bekannt ist, und der seine Bitte mit der meinigen vereinigt. Professor Albrecht hat zwar eben jetzt eine Professur in Leipzig

---

[65] Wilhelm Eduard Albrecht, germanischer Rechtsforscher (1800–1876), zuerst in Göttingen und hannoverscher Hofrat, später Professor in Leipzig. Seine angeregte Berufung nach Berlin kam nicht zustande, er ging nach Sachsen. Er gehörte mit Ewald, Gervinus, Wilhelm Weber und den Brüdern Grimm zu den vielgefeierten Göttinger Sieben, deren Rehabilitierung sich Humboldt warm annahm. Wissenschaftlich am nächsten stand ihm darunter der bedeutende Physiker Weber.

[66] Friedrich Chr. Dahlmann (1785–1860), in der Jugend noch mit Heinrich v. Kleist in Dresden befreundet, Dozent in Kopenhagen und Kiel, hier wissenschaftlicher Sekretär der Schleswig-Holsteinischen Stände und tapferer Vorkämpfer der deutschen Landesrechte, kam 1829 als Professor der Geschichte und Staatswissenschaften nach Göttingen. Dort verfaßte er den Protest der Sieben und nannte darin das Verfahren des Königs Ernst August einen Eidbruch. Amtsentsetzt und ausgewiesen lebte er fünf Jahre privat in Leipzig und Jena, schrieb dort seine berühmte Geschichte Dänemarks bis zur Reformation (drei Bände, Hamburg 1840/43, fortgesetzt von Dietrich Schäfer, Gotha 1893 bis 1902). Es gelang im Herbst 1842, seine Berufung nach Bonn, der neuen preußischen Universität, bei Friedrich Wilhelm IV. zu erwirken. Humboldt kam nachmals politisch mit ihm auseinander.

erhalten; er wird aber gern in sein Vaterland zurückkehren, und es würde dem Geh. Kabinettsrat Müller gewiß leicht sein, auf Allerhöchsten Befehl durch Privatkorrespondenz die Herbeirufung einzuleiten.

Dahlmann gehört ohne allen Zweifel im Fache des historischen Staatsrechts zu den wichtigsten Erscheinungen unserer Zeit! Die Gediegenheit seines Charakters und seine Welterfahrung halten ihn von allem Extremen entfernt. Er hat jetzt einen Ruf nach Zürich erhalten; der Geh. Rat v. Ladenberg ersteht daher die recht baldige Autorisation, mit ihm in Unterhandlung treten zu dürfen. Albrecht, Dahlmann und die Gebrüder Grimm[67], deren Ruhm schon in Ihren kindlichen Erinnerungen[68] lebte und von deren volkstümlichem Ruhme unsere deutsche Gesittung unzertrennlich ist, werden unter dem wohltätigen Zepter Ew. Majestät den Frieden der Monarchie nicht gefährden. Ein Brief von dem „Waldemenschen des Orinoko und dem uralten

Steppenmenschen des Irtysch"[69] sieht freilich keinem Briefe ähnlich, der in diesen Zeiten an Ew. Königliche Majestät gerichtet wird. Es würde mich tief schmerzen, wenn durch Ungewandtheit des Ausdrucks meine Betrachtungen und Bitten den Schein unziemender und aufdringlicher Ratschläge angenommen hätten. Ein hochherziger, geistreicher Fürst erschrickt vor

---

[67] Der erste Gedanke und entscheidende Anteil an der Berufung der Grimms gehört Friedrich Wilhelm IV. selbst an. Er schrieb sehr ernst nach ihrem Fortgang aus Göttingen bereits am 20. Dezember 1837 an den Minister von Altenstein über den „Gewinn der Grimms für unsere Universität". Damals drang diese Anregung aus politischer Rücksicht auf den König von Hannover nicht durch, aber gewiß bedurfte Friedrich Wilhelm, nun König geworden, keinerlei Anstoßes mehr, nicht einmal von Humboldt, am wenigsten von Bettina von Arnim, deren Einmischung Jakob Grimm und seine Freunde mehr als Störung empfanden. (Fr. Schillmann, Sitzb. d. K. A. d. Wlssensch., Berlin 1914.) Vgl. auch Humboldts Brief an Bettina vom 21. November 1840, sowie die beiden an Varnhagen vom 9. März und 27. Oktober 1840. In dem letzten liest man eine deutliche Hindeutung auf das vorliegende Schriftstück. Als Kronprinz äußerte Friedrich Wilhelm IV. betreffs der Göttinger Vorgänge zutreffend: „Der König von Hannover versteht nicht Deutsche zu behandeln."

[68] Anspielung auf den Eindruck der Grimmschen Hausmärchen, zuerst erschienen Göttingen 1812.

[69] Das ist natürlich Humboldt selbst mit seinen Wander- und Stromfahrten am südamerikanischen Orinoko und westsibirischen Irtisch.

keiner Verschiedenheit der Weltansicht, wenn ein ganzes viel-
bewegtes Leben die Reinheit der Gesinnungen verbürgt. Dieselbe Unbefangenheit, mit der ich von Ew. Majestät erbeten habe,
mich nicht zum Mitglied des Staatsrats zu ernennen, sondern mir
huldreichst zu erlauben, wie bei dem verewigten Monarchen ein
mich beglückendes Vertrauen durch freimütige Äußerungen
persönlich in Anspruch zu nehmen, leitet auch heute meine Rede. Unter dem Widerhall des Zurufs der Menge[70] ist die Rede
feierlicher geworden, als es dem einfachen Sinne meines Königs
genehm ist...

14. Charlottenhof, 29. September 1840.

Ew. Königliche Majestät haben allergnädigst geruht, mir
durch den Kabinettsrat Uhden befehlen zu lassen, mich über den
Ankauf zweier Sammlungen für das Museum und das Minerali-
enkabinett dienstpflichtigst zu äußern.

Der griechische Teil der Dopplerschen Münzsammlung würde eine große Lücke in den Beständen des Königlichen Museums
ausfüllen, da die Münzen von der schönsten Auswahl und bei
ihrem inneren Goldwerte sehr wohlfeil sind. Der Preis von 3500
Talern ist der Summe gleich, welche aus der eigenen[1] Erspa-
rungskasse des Museums jetzt für die mittelalterlichen Münzen
des Generals Rühle v. Lilienstern gegeben wird. Es wäre sehr zu
bedauern, daß eine Sammlung ausgewählter Münzen griechischer Kunst, welche die Hauptstadt besitzt, in das Ausland ginge, um dort zerstreut zu werden.

Was die um vieles teurere Tamnansche [?] Mineraliensamm-
lung betrifft, so gehört dieselbe gewiß zu den prachtvollsten des
Kontinents. Ihr Besitz wäre besonders zu einer Zeit wünschenswert, wo bei dem inneren Ausbau des Universitätsgebäudes und
der neuen Einrichtung des Kabinetts der Mangel an großen
Schaustücken, wie man sie in Wien, Paris und Petersburg findet,
doppelt fühlbar wird. Des hochseligen Königs Majestät haben
ähnliche Ankäufe aus dem Extraordinarienfonds mehrmals zu
machen geruht, und die Doubletten sind dann unter den anderen
Landesuniversitäten verteilt worden. Unsere Naturaliensamm-
lungen haben zweierlei ganz verschiedenartige Geldbedürfnisse.
Zu den jährlichen gewöhnlichen Ankäufen können kleine Sum-

---

70   Bei den Huldigungsfesten in Königsberg und Berlin.

men von vier- bis fünfhundert Talern zureichen. Diese werden geliefert aus dem Dotationsfonds der Universitäten, sie können es in Berlin um so leichter, wenn Ew. Königliche Majestät die so huldreich gegebene Hoffnung erfüllen, bei der bevorstehenden freudigen Huldigung den Besoldungsfonds der hiesigen Universität mit jährlich 20000 Talern zu vermehrend Außerordentliche Ankäufe ganzer Sammlungen sind für das Naturhistorische Museum wie für die Königliche Bibliothek immer Gegenstände besonderer und nur von Zeit zu Zeit eintretender allergnädigster Bewilligungen des Monarchen gewesen. Diesem bisher befolgten Gange der Administration verdanken mehrere Sammlungen den Vorzug, nie in einzelnen Fächern so zurückgeblieben zu sein, daß das Fehlende nur mit übermäßiger Anstrengung zu verschaffen wäre ...

15. Berlin, 14. Dezember 1840.

Ew. Königliche Majestät haben allergnädigst geruht, zu den vielen Zeichen der Gnade, mit denen Sie mich seit einer so langen Reihe von Jahren beglücken, auch die Gnade hinzuzufügen, mich dem Staatsrat beizählen zu lassen[71]. Meine erste Pflicht ist, Ew. Königlichen Majestät den Ausdruck meiner tiefsten Dankgefühle zu Füßen zu legen. So wenig ich gleichgültig für das bin, was meinem Namen ehrenvoll ist und meine äußere Stellung in dem Vaterlande erhöht, so mußte ich doch gleich in den ersten Wochen Ew. Majestät menschenfreundlicher und glorreicher Regierung schriftlich und mündlich Allerhöchstderselben ehrerbietigst ausdrücken, wie unverdient eine solche Ernennung bei meiner Unkenntnis der Gesetze und der Verfassung sei. Bei einem so hoch vorgerückten Alter bin ich durch den Gedanken betrübt, mehrere literarische Unternehmungen, die mir besonders am Herzen liegen (l'Asie centrale[72] und die Geschichte der Geographie und nautischen Astronomie im 15. Jahrhundert, von der 5 Bände erschienen sind) unvollendet zu lassen. Mannigfaltig gestört, arbeite ich in jeder Nacht bis halb 3 Uhr. In diesem Winter wünschte ich den ersten Teil meines Kosmos[73], von dem des

---

[71] Diese Erhöhung erfolgte; die Königsberger Albertina erhielt gleichfalls einen Zuschuß von 7000 Talern.

[72] Betraf seine Reise nach dem Ural und Altai 1829 (deutsch von W. Mahlmann, Berlin 1844).

[73] Der Druck des 1. Bandes des Kosmos begann schon im Herbst 1834; doch

hochseligen Königs Majestät die Zueignung hatten allergnädigst annehmen wollen, herauszugeben. Bei einiger Arbeitsamkeit und listigem Ankämpfen gegen die Störung wird freilich die Zeit elastisch, aber der Unfriede mit den Buchhändlern, mit denen im Gelehrtenstande sehr prosaische Verbindlichkeiten eingegangen werden, ist bei aller Lebenslist in seinen schädlichen Folgen nicht zu besänftigen. Unter diesen Verhältnissen der Wünsche des wissenschaftlichen Ehrgeizes und der notwendigen Vollendung der Arbeiten werde ich oftmals von der mir von Ew. Königlichen Majestät so huldreichst erteilten Erlaubnis, den Versammlungen des Staatsrats nicht beizuwohnen, Gebrauch machen müssen...

16. Berlin, Sonnabend abend [1840][74].

Ew. Königlichen Majestät auf dem schönen Feste mich zu nahen, hat mir nicht glücken wollen trotz aller strategischen und bergmännischen Künste. Ich wage daher in dieser ernsten Zeit, Ew. Königliche Majestät alleruntertänigst zu bitten, meinen Neffen Bülow[75] morgen oder übermorgen rufen zu lassen, und ihm eine Audienz allein auf eine halbe Stunde zu gewähren. Die Begebenheiten drängen, und mit Entsagung auf alle eigenen häuslichen Interessen wird er sogleich nach London zurückgehen, wenn er es aus dem Munde Ew. Majestät vernehmen kann, daß Sie seine persönliche Einwirkung auf Palmerston (bei der so nahm Zusammenkunft der französischen Kammern und der Nähe der französischen Thronrede) dem Staate nützlich halten. Jede Aufopferung der Art ist des Untertanen Pflicht. Ich bringe diese Zeilen heute abend selbst auf das Schloß und weiß, daß mir für diese Zudringlichkeit gnädige Verzeihung wird, da meine Absicht die uneigennützigste ist.

---

kam er erst 1845 heraus, da Humboldt unablässig besserte und nachtrug.

[74] Vor dem 24. Oktober 1840. Das „schöne Fest" dürfte daher die Geburtstagsfeier des Königs am 15. Oktober sein.

[75] Heinrich Freiherr v. Bülow, Gemahl von Humboldts Nichte Gabriele, Londoner Gesandter. Als solcher war er lebhaft mitverwickelt in die kriegerische Unruhe, die den Sommer 1840 über Europa aufregte. Als er am 24. Oktober nach London zurückging, um abkühlend zu wirken, kündigte ihm der König sogar seine weitere Verwendung als Bundestagsgesandter in Frankfurt a. M. an (vgl. Gabriele v. Bülow, S. 467). Die erbetene Geheimaudienz bezieht sich daher wohl auf persönliche Anweisungen noch betreffs der diplomatischen Aufträge und dürfte ebenso wie Humboldts Brief kurz vor diese Ausreise anzusetzen sein.

17. Montag nacht [Mitte Dezember 1840].

Erstarrt von der sibirischen Kälte, bin ich plötzlich diesen Abend erwärmt und zu Tränen gerührt durch die herablassende Gnade, mit welcher Ew. Königliche Majestät mich über die Bülowsche, jetzt völlig „quieszierte" Angelegenheit haben beruhigen wollen[76]. An Bunsen[77], mit dem ich fortdauernd in den zärtlichsten Verhältnissen lebe, habe ich wegen Cornelius geschrieben in dem Sinne, den Ew. Majestät befohlen hatten. Ich wage auch Jacob Grimm (Karlstraße 36) zu nennen.

Lepsius[78] ist heut angekommen und sinnt auf die ägyptische Reise im Herbst. Nie ist ein Mensch zu den wichtigsten Untersuchungen der uralten Zivilisation des Menschengeschlechts so ausgerüstet gewesen. Ew. Majestät können ein großes Werk gründen, wenn Levsius außer Ägypten auch den Teil Arabiens besuchen kann, wo die Namen der ältesten Dynastien zu finden sind. Der Aufwand wird geringer sein, als dem hochseligen König Majestät die bloß naturhistorische Expedition von Ehrenberg

---

[76] Vgl. den vorhergehenden Brief; der König beruhigte also Humboldt darüber, daß Bülow trotz der Eigenmächtigkeit, die er ihm politisch vorwarf, nicht in persönlicher Ungnade stand und sein Londoner Seitensprung vergeben sei.

[77] Der liberale Staatsmann Freiherr Karl Josias von Bunsen, der als Gesandter und Ministerresident in Rom bereits dem Kronprinzen durch seine archäologischen, kirchlichen und künstlerischen Bestrebungen als Freund nahegetreten war (1791–1860). Nach England kam er zuerst 1838 und übernahm 1842 nach Bülows Fortgang die preußische Gesandtschaft in London. Seine Briefwechsel mit Friedrich Wilhelm IV. wie mit Alexander v. Humboldt sind 1873 und 1869 in Leipzig herausgegeben worden, der erstere von Leopold v. Ranke. Daraus erhellt, daß es sich bei dem obigen Schreiben um den Brief Humboldts aus Berlin vom 14. Dezember 1840 handeln dürfte. Er hatte bereits am 19. Oktober an Bunsen über die bevorstehende Berufung von Cornelius und Mendelssohn durch den König berichtet und teilte im Dezember ihm nun weiter mit, daß Cornelius 3500 Taler Gehalt und 500 als Witwengeld, Mendelssohn 3000 Taler erhalten sollte. Auch die Anspielung auf Jakob Grimm steht mit dessen erst geplanter Berufung in Zusammenhang. So paßt dieser Brief allein in das Ende des Jahres 1840.

[78] K. Richard Lepslus (1810–1884), der große Ägyptolog, Hieroglyphen- und Sprachforscher, dessen ägyptisch-nublsche Reise in den Jahren 1842–1845, welche ihm des Königs Munifizenz auf die Fürsprache Bunsens wie Alexander v. Humboldts reich ausrüstete, Epoche machte. Von seinem auf königliche Kosten hergestellten Prachtwerk der Denkmäler Ägyptens und Athropiens erschienen bis 1860 zwölf Foliobände mit fast tausend Tafeln; er wurde Professor, Akademiemitglied, Direktor des Ägyptischen Museums und zuletzt auch Leiter der Königlichen Bibliothek in Berlin.

gekostet, und bei Lepsius, welch' großer Zweck!

Ich freue mich des nun gesicherten Weltfriedens. Ew. Majestät befinden sich am Ende der syrischen Kampagne reicher als Frankreich mit seinen 800 negativen Millionen*. Unsere Künstler sind unbeschäftigt und darben. Möchten den Bildhauern 12 Marmorgruppen der Brücke als Darstellung ein Weihnachtsgeschenk werden. Das schöne Fest rückt heran, und es ist kein regsames Leben unter den Künstlern. Ich schmeichele durch meine heutige schöne Schrift...

18. Berlin, 12. Januar 1841

Ich lege Ew. Königlichen Majestät den artistischen Bericht des Dr. Lepsius zu Füßen, und da, zu meiner größten patriotischen Freude, die Speisung am Ordensfeste und vielleicht auch eine kleine Ordensverleihung statthaben werden, so erinnere ich befohlenermaßen an zwei noch ganz reine: v. Tschichatscheff[79], Regierungsrat und Professor v. Raumer[80]...

19. Montag abend [in erster Hälfte Januar 1841].

Spontini[81], den ich die traurige Pflicht habe in seinem zerrütteten Geisteszustände zu besuchen, um ihn zu hindern, mich

---

[79] Der russische Naturforscher und Asienreisende Peter von Tschichatschew (1808 – 1890).

[80] Der bekannte deutsche Geschichtsforscher Friedrich v. Raumer (1781 – 1873), damals noch Sekretär der Akademie der Wissenschaften, ein Amt, das er 1847 wegen einer oben anstoßenden Rede an Friedrichs des Großen Geburtstage verlor. 1352 wurde er auch als Professor in Ruhestand versetzt.

[81] Gasparo Spontini (1774 bis 1851), unter dem napoleonischen Kaisertum Leiter der italienischen Oper in Paris, 1820 von König Friedrich Wilhelm III., der ein Verehrer seines Opernstils war und ihn in Paris gehört hatte, als Generalmusikdirektor nach Berlin berufen. Über zwei Jahrzehnte beherrschte er hier die Opernbühne und das Musikleben allmächtig. Nach dem Thronwechsel kam es bald mit ihm zu einer Katastrophe. Er hatte sich im Januar 1841 zu einem Schreiben hinreißen lassen, in welchem das Gericht eine Majestätsbeleidigung sah und ihn zu neun Monaten Festungshaft verurteilte. Darauf bezieht sich sein „zerrütteter Gemütszustand" und sein Wunsch, Berlin bald zu verlassen. Ehe es aber dazu noch kam, brach am 2. April d. J. bei der Aufführung des „Don Juan" ein öffentlicher Skandal aus, mit dem das Berliner Publikum gegen ihn und seine weitere Dirigentenstellung demonstrierte. Am 25. August d. J. erfolgte dann die Auflösung seines „verwünschten" Kontraktes („contrat sacré"), und er kehrte zuerst nach Paris zurück, später nach seiner italienischen Heimat, wo ihn der Papst zum Grafen San Andrea erhob.

neben den zahllosen Briefen „sur le sacré contrat" noch mit seinen Besuchen in diesem Schloß zu quälen, Spontini bittet mich, das alleruntertänigste anliegende Schreiben [fehlt] auf die sicherste Weise Ew. Majestät zu Füßen zu legen. Er wird Berlin verlassen, wenn ihm durch einen Vorschuß auf seine Besoldung eine Erleichterung gegeben werden kann. Sein Weggehen ist nach allem, was hier vorgefallen ist, sehr zu wünschen. Männer weinen zu sehen, ist ein erschütternder Anblick; den habe ich Mittwoch früh um 8 Uhr eine Stunde lang genossen. Vor dem nahen Ordensfeste, das den Kavaliere bis zur Geistesverwirrung aufregen wird, sind die tröstlichen Worte (eine Verheißung späterer Heilung), welche Ew. Königlichen Majestät rein menschlicher Sinn mich ahnen ließ, überaus notwendig...

20. Berlin, 8. Februar 1841.

Ew. Königlichen Majestät habe ich nicht mehr gewagt, von Hallmanns[82] künftigem Schicksal zu sprechen, weil ich alles vermeide zu berühren, was mir fremd steht.

Ich hatte mit Dankbarkeit und Freude von ihm vernommen: daß, wenn er auch die Stelle verlöre, Ew. Majestät ihm doch auf drei Jahre die Pension zu seiner Rettung, durch den Hofmarschall v. Menerinck, huldreichst gewährten. Diese Gewährung wage auch ich alleruntertänigst zu erbitten. Der junge Mann ist von der Idee besessen, daß er, als er die Stelle erhielt, von der Bedingung dreier Examen nichts wußte, daß er „in dreien schweigend" die Schande des Durchfallens erleben wird, weil man ihn strenger als andere prüfen werde. Ich selbst möchte mich nicht dreimal über den Orinoko[83] examinieren lassen; einmal würde ich den Fluß Tucueunemo² ignorieren. Es wäre doch schade, wenn ein Mann von vielem Talent unterginge...

---

[82] Anton Hallmann, Architekt und Maler (1812–1845). Friedrich Wilhelm IV. ernannte ihn zum Hof-Bauinspektor; jedoch wurde amtlicherseits von ihm die nachträgliche Ablegung der Staatsprüfungen verlangt — eine bureaukratische Anforderung, welche er sich zu leisten weigerte. Vergeblich suchte Humboldt sie hier zu bekämpfen, so daß die Anstellung rückgängig gemacht wurde, und Hallmann 1841 wieder nach Rom zurückging.

[83] Die Erforschung des Flußlaufes und Flußsystems des Orinokos oder, wie ihn Humboldt ursprünglich schrieb, Orenokos war eines der Hauptergebnisse seiner großen Amerikareise. Über den Fluß Tucueunemo läßt sich annehmen, daß er einer der 436 Zuflüsse des Orinokos ist.

21. Berlin, den 22. März 1841.

Ew. Königliche Majestät haben neuerlichst geruhet. Sich so großmütig über die Bereicherung des an sich schon sehr erfreulichen Büchervorrats der Königlichen Bibliothek zu äußern, daß ich wohl wagen darf, eine alleruntertänigste Bitte zu erneuern, an der freilich die Autoreitelkeit ihren Anteil nicht verbergen darf.

Da ich selbst meine Werke nicht kaufen kann und die rein wissenschaftlichen nur in der großen Folioausgabe[84] erschienen sind, so existiert in dem ganzen preußischen Staate kein einziges vollständiges Exemplar meiner Arbeiten über den neuen Weltteil. In dem kleinen Weimarschen Lande sind deren zwei vorhanden. Des hochseligen Königs Majestät, von diesem Umstände zufällig (keineswegs durch mich) unterrichtet, hat die große Gnade gehabt, in Seinem letzten Lebensjahre für Seine Privatbibliothek ein Exemplar der großen Prachtausgabe, welche aus 20 Foliobänden und 10 Quartbänden besteht, und bei 1200, zum Teil kolorierten Kupfertafeln, an 12000 Frank kostet, ankaufen zu lassen. Mir selbst wurde, durch den Wirklichen Geheimen Rat v. Schilden, der Auftrag, die einzelnen Teile sorgfältig zu kollationieren. Es würde nicht bloß sehr ehrenvoll für mich, es würde wegen der vielen botanischen, zoologischen und geographischen Kupfertafeln für die Förderung wissenschaftlicher Arbeiten sehr ersprießlich sein, wenn einst Ew. Königliche Majestät dieses einzige vollständige Exemplar der öffentlichen Königlichen Bibliothek unter der Bedingung einverleiben zu lassen geruhen wollten, daß die Doubletten einzelner früher angeschaffter Teile an andere Universitätsbibliotheken abgegeben würden...

22. Berlin, den 23. März 1841.

Ew. Königliche Majestät werden allergnädigst erlauben, daß ich, um meinen tiefgefühlten Dank für ein so liebes und zugleich großartiges Geschenk darzubringen, mich einmal wieder eines

---

[84] Es handelt sich um die dreißig- bändige Riesenausgabe des amerikanischen Reisewerkes, welche den Haupttltel führte: „Voyage aux régions équinoxiales du Nouveau Continent, fait en 1799, 1800, 1801, 1802, 1803 et 1804 par Alexandre de Humboldt et Aimé Bonpland..." Sie zog sich von 1808, wo der erste Band erschien, bis Ende der zwanziger Jahre hin. Man liebte damals solche verschwenderisch ausgestattete Prachtausgaben, welche freilich für den buchhänblerschen Vertrieb schwierig und unergiebig waren, daher ungewöhnlicher Zuschüsse bedurften.

kleinen Formats bediene. Alle Gemütlichkeit verschwindet vor einem Foliobogen, und trotz des ausdrücklichsten Befehles der stillen Annahme muß ich doch dem inneren Drange des Herzens Luft machen. Was Ew. Majestät mit unaussprechlicher Zartheit eine „böse Verzögerung" nennen, erscheint mir ein aufgespartes Neujahrsgeschenk[85]. Die Freundlichkeit Ihrer Worte, das frische Leben, das die Redeformen hauptsächlich dann durchströmt, wenn Sie dieselben, wie einen Hauch, flüchtig auf das Papier werfen (oder an die versammelte Menge richten), lassen einen unwiderstehlichen Eindruck der Anmut und Milde. Der Brief, der die Gabe begleitete, hat meine alten Augen genetzt. Ich habe Tränen nicht für den Schmerz allein. Hätte mein Bruder Wilhelm doch diese Zeit erleben können bei der Huld, welche Sie und die liebenswürdigste, edelste der Königinnen ihm in so reichem Maße schenkten! Ich werde den Schatz heben, schamlos heben wie die metallgierigen alten homerischen Helden. Ich werde aus der Knochenhöhle der Hausvogtei, in welche ich (auf Geh. Kabinettrats Müller freundschaftlichen Rat) mein Testament niedergelegt, das schriftliche Versprechen vom 16. April 1835 auf Zahlung von 5000 Taler, das, auf Befehl des mir so gnädigen hochseligen Herren, der Staatsminister Graf von Lottum mir hatte geben müssen, gleich, und zwar nach dem Verluste meines Bruders, ans Licht bringen und der Geschäftsordnung wegen dem Fmanzminister Graf von Alvensleben zustellen.

Was das Exemplar der vollständigen Ausgabe meiner amerikanischen Reisewerke[86] betrifft, so beharre ich bei der allerunterthänigsten Bitte um Ablieferung an die öffentliche Königliche Bibliothek. Bücher haben kein Leben ohne Öffentlichkeit. Aber für den Ankauf eines zweiten Exemplares möchte ich die Großmut Ew. Majestät mäßigen. 12000 Frank sind eine beträchtliche Summe, und in einer Privatbibliothek des Monarchen, die bestimmte Bedürfnisse befriedigen muß, sind 30 Folio- und unzählige Quartbände, vier Fünftel rein wissenschaftlichen Inhalts,

---

[85] Friedrich Wilhelm III. hatte nach dem Tode Wilhelm v. Humboldts im April 1835 für Alexander 5000 Taler zu gelegentlicher Auszahlung angewiesen. Jetzt gab Friedrich Wilhelm IV. Befehl, diese Auszahlung zu vollziehen.

[86] Vgl. den vorhergehenden Brief. Peinlich vermeidet Humboldt auch nur den Schein, als suche er mit seinen wissenschaftlichen Ratschlägen einen materiellen Nutzen.

platzraubend und lästig. Ich könnte wohl, auf Ihren Befehl, vor meiner Pariser Reise mit Hofrat Bouvier[87] untersuchen, was in Ihrer Privatbibliothek von der gleichen oder 2. [?] Ausgabe fehlte. Auch diese macht 35 dünne Bände und enthält in diesem bequemen Format alles, was durch Naturschilderungen, Reisegefahrnisse und Sittenbeschreibungen beide Majestäten (in kleinen Portionen) interessieren kann. Meine Grippe, die sich fast nur durch Heiserkeit andeutet, ist sehr im Abnehmen, doch wage ich noch nicht das Ausgehen. In Paris fast krankhafte Zahmheit; in London Paraphen in Erwartung der Signatur und der endlichen Zähmung des L.[ord] Ponsonby...

[Unten am Rand noch:]

Die reiche Bibliothek des Pahlen[88] enthält noch viele andere naturhistorische Prachtwerke und Kupferstiche, die dem Kabinette fehlen.

23. Sonntags[1841].

Ich hoffe, daß Ew. Königliche Majestät die fleißige Karte von Khorasan, Arbeit des Leutnants Zimmermann, mit Huld aufnehmen werden. Den Brief, der zu der Karte gehört, habe ich an Geh. Kabinettsrat Müller gegeben. Es ist wirklich das Licht- oder Sonnenland, wie Ew. Majestät sehr richtig sagten — Sehems, Asitab, Chorschid, auch bloß Chor heißt Sonne: asitabi — nischam, la décoration du soleil ...

24. Montag abend [1841].

Ich bin tief gerührt über die liebenswürdige Besorgnis Ew. Majestät! Ein Karbunkel (Oliardou) ist allerdings, doch nur bei alten Leuten, mehr als schmerzlich, aber wie in einem sehr heiteren, umständlichen Briefe der Frau v. Bülow mir heute morgen mitgeteilt, schilderte Bülow seinen Zustand als sehr erleichtert. Eine schlecht geheilte Grippe (das mythische Phantom der Zeit) und bluterhitzende, aber recht glücklich beendigte Konferenzen

---

[87] Professor und Bibliothekar an der Allgemeinen Kriegsschule, dem wohl die Aufsicht über die Privatbibliothek des Königs mit unterstellt war. Die Pariser Reise begann am 30. Mai.

[88] Es dürfte sich um die Büchersammlung des russischen Diplomaten Grafen Friedrich von der Pahlen handeln, der nacheinander Gesandter in Washington, Rio de Janeiro und München war.

haben ihm eine Geschwulst, „e boile", am Hinterkopf zugeführt. Dr. Broddy [unten: Brodie], der Dieffenbach des Landes, habe ihm vier derbe Schnitte gemacht, das Kaspische Meer (pour tout dire) habe sich ergossen, und er fühle sich leichter, nehme vielen Besuch an und sei nie bettlägerig gewesen... die arme kleine Frau ist natürlich nicht ohne Besorgnis und fleht um baldige Ankunft des Stambuler Couriers und der Befriedigung des Me[h]emet Ali Euergetes[89]. Der gute Herr v. Werther, der jetzt recht oft und freundlich mich besucht, ja sogar politisiert, versicherte mir heute morgen, „die Krankheit sei nichts, gar nichts". Ich bin vorsichtig genug gewesen, mich der Doktrin zu unterwerfen.

Ich selbst bin zwar völlig hergestellt, doch mit nicht ganz klangvoller Stimme noch von meinen zwei Leibärzten aus übergroßer Vorsicht zu Hause gehalten worden. Ich hoffe morgen den Bann zu lösen, denn meine Geisteskräfte verlangen einige Aufheiterung. Uhden, der wieder einen Sohn verlor, und ein sehr talentvoller Neuchâteler, M. Piajet, 26 Jahre alt, den ich bei Herrn v. Werther angebracht, auch tot, seit vorgestern an Folge der Grippe.

Zürnen Ew. Königliche Majestät nicht über meine fossilen Träume..

25. Mittwoch früh [1841].

Da Ew. Königliche Majestät einen so gnädigen Anteil an den Leiden meiner Nichte nehmen, so glaube ich Ihnen anzeigen zu dürfen, daß, nach Briefen von Bülow vom 26., man ihm schon eine Spazierfahrt und ein Regime erlaubt hatte, welches anzeigt,

---

[89] Das Jahr 1841 war für Heinrich v. Bülow als Londoner Gesandten ein sehr unruhiges. Die orientalische Krise mit dem ägyptischen Statthalter Mehemed Ali spielte noch immer und verlangte endlose Konferenzen. Nicht minder eine Schiffahrts- und Handelskonvention zwischen dem deutschen Zollverein und England. Mitten in dieser angestrengten Tätigkeit erkrankte v. Bülow an einem Karbunkel des Hinterkopfs, bis ihn die oben angedeutete Operation rettete. Im Juli, als am 13. d. M. der britische Orientvertrag mit Frankreich zustande gekommen, konnte v. Bülow endlich wieder nach Deutschland zu seiner Familie zurückkehren, traf diese aber auch in großer Bewegung an, teils freudiger über eine Werbung des jungen Gardeoffiziers Leopold v. Loen um die Hand der ältesten Tochter Gabriele, teils tiefschmerzlicher über die dann bald auch tödlich verlaufende Herzerkrankung der erst zwölfjährigen, besonders jugendschönen Tochter Therese (gest. 20. Juli 1841). Humboldt, dem gerade diese Nichte und ihre Kinder besonders nahestanden, litt unter diesen unerwarteten Schlägen lebhaft mit.

daß er völlig fieberfrei ist[2]. Sir Benjamin Brodie hat aber doch noch einige Schnitte und „Landeserweiterungen" angebracht, was mir minder gefällt. Die Geschwulst war noch nicht vergangen. Der Brief war übrigens, trotz der unsanften Schnitte, so optimistisch, daß er wahrscheinliche Unterzeichnung des Traktats in 8 Tagen und Friede mit Nordamerika ankündigte. Die Stöße, die Herr Fox auf der Treppe des Kapitols in Washington empfangen haben soll, scheinen als symbolisch oder mythisch betrachtet zu werden. Es ist wie beim Traktat vom 15. manque de progrès [? unleserlich] gewesen, pas d'injure. Es gleicht sich alles aus...

26. Sonntags [1841].

Ew. Königliche Majestät erlauben mir allergnädigst anzuzeigen, daß Frau v. Bülow gestern abend die beruhigendsten Nachrichten von ihrem Manne (vom 30.) erhalten hat. Er wäre in voller Besserung, ginge sicher zu Fuß aus und werde nur noch alle 2 Tage von Sir Benjamin Brodie besucht, der sich auch die Besuche, in denen er nicht schneidet, mit zwei Guineen bezahlen läßt...

27. Donnerstag [1841].

Ew. Königliche Majestät werden allergnädigst ersehen, daß nach der Beilage Leopold v. Buch[90] vertrauensvoller in der Vorwelt auftritt, als in der jetzigen affenreichen Palmenwelt des kaiserlichen Brasiliens. Er ist tief gerührt gewesen von der so ganz spontanen Erinnerung Ew. Majestät, aber der Brief, den er mir schreibt, schildert seinen fast krankhaften Gemütszustand. Ich habe ihn dadurch beruhigt, daß ich auf Ihren Befehl ihm habe bestimmt sagen können: „die erste Bedingung sei, daß es ihm Freude mache". Ich glaube, dans la malice, dont on m'accuse

---

[90] Leopold v. Buch, der berühmte Geognost, dessen vulkanische Theorien Humboldt im folgenden stark persifliert, v. Buch sollte offenbar vom, König damals mit einer preußischen Sondermission in Brasilien betraut und darüber von Humboldt sondiert werden. Dort hatten 1840 die Cortes die Regentschaft unter Antonio Feljo gestürzt und den jungen, erst 14 jährigen Kaiser Don Pedro II. ausgerufen. Das ist der „kleine Kaiser" in Gänsefüßchen. Friedrich Wilhelm IV. wollte gern mit ihm anknüpfen und fragte Humboldt nach geeigneten Unterhändlern aus, zuerst an den gelehrten Weltreifenden, daneben an Generalstabsoffiziere denkend. Im Gegensatz dazu empfiehlt nun dieser einen Diplomaten, den Grafen K. G. L. Guido v. Usedom (1805–84), der seit 1823 Vortragender Rat im Ministerium des Auswärtigen war.

parfois, die Scheu wäre leichter überwunden worden, wenn Brasilien brennende Vulkane hätte, wenn es geologisch weniger zahm wäre, wenn der „kleine Kaiser" zwischen Guatemala und Nicaragua herrschte, wo ein Mönch sich im 16. Jahrhundert, mit einem großen Löffel bewaffnet, zu seinem Verderben in den Vulkan von Massagua an Ketten herabließ in der Absicht, das geschmolzene Gold, die Lava, zu schöpfen.

Ich wage aus Unkenntnis der Menschen nicht einen anderen Vorschlag zu sagen. Adjutanten, Offiziere des Generalstabes... wären gewiß, wenn sie wenigstens Majorsrang haben, sehr rüstig-anwendbar, aber strategisch ist dort nichts zu beurteilen. Ernsthaft wichtig sind die Handelsverhältnisse. Der Kaiser wird gewiß sehr geneigt sein, etwas besonders Vorteilhaftes für die Einfuhr unserer Manufaktur-(Linnen-) Waren zu tun. Der Augenblick wäre zu benutzen. Der Wirkliche Legationsrat und Kammerherr von Usedom ist ein unterrichteter, talentvoller Geschäftsmann. Vielleicht ließen Ew. Majestät ihn sondieren, durch Personen, die ihn näher kennen als ich. Ich halte die Sache für sehr wünschenswert ...

28. Freitag.

Ew. Königliche Majestät haben noch einmal geruhet und auf eine für mich so unendlich liebenswürdige Weise über die brasilianische Angelegenheit zu schreiben, daß ich nicht Worte für meinen Dank finde. Auch mein vulkanischer Freund, Leopald v. Buch, der Gründer der Hebungstheorie der Gebirge, fühlt sich getröstet und erhoben. Ich glaube fast, daß von dem durch Ihr Andenken so hoch beglückten Kaiser etwas für unseren Handel und unsere Manufakturwaren wird zu erlangen sein, wenn der günstige Augenblick benutzt werden kann. Da ich von Meyerbeer soeben erfahre, daß Mad. Ungher-Sabatier der Lockung nicht hat widerstehen können, so wage ich Ew. Majestät den Text, ohne den alles unverständlich ist, alleruntertänigst zu überreichen...

29. 27. April 1841.

Für einen 71 jährigen Reisenden ist eine kleine Reise und Luftveränderung (aber nicht von der Hasenheide nach dem Amur) das sicherste Mittel zur Genesung. Ich erflehe von Ew. Königlichen Majestät die hohe Gnade, mir während der ersten

Tage des Potsdamer Aufenthalts allergnädigst einige
Augenblicke zu schenken. Ich wünschte, bald nach Paris
schreiben zu können, um dort einige ökonomische Einrichtungen
anordnen zu können, wegen Wohnung und Wagen, falls ich
wirklich der Schwebe des Hofes, der Guizotschen Dogmatik und
der Thiersschen abgewandten Fenstererleuchtung[91] mich nähern
soll. Ew. Majestät werden das Unförmliche dieser Zeilen philosophisch entschuldigen. Der geistreiche Maler Kaulbach[92]
schreibt aus München an Gr[af] Raczynski, „daß er sich glücklich
fühlen würde, wenn er mit 800 bis 1000 Talern Gehalt in Berlin
als Professor berufen würde" ...

30. [Schreiben zum Neujahrstage 1842][93].

Die rein monarchische Regierung hat ihrer Natur nach das
Eigentümliche, daß in ihr die Persönlichkeit des Herrschers der
Individualität, gleichsam der Persönlichkeit des Volkes begegnet.
Die Meinung, oder wie man edler sagt, die Liebe des Volkes
hängt aber von dem Vertrauen ab in die geistige Begabtheit des
Herrschers, in seinen hohen Sinn. Es gibt Wendepunkte der Meinung. Ihre Abreise und das nahe Ordensfest, das durch seine
äußere Form (als freies Symposium) eine wichtige volkstümliche
Institution geworden ist, dürfen nicht unbenutzt vorübergehen.
Das Vertrauen erhält sich, solange das Gefühl angeregt wird, daß
der Monarch über allen kleinlichen Ansichten erhaben steht, daß
er zu der Zeit gehört, in der die Weltregierung Gottes ihn auf
den Thron erhoben hat. Noch ist Ihnen das Vertrauen, ich wie-
derhole bloß, was ich Ihnen gestern Abend sagte, aber... wenn Sie
Felix Mendelssohn, den Christen, allein ernennen, so regen Sie

---

91 Bezieht sich auf die damaligen politischen Kämpfe und Schwankungen
    in Paris. Seit Thiers' Sturz (Oktober 1840) leitete Guizot, von Beruf ein
    schönwissenschaftlicher Schriftsteller und Professor, das Auswärtige; mit
    seiner „Dogmatik" meint Humboldt wohl eine gewisse halsstarrige
    Rechthaberei an ihm. Thiers' „abgewandte Fenster-Erleuchtung" bedeutet
    feine Opposition und Rivalität gegen ihn

92 Wilhelm v. Kaulbach (1804–74), der aber erst 1847 zur Ausmalung des
    Treppenhauses im Neuen Museum nach Berlin kam. Ein Gönner von ihm
    war der polnische Kunstmäzen Graf Raczynski, für dessen Sammlung er
    seine Hunnenschlacht in Öl wiederholte.

93 Nicht im Original vorhanden, von Humboldt seinem Freunde Johannes
    Schulze, Vortragendem Geheimen Rat im Kultusministerium, mitgeteilt,
    abgedruckt bei Bruhns, hier wiedergegeben wegen seines charakteristi-
    schen Inhalts.

eine vitale Frage auf. Die Pietät für den allgemein verehrten Hingeschiedenen[94] kann Sie nicht abhalten. Man wurde an ihm nicht irre, weil er zu einer anderen Zeit gebildet ward; aber Sie gehören der jetzigen Welt an, und das Völkerleben kann nicht gefesselt zum Stillestehen gebannt sein. Der Keim fortschreitender Entwicklung ist, auch auf göttlichem Geheiße, der Menschheit eingepflanzt. Die Weltgeschichte ist der bloße Ausdruck einer vorbestimmten Entwicklung... Meyerbeers Mutter hat in der Zeit der Not die edelsten Aufopferungen für die Christen gemacht. Sie haben ja wie alle anderen Fürsten sehr unchristlichen Türken Orden verliehen ...

31. Berlin, Donnerstag [Anfang 1842]

Ew. Königlichen Majestät hatte ich gestern bei der Tafel nicht Gelegenheit zu erzählen, daß die Trauer der Beerschen Familie[95] über die sehr gefahrvolle und leider! ganz schmerzenlose Augenentzündung beider Augen des großen Komponisten durch eine kleine Unvorsichtigkeit des guten, alten Schadow vermehrt worden ist. Noch trunken von der Ehre des Rittertages[96] und der ihm zurückgetretenen Rede, hatte er dem Kranken erzählt, „aus seiner Hoffnung, im Vaterlande endlich Anstellung zu finden, würde nichts werden, da Ew. Majestät den festen Glauben hätten, er zöge sein Pariser Hugenottenleben vor". Ich habe versichert, daß alles dies auf reinem Mißverständnis beruhe, daß ich fest überzeugt wäre, der König setze einen Wert darauf, eine so große und eingeborene Illustration[97], wie Rückert, Schelling und Cornelius, in Seinen Dienst zu fixieren, daß ich solche gnädige

---

[94] König Friedrich Wilhelm III. hatte die Juden ebenso wie von den Universitäten und Lehranstalten auch von seinem Ordenskapitel ferngehalten. Siehe S. 67.

[95] Giacomo Meyerbeer, für dessen Einbürgerung in Berlin sich Alexander v. Humboldt hier zum erstenmal lebhaft einsetzt, hieß von Haus aus Jakob Meyer Beer und war ein Mitglied der Berliner Bankierfamilie Beer, mit welcher Humboldt seit früher Jugendzeit, wie erwähnt, in näherer Berührung stand. Anfang 1842 wurde Meyerbeer zum Generalmusikdirektor ernannt mit der Verpflichtung, vier Monate in jedem Jahr die Berliner Oper zu dirigieren, während er den Rest des Jahres meist in Paris verlebte. Den dafür ausgesetzten Gehalt von 4000 Taler überließ er der Kapelle und betätigte sich somit ehrenamtlich, bzw. aus musikalischem Ehrgeiz. Am 5. Mai 1842 fand die erste Aufführung seiner „Hugenotten" in Berlin unter ihm statt.

[96] Beim Ordensfeste im Januar.

[97] Illustration = Berühmtheit.

Äußerungen noch ganz neuerlichst aus Ew. Majestät eigenem Munde gehört. Meyerbeer will gern vier bis sechs Monate bleiben, Opern für Berlin komponieren, ja das erste Jahr gar nicht bezahlt sein! Er sucht die Ehre, Ihnen zu dienen. Da er nicht der eigentliche tägliche Dirigent des Orchesters sein wird, so kann Abwesenheit von Meyerbeer nicht schädlich werden...

32. Sanssouci, Donnerstag [Frühjahr 1842].

Ew. Königlichen Majestät soll ich im Namen des Geh. Rats v. Olfers[98] alleruntertänigst anzeigen, daß die prächtigen Kartons, welche Hermann [2] unter meiner Vizekanzlerleitung für die Halle des Museums angefertigt, nicht eher zerschnitten werden können, als bis sie Ew. Majestät eines Blickes gewürdigt haben. Sie stehen über dem Wichmannschen Atelier[99], in der Neuen Wilhelmstraße. Ew. Königliche Majestät werden gewiß Cornelius und Olfers bescheiden lassen.

Ich lege ein Exemplar meiner französischen Übersetzung der Statuten und Liste der ersten Ritter[100] bei, weil Ew. Majestät bei-

---

[98] Ignaz v. Olfers, Geh. Legationsrat, seit 1839 Generaldirektor der Museen. In seinen letzten Lebensjahren hatte Graf Karl Brühl, der frühere Generalintendant, dies Amt, das erst mit der Neuschöpfung der Berliner Museen durch Wilhelm v. Humboldt aufkam, innegehabt. Nach dessen Tode (9. August 1837) wurde es zunächst Alexander v. Humboldt angeboten; derselbe lehnte es aber ab in der Selbsterkenntnis, daß ihm dazu jedes Verwaltungstalent fehle. Dagegen lenkte er den Blick oben auf seinen westfälischen Freund v. Olfers und bewahrte, schon im Andenken an seinen geliebten Bruder, allen Museumsangelegenheiten ein lebendiges Aufmerken und Fördern.

[99] H. Heinrich Hermann, Historienmaler und Düsseldorfer Schüler von Cornelius (1802—1880), arbeitete mit diesem schon in München zusammen. Er wurde auf seine Empfehlung dann 1841, nach Berlin berufen, um Schinkels Entwürfe für die Vorhalle des Museums auszuführen. Das sind die Kartons (nicht etwa die von Cornelius selbst), welche hier zur Besichtigung empfohlen werden, und zwar in dem Atelier des Bildhauers Ludwig Wilhelm Wichmann, eines geborenen Potsdamers, das dieser mit seinem damals schon verstorbenen Bruder Karl Friedrich auf der Neuen Wilhelmstraße eingerichtet hatte. Sie können indessen nicht den erhofften Beifall des Königs gefunden haben; denn Hermann trat noch 1842 von dem erteilten Auftrage zurück und wandte sich den anderen Arbeiten in Berlin zu, insonders den 14 Fresken für die Klosterkirche.

[100] Für die Friedensklasse des Verdienstordens (Pour le mérite), welche Friedrich Wilhelm IV. für Kunst und Wissenschaft am 21. Mal 1842 neu einrichtete. Es sollten immer 30 Deutsche mit dem Orden ausgezeichnet werden und ausländische Berühmtheiten in unbestimmter Zahl, jedoch niemals über 30. Darauf beziehen sich die Bemerkungen über die Zahl

des vielleicht unter Ihren Papieren werden bewahren wollen. Es sind jetzt 56 Kreuze nötig. Ich glaube. Hossauer[101] hat nur 46 angefertigt. Wollten Ew. Majestät nicht 14 mehr bestellen lassen, um 60 zu ergänzen? Der Brief vom Erypto-Principe Anatole Demidoff[102] ist mit drei langen Katalogen begleitet gewesen, die er von [? an] Lichtenstein[103] gesandt. Das Geschenk für die Sammlungen scheint allerdings sehr wichtig, und er sendet alles portofrei. Meyerbeer muß künftige Woche reifen, lüstern vorher nach gnädigen Befehlen! ...

33. Montag früh [1842].

Eine Beschreibung von Cornelius'[104] Glaubensschild, über dessen Ansicht Ew. Königliche Majestät dem großen Künstler wohl morgen, Dienstag früh, selbst eine huldreiche Bestimmung geben werden.

---

der Kreuze, welche Humboldt auch für die Ausländer möglichst hoch zu schrauben sucht. Der König ernannte ihn selbst zum ersten Kanzler des neuen Ordens.

[101] George Hossauer ist der Berliner Hofgoldschmied, der für den König die meisten Schmuckgegenstände zu Geschenken lieferte. Er fertigte auch die neuen Pour le mérite Kreuze an sowie nach Schinkel und Stieber die Modelle für die königliche Eisengießerei.

[102] Anatolij Demidow (1812–1870) war mit Mathilde Bonaparte, Tochter Jérômes, vermählt, vom Großherzog von Toskana zum Fürsten von San Donato erhoben worden. Daher Humboldts Bezeichnung als „Crypto-Principe". Er war ein Freund von Kunst und Wissenschaft sowie Besitzer hervorragender Sammlungen aller Art, auch Mitglied des Pariser Instituts.

[103] M. H. K. Lichtenstein, seit 1812 Professor und Direktor des Zoologischen Museums in Berlin.

[104] Peter von Cornelius, der durch eine erhabene christliche Weltanschauung, Gedankenfülle, gewaltige Formgebung, Phantasiereichtum gleich ausgezeichnete Maler, war Ostern 1841 aus München nach Berlin gekommen, um seine berühmten 55 Kartons für den mit dem neuen Dom, geplanten Campo Santo des Herrschergeschlechtes im Auftrage Friedrich Wilhelms IV. zu entwerfen. Als am 9. November 1841, dann dem englischen Prinzgemahl Albert und der Königin Viktoria ein Thronerbe, der spätere König Eduard VII., geschenkt war, gab ihm der König, der als Pate gebeten war, noch den Sonderauftrag, diesen „Glaubensschild" zu zeichnen, der ein Sinnbild des evangelisch-religiösen Bandes und der Ausbreitung der evangelischen Kirche, in deren Schoß der Täufling aufgenommen werden sollte, darzustellen hatte. Er wurde alsdann in Silber ausgeführt und als Patengeschenk überreicht, von ihm auch eine Nachbildung für Berlin geschaffen. Nach Humboldts und Savignys Tode wurde Cornelius Kanzler der Friedensklasse des Verdienstordens als erster Künstler in diesem Amte.

Die Kartons sind nicht mehr im Wichmannschen Atelier[105], sondern in dem mit Glasfenstern bedeckten Teile der Museumshalle, wo sie bequemer gesehen werden...

[Hierzu mit eiliger Hand, kaum leserlich, auf gelblichem Oktavbriefbogen ein Dank Humboldts für einen Brief, der leider nicht zu entdecken war:]

Es bleibt mir kaum Zeit, Ew. Majestät innigst zu danken für die Lektüre des geistreichsten, heitersten, unaffektiertesten aller Briefe. Ich fühle mich wachsen als Kanzler, bin fast schon größer als Kanzler Müller in Weimar...

34. [Frühjahr 1842] Sonnabend.

Der Minister v. Thile[106] hat alles, von mir selbst schön abgeschrieben, mit der Post erhalten. Bei dem Glänze des neuen Instituts und dem freundlichen Eindrucks den es überall, bei seiner ersten Stiftung, machen soll, ist es mir etwas beängstigend, daß, wenn auch der Architekt Fontaine nun hinzutritt, [es] (nach der Gasparischen Flucht)[107] nur fünf auswärtige Ritter und unter diesen keinen Maler gibt; denn Daguerre

beglücken Ew. Majestät doch eigentlich nur als großen Erfinder des Lichtbildes. Die zweite Abteilung der Liste gestaltet sich jetzt also:

B. im Gebiete der Künste.

a) deutscher Nation (oder deutschen Volksstammes?)[108]:

v. Cornelius,

Felix Mendelssohn-Bartholdy,

Meyer Beer,

---

105 Siehe Anmerkung 2 S. 133.

106 Geheimer Staats-, Cabinetts- und Schatzminister v. Thile, der Schreckensmann für Humboldt, sobald es sich um außerordentliche Bewilligungen handelte. Denn der König hatte, wie er besonders beklagte, den Grundsatz, von sich allein aus keine finanziellen Anweisungen zu erteilen und wählte als Instanz für einschränkende oder abschlägige Entscheide den berufenen Fachminister.

107 Dieser lehnte ab.

108 Diese deutschen Künstler, die hier für den Verdienstorden ausersehen sind, wurden teils schon besprochen, teils sind sie hinreichend bekannt. Schnorr v. Carolsfeld, dessen biblische Bilder ebenso verbreitet sind wie seine Nibelungenfresken oder homerischen Federzeichnungen (1794 – 1872), und Ludwig v. Schwanthaler (1802 – 1843) mit seinen mythologischen und historischen Schöpfungen gehören darunter dem Münchener Kreise an; der vielseitige Geschichtsmaler Karl Friedrich Lessing (1808 – 1880), ein Schüler W. Schadows, dem Düsseldorfer und badischen.

Rauch,

Schadow, Direktor der Akademie der Künste in Berlin,

Lessing,

Schnorr,

Schwanthaler;

b) ausländische[109]:

Fontaine, Architekt des Königs zu Paris,

Daguerre, Landschaftsmaler, Erfinder des Lichtbildes.

Liszt,

Thorwaldsen,

Toschi in Parma,

Horace Vernet,

Ingres,

Rossini.

Die drei berühmtesten Namen in Frankreich sind: Ingres, Horace Vernet und sein Schwager Paul Delaroche. Rauch hält Ingres in allen ernsten, idealischen, züchtigen Kunstschöpfungen für den Größten der französischen Schule. Das Freskobild im Louvre, Apotheose des Homer, ist ein schönes Werk! Horace Vernet ist lebendiger, populärer, mannigfaltiger. Seine Schlachtenbilder gegen Osterreich und Preußen sprechen eher für ihn, weil Ew. Majestät die großartige Unabhängigkeit Ihrer Sie bei dem Orden leitenden Grundsatze bewähren wollen. Horace Vernet ohne Ingres wäre Vernachlässigung des Idealischen neben der zu gro-

---

[109] Über diese auswärtigen Größen nur kurz folgende Notizen: Der Pariser Hof-architekt Pierre Franyois Leonard Fontaine (1752–1853), berühmter Kunsthistoriker und Stadtverschönerer zugleich, stand mit Humboldt seit dessen Pariser Aufenthalt in freundschaftlicher Beziehung und Korrespondenz; er war mit Ch. Percier der Schöpfer des Arc de Triomphe und des Empirestils unter Napoleon I. Der ungarische Komponist und Klaviervirtuos Franz Liszt (1811–1886), J. Mande Daguerre, der 1839 die nach ihm benannte Da-guerreotypie, den Anfang der modernen Photographie, schuf, der große dänische Bildhauer Bertel Thorwaldsen (1770–1844) bedürfen keiner Erläuterung. Die beiden französischen Maler Horace Vernet (1789–1863), der durch seine afrikanischen Bilber von der Algierexpedltion zuerst die Augen auf sich zog und später die Schlachten von Bouvines 1214, Valmy, Jena, Wagram, sowie des Krimkriegs verherrlichte, und Dominique Ingres mit seinen antiken, napoleonischen und päpstlichen Apotheosen bespricht Humboldt selbst. Paolo Toschi (1788–1854), italienischer Kupferstecher, Mitglied seiner heimischen Kunstakademie in Parma. G. Antonio Rossini, italienischer Komponist (1792 bis 1868).

ßen Vorliebe für Lebensfülle und heiteren Stil. Die Wahl beider: Horace Vernet und Ingres wird große Freude machen...

In tiefster Ehrfurcht Ew. Königlichen Majestät
allerunbequemster Al. Humboldt.

35. Berlin, 20. April 1842.

Ew. Königliche Majestät haben die Gnade gehabt, zu wünschen, daß auch ich mich baldigst nach Potsdam übersiedele, wo ich einer hermetischen Ungestörtheit in der Arbeit genieße. Ich bin durch ein zweifaches

kleines Leiden gehindert, eine Frühlingsblüte am abgewandten Orte (ein Blutgeschwür, bei der Nachtseite am Menschen), dazu rheumatischer Schmerz in der Schulter, der aber schon im Abnehmen ist. Ich hoffe, daß nichts mich hindern soll, Freitag früh, übermorgen früh, zu reisen, und daß meine unverwüstliche Gemütsheiterkeit den Nachtschatten und das Rheuma besiegen wird. Lepsius[110] fleht sehr um den Ankauf des Bildes von Weidenbach, das Ew. Majestät mit Wohlgefallen betrachtet habend Es ist keineswegs die Ansicht des östlichen, jetzt verbauten Chores, es ist vielmehr die Ansicht des westlichen Lektoriums nach dem westlichen Chore zu, wo die Bildsäulen der Gründer des Domes[111] stehen, die aber auf dem Bude durch das Lektorium verdeckt sind. Der Preis ist 25 Friedrichsdor, und da der Maler Weidenbach bestimmt ist, Lepsius nach Theben zu begleiten, so wird er diese geringe Summe nur dazu verwenden, sich hier in den Ateliers mehr als Landschaftsmaler auszubilden. Vielleicht geben Ew. Majestät mir oder Olfers morgen Order darüber — eine mildtätige Handlung! ...

---

[110] R. Lepsius bereitete damals seine epochemachende ägyptische Forschungsreise vor; auf ihr begleiteten ihn der Architekt Erbkam, die beiden Zeichner Weiden-bach. Male Frey, Former Franke und vor allem sein Herzensfreund, der damalige preußische Gesandtschaftsprediger in Rom, Abeken. Der König förderte sie in umfassendster Weise und gab zuletzt auch noch kostbare Ehrengeschenke und Empfehlungsschreiben für Mehemed Ali mit. Vor der Abfahrt, die von Southampton am 7. September 1842 erfolgte, schrieb Lepsius von London am 25. August einen innigen Dankbrief für alle empfangenen Wohltaten an ihn und blieb auch weiter mit ihm in brieflichem Austausch.

[111] Sichtlich ein Gemälde eines berühmten deutschen Domes.

[Nachschrift:]

Fräulein v. Bischoffwerders[112] plötzliches Hinscheiden betrübt mich tief. Ich stand sehr in ihrer Gunst.

36. Berlin 25. Juli 1842.

Ew. Königliche Majestät haben allergnädigst geruht, Sich in einem Briefe an den Freiherrn v. Bülow meiner so freundlichst und huldreich zu erinnern, dass ich in Rührung es wage, Ihnen in diesen wenigen Zeilen meinen herzlichsten Dank auszusprechen. Auch die Freude über Ihre glückliche Heimkehr war zu einer Zeit mehr lebendig in mir, wo die Phantasie so oft mit Trauerbildern gefüllt ist.

Das Trauerbild von der wundersamen Abberufung des jungen Herzogs von Orleans[113], der nun schon dem Großherzog[114] gefolgt ist, gehört zu den schmerzhaftesten. Es kann der Keim zu großen Begebenheiten sein. Der innere Zustand von Frankreich ist von jetzt an mehr als je nicht aus den Augen zu verlieren. Strategisch nach außen ist das Land schwächer geworden, aber die Regentschaft, die man jetzt durch die Kammern durchbringen wird, ist wohl nicht die, welche Frankreich nach dem Tode Ludwig Philipps regieren wird. Das Phantasiespiel einer komplexen Vormundschaft, in die sich fremdartige populäre Elemente einschleichen, wird innere Reibungen hervorrufen, deren sündlicher miasmatischer Stoff auch für die Nachbarländer unbequem werden kann. Es ist scharf ins Auge zu fassen, was sich von jetzt an schon bereitet und dem Monarchen, der eine seltene Größe des Charakters, mitten unter den Schmerzen eines gefühlvollen Vaters, offenbart hat, die letzten Lebensjahre noch schwieriger machen wird. Eine vom Volke nach wechselnden Meinun-

---

[112] Eine Nachkommin des bekannten Kabinettsministers gleichen Namens unter König Friedrich Wilhelm II., titulierte Hof- und Staatsdame am preußischen Hofe.

[113] Ferdinand Philippe, Herzog von Orleans, ältester Sohn des französischen Königs, war bei Neuilly am 12. Juli 1842 mit seinem Wagen tötlich verunglückt. Er war seit 1837 vermählt gewesen mit Helene (Luise Elisabeth), Prinzeß von Mecklenburg-Schwerin, Tochter des Erbgroßherzogs Friedrich Ludwig, die bei dem Umsturz der Julimonarchie 1848 vergeblich ihren beiden unmündigen Söhnen die Erbfolge zu retten versuchte. Sie lebte späterhin teils in Eisenach, teils in England zu Richmond bei London. Mit Humboldt, der schon ihre Vermählung nach Frankreich mit vorbereiten half, blieb sie immer in Verbindung.

[114] von Mecklenburg-Schwerin, Friedrich Franz I., gest. 1. Februar 1837.

gen tumultuarisch bestellte Regentschaft ist, was viele töricht wünschen, viele nicht einsehen, „eine maskierte Republik"! Die Lage des Herzogs von Nemours wird durch die Popularität, die der Bruder bei der Armee hatte, um so bedenklicher, als der Tod, und mehr noch, ein so Mitleid erregender Tod den Hingeschiedenen im Rufe steigert. Meine Gesundheit, so einsam ich gelebt habe, dem Posthofe gegenüber in der Oranienburger Straße, lustwandeln[d] zwischen einem Kirchhofe und den Ufern der Panke, ist weniger gut gewesen, als im schönen Sanssouci, in der belebenden Nähe meines gnädigen Königs. Ich habe ununterbrochen an katarrhalischen kleinen Übeln gelitten. Es steigt in mir ein Wunsch lebhaft auf, den Ew. Majestät nicht verdammen werden: Ich möchte einen kleinen Aufenthalt in Paris machen, der immer erheiternd und zerstreuend, lebensverlängernd und wohltätig auf meine Gesundheit und Stimmung gewirkt hat. Vielleicht ist die Ansicht des dasigen Treibens, das Ahnen von dem, was sich vorbereitet, eine nicht ganz unnütze Frucht einer solchen Reise. Ob ich dieselbe früher oder nach dem Domfeste in Köln von dem Rhein aus antreten soll, werden Ew. Majestät allein befehlen[115] Ich wünsche auch meine Karte von Zentralasien unter meinen Augen abziehen zu lassen.

Die Nachrichten, die wir hier ununterbrochen von der Fortdauer des Wohlbefindens unserer allgemein und tiefverehrten Königin gehabt haben, waren ein fröhlicher Ersatz bei der langen Abwesenheit...

37. Schloß Brühl, -11. September 1842.

Ew. Königliche Majestät erlauben, da mir nicht das Glück zuteil geworden ist, allerhöchstdieselben nach dem anmutigen Neuchâtel[116] zu begleiten, daß ich es wage, die bedrängte Lage

---

[115] Man fühlt auch hier durch, daß die Pariser Reisen Humboldts außer ihren wissenschaftlichen und persönlichen Zwecken doch auch einen politisch-diplomatischen Hintergrund besaßen. Der ganze Brief ist im Grunde mit seinen Zukunftsbetrachtungen, welche die Revolution 1843 danach freilich alle über den Haufen warf, darauf abgestimmt.

[116] Neuchâtel und Valangin, das alte arcla-tische Fürstentum, am Neuenburger See zwischen der Schweiz und Frankreich romantisch gelegen, war als oranisches Erbe 1707 an König Friedrich I. von Preußen, den Sohn der Luise von Oranien, gelangt. Nach 1806 nahm Napoleon I. es in Beschlag und verlieh es an seinen bekannten Marschall Berthier. Im ersten Pariser Frieden 1814 erwarb es Preußen gegen eine lebenslängliche Rente von diesem wieder und erhielt es auf dem Wiener Kongreß bestä-

des berühmtesten und talentvollsten aller Schweizer Gelehrten, Agassiz, in Ihr huldvolles Andenken zurückrufe [verschrieben: zurückzurufen]. Er hat auf die edelste Weise sein eigenes kleines Vermögen wissenschaftlichen Unternehmungen aufgeopfert. Sein Name ist im Auslande weit verbreitet, und die Hauptunterstützung hat er für sein Prachtwerk über die versteinten Fische der Vorwelt bisher in England gefunden. Ew. Königliche Majestät haben geruhet, auf meinen alleruntertänigsten Vorschlag, den großen Huldigungsakt in Königsberg durch Spendung einer reichlichen Dotation an die Universität zu bezeichnen: Es würde einen besonderen Glanz auf Ihren Aufenthalt in einem Lande werfen, das durch seine Lage, seine Sprache und seinen Kulturzustand, trotz seiner Kleinheit, einen nicht unwichtigen Einfluß auf die Nachbarländer ausübt, wenn Ew. Königliche Majestät einem so berühmten und dabei von Gesinnung so trefflichen Gelehrten, als Professor Agassiz[117] ist, auf bleibende Weise eine gründliche Verbesserung seines Einkommens allergnädigst verliehen.

Das Maß davon wäre eine jährliche Zulage von zwei- bis dreitausend Schweizer Franken, die ich in meinem Namen und in

---

tigt, nur daß es jetzt als 21. Kanton mit in die Schweizer Eidgenossenschaft eingereiht wurde — also ein unklares Zwittergebilde zwischen einem souveränen Fürstentum im Besitz der preußischen Krone und einem republikanischen Kanton wurde. Von da ab setzte, von Frankreich und Bern aus genährt und durch die Industriearbeiterschaft in Chaux de Fonds gestärkt, eine zunehmende demokratische Bewegung In dem ursprünglich gut monarchisch und preußisch gesinnten Lande ein; sie führte schließlich nach mehreren republikanischen Aufständen und vergeblichen Widerständen der Royalisten 1856 zur Losreißung von Preußen, zum großen Schmerze Friedrich Wilhelms IV., der für das Land landschaftlich wie politisch wegen seiner früheren Königstreue eine romantische Vorliebe hatte. 1842 fuhr er noch voll guter Hoffnungen und im Lande gefeiert zur Huldigung dorthin. Humboldt verrät im Eingang einige Kränkung, daß er nicht mitgenommen wurde. Schloß Brühl liegt bei Köln; es fanden dort auch Dombaufestlichkeiten statt.

[117] L. J. Rudolf Agassiz, 1807 im Kanton Freiburg geboren, 1832 Professor in Neuchâtel, ein weitgereister Naturforscher, berühmt durch seine Gletschertheorien, seine brasilianischen Forschungen und Tiefsee-Expeditionen im Stillen Ozean, mit Humboldt nahe befreundet. Er starb 1873 in Nordamerika, wohin er als Professor der Zoologie und Geologie 1846 nach New Cambridge ging. Seine Witwe gab seine Lebensgeschichte und seine Briefe heraus, die 1886 auch deutsch von Mettonius in Berlin erschienen. General von Pfuel war der preußische Bevollmächtigte und bis 1849 Gouverneur in Neuenburg.

dem des Generalleutnants und Gouverneurs v. Pfuel erflehe. Der Minister des Neuchâteler Departements, Baron v. Werther*, welcher die Achtung kennt, mit der Cuvier den Namen Agassiz aussprach, wird sich eine Freude daraus machen, mein alleruntertänigstes Gesuch zu beantworten...

38. Montag mittag [1842].

Ew. Königliche Majestät bitte ich alleruntertänigst, mich schon morgen, Dienstag morgens, auf einige Minuten zu empfangen. Ich komme nicht bloß, um Ihnen meine herzliche Freude über die Ernennung von Savigny[118] und die genehmigte Reiterstatue Friedrichs des Großen samt dem herrlichen Postamente[119] auszudrücken, ich komme, weil ich das Herz (als ein Ihnen, das heißt Ihrem Ruhme treu Ergebener) voll Angst und Kummer über die Herausgabe der Werke des großen Königs habe[120]. Einige Worte aus Ihrem Munde werden mich vielleicht beruhigen können...

39. Sonntag früh [1842].

Ew. Königlichen Majestät lege ich den befohlenen Brief[121] alleruntertänigst zu Füßen. Daß ich Gründe haben konnte, ihn nicht zu zeigen, ersehen Sie aus den unterstrichenen „verhängnisvollen" Zeilen. Sie haben gestern Abend das „Verhängnis"

---

118 Fr. Karl v. Savigny gab 1842 seine akademische Lehrtätigkeit auf und wurde mit der Leitung eines besonderen Ministeriums für Gesetzge-bungs-revision vom König betraut.

119 Rauchs Schöpfung Unter den Linden, dessen Entwurf vom König in vergrößertem und verschönertem Maßstab genehmigt wurde.

120 Durch die Königliche Akademie der Wissenschaften unter dem Histo-riographen J. D. Erdemann Preuß (1785–1868). Sie erschien in 30 Bänden zu Berlin 1846–1857. Für Humboldt wurde sie eine Quelle vielen Streites und Ärgers. Die Akten der Akademie bieten darüber einen reichen und auch bibliographisch wertvollen Stoff.

121 Es ist der nachfolgende französische an den Hofarchitekten und Kunsthi-storiker Fr. Leonhard Fontaine, den der König Humboldt auf seine Reise nach Paris mitgibt zusammen mit dem Roten Adlerorden 2. Klasse für diesen. Er hat ihn selbst entworfen, Humboldt ihn überprüft und in einigen Wendungen und Satzverknüpfungen geändert. Was der König wieder noch fortlassen oder umgießen kann, ist unterstrichen. Die Vorlage ist dadurch reizvoll, weil sie einen unmittelbaren Einblick in das Zu-sammenarbeiten des Fürsten und des Gelehrten eröffnet. Auf gleiche Weise sind auch andere 40. Schriftstücke derart, z. B. an Souveräne oder Staatshäupter, zustande gekommen. Die Diplomatie, mit der Humboldt seine Verbesserungen schmackhaft macht, ist zugleich fein und launig.

zuerst Selbst gedeutet: Die Furcht des Aufdringens ist also verschwunden. Daß ich jeden Tag reisig und mit sibirischen Tierfellen gepanzert bin, jeder Fahrt fähig über das Wintermeer (im Mittelalter eine „verdickte Lunge" genannt)[122] oder durch den Charlottenburger Ursumpf, erkennen Sie an meiner 72 jährigen, unzerstörbaren, nicht ganz berlinischen Fröhlichkeit. In tiefster Ehrfurcht ersterbend

    Ew. Königlichen Majestät

    unleserlichster

    Al. Humboldt.

Die drei Ausrufungs-Hieroglyphen!!! (nach notre ami) waren bloß eine Anwandlung krankhafter Bescheidenheit, wie deren selbst deutsche Gelehrte bisweilen erleiden[123].

Ich habe die geistreiche und liebenswürdige Lebendigkeit jedes Ausdrucks erhalten. Es ist ganz derselbe Brief. Die Perlen sind bisweilen nur anders aneinander gereihet. Die Farbe ist hier und da gemildert durch Einschiebsel, die den Gedanken entwickeln. Ich habe unterstrichen, was wegbleiben kann, wenn es Ew. Majestät mißfiele.

[Beilage.]

Nous avons tâché réciproquement, vous, mon cher Mr. Fontaine et moi, de renouveler et de vivifiex de temps an temps des rapports affectueux qui datent de bien loin. Aujourd'hui le voyage de notre ami, Mr. de Humboldt, me fournit l'occasion de continuer dans la même voye. Les moyens que je choisis pour cette fais, sant un petit morceau de ruban, une plaque d' argent carrée, une croix en émail, autrement dite l'Ordre de l'Aigle rouge de la Seconde Classe. J'ignore si cet essai de rappeler ma mémoire auprès de vous est bien choisi. Vous, mon cher Fontaine, êtes le seul juge compétent dans cette affaire peu philosophique peut-être, moins d' étiquette et de convenance que d'

---

[122] Das hat eigentlich schon zur Zelt Alexanders des Großen der früheste uns bekannte Nordlandfahrer, der massiliotische Grieche Pytheas getan. Er hat nach Strabo II, C. 104 bei Thule ein „festgemachtes Meer" beobachtet, eine gewisse Mischung, „einer Meerlunge ähnlich". Daraus ist im Mittelalter die Anschauung von dem geronnenen oder geschlipperten Finster- oder Lebermeere geflossen.

[123] wieder getilgt. Humboldt fühlte sich also durch die vertrauliche Bezeichnung seitens des Königs als „notre ami" beschämt.

estime pour un grand et beau talent. Vous me le ferez savoir un jour par Mr. de Humboldt. Vos incomparables desseins, les magnifiques ouvrages que vous avez publiés, ont puissamment influé sur la direction progressive de mes gouts pour les arts: ils ont fait époque dans l'histoire de mon imagination, en excitant et nourrissant mon enthousiasme pour l'Architecture. Une heure comme celles que j' ai passées, il y a 25 ans, au milieu de vos richesses et de vos créations, me ferait un bien infini. Vous sauriez par la sagesse de vos conseils calmer les ardeurs d'une imagination déréglée (ich hätte lieber etwas milder:: d'une imagination aventureuse). Ce n'est lá qu'un rêve, mais un beau rêve de Votre affectionné ...

Ew. Königliche Majestät haben vielleicht noch nicht die Aufschrift gemacht. Sie ist freilich sehr gleichgültig und könnte sein:

à Mr. le Chevalier Fontaine
Premier Architecte du Roi,
membre de l'Institut
od.
Premier Architecte de la Couronne.

Sonnabend früh [15. April 1843]

Ein Poeta Improvisatore, Giustiniani (aus Imola), der trotz seines Dichterbewußtsein ganz bescheiden auftritt und keinen Hausfrieden stört, kommt von seinen stillen Triumphzügen aus Rußland an! Er ist dem Baron v. Meyendorff[124] und mir aus Petersburg dringend, als sehr talentvoll und mit dem Dante vertraut, auch von Ihro Majestät der Kaiserin[125] belobt, empfohlen. Ich habe ein Prachtexemplar seiner nordischen Gedichte und einen Brief zu überreichen, der das unspontinische[126] Verdienst

---

[124] Russischer Gesandter in Berlin, Geheimer Rat, Kammerherr und bevollmächtigter Minister; Bismarck rühmt in den „G. u. C." (I, 219/220) die Feinheit seiner Bildung und Formen; als er selbst in Petersburg preußischer Gesandter war, verkehrte er mit ihm und fand in ihm die „sympathischste Erscheinung unter den älteren Politikern, der mehr noch dem alexanbrinischen Zeitalter angehörte, dessen Wort aber noch bei Kaiser Nikolaus erheblich ins Gewicht fiel". Auch am mecklenburgischen Hofe akkreditiert. 1923 hat Otto Hoetzsch seinen politischen und privaten Briefwechsel herausgegeben und damit das günstige Urteil Bismarcks über seinen Geist weiter bestätigt.

[125] Zarin Alexandra, geb. Prinzeß Charlotte von Preußen, älteste Tochter Friedrich Wilhelms III.

[126] Scherzhafte Anspielung an die bereits berührten Ergüsse Spontinis, siehe

der Kürze hat. Der Dichter entbrennt vor der Begierde, die See-
fahrt Ew. Majestät in das Leopardenland[127], wie auch das hohe
Brautpaar zu besingen.

Darf ich dieses Blatt[128] dazu benutzen, Ew. Königlichen Maje-
stät alleruntertänigst anzuzeigen, daß zu dem morgenden Jäger-
feste in Sommers Gartensaal auf der Potsdamer Chaussee der
Hoftapezierer Hittel soeben einen wunderschönen gehörnten
Tierwald mit obligatem Springbrunnen aufgestellt, und daß der
Wald bis morgen durch die Tanzenden etwas leidet...

Am heiligen Osterfeste [16. April 1843].

Herr Giustiniani, der Improvisators, wird sich, mit Petrarca,
Dante und Tasso bewaffnet, dem allerhöchsten Befehle Ew. Majestät gemäß, heute abend um halb neun Uhr einfinden. Er kann
sich aber, während er die Verse rezitiert (singt), nicht selbst auf
dem Piano akkompagnieren. Er fleht also, daß sich jemand ein-
findet, der akkompagniert...

41. Sonntag früh [1843]

Da ich es mir zum Gesetz gemacht habe, Ew. Königliche Majestät nicht persönlich den Morgen zu belästigen, so wage [ich]
es. Allerhöchst derselben einen Brief von Bunsen[129] vorzulegen,
den mir der berühmte Kupferstecher Gruner[130] bringt und der
am Ende manches über das enthält, was sich, wolkenschwer, von
Deputationen und Erwartungen am englischen Himmel aufzu-
türmen droht...

S. 122, Anm. 4.

[127] b. i. England, wo der König der Taufe des Prinzen von Wales beiwohnte

[128] Dieser Zettel schließt sich unmittelbaran den vorangehenden an. Der
Improvisator ist der 1807 in Imola geborene Giovanni Gustiniani, Lektor
der italienischen Sprache an der Petersburger Universität, der 1841 herausgab: „La muse italienne en Russie".

[129] Josias Freiherr v. Bunsen, seit 1842 preußischer Gesandter in London, mit
dem Alexander in engem Briefwechsel stand (erschienen Leipzig 1869).
Dieser überspringt aber das Jahr 1843 ganz und geht vom 17. September
1842 gleich zum April 1844 über (S. 66). Es findet sich dort also kein Anhalt über den obigen Brief Bunsens und seinen näheren Inhalt. Sein
Schluß muß aber politische Vorgänge in England und Frankreich berührt
haben.

[130] Ludwig Grüner, geb. 1801 in Dresden, 1882 gestorben daselbst, zuletzt
Direktor des dortigen Kupferstichkabinetts. Seit 1841 weilte er zum zweiten Male längere Zeit in England und gab daselbst die italienischen Kir-
chen, und Palastmalereien des XV. und XVI. Jahrhunderts heraus.

42. Erfurt, 25. Februar 1843, Sonnabend.

Ew. Königliche Majestät werden allergnädigst erlauben, daß, nach vielfältigen französischen Berichten aus dem verworrenen Babels ich auf preußischem vaterländischem Boden einmal wieder das alte Recht ausübe. Ihnen unmittelbar die Huldigung meiner ehrfurchtsvollen Dankbarkeit und Liebe zu Füßen zu legen. Von Paris am 19. nachmittags abgereist, bin ich, nachdem ich einige Stunden in Metz geschlafen, am 22. abends in Frankfurt a. M. angekommen, in bester Gesundheit, die ich ununterbrochen, trotz meines hohen präadamitischen Alters, genossen. Hier in Erfurt und in Weimar liegen zwar, der reisenden Menschheit gefährlich, die Sphinxe am Wege (eine der Sphinxe in das uralte Zahnrätsel gehüllt)[131]; doch ist in mir der Wunsch so rege, mich recht bald Ew. Königlichen Majestät und der erhabenen Königin vorstellen, ja (uneingeladen) dem großen Feste beiwohnen zu können, daß ich, meine Abreise von Weimar beschleunigend, gewiß Dienstag nachmittag in Berlin einzutreffen hoffe. Möge ich mich des Glückes erfreuen dürfen, mit derselben Gnade wieder aufgenommen zu werden, als ich am Rhein[132] entlassen wurde! Herr Guizot und die „Fürstin"[133] die ich noch vorigen Sonnabend gesehen, haben sich freilich in der Stimmenmehrheit, die sie zu haben glaubten, ansehnlich verrechnet, doch scheint mir der Sturz des Ministeriums weit weniger entschieden, als man in Deutschland glaubte...

43. Berlin, 6. März 1843.

Ew. Königliche Majestät habe ich [die Ehre], um die allergnädigste Erlaubnis bitten zu müssen, die mir am 28. Februar in der

---

131 Es sind die thüringischen Verwandtschaften und Weimarer Freundschaften damit gemeint, besonders die weiblichen, z. B. Karoline v. Wolzogen, die bis 1847 in Jena lebte. Eine der Damen muß nach der launigen Wendung vom „uralten Zahnrätsel", das sich an das Menschenrätsel anlehnt, welches die Sphinx der griechischen Sage Ödipus aufgab, gerade an Zahnschmerz gelitten haben.

132 Nach der Grundsteinlegung zum Fortbau des Kölner Domes am 4. September 1842 und dem Aufenthalt in Stolzenfels.

133 Die Fürstin Dorothea v. Lieven, geborene v. Benckendorff, Witwe des 1839 in Rom gestorbenen russischen Fürsten und Diplomaten Chr. Andrejewitsch v. Lieven, genannt die europäische Sibylle. Sie lebte damals in Paris, war Guizots vertraute Freundin und politische Egeria, die in dem Briefwechsel hier noch öfter erwähnt wird, meist mit einem etwas maliziösen Zusatze.

Fastnacht erteilten Insignien du grade de Grand Officier de la Légion d'Honneur[134] annehmen zu dürfen. Die Ernennung war schon im Herbste in Château d'Eu erfolgt, wahrscheinlich wegen der freudigen Beruhigung, welche der schriftliche Glückwunsch Ew. Majestät zu der Regentschaft (als Teilnahme an der Dauer der Dynastie) gewährt hatte[135] Da meine Ordensernennungen periodisch in gewissen Zeitungen die Erinnerung daran zurückrufen, daß ich in meiner ersten, sehr philosophischen Manier, unter Kaiser Napoleon das Ordenskreuz (I) ausgeschlagen hatte (ich wurde mit dem Kardinal Caprara[136] zugleich ernannt), so bat ich Guizot, die Ernennung quieszieren zu lassen, bis ich in Berlin angekommen fei. Ich hoffte selbst, die Sache sei vergessen, da bei einer langen, sehr zärtlichen Abschiedsaudienz der König Louis Philippe mir nichts von dem neuen Sterne sagte. Gestern empfing ich die Anzeige von Herrn Guizot: ich glaube noch immer, daß es kein ministerielles Vermächtnis im Todeskampfe sei. Darf ich Ew. Majestät auch um die Gnade bitten, in dem Briefe an Spontini[137] auszustreichen und zu ändern, was Allerhöchderselben unpassend scheint. Da in dem neuen Hofstaatshandbuche er nur als „schlummernd" (dispensiert) aufgeführt ist, so soll ich ihn wohl ganz einfach Gen.-Mus.-Dir. [das ist: General-Musik-Direktor] nennen, ohne hinzuzusetzen: Directeur général honoraire, was sich sogar schwer für die Staatszeitung deutsch geben läßt. Es gibt so viele Abstufungen vom temporären sanften Schlummer bis zum soliden Todesschlafe: dispensiert, suspendiert, quiesziert, vormaliger. Am freundlichsten ist wohl der alte Titel, den ja verabschiedete Generale auch behalten. Da ein Brief von mir in den ausländischen Zeitungen gewiß gedruckt wird, so habe ich aus Vorsicht das Konzept Ew. Majestät vorlegen wollen...

---

[134] Die französische Ehrenlegion umfaßt fünf Grade: Ritter, Offiziere, Kommandeure, Großoffiziere und Großkreuze; Humboldt erhielt also hier den zweithöchsten, von Napoleon III. später noch den Großkordon. Mit ihr ist der Bezug von Jahrgeldern verbunden, der für einen Großofflzier jährlich 2000 Franks beträgt.

[135] Nach dem erwähnten frühen Tode des französischen Dauphins und der Einsetzung einer Regentschaft für seine beiden unmündigen Söhne. Vgl. S. 139, Anm. 1.

[136] Joh. Baptista Caprara, Kardinal und Erz-bischof von Mailand (1733 – 1810), dadurch bekannt, daß er am 28. Juni 1805 Napoleon I. auch zum König von Italien krönte.

[137] Im Nachklange der dargelegten Auseinandersetzungen, vgl. Nr. 19.

[Nachschrift:]

Das Konzept für Spontini und Guizots Brief erflehe ich zurück[138].

44. König Friedrich Wilhelm IV. an Alexander v. Humboldt[139].

Je vous communique la dépêche ci-jointe de Copenhague pour vous avertir de la nouvelle seccatura qui vous attend d'un phoque du Sund qui vient vous demander conseil et assistance pour tourner autour de notre globe. La présente n'étant à d'autres fins, je prie Dieu, monsier le baron de Humboldt, qu'il vous ait en sa sainte et digne garde. Donné en notre château de Potsdam, 29 avril 1843 vers minuit.

L. S. Sign. Frédéric Guillaume.

45. Potsdam [1843], Sonnabend.

Da ich vernehme, daß Ew. Majestät auf Montag abend das Konzert der Mad. Garcia-Viardot[140] befohlen haben, so wage ich, ebenfalls Ihrem Befehle gemäß. Sie an den sehr ehelichen und die schiefäugige, mongolische Nachtigall tigerartig bewachenden Gemahl zu erinnern, der bei dem vorigen Konzerte vergessen worden war. Herr Viardot ist als ausgezeichneter Schriftsteller über die Malerei und die altspanische Kunst bekannt. Auf eine Erinnerung an den Grafen[141] wird er erscheinen, wenn Ew. Majestät geruhen, den Grafen dazu zu berechtigen...

---

[138] Beide fehlen.

[139] Das im Varnhagenschen Nachlaß erhaltene, fälschlich auf 1849 datierte Scherzbillet bezog sich nach Humboldts eigener Angabe auf einen dänischen Seebären (phogue du Sund), der sich anbot, alle Naturforscher für 2500 Taler um die Welt zu fahren. „Etwas teuer" und roh fand Humboldt den Vorschlag.

[140] Pauline Garcia, Tochter eines spanischen Sängers, Schwester der Malibran, Schülerin von Liszt, berühmte Mezzosopransängerin und auch Liederkomponistin, vermählt mit dem arabisch-spanischen Geschichtsforscher und Kunsthistoriker Louis Viardot, der in Paris zeitweilig das italienische Theater leitete. Ihre Kunstreisen, die sie auch viel nach Deutschland und Berlin führten, waren ununterbrochene Triumphe; später, seit 1871, lebte sie abwechselnd in Paris, Berlin und Baden-Baden.

[141] Vermutlich Flügeladjutant Oberst Graf Brühl, der öfter den Verkehr mit Humboldt vermittelte.

46. Berlin, 30. Juni 1843.

Ew. Königliche Majestät bin ich von dem „perpetuierlichen Kinde" als der „perpetuierliche Sekretär"[142] beauftragt, das Wunderbuch ohne anderen Titel als den: „Dies Buch gehört dem König"[143] alleruntertänigst zu Füßen zu legen. Wenn ich bisweilen Schellings Vorträge besuchte und mir manches undeutlich war, so hatte ich einen rührend fleißigen Zuhörer, den guten Wiebelt zur Seite, der mir erklären konnte, was mir dunkel blieb; das Wunderbuch beginnt in der Zueignung mit einem Apfelkompott, an dem ich seit gestern vergeblich studiere. Ich lerne sogar, daß „Gott der Vater einen Kaminsims hat (Seite VII), auf den er seine Äpfel legt", eine häusliche Einrichtung, die mir nie in den Sinn gekommen war, die mir aber, wegen meiner Wärmeliebe, überaus gefällt. Ew. Königliche Majestät erfreuen das geistreiche Kind wohl für ihre gewiß gutgemeinte Gabe mit ein paar heiteren Zeilen. Ich flehe, daß Ew. Majestät Montag die Oper beglücken. Es ist für Meyerbeer der Lohn einer grenzenlosen Mühe des Einstudierens...

47. Potsdam [Juli 1843] Donnerstags.

Herr Murchison[144], President of the Geological and Society of London, ist eben hier in Potsdam mit seiner Uniform angekommen und fleht, Ew. Königliche Majestät recht bald sich zu Füßen legen zu können. Befehlen Ew. Königliche Majestät, daß ich ihn auf heute oder auf morgen Freitag zur Tafel befehle?

---

[142] Humboldt war in der Königlichen Akademie der Wissenschaften immerwährender Sekretär. 4 J. Wilhelm v. Wiebel, Leibarzt Friedrich Wilhelms III. und Generalstabsarzt der Armee, geadelt seit 1827.

[143] Ein wunderliches Buch Bettinas v. Arnim, das 1843 in Berlin gedruckt in zwei Bänden erschien. Sie überschüttete den König darin, von Goethes Mutter ausgehend, mit der „Sokratie der Frau Rath", d. h. mit phantasievollen Einfällen aller Art und besonders mit sozialpolitischen Vorschlägen zur Heilung des menschlichen Elends. Selbst Varnhagen, ihrem vertrautesten Anwalt, wurde bei aller ihrer Begabung ihre ungezügelte Einbildungskraft und aufgeregte Einmischung manchmal zu viel. Der König entfaltete trotzdem ihr gegenüber eine nachsichtige Geduld, welche besonders in der Korrespondenz mit ihr hervortrat; so hatte er ihr auch die Widmung dieses Buches an ihn schon 1841 gestattet.

[144] Hier ist wohl versehentlich ausgelassen: Geographical. Sir Roberick Impey Murchison (1792–1871) war Gründer dieser britischen Gesellschaft, zugleich bedeutender Geolog und Generaldirektor der Landesaufnahme.

Auch Oerstedt[145], den der König von Dänemark verkündigte, ist in Berlin. Ich sah ihn heute früh. Er hat mich gebeten, ihn bei Ew. Majestät zu melden. Befehlen Ew. Königliche Majestät vielleicht Murchison und Oerstedt zu morgen Freitag zur Tafel, so werde ich schreiben und es an Herrn Murchison hier sagen...

48. Sonntag [1843].

Die liebenswürdigen „Kinder des Kindes"[146] haben mich gestern abend beauftragt (durch ihren Vetter Leo v. Savigny, den hiesigen Regierungs-Referendar), Ew. Königlichen Majestät die beifolgende Mappe, welche Gedicht und allegorisches Bild enthält, zu Füßen zu legen. Vielleicht werden Ew. Majestät die geistreichen Fräuleins sehen wollen („noch eines" singend), wenn die Garcia-Viardot, der Pianist Kullaki[147] (der durch Ihre Huld auf seinen Reisen unterstützt worden ist), Bazzini[148], unter der teuflischen Leitung[149] bald erscheinen. Das Urkind Bettina schmachtet, nach einem freilich älteren Briefe an mich, nach einigen freundlichen Worten der Sühne...

Montag früh [1843].

Wieder ein Anliegen des Kindes! Ich fürchte, daß Ew. Majestät keine Zeit haben werden, die Zeichnung und die Verse, die überaus reizend sein sollen, in Empfang zu nehmen, vor Ihrer so nahen Abreise...

---

[145] Der dänische Naturforscher H. Christian Oerstedt (1777–1851), Direktor der polytechnischen Schule in Kopenhagen. Er schrieb 1812 seine Ansichten von den chemischen Naturgesetzen bereits in Berlin und machte sich einen Weltruf durch seine elektromagnetischen Forschungen, besonders durch die Entdeckung der elektrischen Ablenkungen der Magnetnadel.

[146] Die Töchter Bettinens, von denen sich Gisela nachmals mit dem Kunsthistoriker Hermann Grimm vermählte. Ihr Vetter v. Savigny ist ein Sohn des berühmten Rechtskenners und Justizministers, der Bettinens Schwager war.

[147] Theodor Kullack (1818–1882), preußischer Hofpianist, Meisterlehrer des Klaviers, mit Stern Leiter des Konservatoriums. 1842 überwies ihm der König 1200 Taler zu einer Kunstreise nach Wien, nachdem er schon als elfjähriger Knabe bei einem Hofkonzert durch sein Spiel Bewunderung erregt hatte.

[148] Antonio Bazzini, italienischer Violinvirtuos aus Brescia.

[149] d. h. Meyerbeers, des Maestro-Diavolo, vgl. Nr. 62.

49. [Juli 1843].

Ein freier, vielumfassender Geist wie der Ihrige begreift jede Weltansicht, schreckt auch nicht vor dem zurück, was ihm anders vorschwebt. Des großen Philologen Hermanns[150] Gruß (aus Leipzig) an die Schulpforte in der Feier am 21. Mai, ist als Latinität wohl das vortrefflichste, was die neuere Zeit hervorgebracht. Dieser Sprachgenuß ist wiederzugeben, und wenn ich es nicht tue, so hat niemand Ew. Königliche Majestät auf den Gruß, wie ihn die gestrige Quotidienne meines Freundes Spiker[151] enthält, aufmerksam gemacht.

Nach dem Lobe der griechischen und lateinischen Musen heißt es, als Wünsche:

„Es herrsche immer in deinen Mauern der Funke,
den Gott in dem Geiste angezündet;
die Vernunft, Mutter alles Einfachen, Wahren und Frommen,
halte von dem Inneren deines Hauses ab
zwei Krankheiten, welche das Jahrhundert
dir aufdringt,
die Kenntnis [sehr] vieler Denge bei Unkenntnis
jedes einzelnen; keine Wohnung [Heimat]
hat der, welcher überall ein Gast ist — und
die gottlose Frömmigkeit der Dunkelmänner[152],
die unser Geschlecht boshaft nennen und
vorgeben, die göttliche Gnade werde allein
durch den Glauben errungen.
Den Trägen wird nicht die Gnade des Herrn, dem
Starken kommt sie von selbst; nicht die Gebete,
sondern Tugend und Arbeit haben den Herkules
gebildet. Mögen Herakliden werden, oh! alte Pforte,
die, welche aus deinen Waffenkammern mit Schild

---

[150] Gottfried Hermann, der berühmte Leipziger Philologe, das Haupt der kritisch-grammatischen Schule und Gegner Boeckhs (1772—1848); nicht zu verwechseln mit seinem gleichzeitigen Göttinger Kollegen und Namensvetter Karl Friedrich Hermann (1804—1855).

[151] Vgl. Nr. 59 am Anfang.

[152] Dieser Ausfall gegen vermeinte „viri obscuri" lautet im Original: „impiam pietatem tenebrionum"; an ihm hat Humboldt wohl ein stilles Wohlgefallen gehabt, da er kaum weniger hart über solche geklagt hat, denen er selbst „ein Gräuel wäre und die ihn am liebsten in der Erde modern sehen möchten". Dem Könige gegenüber behandelt er indes alles ironisch, um sich zu decken, unter dieser Ironie die Kenntnis Ihm gleichwohl kritisch vermittelnd.

und Lanze hervortreten."

Diese Herakliden sollen am festlichen Tage aus der Pforte, sehr mephitisch duftend nach Bier und Tabak (Nicotiana rustica)[153] hervorgetreten sein, so daß die Gefahr vor Schild und Vernunft eben nicht dringend ist...

50. Berlin, 13. September 1843.

Der 87 jährige Kardinal Pacca[154], der seit 1786 in Wien, Köln, Belgien und Portugal Nuntius war, hat eine lange merkwürdige Rede über den gegenwärtigen Zustand der katholischen Kirche und ihre nächsten Hoffnungen gehauen, in einer öffentlichen Versammlung der Academia catholica zu Rom.

Die Hauptwut ist gegen Rußland gerichtet; man vergesse dort, „daß wenn Gott die Völker strafe, auch, wie mehrere neue Beispiele lehrten, die Köpfe der Herrscher fielen". In Belgien habe er vier Dynastien (die österreichische, französische, niederländische und koburgische) erlebt. Die drei ersteren hätten die Kirche unmenschlich gequält. „Ein protestantischer Monarch, der weise seine Kinder in den Schoß der wahren Kirche zurücklasse, habe allein die Geistlichkeit gehoben; Leopold wird ein ‚grand Roi' genannt." Nach ihm wird Louis Philippe am meisten belobt. Von dem vielen, was Ew. Majestät zum Frieden der Kirche getan, keine Silbe. „Die deutsche protestantische Kirche ist ihrer Auflösung nahe. Seit Friedrich II. werden oft die Kinder nicht im Namen der heiligen Dreieinigkeit, sondern im Namen des ungläubigen Königs (le Dieu Mars) getauft. Der Verlust der weltlichen Macht der Geistlichkeit in Deutschland, die Demütigung des hohen Adels, aus dem nicht mehr allein Bischöfe und Kanonizi wurden, den Helm mit der Bischofsmütze lächerlich vertauschend, haben dem Katholizismus gelehrtere Kämpfer und neue Stärke gegeben." Hier kommt ein listig-liberales Stück gegen das Ahnenrecht und die schädliche deutsche Aristokratie: „Die böse anglikanische Kirche könne nur durch den Pfründenverlust gebrochen werden. Dann wäre für Irland Hoffnung und liberale Rettung."

Ich bin zwar ein Kind gegen den Kardinal, doch feiere ich

---

[153] d. h. Bauerntabak

[154] Bartolomeo Pacca, seit 1801 Kardinal, nach Consalvis Sturz vatikanischer Staatssekretär, Wiederhersteller des Jesuitenordens und der Inquisition, auch nicht unbedeutender Zeithistoriker.

(am 14. September 1769 unter einem armdicken Kometen geboren) morgen meinen 74. Geburtstag, auch mein 50 jähriges
Dienstjubiläum, denn ich wurde Assessor im Bergdepartement
den 29. Februar 1792. Der Kandidat Boehring[155] in Wittenberg
wird mich besingen, was mir 1 Taler kostet.

In 74 jähriger Ehrfurcht

Ew. Königlichen Majestät

allergetreuester

Al. Humboldt.

51. Berlin, 15. September 1843.

Ew. Königliche Majestät erlauben, daß ich Ihnen die endliche
Ankunft des Geheimen Staatsrats von Fuß, Sekretär der kaiserlichen Akademie von St. Petersburg, und seines astronomischen
Bruders[156] alleruntertänigst melde. Der erstere ist besonders
bereit, Ew. Majestät für die Erteilung des Roten Adlerordens
zweiter Klasse zu danken. Beide Brüder bleiben nur 5–6 Tage...

52. Berlin, 21. November 1843.

Der Professor Kilian[157] ist wirklich heute abend, da seine Vorlesungen ihn drängen, nach Bonn abgereist. Der Staatsminister Eichhorn, bei dem ich wegen des Ordens auf Befehl Ew. Königlichen
Majestät angefragt, erwidert, daß „dieser sehr nützliche und ausgezeichnete Professor sich unter denen befindet, welchen soeben bei
Gelegenheit des 25 jährigen Bonner Universitätsfestes die vierte Klasse des Roten Adlerordens verliehen worden ist." Er war gerade auf

---

[155] Sollte es sich nicht um den rührseligen August Böhringer (nicht Böhring)
handeln, der damals nacheinander „Blüten und Blätter", „Blütenkränze
in Poesie und Prosa", „Lautenklänge" (Magdeburg 1832) herausgab und
auch Friedrich Wilhelm III. und sein militärisches Lager 1833 bei Magdeburg besungen hatte, also dem Nachfolger bekannt sein mochte? Er
scheint hiernach auch Gedichte auf Humboldt gemacht zu haben. Jedenfalls stammte dieser auch aus Wittenberg; denn in seinen Gedichten findet sich ein „Zuspruch an die Schützengilde meiner Heimatstadt Wittenberg". Eine seiner Gedichtsammlungen war der Prinzeß Marianne von
Preußen zugeeignet.

[156] Beides Enkel einer älteren deutsch-russischen Gelehrtenfamilie, in der
sich bereits die Petersburger Mathematiker Paul Heinrich und Nikolaus
v. Fuß auszeichneten. Georg Albert v. Fuß (1806–1854) war Astronom an
der russischen Hauptsternwarte zu Pultawa, später in Wilna.

[157] H. Friedrich Kilian, Gynäkologe in Bonn (1800–1863). Sein Vater war
schon Leibarzt des Zaren Alexander I., daher seine Beziehung zur Großfürstin Helena.

der Reise mit der Frau Großfürstin Helena, als das Kreuz für ihn an Herrn v. Bethmann Hollweg geschickt wurde.

Er ist überzufrieden und durch die huldreiche Aufnahme in Charlottenburg beglückt abgereist. Es ist also nichts zu einem so glücklichen Zustande hinzuzufügen.

Dieffenbach ist weniger selig. Er hat den kleinen kaiserlichen Klumpfuß glücklich operiert, aber gar kein Geld, sondern einen diamantenlosen Orden am Halse und eine sehr hübsche kleine Peitsche für seinen Knaben erhalten. Das ist philosophisch und zugleich sentimental...

53. Berlin, 28. Dezember 1843.

Ew. Königliche Majestät sehen vielleicht mit einigem Wohlgefallen, wie glänzend l'illustre Epée den pferdebändigenden Willisen[158] in Paris aufgenommen hat. Ich habe ihn sogar gerührt (touché)...

54. Donnerstag abend [1844]

Ich werde morgen zum ersten Male wagen, wieder auszugehen und werde mich unter den Kunstgegenständen und Altertümern von halb zehn bis zehn Uhr vor dem Vortrage aufstellen. Vielleicht können Ew. Majestät mir 3 Minuten Audienzen schenken. Meine Bitte betrifft Meyerbeer, der schon in idyllischer Zärtlichkeit mit seinem unromantischen Freunde Küstner[159] lebt, auch den Opperrepeti[ti]onen wieder beiwohnt …

55. Berlin, 5. Januar 1844.

Ew. Königlichen Majestät lege ich unverzagt den Brief meines Freundes zu Füßen. Meine erste Pflicht, nach der ich glaube bisher immer gehandelt zu haben, ist die, Ihnen zugleich angenehm

---

158 Der preußische General der Kavallerie Freiherr Adolf v. Willisen, Flügeladjutant des Königs, der 1837 den algerischen Feldzug der Franzosen mitmachte, später im Hauptquartier Nadetzkys in Italien weilte und sich mit seinen französierenden Heeresreformvorschlägen als Gegner des Prinzen Wilhelm in der preußischen Armee unbeliebt machte, während er beim König viel galt. Welcher französische Heerführer oder Prinz mit dem „illustre Epée" gemeint ist, ist schwerer zu erraten. Wahrscheinlich der Herzog von Aumale, der 1843 in Algier das Lager des gefürchteten Abdel Kabers durch Überfall genommen hatte.

159 Dr. K. Theodor v. Küstner, früherer Leiter der Münchener Hofbühne, seit 1842 in Berlin Generalintendant der Königl. Schauspiele. Er brachte feste Ordnung und Sparsamkeit in die Verwaltung der ihm unterstellten Bühnen, daher den Künstlern für „unromantisch" geltend.

und nützlich zu werden, Sie zu verstehen, nach Ihren Zwecken hinzuarbeiten, doch da, wo meinen innersten Gefühlen etwas widerstrebend ist, es mit der Freimütigkeit gegen Sie selbst auszudrücken, wie dieselbe eines in Talent und Gemüt so hochgestellten Monarchen würdig ist.

Die Zeit ist, wo Kummer obwaltet, ein linderndes Mittel. Meyerbeer ist nicht bloß ein edler, uneigennütziger Charakter, er ist auch weltklug, bescheiden und praktisch. Er hat eine große Oper in drei Akten zur Eröffnung des neuen Operntheaters[160] zu komponieren, er besitzt noch nicht den Text und will doch 3 Wochen vor der Eröffnung wieder in Berlin sein, um die Oper einzustudieren und bei der Aufführung zu dirigieren. Er legt die größte Wichtigkeit auf diese Schöpfung, da es die erste große Oper ist, die er für Ew. Majestät und für Deutschland schreibt.

Haben Ew. Majestät die Gnade, Meyerbeers Wunsch allergnädigst zu erfüllen und ihn in den nächsten 3 Monaten von der Störung des Gemüts, welche ihm der Theaterdienst unvermeidlich gibt, zu befreien. Meyerbeer bleibt Ihnen ganz angehörig, er wird in dem jetzigen Aufenthalte, neben seiner neuen, Ew. Majestät bestimmten Oper, alles komponieren und dirigieren, was Sie für Hoffeste wünschen könnten. Um die Zeit der Eröffnung des Operntheaters wird er über zwei andere Monate lang hier wieder beim Theater tätig sein, so wie er vom 1. Januar 1845 an auch wieder sich zur Disposition Ew. Majestät stellt, wenn Allerhöchstdieselben über ihn zu befehlen geruhen.

Schriftliche Instruktionen sind in so zarten Verhältnissen sehr schwierig. Mir schien es menschlicher, daß jeder von beiden, Küstner und Meyerbeer, wenn es schlechterdings notwendig ist, dem königlichen Hausministerium Entwürfe für sich selbst vor-

---

[160] Es handelt sich um „Das Feldlager in Schlesien", die erste Oper, welche Meyerbeer in seiner neuen Stellung zu Berlin komponierte. Den Text dazu schrieb L. Rellstab, der bekannte Musikfreund, lyrische Dichter, Librettist und Kritiker, der seit 1826 in der Schriftleitung der „Vossischen Zeitung" tätig war und dort durch seine nicht immer Maß haltenden Ausfälle auf Spontini, Rossini, selbst Mendelssohn usw. viel Unruhe erzeugte. Er bekämpfte nachmals auch die Meyerbeersche Kunst, welcher er hier zuerst Bahn brach. Das alte Opernhaus ging am 18. August 1843 in Flammen auf; die Einweihung des neuen erfolgte mit dem „Feldlager" am 7. Dezember 1844. Die Oper errang durch ihren patriotischen Schwung, die friederizianischen Soldatenszenen, umso mehr Erfolg, als die „schwedische Nachtigall" Jenny Lind die Rolle der Vielka übernommen hatte und unvergleichlich sang.

legten. Das königliche Ministerium werde dann selbst die Grenzen bestimmen mit vorhergehender Zuziehung des General-Intendanten und General-Musik-Direktors. Der Fürst Wittgenstein[161] ist, der Milde seines Charakters nach, immer zur Vermittlung geneigt. Daß nicht dem Meyerbeer, sondern dem General-Intendanten der Auftrag bleibe, für den, gegen den er gereizt ist, eine Instruktion zu entwerfen, streitet gegen meine innersten Gefühle.

Ich lege Ew. Königlichen Majestät den Brief vor, den Meyerbeer voriges Jahr, als er damals schon seine Stellung ganz aufgeben wollte, an mich gerichtet hatte[162.] Sollte nicht alles zur Zufriedenheit Ew. Majestät dadurch recht einfach ausfallen können, daß Allerhöchstdieselben dem p. Meyerbeer freundlichst antworten ließen. Sie wollten seine Dienste nicht entbehren; da er aber mehr Muße und Ruhe wünsche, um die neue große Oper zur rechten Zeit zum Einstudieren bringen zu können, so wollen Sie ihn, nach seinem Gesuche, für diesen Winter von den Geschäften beim Theater entbinden. Für die nächsten 4 Wintermonate des Jahres 1845 wollten Sie aber seine Dienstleistung beim Theater nicht entbehren. Ew. Königliche Majestät werden gewiß meinem Freunde Ihre Huld nicht entziehen und, was immer eine große Heilkraft hat, ihn allein einen Morgen zu sich befehlen lassen. Ich flehe, daß Ew. Majestät den Brief Meyerbeers an mich vom 17. August 1843 niemandem mitteilen und mir allergnädigst wieder zuschicken lassen...

56. Berlin, 12. Januar 1844.

Ew. Königliche Majestät haben mich noch kurz vor Ihrer Abreise in die Llanos[163] mit einem köstlichen kleinen Briefe[164] er-

---

[161] Wilhelm (L. Georg) Fürst von Sayn-Wittgenstein-Hohenstein, seit 1794 dem preußischen Hofe nahestehend, einflußreicher Minister des Königlichen Hauses (1770−1851). Damals begann er indes schon hinter dem ihm beigegebenen Grafen Anton Stolberg zurückzutreten. Seine „Milde" war mehr äußere Liebenswürdigkeit als echt.

[162] Fehlt, was sehr zu bedauern ist, da der Brief, der gerade einen Tag vor dem großen Brande des Opernhauses geschrieben ist, gewiß über Meyerbeers Mißstimmung damals viel vertrauliche Auskunft gab.

[163] Llanos sind (spanisch) eine fruchtbare, reichbewässerte Ebene − ist die Havelgegend Potsdams von Humboldt damit gemeint? Nach den Hofberichten der Preußischen und Spenerschen Zeitung machte der König im Januar 1844 nur zwei Jagdausflüge, am 9./10. nach dem Magdeburgischen (Wanzleben) und gegen Ende nach Jahnishausen im Königreich

freut. Mein Zauber ist sehr unwirksam, da Sie das große Mittel, den Mann allein zu sehen, nicht angewandt habend Viele Geschosse, singt Pindar, enthält noch der Köcher! Ich glaube wenigstens in der Anlage die Wünsche nach Bestimmungen, die dann jede Instruktion unnütz machen, klar ausgedrückt zu haben. Da Meyerbeer in dieser Lage der Sachen sich bei dem Generalintendanten nur mit Unwohlsein hat entschuldigen können, und die Frist von 12 Tagen Unwohlsein bald abgelaufen ist, so erflehe ich für ihn eine baldige, recht freundliche Ausfertigung, wie die Benutzung Ihrer Geschosse, der heilkräftigen...

57. Berlin, 22. Januar 1844.

„Ob es mir auch Freude gemacht", sagten Ew. Majestät mir gestern mit dem innigen, herzlichen Ausdruck der Teilnahme und Milde, die tief in die Seele greift. Wie soll ich von meinem Dankgefühl reden; wo ist je das Alter so verschönert worden durch die Gnade eines Monarchen; wo ist eine Lage der meinigen ähnlich, in der Verherrlichung schwacher, geistiger Bestrebungen; wo so unbeschränkte Freiheit der Meinungen, der Gefühle, der Hoffnungen in der nächsten Nähe eines Fürsten, der darin ungleich dem großen Schatten des lieblichen Hügels, seiner geistigen Übermacht unbewußt, sie nie mißbraucht. Was mir von Kräften übrig bleibt, sei Ihrem Dienste gewidmet, Ihnen und der erhabenen Königin, deren stille Anmut, huldvoll, ein mildes Licht auf den späten Abend meiner schwindenden Tage herabsenkt...

58. [25. Januar 1844] Donnerstag früh.

Der dem Briefe beigefügte kleine Weltkörper des Landrats[165] wird Ew. Königlichen Majestät heute Donnerstag um fünf Uhr auf der Akademie zwischen der Ebrenbergischen Rede (Friedrich der Große in Infusion)[166] und dem Neuplatonismus der ersten

---

Sachsen.

[164] Der König hat also die offenbar erhoffte mündliche Audienz nicht gewährt, sondern zunächst nur kurz geschrieben; Humboldt ist wenig zufrieden und drängt auf weitere baldige Ausfertigungen für Meyerbeer.

[165] Nicht festzustellen.

[166] Chr. Gottfried Ehrenberg, einer der bedeutendsten Naturforscher des 19. Jahrhunderts, hielt wohl in der Akademiesitzung zu Ehren des Geburtstages Friedrichs des Großen einen seiner vielen Vorträge über die Infusorien, die zusammen mit der Mikroskopie, in welcher er Meister war, ei-

Christen des Prof. Neander[167], meines theologischen Kollegen, auf einem Präsentierteller, aber schon erkältet, dargeboten werden...

59. Berlin, 2. Februar 1844.

Da Ew. Königliche Majestät wenig die wohlgesinnte und unbelohnte Zeitung des Lord Spiker lesen, so darf ich wohl es wagen, Ihnen alleruntertänigst anzuzeigen, daß für die Heilung des Schielens (Strabismus) das Institut in Paxis soeben den großen chirurgischen Preis von 6000 Franken zuerkannt hat an Dieffenbach[168] in Berlin und Prof. Stromeyer in Freiburg[169], letzterem weil er zuerst einige Versuche an Kadavern gemacht, ersterem weil er die Chirurgie mit Scharfsinn und ausgezeichneter Geschicklichkeit durch eine Operation bereichert habe, die das Menschengeschlecht verschönere und ein Sinnwerkzeug vervollkomme. Es ist das erstemal, daß Deutsche einen medizinischen oder chirurgischen großen Preis von der Académie de Sciences erhalten. Mir als Kanzler des „Freimaurer"ordens[170] macht es ebensoviel Freude, als es „dans la bande médicale" Unterleibschmerzen und grüngelbe Zufälle erregt[171]...

---

nen Hauptteil seiner Untersuchungen bildeten. 1838 erschien sein bahnbrechendes Buch über die „Infusorien als vollkommene Organismen", das dem gelehrten Irrtum von den sich selbst erzeugenden „Aufgußtierchen" ein Ende bereitete. 1842 wurde er beständiger Sekretär der Akademie. Humboldt begleitete er auf dessen asiatischer Reise († 1876).

[167] Der bekannte evangelische Kirchenhistoriker August Neander (1789–1850). Platos Lehren waren schon seine jugendlichen Studien zugewandt; seit 1839 gehörte er auch der Akademie der Wissenschaften an und las dort vom 12. April 1841 bis zum 20. Juni 1850 eine Anzahl trefflicher Abhandlungen. Humboldt mochte das Thema seines Vortrags mehr als andere theologische interessieren, weil sein Erzieher Löffler als Frankfurter Professor den gleichen Gegenstand behandelt hatte.

[168] 1842 gab der Chirurg Fr. Dieffenbach in Berlin eine Schrift über „Das Schielen und seine Heilung durch die Operation" heraus.

[169] Ludwig Stromeyer, gleichfalls ein scharfsinniger Chirurg, der sich mit orthopädischen Operationen, Muskeldurchschneidungen, Kriegsheilkunst viel beschäftigte. Er war zuerst hannoverscher Hofchirurg, dann Professor in Freiburg, zuletzt wieder hannoverscher Generalstabsarzt († 1876).

[170] Der Friedensklasse des Verdienstordens

[171] d. h. bei den medizinischen Kollegen galligen Neid erregt.

60. [1844.]

Vielleicht, daß meine zu große Sorgsamkeit Ew. Majestät unbequem wird. In der Hoffnung, daß Sie das Plautusfest mit Ihrer Gegenwart beehren, übermorgen, Dienstag, um acht Uhr abends, in der „Uranischen" Kommandantenstraße, glaubte ich, daß es Ihnen angenehm wäre, die ganz wörtliche Übersetzung Lessings von den Gefangenen (Captivi)[172] des Plautus zu durchblättern. Ich lege auch den lateinischen Text bei, wenn Sie vielleicht bei der Aufführung dem Wohlklang des Rhythmus, den die jungen Leute sehr tönen lassen, folgen wollen. Das Stück ist, wie Plautus selbst sich am Schlüsse rühmt, [das] siebente, zahm und züchtig, daher müssen Ew. Majestät Seite 33 sich nicht daran stoßen, daß in der ersten Rede gleich ein scortum [173] (ce que les français appèlent une p[utain], sagte mir der König von Hannover) vorkommt. Herr Ergasilus[174] ist bloß ein Mann, der sich gern zum Essen bitten läßt, ein Spaßmacher.

Ich hoffe noch immer für Prof. Buschmann[175] und ces Demoi-

---

172 Die „Captivi" („Gefangenen"), das Lustspiel des römischen Komödiendichters J. M. Plautus, kam unter Leitung Boeckhs, des berühmten Philologen und Humboldtfreundes, sowie eines jüngeren Privatdozenten Geppert ursprachlich durch studierte Liebhaber in dem Urania-Theater auf der Kommandantenstraße zur Aufführung; Humboldt bemüht sich, den König zur Teilnahme an der klassischen Vorstellung zu bewegen, schlägt im folgenden Briefe seinen heiter-ironischen Ton an, und gibt dem König Winke über den Inhalt und den zu erwartenden Genuß, die seinen günstigen Entschluß zu kommen anreizen sollen.

173 Bedeutet eine feile Dirne; das gleiche besagt im Französischen putain. Die berüchtigte Äußerung des hannoverschen Königs Ernst August fiel im Gespräch und im Zusammenhang mit den Göttinger Sieben, deren Schutz und Anstellung in Preußen durch Humboldt und den König den Welfen offenbar in Zorn brachte. Er ließ sich in solchem bis zu einer verächtlichen Beschimpfung aller deutschen Gelehrten hinreißen, indem er hinwarf, sie gingen immer dahin, wo sie am meisten Geld erhielten, und wären so leicht zu haben, wie Handwerker oder wie das, was die Franzosen putain nennen.

174 Sehr unleserlich geschrieben; es ist Ergasilus Parasitus, eine der Hauptpersonen der Komödie.

175 Eduard Buschmann, Leiter der Kgl. Bibliothek in Berlin, vielseitiger Linguist, nachmals auch Mitglied der Akademie (1805–1880). Als Kenner der alt- und neumexikanischen, malayischen und indischen Sprachen diente er Humboldt viel mit philologischen und literarischen Auskünften, fertigte ferner das sorgfältige Riesenregister zum Kosmos (V, 126–1297), worin er sich auch mit Humboldts Sprache und Orthographie befaßte. Humboldt legte gelegentlich derartige wissenschaftliche Auskünfte von ihm an den König auch im Original bei.

selles de Perse, die im Firdusi sehr transparent abgebildet sind...

[Nachschrift:]
Der Hauptanordner des Festes ist der Bruder des Justizrats Geppert, ein Philologe, Privatdozent. In den Zwischenakten singen wir Horazische Oden, nichts Polnisches oder Provinziales[176].

61. Dienstag früh [1844].
Plautus aus dem Zweiten Punischen Kriege hat sich gestern wieder nächtlich eingefunden, um, durch Geh. Rat Boeckh unterstützt, zu flehen, daß Ew. Majestät geruhen mögen:

auf eine halbe Stunde, besonders beim Anfang des Stückes, heute Dienstag, um acht Uhr, das Theater Urania mit Ihrer Gegenwart zu beglücken.

Der Anfang in einem römischen Stück gewährt das meiste zum Anschauen. Es erscheint ein Herold mit einer Posaune, dann zwei lebende Bilder, die das Sujet vorstellen, dann fällt der Vorhang und verdeckt die zwei Altäre, dann singen wir sehr züchtige, von Taubert[177] komponierte Horazische Oden, dann der Prolog... und wie nach allen irdischen Vergnügungen die Reue...

62. Sonntag abend [Anfang Juli 1844].
Ew. Königlichen Majestät eile ich noch zu melden, da ich eben mit Müllers Westmoreland und Antonini[178] bei Meyerbeer

---

[176] D. h. nichts Politisches von Polen und Provinzialständen. Die Vereinigten Ausschüsse der letzteren waren im Oktober 1842 zum ersten Mal zusammengetreten; seitdem machte die Verfassungsfrage ständige Unruhe.

[177] Der Oberkapellmeister und Komponist Wilhelm Taubert, der noch bis 1891 in Berlin wirkte. Er schuf mehrfach solche klassische Begleitmusik, so zur „Medea" des Euripides u. a. Im Winter 1842/43 rief er die Symphoniesoireen der Königlichen Kapelle ins Leben.

[178] Zwei hervorragende Mitglieder und Musikfreunde der höheren Gesellschaft damals in Berlin. Graf und Pair John Fane von Westmoreland war großbritannischer Gesandter und Generalleutnant, zugleich Komponist und ein glühender Bewunderer der deutschen Musik; Freiherr von Antonini bevollmächtigter Minister und außerordentlicher Gesandter des Königreiches Sizilien, ebenfalls ein Liebling der Gesellschaft. Daher auch der Verkehr bei Meyerbeer, der, wie erwähnt, die Aufführung des „Feldlagers in Schlesien" vorbereitete. Es geht hieraus hervor, daß dieser den Rellstabschen Text auch dem beim Königspaar sehr angesehenen Romantiker Ludwig Tieck, der seit 1841 von Friedrich Wilhelm IV. nach Berlin

gegessen habe, daß der Maestro-Diavolo, der Harmloseste des Geschlechts (eine gewisse Frau von Bredow mit eingerechnet), mehrmals bei Tieck[179] war, die angenehmste Aufnahme fand, und daß das Sujet zur Eröffnungsfeier „als sehr gefällig, geschickt und dramatisch" erklärt worden ist. Tieck[2] will die obere Leitung mit Freuden übernehmen und hat schon manche dem Maestro sehr angenehme Abänderungen in Nebensachen vorgeschlagen. Er will selbst etwas dazu dichten ...

63. Mittwoch früh [Juli 1844].

Der Enthusiasmus, den auch im Auslande der König (für alle Kunst- und Geistigbegabte gibt es nur einen einzigen) erregt, bat selbst auf dem Throne viel Unbequemes.

Es ist einer der berühmtesten französischen Bildhauer, Mitglied des Instituts, Herr Dumont[180], angekommen, von dem Rauch sehr bezaubert ist, und von dem das Musee de Versailles und der Luxembourg treffliche Statuen besitzt. Der Mann quält mich grenzenlos. „Je ne veux que Lui dire, combien j'admire tout ce qu'il fait, je ne puis partir, sans l'avoir vu et ne fusse que 3 minutes... Der sehr anständige Mann kommt aus München und geht in vier bis fünf Tagen weg, nach Paris zurück.

Ich weiß, es ist eine unbescheidene Bitte: Wenn Ew. Majestät dieselbe aber zu erfüllen geruhten, könnte ich mit „meinem Confrère" Mr. Auguste Dumont nach Ihrem Frühstücke um halb 10 Uhr zum Beispiel nach Charlottenburg hinauskommen; auch nach Ihrer Tafel um 5 Uhr. Da es mein preußischer Stolz ist, einem sehr geachteten Künstler ein Glück zu verschaffen, nach

---

berufen war, zur oberen Nachprüfung vorlegte. Dieser und die folgenden Briefe datieren sich nach dem festbestimmten Datum vom 19.Juli.

[179] Geh. Kabinettsrat, der im Kabinett des Königs vortrug.

[180] Augustin (Alexandre) Dumont, seit 1838 Mitglied des Pariser Instituts und dortiger Kollege Humboldts, später Lehrer an der Schule der Schönen Künste, schuf viele Porträtbüsten, die Napoleonsstatue auf der Vendomesäule, Standbilder von Franz I., Louis Philippe usw. (1801–1884). Humboldt spricht eingangs selbst die Befürchtung aus, daß die Beanspruchung des Königs mit diesen Empfängen durchreisender fremder Künstler bereits zu weit geht. Das ist in der Tat so, und wenn Humboldt zum Teil sehr scharf, z. B. zu Varnhagen und Bunsen (7. Januar 1842, Nr. 35, S. 49), den König deswegen tadelt, daß er sich zu sehr zersplittere und durch Nebendinge und die „täglichen, kleinen Geschäfte, die man ihm aufdrängt", vom politischen Herrscherberuf ablenken lasse, so hat er an dieser Entwicklung auch einigen Schuldanteil gehabt.

dem er strebt, so wage ich Ew. Majestät alleruntertänigst zu bitten, mir durch den diensttuenden Adjutanten drei Worte schreiben zu lassen ...

64. Dienstag [10. Juli 1844].

Ew. Königliche Majestät haben allerhuldreichst befohlen, daran erinnert zu werden, den talentvollen Herrn von Kitli[t]z[1] zur Tafel zu laden. Er wird künftigen Donnerstag zu dem Minister Grafen zu Stolberg[181] nach Potsdam kommen. Vielleicht befehlen ihn Ew. Majestät für diesen Tag ohne „seine Helena" [182], die er an der etwas kräftigen Sonne der Philippinischen Inseln, also der Sieboldischen-javanischen und - japanischen Helena nahe, zu braten hofft...

65. Mittwoch [11. Juli 1844].

Ew. Majestät werden vielleicht einen gnädigen Blick auf ein Briefchen von Madame Garcia-Viardot[183] werfen wollen, die mit enthusiastischer Dankbarkeit sich zur Disposition für den Rhein stellt. Mit derselben unermüdlichen Tätigkeit hat Meyerbeer, der mich eben hier verläßt, in Dresden gewirkt; auch von Tichatschek[184], den der Maestro den ersten Tenor der Welt nennt, ist bereits eine Antwort gekommen. Dieser Sänger ist aber leider nur vom 2. bis 11. August frei, also in einer viel zu frühen Zeitepoche. Von Bunsen habe ich einen heiteren Brief mit einer schrecklichen englischen Übersetzung des Kosmos[185]. Der Leo-

---

[181] Graf Anton zu Stolberg-Wernigerode, der Hausminister († 1854).

[182] Fr. Heinrich Freiherr v. Kittlitz (1799–1874), ein Neffe des russischen Feldmarschalls Diebitsch, Ornithologe und Erdumsegler. Sein geniales Hauptwerk war „Vegetations-Ansichten von Küstenländern und Inseln des Stillen Ozeans", das von Schleiden, Humboldt u. a. hocheingeschätzt wurde und 1832–1845 in Köln erschien. Er war eine liebenswürdige Persönlichkeit, ähnlich ungeschäftlich wie Humboldt.

[183] Doch wohl seine Gemahlin, die er auf die Reise nach den Philippinen mitnehmen will? Dort und in Japan hatte vor ihm schon der Würzburger Naturforscher PH. Franz v. Siebold (1796–1866) gereist und gesammelt, namentlich als er mit einer holländischen Gesandtschaft in Jeddo weilte und Lehrer kaiserlicher Ärzte war. über Flora, Fauna, Literatur, Kultur Japans und Javas gab er zahlreiche Werke heraus; darin sind auch Beschreibungen und Bilder von deren Frauentypen.

[184] Siehe S. 149 Anm. 3.

[185] Diese erste Übertragung des Kosmos in England erfolgte durch Baillière und macht Humboldt viel Pein: „Alle Anmut der lebendigen Darstellung geht in einem Englisch verloren, das wie Sanskrit klingt", schrieb er an

parde wird sich für mich abkühlen, wenn er mich so liest...

66. Donnerstag früh [12. Juli 1844]

Ich wage es Ew. Königlichen Majestät alleruntertänigst zu melden, daß der Bearbeiter der Raphaelschen Kartons in Hamptoncourt, der von Bunsen so empfohlene Gruner[186] unendlich wünschte, sein jetzt fertiges Prachtwerk über die Ornamente mit allen architektonischen Zugaben, wie ein Bibelwerk nach Raphael, von dem für Schulen jede große Platte nur acht Groschen kostet, vorzulegen. Der Künstler bleibt nur bis Sonntag, aber auch, wenn Ew. Majestät es befehlen, bis Mittwoch. Ich habe nie etwas Schöneres und Edleres gesehen. Wenn er bleiben soll, lassen Ew. Königliche Majestät wohl an Olfers Befehl geben, der den Gruner täglich sieht...

67. Berlin, Freitag [13. Juli 1844].

Ew. Majestät haben mir die freundlichsten Worte voll Zartgefühl durch Graf Brühl[187] schreiben lassen! Wie sollte mein Entschluß nach solchem erneuerten Beweise, daß meine Nähe einigen aufheiternden Wert für Sie hat, noch wankend bleiben? Ich werde sogleich alle Anstalten zu meiner völligen Übersiedlung nach Potsdam, ein mir teurer, ruhiger, durch Ihre Gnade so bequemer Aufenthalt, treffen. Die Ankunft Ihrer Majestät der Kaiserin[188], der Wunsch, den Ew. Majestät hätten haben können, mehr allein zu leben, hatte mich, aus gerechter Schüchternheit, unschlüssig gemacht. Jetzt sind alle Bedenklichkeiten ver-

---

Bunsen nach ihrer näheren Kenntnisnahme (18. Juli 1845). „Dazu das Weglassen meiner Vorrede, die den Schlüssel des Ganzen gibt, und der falsche Titel History statt phys[ical] description, Weltbeschreibung, da viele Seiten des Buches um den Unterschied spielen zwischen Erdgeschichte und Erdbeschreibung." Er fürchtete daher, sie würde „seinem Ruf in England (oder wie er oben wieder sagt, beim ‚Leoparden') sehr schaden"... „Die englische Sozietät wirb abgekühlt sein, wenn sie mich in so nüchterner Verzerrung liest." Um so größer war seine Freude, als Bunsen und seine englischen Freunde, wie Murray und Herschel, sich seiner Beschwerden annahmen und eine zweite gute Übertragung durch Colonel Sabine veran-laßten. (Siehe Brief 44 an Bunsen.)

[186] Vgl. über diesen Kupferstecher Nr. 41 Anm. 2. Sein Prachtwerk über die Raffaelschen Kartons in England hatte den Titel: „Fresco decorations and stuccos in Italy" und erschien 1844 zu London. Ignaz v. Olfers ist der schon bekannte Generaldirektor der Museen.

[187] Flügeladjutant

[188] Der Schwester des Königs, russischen Zarin.

scheucht. Ich werde morgen, Sonnabend, bloß zum Mittag kommen und mich Ihnen zu Füßen legen, mich[189] aber in den ersten Tagen der Woche übersiedeln...

68. Freitag, Mittag [13. Juli 1844].

Meyerbeer, den ich gestern abend sah, und der regelmäßig von 5 Uhr morgens an mit dem „Schlesischen Feldlager", seinem großen Festspiele, beschäftigt ist, erfleht die Gnade: daß Ew. Majestät geruhen mögen, ihm unmittelbar zu befehlen, über die Besetzung der Rollen als Komponist allein zu disponieren.

Er schätzt Mlle. Tuczek sehr und wird alles so einrichten, daß keine Klage entsteht, aber die Bestimmung muß von Meyerbeer und nicht von H. von Küstner ausgehen, weil, um in 6 Wochen ein wichtiges, sehr kompliziertes Werk einzustudieren, die Olympischen Göttinnen sich seinem Szepter für diese Zeit ausschließlich unterwerfen müssen. Es ist nur Kenntnis und Pflichtgefühl, die diese alleruntertänigste Bitte veranlassen. Je schwächer die Kräfte sind, über die er zu gebieten hat, desto notwendiger ist das absolute Regiment des Generalmusikdirektors ...

69. Freitag abend [13. Juli 1844].

Ew. Königliche Majestät haben allergnädigst befohlen, durch mich benachrichtigt zu werden von dem Amazonenkampfe der skandinavischen Jenny Lindt[190] und der slawischen Dlle.[191] Tuczeq. Die erstere wird erst aus Vorsicht in der dritten Vorstellung auftreten, und Giacomo hofft, daß von seiner Seite alles bis zum historischen 7. Dezember im „Schlesischen Feldlager" bereit sein wird...

---

[189] Gallizismus (s'établir).
[190] Jenny Lind, die berühmte schwedische Opern-sängerin (1820–1887), wurde als Diva von Meyerbeer für die neue Oper besonders herangezogen, was die heimischen Sängerinnen der Berliner Oper natürlich als Zurücksetzung empfanden. Es waren damals die Damen: v. Faßmann, Ferber, Höhnet, Valentini und die oben genannte vornehmlich beleidigte Tuczek. Man sagt. Meyerbeer habe die Rolle der Vielka von vornherein für Jenny Lind geschrieben; sie sang dieselbe auch gleich bei der Eröffnungsvorstellung, nicht erst bei der dritten, wie man hier noch diplomatisierte, um die Tuczek und ihr heißes Slawenblut etwas zu beschwichtigen.
[191] Demoiselle.

70. [Potsdam] Sonnabend [14. Juli 1844].

Ich zweifle, daß es mir möglich sein wird, vor Tische den singenden Loen[192], der in der Schulabteilung[193] wohnt, aufzufinden. Ich laufe, den Befehlen Ew. Majestät folgend, zu dem älteren Loen, meinem Urururneffen Persius[194] ist leider in Berlin, kommt aber die Nacht wieder, und der Singende muß sich sogleich mit ihm in Kontakt setzen...

71. Sonntag [15. Juli 1844]

Persius und der junge Loen verlassen mich soeben, nachdem die Kirche genau untersucht worden ist. Persius entscheidet, daß gar keine Gefahr sein wird, weil die Kirche nicht durch Lampen, sondern wie bei Friedrich dem Großen durch Kronleuchter, die man bequem im Kasino leiht, vollständig erleuchtet werden kann. Die Öffnungen für die Kronleuchter sind aus jener präadamitischen Zeit noch geblieben. Bloß an die massiven Wände der Emporen kommen einige Lampen[195]. Auch Herr Gaim5, eine große kirchliche Macht, ist mit der Einrichtung ganz einverstanden, und nach der gestrigen Entscheidung Ew. Majestät und dieser Untersuchung wird also die Abendbeleuchtung stattfinden. Ich höre soeben, Persius reist nach Italien, und damit wird ein sehnlicher Wunsch von mir für ihn erfüllt...

72. Montag [16. Juli 1844].

Die Küste Adel[196] ist die Küste des östlichen Afrika, die Aden gegenüber vom Kap Gardafui (in der Meerenge Bab el Mandeb) sich von Nordost in Südwest gegen Mosambik hinzieht. Berbera ist Hauptstadt von Adel, südlicher kommt die Küste Ajan, wo Mogadosko[197], das Vasco de Gama besuchte, als er das Kap um-

---

[192] Gabriele die Jüngere von Bülow, Enkelin Wilhelms von Humboldt, heiratete den Gardeoffizier Freiherrn von Loen, späteren General- leutnant. Eine Tochter Hermanns v. Humboldt-Dachröden, Erbherrn auf Friedrichseck-Ottmachau, Viktoria mit Namen, vermählte sich nachmals 1876 in Tegel wieder mit einem Major August Freiherrn v. Loen.

[193] In Potsdam, wohl die Unteroffizierschule auf der Jägerstraße.

[194] Ludwig Persius, der bekannte Nachfolger Schinkels, der beim König in großer Gunst stand, für ihn Charlottenhof, die Nikolaikirche, die Friedens- und Sakrower Heilandskirche u. a. in Potsdam baute (1803–1845).

[195] Es handelt sich um ein Kirchenkonzert in der Potsdamer Garnisonkirche und deren gefahrlose Beleuchtung. Herr Gaim scheint der Küster zu sein.

[196] Jetzt Adâl. Mogadosko jetzt Mogdischu.

[197] Mogadosko jetzt Mogdischu.

schiffte.

Meine, kleine Weltkarte, die zu Ptolomäus' Zeiten würde für eine Mythe gehalten worden sein, zeigt Ew. Majestät Adel und Gardafui.

Nur Tanjore, bereichert durch das herrliche Bauwerk der Pagode von Tanjore, an der Ostküste der Indischen Halbinsel (Provinz Madras), klingt wie Tanschaur[198].

Ew. Königliche Majestät werden allergnädigst bemerken, daß ich mich geographisch gestärkt fühle und Montag fester auftrete, als an dem immer unsicheren Freitag[199] Ich entdecke auch auf einer anderen Karte, die das Volk eine Visitenkarte nennt, daß Oehlenschläger filius[200] „Gentilhomme de la Cour" ist, nach Bettinas Tiergarten und zoologischen Systeme (trotz der schwarzen, schmerzhaften Halsbinde) eine heraldische B.[201] „des Dänischen" Hofes.

Le Premier Physicien de la Cour.

73. Mittwoch abend [18. Juli 1844]

Ew. K(önigliche) M(ajestät) wissen, daß ich als Schriftsteller, wie Frau v. Amim, einen solchen Ekel vor dem Zensurwesen habe, daß ich mir gern erlaube, den sehr vertraulichen und mutwillig-heiteren Brief dieser Dame alleruntertänigst vorzulegen. Nachdem man den lächerlichen Grund der Konfiszierung, „wegen respektwidriger Dedikation an einen Königlichen Prinzen"[202]

---

[198] Wird heute auch Tandschor geschrieben; es ist durch Kunstgewerbe, als Sitz altindischer Gelehrsamkeit und Ausgang der christlichen, insonders deutschen Mission berühmt.

[199] Wo also am Hofe von diesen geographischen Gegenden gesprochen wurde und Humboldt noch über einiges unsicher war.

[200] Der Vater des berühmten dänischen Dichters Adam Gottlob Öhlenschläger war Organist und Schloßverwalter in Kopenhagen; er selbst lebte, im Alter vom ganzen Norden und auch in Deutschland hoch gefeiert, von 1779-1850, war königlicher Konferenzrat. Seine gesammelten Schriften wurden 1902 ff. von Georg Brandes in München herausgegeben. Hier handelt es sich aber wohl um des Dichters Sohn, der damals, der Visitenkarte zufolge, in Berlin geweilt haben muß.

[201] Abkürzung für Bête?

[202] Das Buch, um das der Zensurstreit geht, sollte es von Bettinen selbst und schon ihr „Ilius Pamphilius und die Ambrosia" sein, dessen erster Band allerdings erst 1847 in Berlin herauskam? (In den Gesamtwerken, herausgegeben von W. Ohlke, Berlin 1920, der 5. Band, aus.ihren Beziehungen zu Philipp Nathusius erwachsen.) Oder welches andere Buch ist es, dessen sich Bettine annimmt?

aufgegeben, fängt ein unabsehbarer Krieg wegen Stempel und Zusatz des Namens auf dem Titelblatt an. Wollten Ew. Majestät nicht, wie Sie schon bei einem weniger harmlosen Buche getan (dieses ist der Politik ganz fremd und voll literarischer Schönheiten) ganz einfach befehlen: daß dem Amazonenkriege, von dem die Kunde das Publikum sehr belustigen wird, ein Ende gemacht werde? ...

74. Ce vendredi à midi, 19 juillet [1844].[203]

Votre Majesté ignore peut-être que ce jour triste et solennel, étant aussi l'anniversaire de la mort du Prince Auguste, la famille Waldenbourg et la groupe "de plantes hybrides" ont ordonné une musique funèbre. On a eu de la peine de trouver des voix féminines, les dames de Berlin ayant craint, par un excès de délicatesse, de paroître avoir appartenu à la Smala abandonnée dans le long voyage. La pauvre Duchesse de Talleyrand[204] est tombée gravement malade la nuit, l'effet d'un refroidissement. Elle souffre du foie et d'un èlancemen au cerveau accompagnés de fièvre.

---

[203] Der 19. Juli, Sterbetag der Königin Luise, sowie des Prinzen August von Preußen, der 1843 in Bromberg sein Leben schloß. Er war Reorganisator der preußischen Artillerie, schon vor den Befreiungskriegen, zuletzt ihr Generalinspekteur. Eine Smala ist eine nomadische Zeltgenossen schaft sowie das Gefolge eines nordafrikanischen Häuptlings.

[204] Die durch Schönheit und Geist ausgezeichnete Herzogin Dorothea v. Talleyrand-Pirigord, dritte Tochter des kurländischen Herzogs Peter, Reichsgrafen von Biron, 1809 mit Edmond Herzog von Talleyrand-Perigord und Dino vermählt, dadurch Nichte des französischen Staatsmannes, mit welchem sie nach ihrer Scheidung näher verkehrte. 1844 fiel ihr von ihrer Schwester als Erbe das schlesische Lehnsfürstentum Sagan, das dereinst Wallenstein gehörte, zu, und sie lebte seitdem viel in Berlin, wo ihr Salon ein ähnlicher Anziehungspunkt war, wie der Radziwillsche. A. v. Reumont berichtet: „Der König liebte ihre Konversation sehr; die Vereinigung höherer Interessen mit den eigentlich gesellschaftlichen und der Reichtum ihrer Erinnerungen aus den Tagen seiner eigenen Jugend, aus ereignisschweren Zeiten und von bedeutenden Menschen, verbunden mit gesundem und billigem Urteil und mit maßvoller Auffassung, zogen ihn immer an" (S. 238). Auch Prinz Wilhelm und Prinzessin Augusta von Preußen schätzten sie sehr hoch. Nach demselben Gewährsmann hätten ihre Toilettenkünste ihrer Gesundheit geschadet und sich an ihr traurig gerächt. Nach qualvollem Nervenleiden starb sie 1862. Wolf dürfte ihr Haushofmeister sein. Ein Anbeter, der ihr wie ein Schatten folgte, war jener Fürst Felix Lichnowski, der bei Frankfurt a. M. ermordet wurde.

Je n'ai pu la voir, mais Mr. Wolf m'a dit, qu'on avait fait appeler Stosch et Barrez[205] et qu'on allait la soigner ...

75. Berlin, 26. Juli 1844.

Muß ich in meinem Vaterlande, dem 75. Geburtstag so nahe, solch eine Schandtat erleben! Ein niedriger Bösewicht sollte alle unsere süßesten Freuden, alle Hoffnungen der Menschheit, die an eine lange Regierung Ew. Majestät geknüpft sind, frevlerisch hinmorden[206]! Ich hörte die Schreckensnachricht, als ich um 11, Uhr mit meinen Büchern von Potsdam zurückkam. Graf Redern[207] konnte mir alles erzählen. Mag man es in der Sprache der neuen Zeit „Zufall oder eine isolierte Tatsache" nennen, der Eindruck ist nicht minder erschütternd für die Einbildungskraft, ja für die Vernunft, die erkennt, was heilig und ehrwürdig und wohltätig und liebreich ist. Welch ein göttlicher Schutz, der Sie gerettet und die teure Königin, die beide Tod oder schmerzhafte Verwundung [be]drohte. Die Herzogin von Sagan, von der ich eben komme, hat durch den tiefen Schmerz wieder einen bösen Rückfall gehabt. Sie wird ihre Abreise auf einige Tage aufschieben. Der Anteil, die Liebe des Volkes äußern sich laut auf allen Gassen. Nur die Feinde Ew. Majestät oder die, welche schlimmer als die Feinde eines Königs sind, die Unverständigen und Leidenschaftlichen könnten die Liebe des Volkes verdächtigen. Auch das männliche Gemüt und den edeln Mut in so ernsten Augenblicken höre ich gern preisen. Wie sollte ich mir die Freude versagen, ehe die heutige Sonne untergeht, Ew. Königlichen Majestät und der erhabenen Königin die Gefühle meines alten, dankbaren Herzens ehrerbietigst darzubringen ...

205 Zwei Berliner Ärzte von Ruf; v. Stosch war Geh. Medizinalrat und Leibarzt der Königin.
206 Der Storkower Bürgermeister H. Ludwig Tschech machte am Morgen dieses Tages in Berlin einen ernsten Mordanschlag auf den König, als das Königspaar aus dem Schlosse fuhr, um auf das Schloß Erdmannsdorf im Riesengebirge abzureisen. Der König, der, an der Brust getroffen, eine nur leichte Kontusion erlitt, da der Mantel die Kugel abhielt, benahm sich dabei sehr gefaßt und gegen den Schuldigen mit christlichem Edelmute. Das Todesurteil mußte ihm von den Ministern, da er gerade in diesem Falle als Christ und Mensch Gnade und Vergebung üben wollte, mühsam abgerungen werden; mit Tränen unterzeichnete er es.
207 Graf Fr. Wilhelm v. Redern war damals Generalintendant der Hofmusik.

76. Berlin, 5. Dezember 1844.

Ew. K[önigliche] M[ajestät] erhören immer so gern das Flehen meines klangreichen Freundes Meyerbeer. Je heiterer der Himmel, der sibirische, draußen ist, desto widerspenstiger zeigen sich im neuen Opernhause die Wolken, welche die „Traumgesichter" verhüllen. Meyerbeer, Stavinski[208], alle Maschinisten wünschten: daß das große Schauspiel um halb 6 Uhr anfangen könnte. Dann haben alle radikal steifen[209] Stricke versprochen, geschmeidig zu gehorchen. Sollten Ew. Majestät den früheren Anfang erlauben, so lassen Sie gnädigst Ihre Befehle morgen, Freitag früh, durch den diensttuenden Adjutanten unmittelbar an Meyerbeer (Schadowstraße Nr. 15) geben, damit die Anzeige für die Zeitung[210] besorgt werden könne...

77. Berlin, 5. Dezember 1844.

Der die alten Tataren suchende, dem Krieg in Afghanistan lebendig entronnene Hauptmann von Streng[211] ist nun in Stralsund erschienen, immer noch, wie es scheint, in bangen [m?] Wünschen, in Ew. Königlichen Majestät Militärdienste zu treten. Der Brief, an mich gerichtet, enthält Rechtfertigung wegen eines „sehr gnädigen Schreibens, das er zu spät empfangen". Da ich den Zusammenhang der Rechtfertigung nicht ganz einsehe und Afghanistan sehr fern von meinem Stückchen Kosmos liegt, der mich bedrängt, so befehlen vielleicht Ew. Majestät dem auch so angenehm sprachkundigen Grafen v. Brühl, dem Streng zu schreiben, daß Sie ihn gern würden hier von seinen Taten erzählen hören. Er ist ein bescheidener, recht ausgezeichneter Offizier...

---

[208] Stavinski zweiter Regisseur neben Schneider. Die „Traumgesichter" sind im Operntext Rellstabs.

[209] Von der „sibirischen" Dezemberkälte.

[210] Zur Vorstellung des „Feldlagers in Schlesien" am 7. Dezember. An ihrem Gelingen hat Humboldt ein nicht geringes Verdienst.

[211] Er nahm an dem britischen Kriege 1838/39 in Afghanistan, in dem die Engländer sich Kandahars bemächtigten und den ihnen ergebenen Schah Schudschah in der Königsburg von Kabul wieder einsetzten, teil und gab darüber 1844 ein Buch in Stralsund heraus, das den Titel führte: v. Streng, Tagebuch während des Feldzugs in Afghanistan 1838/39, aus der englischen Handschrift herausgegeben von W. Tetschke und Ernst Zober.

78. Donnerstag nacht 2½ Uhr [1844].

Der Papa war Tantalus, König von Lydien, qui fit servir aux Dieux dans un festin, une côtelette, den Sohn Pelops. Ceres verzehrte ein Schulterblatt. Als man den Betrug bemerkte, ließen die Götter den Rest des Bratens in einem Zauberkessel sieden und gaben dem wiederbelebten Pelops eine elfenbeinerne Schulter. Niobe, Gemahlin des thebanischen Königs Amphion, war Schwester von Pelops und Tochter des Tantalus.

Deshalb heißen die drei Metalle: Tantalit (aus Nordamerika), Niobium mit Pelopium von Bodenmais in Bayern. Man hat auch eine nicht wohlklingende Niobsäure, die der gelehrte junge Graf Schafgotsch, mit Wolfram verbunden, gefunden. So ist denn der Qual der unglücklichen Niobefamilie kein Ende!

Atreus war Sohn desselben Pelops und der Hippodameia. Seine Gemahlin Aerope war so heiter, daß Thyestes, der sich schon wegen des Besitzes eines goldenen Familienhammels oder Widders mit dem Bruder entzweite, zwei Kinder mit ihr zeugte. Diese Kinder schlachtete Atreus aus Rache über den Ehebruch und gab dem Thyestes davon zu essen, C'était le régime de la famille de Tantale bon grand-père. Atreus und Thyestes waren also Neffen der Niobe.

Le Physicien et Mythographe

Un peu ignorant de la Cour[212].

79. Berlin, 12. Dezember 1844.

Ew. Königlichen Majestät lege ich hierbei die beiden Konzepte zu den Briefen an König Louis Philippe und Duc de Nemours alleruntertänigst zu Füßen. Ich habe sie noch gestern nacht geschrieben und heute früh Baron Bülow kommuniziert, der, wahrscheinlich aus schuldiger Deferenz gegen den Onkel, sie gebilligt hat. Ich bin bereit, alles zu ändern, zu schwächen, zu verstärken, was Ew. Majestät anders temperiert befehlen möchten. Dazu ist die Sprache dem Menschen bekanntlich gegeben. Ich glaube, in dem befohlenen Sinne gesprochen zu haben, wenn

---

[212] Das amüsante französisch-deutsche Kauderwelsch des ein wenig unwissenden „Hofmythographen" über das Tantalidengeschlecht ist offenbar veranlaßt durch ein voraufgegangenes Gespräch über die drei seltsamen Metalle Tantalit, Niobium und Pelopium. Übrigens wurden auch nach Humboldt selbst einige Minerale benannt, z. B. das Humboldtilith am Vesuv.

ich etwas zaghaft die Fricksche Schöpfung[213] lobte und den Kulmbacher Tisch mit einflocht, ohne daß die Notwendigkeit des Gegengeschenkes geahndet werden könnte. Den Brief an den Regenten habe ich leichter, freundschaftlich-familiärer und seiner einfachen Natürlichkeit wahrscheinlicher gehalten. Sollte böser Schrift wegen Ew. Majestät eine leserliche Abschrift befehlen, so bin ich ganz dazu bereit; denn (wie Pindar singt) viele gefiederte Pfeile ruhen noch in meinem Köcher. Pindar meint offenbar gut geschnittene Federkiele. Daß ich mich selbst bald un homme qui jouit de [ma?] confiance, bald un homme qui m'est attaché [unleserlich: de l'esprit ?] nenne, sind Redensarten und Situationsfreiheiten, welche die Zierlichkeit des Stils notwendig machte und die meiner Eitelkeit als Rellstabsche Traumbilder vorschweben... .[214]

80. Berlin, 21. Dezember 1844.

Ew. Königliche Majestät empfangen hier das sehr abgefaßte Gesuch wegen der Euryanthe[1]. Der Wunsch ist, daß sie vor der Iphigenia gegeben werden könne, damit dem übrigen Deutschland das erste Beispiel früh zur Nachahmung dargeboten werde. Wenn Ew. Königliche Majestät die Gnade hätten, den Brief von Meyerbeer an ihn selbst mit zwei eigenhändigen Zeilen ganz genehmigt zurücksenden zu lassen, so wird der Maestro sogleich die Proben einleiten. Es schien mir dies heut abend Ihr allerhöchster Wille zu sein...'

---

[213] G. Oberbergrat Frick war damals Leiter der Königlichen Porzellanmanufaktur; seine „Schöpfung" ist also ein Erzeugnis derselben.

[214] In einem „an Se. Majestät den König" adressierten Quartkuvert liegen bei 1. die beiden französischen Briefe, die den Herzog von Nemours betreffen, einer von ihm selbst aus Neuilly, le 30 juillet 1844, der das entrüstete Beileid des Herzogs anläßlich des Tschechschen Attentats zu warmem Ausdruck bringt, der andere der Entwurf A. v. Humboldts an den Herzog. Lose eingelegt ist der zweite Entwurf A. v. Humboldts an den „Monsieur mon frère" Louis Philippe, Sanssouci mit freigelassenem Datum. In dem Text der beiden sind keine Änderungen sichtbar. Ein weiteres Blatt besagt: „Montag früh. Ich habe noch keinen Brief für den Duc de Nemours entworfen, da Ew. Majestät unsicher sind, ob auch er, außer dem König L. Philippe und der Herzogin von Orleans, Ihnen geschrieben. Ich erwarte Ihre mündlichen Befehle auf der Eisenbahn."
A. v. Humboldt.

81. Sonnabend früh [Ende Dezember 1844].

Die „Tage von Aranjuez" auf dem historischen Hügel, die ich die „schönen" nenne, weil sie mich am tiefen Abend meines Lebens sieben Monate lang die huldreichste und ununterbrochen liebevollste Nachsicht des Königspaares haben genießen lassen, entschwinden bald. Mein Bruder [Wilhelm] hat gesungen in dem schönen Sonett „Albano's Hügel":

Was war, kann niemals wieder man empfangen, Das Schicksal mit den Menschen streng es meinet. Und was sein Ausspruch einmal uns verneinet. Gewährt es nie de[n] tränbenetzten Wange[n].

Statt Ew. Majestät zu danken vor meiner nahen Abreise nach Paris [2] (die der Erhaltung und Erfrischung meiner intellektuellen Lebendigkeit notwendig ist, durch die ich zu dem zweiten Bande meines unvorsichtig begonnenen Buches [das ist der Kosmos] sammeln muß, die ich mich rühme, bloß deshalb in die böseste Jahreszeit versetzt zu haben, weil es die ist, wo ich am wenigsten hier nützlich sein kann), wage ich eine Bitte. Die schöne Melusine[215] ist beendigt; da die Fürstin von Liegnitz[216] gestern kam, so werden Ew. Majestäten heute abend wohl sehr allein sein. Außer ein paar französischen Blättern aus meiner Charakterschilderung des großen Genuesen bin ich 210 Tage lang so unbeschreiblich bescheiden gewesen, meine eigene literarische Eitelkeit zu zä[h]men. Jetzt, da die Vorrede zum ersten Bande, von Potsdam aus datiert, vollendet ist, dem Werke ein Dedicationsblatt an Ew. Majestät vorgesetzt wird, kommt die Rivalität des „Premier Physicien de la Cour" gegen den „Littérateur de la Cour"[217] zum

---

[215] Anscheinend die Dichtung „Undine" von de la Motte-Fouqué, die Tieck vorlas; denn dieser ist der „Hofliterat", mit dem der „erste Naturforscher des Hofes" im Wettbewerb des Vorlesens am Teetisch beim Königspaar des öfteren steht. Oder verwechselt Humboldt die schöne Melusine mit Tiecks „wundersamer Liebesgeschichte der schönen Magelone"? Nach A. v. Reumont waren diese Teeabende völlig einfach und zwanglos, auch wenn fürstliche Gäste aus Mecklenburg, Bayern, Anhalt, Braunschweig usw. da waren. Auf das Werden des „Kosmos" fällt hier weiteres beachtenswertes Licht, was des Königs fortgesetzte Teilnahme bezeugt.

[216] Die verwitwete zweite Gemahlin Friedrich Wilhelms III.

[217] Die bekannte Oper Karl Maria v. Webers, des Meisters der neudeutschen romantischen Klangfarbenmusik (1786–1826). Ihm brach in Berlin zuerst Graf Karl v. Brühl als Generalintendant gegen die Vorherrschaft der französisch-italienischen Schule und Spontini Bahn. Iphigenie ist die Glucksche Oper.

Durchbruch. Ich erflehe von Ew. Majestät, ob ich heut abend (morgen werden Sie weniger allein sein) die Einleitungsrede zu dem Kosmos, die einige Naturschilderungen enthält, lesen kann.

Es soll nicht über 40 Minuten dauern. Vielleicht wird Ihre Majestät die Königin, die in der Tiefe ihres Gemütes so sinnig empfängt, einige Freude daran haben...

82. Sonntags.

Ich höre mit unendlicher Freude von meinem nicht Walhalla-, aber Stubengenossen Schönlein[218], daß das Fußübel Ew. Königlichen Majestät seine Endschaft erreicht. Dem Andrang dieser Freude füge ich die alleruntertänigste Meldung bei, daß der große französische Marinemaler Gudin[219] in Köln angekommen ist und die Gnade erfleht, Ew. Majestät vorgestellt zu werden. Er ist ein sehr liebenswürdiger Künstler.

83. Paris[220], 20. Januar 1845.

Ew. Königliche Majestät haben genug von der „hieroglyphischen" französischen Prosa meiner Berichte[221] um Sie nicht noch durch diese deutschen Zeilen zu ermüden. Ich kann aber Sir Robert Schomburgk[222] nicht abreisen lassen, ohne diesen kühnen

---

[218] Der königliche Leibarzt. Er war es, der 1842 dem Revolutionsdichter G. Herwegh den verunglückten Empfang beim König vermittelte; darum nennt ihn Humboldt seinen nicht „Walhalla-Genossen".

[219] Baron Jean Antoine Théodore Gudin, ein See- und Landschaftsmaler, der in dem Jahrzehnt von 1838 – 1848 nicht weniger als 90 große Seestücke schuf und im Auftrage Louis Phllippes auch die damaligen französischen Waffentaten in Algier verherrlichte. 1841 war er für den Zaren Nikolaus I. in Warschau und Petersburg tätig und machte 1844/45 einen Ausflug nach Berlin, wo er seit 1837 bereits Mitglied der Akademie der Künste war.

[220] Ende des Jahres 1844 erfolgte die wiederholt schon berührte Reise nach Paris zu Forschungen für den 2. Band des „Kosmos" und zu geistiger Auffrischung. Die Reise erfolgte Ende Dezember 1844 und dauerte bis Mitte Mal 1845.

[221] Politische Lagenberichte über Frankreich; sie gehen durch das Auswärtige Amt, von welchem Humboldt dafür auch Vergütung der Reisekosten und Diäten erhält. Als amtliche Leistungen verbleiben sie sodann den Archiven, sei es des Auswärtigen Amtes, sei es des Geheimen Staatsarchivs, nachdem sie dem Könige zur Einsicht vorgelegen haben.

[222] Sir Robert Hermann Schomburgk, ein in Freyburg a. U. geborener Deutscher (1804 bis 1865), ging über Amerika nach Westindien und machte sich dort besonders verdient um die Erforschung von Britisch-Guyana, seit 1840 gemeinsam mit seinem Bruder Richard. Mehrere Prachtwerke

Reisenden, der durch seine Bescheidenheit, ausgebreiteten Kenntnisse in Botanik, Zoologie und astronomischer Ortsbestimmung, durch die Feinheit seiner Sitten, hier wie in England allgemeine Aufmerksamkeit auf sich gezogen hat, der Gnade Ew. Majestät von neuem zu empfehlen. Ich habe ihm aufgetragen. Ihnen eine Ansicht der neuen Basilika von Hittorf[223] zu Füßen zu legen. Ich weiß sehr wohl, daß diese pittoreske[224] Ansicht de Notre Dame St. Vincent de Paul Ew. Majestät keineswegs befriedigen kann. Ich bin schon damit beschäftigt, die geometrischen Aufrisse zu schaffen.

Ew. Königliche Majestät und die erhabene Königin geruhen die Huldigung meiner tiefsten Ehrerbietung und Dankgefühle huldreichst aufzunehmen...

Paris, in meinem Kämmerlein des Instituts, einer gegen die Feinde befestigten Position, den 20. Januar 1845.

84. Paris, 15. März 1845.

Ew. K[önigliche] M[ajestät] haben vielleicht (ich spreche nur die eitele Hoffnung aus!) meine ausführlicheren Berichte über die hiesigen, sich oft erneuernden, homöopathisch halb geheilten Ministerialleiden mit huldreicher Nachsicht zu lesen geruht. Heute wage ich, wie ich eine ältere, auf das innigste Vertrauen zu Ihrem vieljährigen gnädigen Wohlwollen gegründete Gewohnheit habe, unmittelbar an Ew. Majestät in wenigen Zeilen eine untertänigste Bitte zu richten. Seit einem halben Jahrhundert ist auch hier die Winterkälte nicht strenger und anhaltender gewesen als in diesem Jahre, wo am 15. März die ägyptischen, vor diesem Haufe (dem Institut) liegenden Löwen unter fußhohen Eisbergen begraben liegen, während recht regelmäßig in anderen Jahren le marronier Napoléon rechts im Jardin des Tui-

---

von ihm erschienen darüber englisch und deutsch. Er erhielt von der Londoner Geographischen Gesellschaft die große goldene Medaille, wurde in den Ritterstand erhoben, englischer Konsul in Haiti und Bangkok, während sein Bruder in Australien Schöpfer und Leiter des großen Botanischen Gartens in Adelaide wurde. Beide gehörten der jüngeren Schule Humboldts an und wurden von ihm selbstlos gefördert.

[223] Schon erörtert Nr. 9 Anm. 2.

[224] Ganz unleserlich: zittrige? pittoreske? Wohl das letztere. Sie ist malerisch, aber nicht facharchitektonisch. Die oben genannte Basilika wurde 1844 nach zwanzigjähriger Bauzeit vollendet.

leries[225] sein Laub hat. Den 4. Januar hier angekommen, sollte ich nach drei Monaten, am 4. April, abreisen. Ich bin nicht krank, aber an kolossalem Schnupfen und Husten leidend[226], etwas kindisch von der Idee der Rückreise geschreckt, da bei dem erneuerten Schneefall dieser Nacht noch lange an keine besänftigende Milderung zu denken ist. Ich erflehe von Ew. Majestät die allergnädigste Erlaubnis, meine Rückreise nach Berlin (über Metz, Frankfurt a. Main und Weimar) 14 Tage, und wenn der schöne Flieder, Lilas Varin, im Lurembourg[227] ausschlagen sollte, höchstens um drei Wochen später anzutreten.

Ich beschwöre Ew Majestät, meine Bitte als ungeschehen zu betrachten, wenn Sie aus irgendeinem Grunde mein früheres Kommen wünschten; ich habe Willenskraft genug, auch am 4. ohne Scheu abzureisen, und Sie und die edle Königin, deren Huld mich auch so glücklich macht, wissen, wie bis zum letzten Lebenshauch ich nur darauf sinne, diesem rein menschlichen Herrscherpaar meine herzlichste Dankbarkeit ausdrücken zu können. Ich entbehre seit fast drei Monaten der Freude, eine Zeile von Ew. Majestät teurer Hand zu sehen. Ich flehe nicht um eine Zeile, sondern nur um zwei Worte des alten Wohlwollens, aber nicht in „Sanskritlettern", die ich Unwürdiger nicht lesen kann[228]. Der Ew. Majestät zugeeignete Kosmos ist nun ganz gedruckt, und er muß in wenigen Wochen erscheinen. Eine lange Ankündigung des unvorsichtigen Buches habe ich für die „Allgemeine Augsburger Zeitung"[229] geschrieben. Als Ew.M[ajestät] geruhten, einige Bogen des Kosmos sich vorlesen zu lassen[230], bemerkten Sie mit Recht, wie schwierig manches in die farblose, ungeschmeidig-nüchterne französiche Sprache zu übertragen

---

[225] Dieser Edelkastanienbaum (marronier) ist eine Stadtberühmtheit; er treibt früher als alle andern seine Blätter und wird daher mit seinem Beinamen nicht nur „Napoleon", sondern nach dem Zeitpunkt seines Ergrünens auch „le 20. mars" genannt.

[226] Humboldt ist sehr zu Erkältungen geneigt und leidet als Greis stark unter ihnen. Er liebt tropische Wärme in seinem Zimmer, hat, wie er öfter sagt, eine „Salamandernatur".

[227] Eine seltene Fliedersorte

[228] Der König bediente sich zuweilen, auch scherzhaft, solcher.

[229] Sie war damals eine scharfe Gegnerin Preußens und des Königs, die in Süddeutschland gegen beide viel schürte; Heine schrieb auch für sie. Vielleicht wählte sie Humboldt bei ihrer sonstigen geistigen Bedeutung gerade deshalb, um ein Gegenbild zu bieten.

[230] Vgl. oben Brief Nr. 81.

sein würde. Die angeregte Furcht, hier durch eine ungeschickte Übersetzung lächerlich gemacht zu werden, hat mich zu dem bitteren Entschluß gebracht, die ersten fünf Bogen selbst zu übersetzen. Es ist eine schmerzhafte Operation „in corpore vivo" gewesen, eine Entäußerung von allem, was einen Hauch des Lebens, der Beseelung gibt; ein ewiges Umschreiben und Tappen nach Äquivalentem! Der gute Oehlenschläger[231] hat mit mir über Stosser[232] Verscheiden getrauert. Er wird morgen in einer deutschen Familie ein neues hier erzeugtes Drama über die „erste Entdeckung von Amerika" lesen. Ich fürchte die Geographie in Werken der Einbildungskraft; freilich hat Madame de Genlis[233] einen pharmazeutischen Roman über die Auffindung der Fieberrinde, le quinquina, geschrieben, über die Heilung der Condessa de Chinchon, Vizekönigin von Peru, von der die Pflanze in dem Linnéschen Systeme Cinchona officinalis heißt. Daß ich diese Zeilen im Institut (Kabinett de Mr. Mignet) schreibe, würden Ew. Majestät aus der pedantischen Neigung, „zu unterrichten", von selbst geahndet haben...

85. Paris, 30. März 1845.

Ew. K[önigliche] M[ajestät] werden huldvollst erlauben, daß zu dem französischen, mehr offiziellen Berichte, den ich soeben unter der Adresse des Barons Bülow abgehen lasse, ich noch Worte der Rührung, der ehrerbietigsten Dankgefühle hinzufüge. Ich sehnte mich nach einer Zeile von Ihrer Hand und lange, ehe meine so freie Bitte Ihnen zukam, erhielt ich schon den liebenswürdigsten französischen Brief vom 13. März. Ein anderer echt deutscher und recht heiterer, die mich entzückende Einladung nach der Burg vom 22. März, folgte unmittelbar nach[234]. Wie

---

[231] Über diesen nordischen Dichterfürsten S. 170 Anm. 4. Er hat in einer ganzen Reihe von Dramen die Helden und Taten der Wikingerzeit eindrucksvoll verherrlicht, auch ihre Entdeckungsfahrten an der Nordostküste Amerikas nach Helluland, Markland und Vinland ein halb Jahrtausend vor Kolumbus schon. Um „geographische" Aufklärungen ist es ihm dabei freilich nicht gegangen.

[232] Wer war das?

[233] Gräfin Félicité Ducroft de Saint-Aubin, Gräfin von Genlis (1746–1830), Erzieherin und Ehrendame bei der Herzogin von Chartres, daher Humboldt vertraut. Musikalisch und schriftstellerisch begabt, schrieb sie über 100 Bände Romane, pädagogische Abhandlungen usw.

[234] Leider ist von dem Verbleib dieser beiden Königsschreiben nichts zu ermitteln gewesen. Die Einladung nach der Burg bezieht sich auf Stolzen-

sehnlichst wünsche ich zu Ihrer Erquickung und der unserer
herrlichen Königin, daß nichts die Majestäten hindere, endlich
einmal einen Mai am Rheinstrome zu genießen. Freuden des
Lebens, und den reinsten, sieht man immer mit einer gewissen
Schüchternheit entgegen. Hier wehen seit einigen Tagen endlich
sehr milde Frühlingswinde, und die Sträucher fangen an, etwas
zu grünen. Es ist aber nur ein grünender Hauch; ein Zeichen, daß
der prometheische Lebensfunke nicht erloschen ist. Ich werde
gern, dem Befehle Ew. Majestät Folge leistend, ruhig hier den 1.
Mai und die Fliederblüte abwarten, auf den Befehl harrend, ob
ich nach Stolzenfels oder nach „dem historischen Hügel" [d. i.
Sanssouci] zunächst aufbrechen soll. Von der „pierre phéno-
mène, pierre dans laquelle la nature s'est fait peintre, onyx plus
beau que celui de St. Louis et qui parle à la méditation"[235] habe
ich gestern erst durch Ungläubige Nachricht erhalten. Der Mann,
der für 112000 Franken ein wahres Geschenk zu machen glaubt,
wohnt an der Grenze aller Zivilisation. Ich werde ihn aber gern
aufsuchen, um Ew. Majestät Bericht abzustatten. Der alte Fontaine ist tief gerührt. Ich lege neidisch sein Briefchen bei, das der
82jährige Mann so unangenehm leserlich schreibt[236]. Neben dem
Marschall Soult[237] und seiner Bewaffnung der Bastiller ist das
hiesige Publikum am lebhaftesten mit dem Zwerggeneral[238] beschäftigt. Ich fragte vorgestern den kleinen Comte de Paris, wie
er ihm gefiele? Pas du tout, cela est très triste. — Mais, Prince,
que trouvez-Vous dans un nain, qui danse le Polka et a même le
vice de chanter? — „C'est triste, parceque cela ne grandit pas —
ein hübsches, naives Kinderwort, das man sentimental symboli-

---

fels am Rhein.

[235] Dieser „Wunderstein", ein „Stein, in dem sich die Natur selbst zum
Maler gemacht hat, ein Onyx, schöner als der von St. Louis und einer, der
zum Nachdenken spricht", ist in Paris zum Verkauf für 112000 Frankm
ausgeboten worden; der König interessiert sich für ihn und hat Humboldt gebeten, ihn zu besichtigen.

[236] Das Original liegt bei; wirklich ist die Schrift des Greises noch groß und
fest, nur etwas verschnörkelt. Es ist datiert Paris, den 21. März 1845 und
dankt für die Ehre und Aufmerksamkeit, die ihm der König abermals
erwiesen hat mit der Zusendung einer schönen Zeichnung, „qui me re-
présente la salle du thrône du château de Berlin, telle que Le Roi l'a fait
restaurer en 1840."

[237] Dieser bekannte napoleonische Marschall, Herzog von Dalmatien, war
1840—1846 Präsident und Kriegsminister in der Pariser Regierung.

[238] fehlt

sieren könnte. Mir, der ich in nichts mehr wachse, ob ich gleich nicht, wie Villemain[239] von sich sagt, „officiellement imbécile" bin, werden Ew. Majestät verzeihen, den Brief mit einem Kinderworte zu schließen. Ich habe Herrn Guizot sehr glücklich gemacht, indem ich gewagt habe, ihm zu sagen, Ew. Majestät fänden, daß das politische Barometer sich „auf gutem Wetter erhielte".

In tiefster Ehrerbietung und Dankgefühlen für unsere herrliche Königin

Ew. Majestät allergetreuester

Al. Humboldt.

86. Berlin, Montag abend, bei meinem Neffen Bülow[240], der sehr an Flußfieber leidet. [2. Hälfte Mai 1845.]

Ew. Königliche Majestät wage ich, als wäre es eine Begebenheit, meine Ankunft, und zwar eine sehr heitere und glückliche, von Paris alleruntertänigst zu melden. Ich bin vor einigen Stunden diesen Abend, Montags angekommen; ich war den 19. nachmittags abgereist und bin drei Nächte durchgefahren, bei den Sphinxen, die am Wege liegen[241], in Frankfurt, Erfurt und Weimar aufgehalten. Es ist eine wichtige Begebenheit für mich, daß ich morgen, den Tag vor der Abreise Ew. Majestät[242], noch das Glück genießen werde. Ihnen und der mir immer so gnädigen Königin nach so langer, langer Abwesenheit die Huldigung meiner ehrerbietigsten, dankbarsten Anhänglichkeit zu Füßen legen zu können. Sollten Ew. Majestät mich bald zum Seedienst auf dem baltischen Meere brauchen wollen, so erwarte ich morgen Ihren Befehl, um nach Danzig? nachzukommen. Es ist keine unbescheidene, zudringliche Bitte, die ich ausspreche, es ist nur der Ausdruck meines guten Willens und meines alten Unternehmungsgeistes....

---

[239] A. François Villemain, Philolog, Historiker, Unterrichtsminister 1790 bis 1870.

[240] Derselbe lebte zuletzt in Tegel, wohin er sich nach seiner Erkrankung und nach dem Ausscheiden aus der Leitung des Auswärtigen Amtes zurückzog. Anfang Februar nächsten Jahres starb er, geistig ganz zusammengebrochen. Das bejammernswerte Elend seines Zustandes beschrieb Humboldt mehrfach in seinen Briefen an Freunde.

[241] Vgl. Brief Nr. 42.

[242] Wohin? Ostsee? Rußland?

87. Potsdam, 21. Juli 1845.

Ich beschwöre Ew. Majestät, meinem Freunde Meyerbeer, der Ihnen leidenschaftlich ergeben ist und zu der edelsten Menschenklasse gehört, ja Ihre Gnade dadurch zu erhalten, daß Sie in der an ihn zu richtenden Kabinettsorder aussprechen: er solle vor wie nach die Hofkonzerte dirigieren.

Es ist sein sehnlichster Wunsch, jedes Jahr drei bis vier Monate in Ihrer Nähe sein zu dürfen. Wir anderen, die wir etwas hervorbringen sollen, etwas, das vom Hauche der Einbildungskraft belebt sein muß, brauchen nicht sowohl Ruhe als heitere innere Stimmung. Meyerbeer fühlt sich verzaubert, gebannt in ein unglückliches Eheverhältnis. Er opfert aus dem ehrerbietigsten, zärtlichsten Dankgefühle für Ew. Majestät und unsere herrliche Königin gern alles auf, aber dem Wunsche sich die innere Stimmung zu erhalten, die zum Schaffen eines großen Werkes[243] nötig ist, den Anforderungen der Mitwelt, deren Auge auf ihn gerichtet ist, zu entsprechen, muß er nachgeben. Alles rein Menschliche, weil es königlich ist, alles Zarte, weil es den Geist und die ewigen Blüten des Kunstlebens betrifft, darf ich zutrauensvoll von Ihnen erwarten. Es ist ja Ihr Tagewerk, solche Erwartungen zu erfüllen. Sie werden meinem Freunde nicht bloß nicht zürnen, Sie werden ihm auch schenken, was er so sehnlichst wünscht, was keines anderen Rechte kränkt. Vielleicht wäre es ein Ausweg, daß Ew. Majestät Meyerbeer zuerst nur wieder auf ein Jahr von den Geschäften bei dem Hoftheater entbänden, ihn aber, wie bisher, in Ihrer so wohltätigen Nähe die Hofkonzerte leiten ließen? ...

---

[243] Meyerbeer schuf nach dem „Feldlager in Schlesien" zunächst die Musik zu dem Trauerspiel „Struensee", das sein Bruder Michael Beer (1800–1833), der Freund der beiden Humboldts, 1829 In Stuttgart herausgab, sodann seine dritte große Oper: „Der Prophet", die 1849 in Paris zur ersten Aufführung kam.

88. Freitags [Ende September 1845].

Ich wurde leider! heute ganz früh schon von Appert[244] besucht und machte die Einladung. So wenig ich auch an die Nachricht glaube, so scheint mir der Entschluß von Ew. Majestät doch sehr natürlich. Ich werde ihm in diesem Augenblick nachschicken (er ist wahrscheinlich im Waisenhause), um ihm zu schreiben, daß Ew. Majestät abgehalten wären ihn zu empfangen. Hermann[245] den ich vorgestern gesehen, schien sich sehr für Appert zu interessieren, und ich sollte glauben, da sein Name berühmt genug ist, würde von den bösen Gerüchten, falls sie gegründet wären, in den französischen Zeitungen etwas darüber gesagt worden sein!

Jacobi[246] ist hier. Ich werde ihn (mit einer sehr weißen Halsbinde) zur Tafel, wie Ew. Majestät mir befohlen, mitbringen...

89. Berlin, 25. November 1845.

Nach dem Wunsche des Fürsten Wittgenstein soll ich Ew. Königlichen Majestät den schändlichen rachsüchtigen Brief von Spontini[247] mitteilen. Es ist ein Versuch, durch einen anderen Kanal zu denunzieren und unseren Mann, der Ew. Majestät recht leidenschaftlich, ganz persönlich und ohne Spur von Geldeigennutz (er hat noch neuerlichst alle ihm angebotene Entschädigung für den sehr teuren Aufenthalt am Rhein[248] ausgeschlagen)

---

244 Benjamin Nikolas Marie Appert, ein französischer, 1797 geborener Philanthrop und Inspektor der Kinderarbeit in den Fabriken. Er bereiste damals auch Deutschland, um Gefängnisse zu besichtigen, tat dies in Preußen, Hamburg usw. Es erschien auch 1846 seine Schrift: „Voyage en Prusse". Wodurch der Richtempfang beim König veranlaßt wurde, ist leider nicht angedeutet; man scheint hinter seiner Reise noch andere Absichten vermutet oder auch Ungünstiges über ihn selbst gehört zu haben.

245 Nicht festzustellen.

246 Jedenfalls unter den verschiedenen Jacobis der Gelehrte in Königsberg, der auswärtiges Mitglied der Berliner Akademie der Wissenschaften war.

247 Dieser heißblütige Italiener konnte sich über seinen Sturz 1842 in Berlin (s. S. 122) noch immer nicht beruhigen. So wie er früher Briefe geschrieben, die ihm einen gerichtlichen Prozeß wegen Majestätsbeleidigung eintrugen, der dann nur durch die königliche Großmut niedergeschlagen wurde, so arbeitete er jetzt ähnlich gegen seinen Nachfolger Meyerbeer. Gleichwohl zog es 1847 im Sommer ihn doch wieder nach Berlin, und man tat seiner Eitelkeit den Gefallen, ihn auszuzeichnen.

248 Das Königspaar weilte dort im August dieses Jahres auf Stolzenfels, einem Lieblingsaufenthalt der Königin, und hatte eine Zusammenkunft mit der englischen Königin Viktoria.

[dient], bei Ihnen anzuschwärzen, um sich zurückrufen zu lassen. Ich habe mir das in dem Briefe bezeichnete „Journal des Débats" verschafft und lege es bei. Es ist ein ganz harmloser, nicht einmal gegen Herrn v. Küstner feindlicher Artikel, der wörtlich aus der sehr edlen und königlichen Kabinettsorder Ew. Majestät ausgezogen ist. Das einzige Wort „Lettre autographe" ist ein Zusatz des Zeitungsschreibers, aber auch insofern zu entschuldigen, daß in dem französischen Journale alle nicht von den Kabinettsräten, sondern eigenhändig von dem Monarchen unterzeichneten Briefe „autographes" genannt werden. So ist es bei dem Abdruck aller von mir verfaßten französischen Kabinettsordern gewesen, welche die Empfänger zu ihrem Ruhme bekannt gemacht. Da Meyerbeer ununterbrochen in der „Allgemeinen Leipziger Zeitung" angegriffen und tief unter Lachner[249] gestellt wird, dadurch sich in kleinen französischen Journalen das Gerücht verbreitet hat, „er habe Berlin verlassen müssen", so ist ihm nicht zu verargen, wenn er es gern sieht, daß die Welt weiß, er werde von einem geistreichen König menschlich, das heißt königlich behandelt. Meyerbeer wird in den ersten Tagen des Januars hierher kommen: er hat für sich und seine Familie das große Quartier in der Wilhelmstraße gemietet, das einst die Generalin Schöler hatte. Ich glaube, daß meine beiden Freunde, die „Rabbiner" Meyerbeer und Felix Mendelssohn, „le fils et le rénégat d'Israel"[250] der Handlungen unfähig sind, welche sich ein „illustre confrère", der romanische Graf, erlaubt, und die selbst durch ein großes, unbestreitbares Talent nicht zu rechtfertigen sind....[251].

---

[249] Der Komponist und Münchener Hofkapellmeister Franz Lachner (1803 – 1890).

[250] Hier zitiert Humboldt Aussprüche, die über diese seine Sonderfreundschaften umlaufen mochten. Wilhelm erwähnt in seinen Briefen noch, daß man ihm und seinem Bruder schon in der Jugend nachgesagt hätte, „Schutzwehren des Judentums" zu sein.

[251] Als Beilage findet sich hier vom gleichen Datum im Archiv eine längere gelehrte Auskunft und Auslegung einer tibetanischen Tafel und der Gebetsformel:
ông mani padme hûng oder
ông mani padmâ hûng!
Sie ist aber von Professor E. Buschmann; die letztere soll nach ihm besagen: „Die Trimurti — Gottheit — Edelstein in Lotus. Amen." Humboldt hat sie offenbar, nachdem sie zur Erörterung kam, dem befreundeten Linguisten zur Aufklärung vorgelegt und dem König weitergegeben.

[Nachschrift:]

Ew. Majestät haben wohl die Gnade, die Anlagen zurücksenden zu lassen, da ich das „Journal des Débats" vom 11. November habe entleihen müssen.

90.

[Kurzer Brief vom 24. Januar 1846 mit der Bitte um Audienz des Königs beim Durchschreiten der Vorhalle für den früher abgelehnten V. Appert[252].]

91. Berlin, Donnerstag [12. Februar 1846].

Ich eile Ew. Königlichen Majestät die dringende Bittschrift des durch Talent und kräftige Gemütsart gleich ausgezeichneten Professors Maßmann zu Füßen zu legen. Der Tod eines seiner neun Kinder und die Schwangerschaft der Gattin nötigen den Mann, Anfang April schon seine Vaterstadt Berlin zu verlassen, falls Ew. Majestät nicht jetzt bestimmen, daß er die bayrischen Dienstverhältnisse aufgeben kann[253]. Ich habe ihm schon heute die tröstenden Worte überbracht, die ich gestern von Ihnen empfangen. Ich habe nie daran gezweifelt, daß es Ihr Königlicher Wille sei, den bescheidenen, edlen, die Jugend nach den freien Richtungen hin, die ich unerschüttert in Ihrem herrlichen menschlichen Gemüte erkenne, kräftig elektrisierenden Lehrer unserem Vaterlande wiederzuschenken — aber wenn ich in der Anlage mit Anführung der Daten lese, wie von dem so lebhaft ausgesprochenen Wunsche „Professor Maßmann mit einem Jahresgehalt, das nicht unter 2000 Talern sein könne, und dem eh-

---

[252] Beiliegend sein Anschreiben an A. Humboldt, von dem darin gesagt ist: Je n'ai pas oublié, Monsieur le Baron, les titres si élevés qui vous placent à la tête des savants do monde…Appert unterschreibt sich: „de la société Royale des prisons, inspecteur du travail des enfans des Manufactures de France."

[253] Professor Dr. V. Ferdinand Maßmann, altdeutscher Germanist und Bahnbrecher der Turnkunst in Deutschland (1797–1874). Ursprünglich in der Jenaer Burschenschaft und beim Wartburgfest sehr tätig, wurde er 1827 nach München berufen, war Turnlehrer beim Kadettenkorps, Leiter der ersten öffentlichen Turnanstalt, Professor der altdeutschen Literatur, Mitglied der Akademie der Wissenschaften und Ministerialrat im Schulwesen. Dieser und der folgende Brief sowie des Königs rascher Entscheid dazu haben in gelehrten Kreisen immer als fesselnde Belege für Humboldts Hilfsbereitschaft und Freimut, wie für des Königs Edelsinn gegolten.

renvollen Titel eines Geh. Oberregierungsrats" die Wärme des Ministeriums in absteigender Skala bis zu ungewissem Provisorium gemindert worden ist, so bin ich um so mehr erstaunt, als in allen Provinzen, in denen seit zwei Jahren Maßmann gewirkt, Vorliebe und Enthusiasmus für ihn entstanden ist. Ihre belebende Wärme wird uns den liebenswürdigen und Ew. Majestät nützlichen Mann erhalten.

Meteorologische Erkältungsprozesse sind von den Physikern immer schwer zu deuten.....

92. Berlin, den 29. März 1846.

Ich habe heute morgen schon um 8 Uhr nach der Köthener Straße geschickt, um nach den vertrauensvollen Mitteilungen Ew. Majestät eine Unterredung mit Professor Maßmann über das Entscheidende in seiner Lage zu haben. Er hat mich eben verlassen, und er hat mir wieder einen herrlichen Eindruck von Gediegenheit, Klarheit der Ideen, begeisternder Kraft in Wirkung auf die Jugend (das unzerstörbare, uralte, sich immer erneuernde Institut der Menschheit) gelassen. Sich fürchten vor jeder begeisternden Kraft heißt dem Staatenleben die nährende, erhaltende Kraft nehmen. Professor Maßmann hat den Minister v. Bodelschwingh seit zwei Jahren nicht gesehen, aber der Minister hat ihn damals sehr freundlich behandelt, und Maßmann wünscht, ohne sich aufdrängen zu wollen, sehr, auf jede Frage unbefangen antworten zu können. Da ich mir von dieser Unterredung viel verspreche bei dem edeln und offenen Charakter des Ministers v. Bodelschwingh, so muß ich Ew. Königliche Majestät untertänigst bitten, mich schreiben zu lassen: ob nach Ihren erteilten Befehlen der Minister den Professor Maßmann wird rufen lassen oder ob dieser von selbst zu dem Minister gehen soll, unberufen, aber durch Äußerungen Ew. Majestät veranlaßt. Wie man Maßmanns Verdienste um die Poesie der hohenstaufischen Zeit und sein Talent des Vortrags im Universitätsleben hat vergessen können, wundert mich. Ich finde in Gervinus' Geschichte der deutschen Literatur belobt:

Maßmanns Denkmäler deutscher Sprache 1828, seine Gedichte des 12. Jahrhunderts, seine Legenden und ritterliche Poesie. Wie sollte ein Mann der Jugend gefährlich sein, den der König von Bayern bei der Erziehung seiner Prinzen angestellt, von dem der Kronprinz sich rühmt, die wohltätigsten Anregungen zu geistiger Freiheit und Ausübung künftiger Regentenpflichten empfangen zu haben? Wir leben nicht in einer trüben, aber in einer ernsten Zeit. Alles Wirken und Handeln wird gehemmt, wenn durch Verdächtigung man sich der besten Kräfte beraubt. Enthusiastisch an Ihre Person, an den Glanz Ihrer Regierung, wie an den Ruhm des Vaterlandes gekettet, betrübe ich mich, wenn Ihre edelsten Absichten Gefahr leiden verkannt werden zu müssen. Es gibt freilich sehr achtbare Menschen, die aus bloßer Liebe für Ew. Majestät auch mich gern schon unter der Säule von Tegel oder wieder jenseits des Rheins sehen möchten....[254].

[Eigenhändige Note des Königs dazu auf der 3. Seite oben:] Herzlichsten Dank, teuerster Humboldt. M. Bodelschwingh wird

Maßmann rufen lassen. In aller Eile, wie immerdar

Ihr getreuer

F. W.

93. Berlin, den 16. Februar 1846.

Die Ahnungen eines berühmten Mannes, der dem Tode nahetritt, seine nächtlichen Beschäftigungen mit Ew. Majestät, der Einfluß, den diese einen vollen Monat lang auf die Veränderung der Schmerzen zauberhaft ausgeübt, sind gemütliche und psychologische Erscheinungen, die Sie und die herrliche Königin gewiß interessieren. Ich stehe daher nicht an, Ew. Königlichen Majestät den eben erhaltenen Brief von Bessel zu Füßen zu legen. Da es nur zu wahrscheinlich ist, daß der edle, Ihnen mit so vertrauter, wahrer, herzlicher Bewunderung ergebene Mann dahin-

---

[254] Ein öfter wiederkehrender Ausfall auf die Männer der Kreuzzeitung, die Pietisten oder Jesuiten, je nachdem, denen er ein „Gräuel" wäre. Zu Varnhagen klagte er Ende 1845 und anfangs 1846 ähnlich, nachdem sein „keckes Auftreten" für Prutz diesem nützlich geworden war: „Das ist das elend Wenige, das ich in meiner Lage erlange: ich sterbe aber mit dem Ge-wissensglauben, bis an meinen Tod keinen der mir Gleichgesinnten verlassen zu haben..." Zu seinem jungen Freunde sagte er am 5. August 1852: „Ich bin ja während der letzten Jahre selbst eine mißliebige Person geworden und würde längst als Revolutionär und Autor des gottlosen „Kosmos" ausgewiesen sein, verhinderte dies nicht meine Stellung beim Könige." Zu Varnhagen meint er weiter: „Auch in den andern deutschen Ländern würde man ihn ebensowenig dulden, sobald er den Schutz und Schimmer dieser seiner Stellung nicht mehr habe" (26. Dezember 1845). Hier bricht doch eine vielsagende Anerkennung durch, wieviel er seinerseits der Freundestreue Friedrich Wilhelms IV. und seiner Vertrauensstellung am Hofe verdankt.

stirbt[255], ehe er das Bild (sein Kleinod) empfangen kann, so wage ich Ew. Königlichen Majestät anzuflehen, mir ja recht bald, wenn auch nur zwei eigenhändige Zeilen, an Bessel oder an mich gerichtet, allergnädigst zu senden, damit ich dieselben in meinen Brief einlegen kann.

Die lindernden Wirkungen solcher Zeilen werden über alle Beschreibung groß sein! Es ist so schön Schmerzen zu lindern....

94. Montag abend[256].

Unter allem, was ich nur Freudiges und Aufheiterndes hätte erfahren können, kann nichts dem gleichen, was ich soeben von Ew. Majestät empfange. Balsam, reiner Königsbalsam wird dieser geistreiche, herrliche Brief dem leidenden Manne sein. „Le Roi de France touchant ses éErouelles"[257] diese liebende Gabe und das Glück, welches der begegnende König den Schulkindern bringt, weil sie dann den ganzen Tag nichts zu lernen brauchen, haben mir von jeher schöne monarchische Vorzüge geschienen. Leider! war ich erst jetzt um halb sieben Uhr, zu Hause, weil ich bei Frau v. Bülow speiste. Daher die unglückliche Verspätung.

---

[255] Professor Dr. Fr. Wilhelm Bessel, der hervorragende Astronom der Königsberger Universität, 1811 von Wilhelm v. Humboldt dorthin an die neuerbaute Sternwarte berufen, der zahlreiche Entdeckungen betreffs der Gradmessungen, Sternentfernungen, Umlaufstörungen, Pendelbeobachtungen und besonders der Kometen machte, ist dann am 17. März 1846 gestorben. Ein geborener Westfale war er, wie viele seiner Landsleute, von rührender Königstreue, sowie er auch an Humboldt fest hing. Es liegt auf dem Brandenb.-Preußischen Hausarchiv u. a. von ihm noch einer seiner Originalbriefe an den König selbst aus seiner letzten Lebenszeit (vom 16. Juni 1845); es ist ein glühender Dankbrief für die Sendung des Königlichen Leibarztes, Geheimrates Dr. Schönlein, zur Untersuchung seiner Erkrankung. Eine noch größere Freude war ihm aber ein Bildnis des Königs, das dieser ihm schenkte.

[256] Aller Wahrscheinlichkeit nach ist die Einordnung des Briefes hier richtig, und zwar wegen des „leidenden Mannes" darin. Danach wäre der König persönlich mit dem von Humboldt einzulegenden erbetenen Trostbriefe an Bessel umgehend- in dessen Wohnung gekommen. Hiermit stimmt Inhalt wie Ton des Dankes Humboldts vollkommen überein.

[257] Diese französische Wendung, „der König von Frankreich seine Schwäre kratzend" (wie Lazarus) stammt offenbar aus des Königs Munde oder Feder selbst und hat bei Humboldt besonderen Gefallen gefunden; die „liebende Gabe" ist der für Bessel als Einlage umgehend überbrachte Brief und die Schulkinderfreude ist die eigne Alexanders selbst.

Wie soll ich Ew. Majestät danken für eine so unerwartet schnelle, gnädige Erfüllung meiner Bitte. Es ist doch schön, einem solchen König so nahe stehen zu dürfen....

95. Berlin, Freitag abend [2. Hälfte März 1846].

Ich muß eilen, Ew. Majestät die mir eben zugekommene Nachricht von dem Ableben unseres berühmten Freundes Bessel, am 17. März, mitzuteilen. Die flüchtig niedergeschriebenen Zeilen seines Schwiegersohnes beweisen, daß die letzten Erinnerungen des edlen Hingeschiedenen die der liebevollsten Dankgefühle für seinen König waren. Nach einem anderen Briefe von dem Observator Busch, Gehilfen der Sternwarte, war der Tod sanft, bloßes Hinschlummern. So sehe ich denn alle Jüngeren vor mir abtreten von dieser irdischen Bühne des Lebens und der Täuschungen.

Mit wehmütigen Empfindungen und erneuerter Ehrerbietung Ew. Königlichen Majestät allergetreuester

Al. Humboldt.

96. Am ersten Ostertage [2. April 1846].

Die letzten Zustände und Worte eines Sterbenden haben immer etwas Feierliches und Erziehendes. Ew. Königliche Majestät werben gern einen Blick auf den ersten Brief von Bessels Witwe werfen, der fast ganz von Ihnen handelt und Ihnen die echt königliche und darum menschliche Freude gewähren wird, daß Sie dem edlen Sterbenden im Übergang in die Ewigkeit wohlgetan. Das angebotene Prachtwerk, ein Geschenk des eng[lischen] Gouvernements mit einer Inschrift, werden Ew. Majestät wohl anzunehmen geruhen. Es wird, der öffentlichen Bibliothek übergeben, ein bleibendes Ehrendenkmal für den großen Dahingeschiedenen sein....

97. Berlin, den 23. März 1846.

Ew. Königlichen Majestät habe ich Rechenschaft zu geben über das, was in den französischen Journalen von Heines projektierter Reise nach Berlin[258] gesagt worden ist. Bei meinen zwei

---

[258] Die Reise sollte, wie Heine nach der Andeutung unten selbst angab, einer Konsultation des berühmten Chirurgen Prof. Dr. Diefenbach über sein bekanntes Rückenmarkleiden, das 1845 ausbrach, gelten. Leider ist sein Brief darüber an Humboldt nicht mehr beiliegend.

letzten Aufenthalten in Paris, also seit 3—4 Jahren, hatte ich vermieden, den talentvollen Dichter zu sehen, weil er, der kaninchenhaft weißhaarige, von sanftem, naiv-mildem Äußeren, die ganze Gehässigkeit seines hämischen Charakters gegen Börne und andere Deutsche[259] geoffenbart hatte. Um so mehr war ich verwundert, einen Brief von ihm zu erhalten, den ich Ew. Majestät beilege, und in dem er mich auffordert, die Erlaubnis, Berlin zu besuchen, für ihn auszuwirken. Die Pension von 8000 Franken, welche der vortreffliche reiche, alte Bankier Heine in Hamburg, sein Onkel[260], ihm zahlte, ist nach dem Tode des Bankiers sehr zweifelhaft geworden; dazu leidet Heine an Gesichtsschmerz und der Quälerei einer sehr prosaischrohen, ihn beherrschenden französischen Gattin[261]. Da der erste Zweck meines Lebens ist, alles von Ew. Majestät sorgfältig abzuwenden, was Ihrer so glänzenden Regierungsweise im Auslande, besonders da, wo die Literatur durch die Politik gefärbt ist, Verwickelungen erregen kann, so wollte ich mich nicht an Sie wenden. Ich verhandelte über die Möglichkeit der Erlaubnis mit dem Staatsminister o. Bodelschwingh, dessen besonderer Freundschaft und Achtung ich mich erfreue. Der Minister ließ, was Heinrich Heine sehr heiter „Die alte Registratur" in seinem Briefe nennt, und die eben kein „Buch der Lieder" ist, untersuchen und schrieb mir vom 28. Januar:

„Ich benachrichtige Sie in Beziehung auf Heine, daß derselbe unter mehreren Anklagen wegen Majestätsbeleidigung und Aufreizung zur Unzufriedenheit steht, mithin die Verhaftung zu erwarten hat, sobald er den preußischen Boden betritt. Ihn hiergegen durch einen besonderen Gnadenakt zu schützen, dazu

---

[259] Es waren damals nacheinander von H. Heine folgende gegen Preußen und Deutschland ausfällige Schriften erschienen: 1. die Sammlung seiner Pariser Berichte für die „Augsburger Allgemeine Zeitung" mit einer besonders herabsetzenden Vorrede gegen Preußen, betitelt „Die franzoösischen Zustände" (1833), 2. der vierbändige „Salon" (1835—1840) mit einer Geschichte von Religion und Philosophie in Deutschland, 3. die eifersüchtige und einen literarischen Skandal erregende Streitschrift gegen Ludwig Börne (1840), der angeblich ein „spiritualistischer Nazarener" sein sollte, endlich 4. die „Neuen Gedichte" mit ihren politischen Einschlägen und das Schmähepos „Deutschland, ein Wintermärchen" (Hamburg 1844).

[260] Der Bankier Salomon Heine, der trotz seiner Wohltaten von dem Spott des Dichters nicht verschont blieb.

[261] Eugénie Mirat, ihm seit 1841, kirchlich angetraut.

dürfte um so weniger Veranlassung vorliegen, als er bis auf die neueste Zeit fortfährt, den deutschen Regierungen feindlich zu sein. Unter diesen Umständen mag er auf Dieffenbachs Hilfe verzichten oder ihn zu sich nach Hamburg kommen lassen."

Da nun, wie Ew. Majestät mehrmals in Gnaden bemerkt haben, die Sprachen bei mir sich in beugsame Formen bequemen, so habe ich in meiner schwierigen Antwort an Heinrich Heine die ministerielle Offenheit in unoffizielles, halb durchsichtiges Gewand schamvoll gehüllt. Ich präludiere in süßen Tönen, lasse dann den Horizont sich allmählich schwärzen und ende warnend vor der unvermeidlichen Gefahr.

Ich bitte Ew. Königliche Majestät alleruntertänigst, mir beide Anlagen (von Heine und mir) zurücksenden zu lassen...

98. Potsdam, Dienstag abend [14. Juli 1846]

Ew. Königliche [Majestät] haben so oft schon die immer sehr harmlosen Bitten der würdigen Frau Amalie Beer huldreichst aufgenommen, daß ich keinen Augenblick anstehe, den Brief, den ich soeben empfangen[262], Ihnen zu Füßen zu legen. Die verspätete Aufführung Mitte oder Ende September beschäftigt das mütterliche Herz als die letzte Freude, die die edle Frau noch zu erwarten hat. Ich flehe, daß Ew. Majestät diese Verspätung allergnädigst anbefehlen mögen...

---

[262] Der Brief, von Frau Amalia Beer unterzeichnet, liegt bei und ist vom 14. Juli 1846 datiert. Es heißt darin u. a.: „Der General-Intendant der Königl. Schauspiele hat mir nämlich vor ein paar Tagen angezeigt, daß er beabsichtige, meines Sohnes Trauerspiel Struensee schon im Laufe oder Ende des nächsten Monats zur Aufführung zu bringen, also in den schwülsten Sommertagen, die anerkannt ungünstigste Epoche für die Erhibition [das Herausbringen] eines neuen und namentlich so ernsten Werkes. Aber noch viel mehr als der ungünstige Zeitpunkt, obgleich es auf das Gelingen eines Werkes einen bedeutenden Einfluß ausübt, schmerzt mich, daß das Werk dadurch der hohen Ehre und Auszeichnung der königlichen Gegenwart bei der ersten Vorstellung (welche der gnädige Monarch in Ew. Exzellenz Brief hoffen ließ) verlustig gehen wird, da um diese Zeit gewöhnlich die Manöver stattfinden. Mein Mutterherz legt aber einen so unaussprechlichen Wert auf die persönliche Gegenwart des Allerhöchsten Beschützers des Werkes bei der ersten Vorstellung, und ich sehe darin eine so beglückende Bürgschaft für dessen Erfolg, daß der Verlust dieser Hoffnung mich tief schmerzen würde..." Endlich habe sie ihren Sohn Meyerbeer angeregt, nicht nur die Ouvertüre, sondern auch für die Zwischenakte und die übrige Handlung die Musik zu setzen, das könne aber nicht in 10—12 Tagen gefertigt werden.

99. Nach der Aufführung des „Struensee". Berlin, 19. September, nachts.

Obgleich aus dem blutig „erschütterten, auch meerumschlossenen" Lande, aus Strumsees Dänemark, erst nach 10 Uhr zurückkehrend, glaube ich doch, es noch wagen zu können, Ew. Königliche Majestät mit einigen kleinen Hieroglyphen belästigen zu dürfen. Die Aufführung des Struensee war überaus glänzend und in jeder Hinsicht vortrefflich. Ew. Majestät haben dadurch ein schönes Kunstwerk ins Leben gerufen und das Berliner Publikum, gewöhnlich rhadamantisch zum Blutgerichte sitzend, hat sich überaus befriedigt und tief angeregt bezeigt. Die Musik hat der schon von Goethe so belobten dichterischen Schöpfung des Bruders[263] eine Weihe gegeben, die man in dem Maße kaum erwarten konnte. Sie ist bald vorbereitend, bald begleitend, milde wie anziehender Blütenduft, bald grauenvoll erschütternd oder durch Suspension spannend, Unglück verkündend. Gedanke, Sprache und Tongebilde sind hier organisch verschmolzen, beide Brüder sind eine Person. Das haben mir, dem Unwissenden, die gesagt, „die es wissen", ich habe bloß den veralteten „Blütenduft" hinzugefügt. „Madame mère"[264] saß vermummt, in Nebel mythisch gehüllt, in der Spalte der Loge Ew. Majestät gegenüber. Ich habe mich zu ihr hereingeklemmt, was mir viele mit Tränen begleitete Ausbrüche des Dankes für die unaussprechliche Huld Ew. Majestät und, trotz der beengenden finsteren Höhle, eine feuchte Umarmung zugezogen hat. Selbst Fürst Wittgenstein hatte den schwedischen Prinzen begleitet, noch immer etwas leidend und beunruhigt von den finsteren Mächten, die unten walten. Der Struensee, welcher gewiß von einem schönen Talente zeugt, hat übrigens von dem zu leiden, was allen uns zu nahe liegenden historischen Stoffen anhängt. Wir bringen ein jeder eine Geschichte mit, die oft von der abweicht, die der Dichter uns vorschreiben will; dadurch entsteht eine

---

[263] Michael Beer, der das Drama „Struensee", ein in der vormärzlichen Zeit auf monarchischem Boden wegen der einspielenden Untreue der jungen englisch-dänischen Königin historisch recht heikles Drama, 1829 in Stuttgart Herausgabe Auch Humboldt hat fühlbar bei aller Freundschaft für den Autor ernstere historische Bedenken gegen die dichterische Behandlung, die auf eine einseitige Verherrlichung des politischen Glücksritters und eingestandenen Ehebrechers Struensee hinausgeht. Er spricht mit Grund „von drohenden Nebelgestalten der Schuld".

[264] Frau Amalia Beer.

innere Störung und die menschlichen Anklänge des Mitleids für die Geopferten werden durch die drohenden Nebelgestalten der Schuld getrübt. „Das ist von mich", nicht von denen, die es wissen und nicht sagen.

Ich werde morgen die jungen, mir sehr freundlichen Renntiere nach Potsdam begleiten. Wir werden Moos in Sanssouci essen, vielleicht auch Glienicke besuchen, wo, wie man sagt, das Renntiermoos auch schon aufkeimen soll[265]. Mein Geschenk ist ausgestellt und erregt allgemeine Bewunderung und Freude, die noch besser als Bewunderung ist, im Volk. Empfangen Ew. Königliche Majestät und unsere herrliche Königin huldvoll den Andrang meiner unverbrüchlichsten, dankbarsten Ehrerbietung.

Ew. Königlichen Majestät ebenso getreu, [wie] schief schreibender

A. Humboldt.

100. 25. November 1846

Große Heiserkeit und ein kleines Schnupfenfieber, das mich am Übend in der Arbeit sehr gestört, haben mich leider! von meinem König und der herrlichen Königin sehr getrennt. Die über Potsdam schwebende Gefahr[266], wo die arme Bülow jetzt mit allen Kinder übersiedelt ist, hat mich auch sehr verstimmt. Da ich aber von morgen an hoffen darf, mich zeigen zu können, so bangt es mich, daß Ew. Majestät wieder „Ihren Hofphysikus" befehlen mögen.

Mich treibt aber zugleich auch ein eigenes Interesse: so nenne ich solches, welches einen meiner teuersten Freunde berührt. Ich flehe, daß Sie mit rein menschlichem und darum auch recht königlichem Wohlwollen die Einlage (oder Brief) von Meyerbeer an mich zu lesen geruhen. Er will von mir erfahren: wann er Ew. Majestät anflehen darf, ob Hoffnung vorhanden sei, daß er erlange, wenn er darum anträgt, was er so sehnlichst wünscht. Daß Meyerbeer zu den wenigen, zarten.

---

[265] Hiernach muß Humboldt für den Tierpark auf der Pfaueninsel bei Potsdam, der ein beliebtes Ausflugsziel der Berliner war und alle möglichen Geschöpfe barg, nicht nur Fasanen, Pfauen, Hühnerarten, Wasservögel, sondern auch Hirsche, Affen, Wildschafe, Bären, Büffel usw., auch Renntiere geschenkt haben. Friedrich Wilhelm IV. gab später diese ganze Inselmenagerie nach Berlin ab, wo sie die Grundlage des Zoologischen Gartens wurde.

[266] Eine epidemische Krankheit.

Ihnen ohne alle Selbstsucht aus innigster Gemütlichkeit ergebenen, dankbaren Menschen gehört, sagen Ihnen alle Eindrücke,
die Ew. Majestät seit so vielen Jahren empfangen haben: es kann
auch diese ganz persönliche Anhänglichkeit des bezeugen, den
ich unverbrüchlich immer am ersten und liebsten nenne, wenn es
sich um Reinheit des Gemütes, um Hingebung für Sie handelt;
Graf Stolberg ist mit meinem Freunde sehr genau bekannt.

Meyerbeer wünscht eine unbestimmte Verlängerung seines
Urlaubes von dem Operntheater und Fortdauer seiner Dienstlei-
stungen bei der Hofmusik. Er möchte, daß der bisherige Gehalt
ganz sistiert werde: es hängt ja immer von dem Entschluß Ew.
[Majestät] ab, daß ihm, so lange der unbestimmte Urlaub dauert,
ein kleiner Teil des Gehalts gereicht werde. Sollten Ew. Majestät
unter umgeänderten Verhältnissen es geeignet finden, daß die
jetzige, also temporäre Suspension der Dienste beim Theater
aufhöre, so würde Meyerbeer in die volle Ausübung seiner
Funktionen wiederum eintreten. Möchten Sie doch erlauben, daß
mein Freund in diesem Sinne seinen alleiuntertänigsten Antrag
stellen dürfe! Ich glaube, daß für den Glanz einer Regierung, die,
von der frühesten Morgenröte mit Glück die ausgezeichnetsten
Talente in der Hauptstadt versammelt hat, diese Regulierung der
Verhältnisse überaus wünschenswert sein würde...

[Umrahmt unten:]

Ew. Majestät haben wohl die hohe Gnade, mir den Brief von
Meyerbeer, den ich allein zur persönlichen Mitteilung bestimmt
habe, wiederzugeben. Ich glaube zwar nicht an Gespenster, aber
an lebendige, sehr intime Feinde.

101. 29. November 1846.

Meyerbeer ist sehr glücklich gewesen, durch mich zu erfahren: daß Ew. Königliche Majestät so huldreich seinen Wunsch
um Beurlaubung auf unbestimmte Zeit für das Theater und fort-
laufende Dienstleistung bei der Hofmusik aufzunehmen geruht
haben. Ich lege jetzt zu Ihren Füßen die Bittschrift selbst und
erflehe eine recht baldige gnädige Antwort an ihn, weil er genötigt ist, recht bald nach Wien abzugehen, wohin ich ihn meinem
„Ordensuntergebenen", dem Fürst Metternich[267], empfehlen

---

[267] Metternich steht als Ordensritter der Friedensklasse unter Humboldt als

werde. Es gehört die geistige Macht Ew. Majestät dazu, so unter einem Banner zu vereinigen einen österr[eichischen] Staatskanzler, einen Orientalisten und einen Mexikanischen Bürger, dont la République s'en va en pièces[268]…

102. Ce 10 décembre 1846 la nuit.

Sire[269].

Si je parois très absolu dans mes décisions, c'est pour obéir aux ordres du Maître. La littérature politique et diplomatique est un genre bâtard, dans lequel la pureté du langage se trouve souvent sacrifiée. Votre Majesté a très bien senti que „puissances conservatrices" est préférable à „puissances conservatives". Cette dernière expression est tout à fait barbare et antifrançaise, c'est un germanisme, calqué sur les „conservativen Mächte". Mr. de Metternich à l'habitude de s'en servir dans des lettres semi-politiques qu'il ma'adresse quelquefois. Les mots conservatif et conservatives n'existent pas dans la langue, ils rappèlent la conserve de framboise. Pourquoi ne pas dire puissances conservatrices, comme on a l'habitude de dire le parti conservateur, le Senat conservateur (termination inventée par Sieyès et par Napoléon), comme les malins disent les puissances spoliatrices. Dans le style correct du Grand Siècle on n'auroit jamais placé ces adjectifs isolément. On auroit demande conservateur de quoi, spoliateur de quoi? La pureté du langage exigerait la périphrase: «des Puissances conservatrices des vrais principes monarchiques» ou bien: «des Puissances fidèles à des principes conservateurs.» Mais ces périphrases sont bien longues et l'expression absolue de «Puis-

---

deren Kanzler.

[268] Mexiko, welches Humboldt wegen seiner großartigen Landesforschungen zu seinem Ehrenbürger ernannt hatte, stand damals (1846/47) in einem gefährlichen Kampfe mit den Vereinigten Staaten. Daher der Zusatz: „dessen Republik in Stücke geht".

[269] Betreffs der Brieflücke vom September bis Dezember d. I. sei erklärend angegeben, daß sich Humboldt nach den Briefen an Bunsen seit 2. Oktober mit dem König im schlesischen Schlosse Erbmannsdorf befand. Die obige Spracherörterung knüpft an die damals viel gäng und gäbe Wendung von den „konservativen Mächten". Sie wäre heute insofern hinfällig, als die neuesten französischen Wörterbücher, z. B. Sachs-Villatte, das Eigenschaftswort „conservatif" tatsächlich verzeichnen, während das Pariser von Hatzfeld, Darmesteter, Thomas es 1895 nicht aufführt, sondern nur conservateur, conservatrice. Es muß sich also in letzter Zeit eingebürgert haben. Für seine Zeit hatte Humboldt dagegen mit seiner Ablehnung noch recht.

sances conservatrices» de la Mésopotamie entre le Newa, 1e Danube et le Rhin est d'autant plus préférable qu'elle excempte du danger de la définir. J' écris ces phrases imprudentes à 2 heures la nuit, éclairé par la douce lumière que la munificence de S. M. la Reine répand sur mon écriture microscopique, illisible et oblique.

Je suis avec une vive et respectueuse reconnaissance jusqu'au dernier souffle de la vie, Sire

de V.M.

le très-humble et très-dévoué et très fidèle serviteur

Al. Humboldt.

103. Berlin, 18. Dezember 1846.

Zur möglichsten Ersparnis der Zeit, Ew. Majestät, wage ich den alleruntertänigsten Vorschlag, daß die indischen und chinesischen Sammlungen auf großen Tischen im Sternsaal oder in einer anderen Räumlichkeit aufgestellt werden könnten, doch so, daß der Tannenwald[270] bei Ihnen auch nicht gehindert werde. Minister Rother[271] scheint zu fürchten, daß außer der herrlichen bronzenen Statue des Gautama Buddha, auch Schakiamuni in China genannt, Ew. Majestät nicht Interesse genug an den anderen Industrieerzeugnissen finden würden. Da alles eilt, wegen der nahen Abreise nach Merseburg und des bei Ihnen andringenden „Waldes von Windsor"[272] — (Mittwoch ist schon der 22. Dezember), so erflehe ich, daß Ew. Majestät drei Worte Befehle allergnädigst bald unter diese Zeilen zu schreiben geruhen. Doktor Philippi muß auf jeden Fall als Buddhaketzer dabei erscheinen, um zu erklären. Wählen Ew. Majestät die Aufstellung im Schlosse, so bestimmen Sie ja den Ort...

---

[270] Zur Christfeier.

[271] Anliegend das ängstliche Schreiben des Ministers Rother im Original, beginnend: „Meine verehrte Exzellenz, ich finde mich in großer Bekümmernis darüber, daß die Allerhöchsten Herrschaften sich bemühen sollen, die wenigen indischen Sachen in dem Seehandlungsgebäude anzusehen. Für der Königin Majestät dürften die an sich wohl nicht so wichtigen Gegenstände sehr wenig Interesse haben, wenn ich die Statue des Gautama und das Bild des Hafens von Kanton ausnehme." Es handelt sich um Gegenstände, die der Naturforscher Rudolf Amandus Philippi (geb. 1808 in Charlottenburg, gest. 1904 in Santiago de Chile) aus Indien mitgebracht hatte.

[272] Gleich dem Walde von Birnam in Shakespeares „Macbeth". Es kam hoher Besuch aus England.

104. Potsdam, Mittwoch früh [1846].

Ew. Majestät werden mir gewiß gnädigst verzeihen, wenn ich heute morgen nach Berlin komme, um Sie nach Potsdam zurückzubegleiten und um mich bei der Tafel einfinden zu dürfen. Ich wünschte Ihnen zu melden, daß Steuben[273], den Sie in den siegreichen Schicksalsjahren so huldreich behandelt, angekommen ist und, in wenigen Tagen nach Petersburg eilend, unendlich wünscht, Ihnen den Ausdruck seines Dankes zu Füßen zu legen. Ich habe gestern mit ihm und seiner „malenden" Frau einen vollständigen Kursus aller hiesigen Paläste durchgemacht, die Affen „aus Sagan" eingerechnet...

105. Berlin, 18. Januar 1847.

Ew. Königliche Majestät häufen so viel Ehre auf mein uraltes, graues Haupt, daß neben der tiefsten Rührung auch ahndungsschwangere Besorgnis und Scham angeregt werden. Diese höchste aller Ehren[274] hatte sich meine Phantasie nie träumen lassen, und welche Worte, die eine solche unverdiente Gabe begleiten und so unaussprechlich verschönen! Ich will heute mich bloß der Freude und dem Dankgefühl überlassen. Ich bin mir nur eines Vorzugs bewußt, des Vorzugs, daß niemand Ew. Königlichen Majestät nahe steht, der so ununterbrochen in jedem Augenblick seiner Existenz von dem innigsten Wunsche belebt ist. Ihnen und der herrlichen, mir so gnädigen Königin zu gefallen. Ihnen nach so vieler Arbeit die mir übrigen Kräfte darzubieten, den Glanz und den Ruhm Ihrer Regierung für das höchste und erwünschte-

---

[273] Baron v. Steuben, der schon genannte, in Paris und Petersburg tätige Maler.

[274] Der Schwarze Adler-Orden, der Humboldt verliehen wurde. Diese höchste Auszeichnung am Ordensfeste war zunächst ein Nachklang zu dem endlichen Erscheinen des ersten Kosmosbandes 1845. Der 3., 4. Band und das Bruchstück des nicht vollendeten 5. heben sich durch ihren fachlichen Zuschnitt von selbst von den mehr universellen und auch ästhetisch reizvolleren ersten beiden Teilen ab. Der König sparte mit seiner höchsten Anerkennung für diese letzteren nicht; denn nach dem Erscheinen des 2. Bandes 1847 entwarf er zu den schon verzeichneten hohen Ehrungen als Krönung eigenhändig noch jene kostbare Kosmosmedaille, die er von Cornelius weiter ausführen ließ. Sie trägt vorn Humboldts Kopf im hohen Reliefprofil, auf der Rückseite den Genius, der mit Fernrohr und Senkblei die verschleierte Sphinx der Natur enthüllt, umrahmt von Bildern des Tierkreises, elektrischen Fischen, tropischen Erinnerungen. Darüber aber leuchtet in griechischer Schrift das eine Wort: ΚΟΣΜΟΣ. Die Medaille wurde in Gold und Bronze gegossen.

ste Ziel zu achten. Ich beschwöre Ew. Majestät, mir recht bald die Huld zu gewähren, mich zu Sich zu bescheiden, um zu Ihren Füßen den Ausdruck meiner Dankbarkeit, meiner Ehrerbietung, meines Erstaunens niederlegen zu können. Die erschütterte Philosophie[275] wird Zeit brauchen, um mit Ruhe wieder an die stille Arbeit zu gehen...

106. Berlin, 27. Januar 1847.

Ew. Königliche Majestät wollen allergnädigst erlauben, an den morgenden Tag zu erinnern, da Sie der Akademie einige Hoffnung gegeben haben, die Sitzung[276] Donnerstag, 28. Januar, zur Feier des Geburtsfestes Friedrichs des Großen, um 5 Uhr durch Ihre Gegenwart zu verherrlichen. Raumer als Sekretär liest, wie vorgeschrieben, über Friedrich den Großen, und Encke, gewiß mit vielem Interesse, über die in neuerer Zeit entdeckten Planeten. Das obligate akademische Getränk, Ehrenbergs „belebter Aufguß"[277] wird dieses Mal nicht gereicht...

---

[275] d.h. er selbst in seiner philisophischen Art, derartige Auszeichnungen, an denen es ihm ja von allen Seiten und von zahlreichen Souveränen nicht gefehlt hat, sonst aufzunehmen.

[276] Diese Sitzung nahm einen unerwartet dramatischen Verlauf und gewann sogar einige zeithistorische Bedeutung. Friedrich L. Georg v. Raumer (1781 bis 1873), dessen sechsbändige Darstellung der Hohenstaufenzeit auch heut noch gebraucht wird, glaubte den Festtag und die Gegenwart des Königs dazu benützen zu können, um diesem mit einem freisinnigen Spiegel der friederizia-nischen Staatslenkung und Duldsamkeit politisierende Zeitkritik an seine Regierung und religiösen Stellung unter der Blume vorzuhalten. Der König verließ in voller Ungnade die Akademie, indem er meinte, man lache dort über Dinge, über welche er weinen möchte. Die Akademie mußte sich mit dem Fall auch befassen und v. Raumer seine Mitgliedschaft und Sekretärstelle niederlegen. Humboldt stand dabei zwischen seiner Freundschaft für Raumer und auch für dessen Liberalismus und dem König sowie seiner Kammerherrenwürde. Er wählte den nicht gerade heroischen Ausweg, nicht den Inhalt, aber die Form der Raumerschen Festrede zu tadeln und versöhnte sich selbst wieder mit Encke, der mit einem sehr ausfälligen Schreiben eingegriffen hatte. Raumer aber ward bald darauf Mitglied des Frankfurter Parlaments 1848 und ließ sich von ihm sogar als „Gesandter" nach — Paris schicken.

[277] Damit zielt Humboldt auf dessen frühere wiederholte Vorträge über die Infusorien, die, wie angegeben, auch „Aufgußtierchen" hießen.

107. Berlin, 16. Februar 1847.

Ich erhalte diesen Augenblick einen zärtlichen Brief ohne Datum vom Fürst Metternich, auf den Ew. Majestät vielleicht mit Wohlwollen einen Blick werfen. Er begleitet ein Prachtwerk, in dem der Fürst auf seine Kosten vom Bergrat Haidinger die Versteinerungssammlung von Königswart[278] hat abbilden lassen. Die Kupfer fangen mit dem Porträt des riesenartigen Ammonites Metternichii, dem vorhistorischen Stammvater der Mettemiche, an. Der alte Minister ist immer gleich geistreich, heiter und liebenswürdig, selbst da, wo er politische Heresien[279] zu wittern berechtigt ist.

Mich beschäftigt sehr der Glaubensschild[280], als Ihrer Regierung würdig, dem Vaterlande rühmlich: aber anerkannt in seinen einzelnen Vorzügen wird ein so großes Werk doch nur erst, wenn der, welcher es zeigt, mit diesen Vorzügen vertraut ist. Mein Freund Bunsen hat treffliche Kunstkenntnisse, aber er kann nicht wissen, wie in 4 Jahren ein so vollendetes Werk entstanden ist. Sollten Ew. Majestät, falls Sie nicht schon anders beschlossen haben, nicht glauben, daß der Generaldirektor Ihrer Museen, Olfers, eigens zur Übergabe und Erläuterung gesandt, der Königin Viktoria und dem Pr[inz] Albert sehr angenehm sein würde? Ich beschwöre, daß Olfers mir nie eine Silbe darüber gesagt hat und nicht weiß, daß ich dies zu schreiben wage. Das Patengeschenk erhielte mehr Solennität durch eine eigene Sendung, die Bunsen wegen der Freundschaft zwischen Lepsius und Olfers gewiß nicht unangenehm ist. Bei dem, was das Geschenk muß

---

[278] In Böhmen, wo Fürst Metternich, damals noch Österreichs allmächtiger Staatenlenker, ein großes, 1839 erneuertes Schloß mit vielen Kunstschätzen, Sammlungen und einer erlesenen Bibliothek besaß. Die Ammonshörner sind eine Gruppe ausgestorbener Tintenschnecken mit zum Teil wunderschönem Gehäusebau; das nach Metternich benannte war ein dort neu entdecktes.

[279] Politisch muß Humboldt allerdings dem Wiener Kanzler ein völliger Gegenpol und verdächtiger Ketzer gewesen sein. Die persönliche Bekanntschaft datierte bereits vom Wiener Kongreß her, wo Wilhelm von Humboldt mit Metternich zusammenarbeitete, von ihm in seiner Wirksamkeit für Preußen aber auch gelähmt wurde. Das Erscheinen des ersten Bandes vom „Kosmos" hatte Metternich mit einer überaus schmeichelhaften Zuschrift an Alexander begrüßt, die sich bei L. Assing unter den Briefen an Varnhagen abgedruckt findet (Nr. 98 auf S. 176/77).

[280] Bereits behandelt S. 134, Anm. 5. Seine Fertigstellung dauerte also noch vier Jahre. Cornelius zeichnete ihn, F. Fischer modellierte ihn in Wachs, Wolf goß ihn in Silber, Mertens ziselierte, Stüler ornamentierte ihn.

gekostet haben, wäre die Ausgabe wohl kaum 1/15 des Ganzen mehr und die Anerkennung sicherer. Als Meteorologe (stehend für ein Institut „qui ne danse et ne marche pas"[281]) unterstehe ich mich hier niederzuschreiben, was der Wind fortwehen soll in meiner kleinen staubartigen Schrift, bei den Arabern Gobar, Staub, genannt...

108. Berlin, 19. Februar 1847.

Ich habe fast wieder von dem Schilde zu reden, denn eben empfange ich sehr liebenswürdige Zeilen von dem Vater des Täuflings, Prinz Albert[282], dem ich in Stolzenfels auf seinen Wunsch den Kosmos gegeben. Zu dem „kreisenden Lichtmeer" würde ich mich allenfalls poetisch bekennen, aber nicht zu „Sternenterrassen", die mir gar nicht gefallen und eine Koburger Variante sind. Das auf Papier etwas verwischt photographierte Bildnis des neuen Ritters der Friedensklasse, Sir David Brewster[283] (in St. Leonards College St. Andrews) wage ich Ew. Maje-

---

[281] Das von Humboldt begründete wichtige Institut für Meteorologie. Er verändert hier ein Witzwort des alten Fürsten von Ligny, der vom Wiener Kongresse meinte, er tanze, aber marschiere nicht. Humboldt sagt von dem Institut, es tanze weder, noch komme es vorwärts. Das letztere wegen Mangel an größeren Mitteln. Ein kleiner Wink mit dem Zaunpfahl!

[282] Auch das Schreiben des königlichen Prinzgemahls von England findet sich unter den Briefen an Varnhagen näher erwähnt (S. 224). Es ist datiert aus Windsor Castle vom 17. Februar 1848, und die Stelle, welche Humboldt darin sarkastisch berührt, lautet: „Möge der Himmel, dessen kreisende Lichtmeere und Sternenterrassen Sie so herrlich beschreiben. Sie dem Vaterlande, der Welt und dem Kosmos selbst noch viele Jahre in ungestörter Körper-und Geistesfrische erhalten..." Zu Varnhagen nennt Humboldt die Verwechslung seines Sternenteppichs (auf S. 159 des Kosmos I.) mit einer Sternenterrasse „quite english" aus Windsor, wo alles voll Terrassen ist... Das Buch über die mexikanischen Monumente, das der Prinz mir schenkte (Catherwoods Views in Zentralamerika als „Nachtrag zum eignen großen Werke") habe ich mir vor zwei Jahren gekauft. Eine Prachtausgabe von Lord Byron wäre zarter gewesen..."

[283] Sir David Brewster, Physiker, Erfinder des Kaleidoskops und Stereoskops (1781 – 1868), Professor an der obengenannten Universität, Vizepräsident der Edinburgh Royal Society, Sekretär der Kgl. Gesellschaft der Wissenschaften, Baronet. Den ihm in Berlin verliehenen Orden Pour le mérite der Friedensklasse durfte er nach den Landesbestimmungen in England nicht tragen, wogegen Humboldt, Bunsen und der König, auch mit Waffen des Spottes, vergeblich ankämpften. Nur die Verpflichtung konnten sie aufrechterhalten, daß er bei Besuchen, Audienzen vor dem König in Preußen selbst angelegt wurde.

stät auch beizulegen. Der berühmte Mann ist so gerührt (ich schicke den langen Brief nicht selbst), daß er diesen Sommer versuchen will, das „verbotene" Band am Halse, sich Ew. Majestät in Sanssouci zu Füßen zu legen...

[Nachschrift:]
Mein „Sternenteppich" ist in Windsor zr Terrasse geworden.

109. 18. März 1847.
Der Dichter Hermann v. d. Decken, der auf dem Titel seines Ew. Majestäten gewideneten Buches[284] das Himmelreich als seinen Wohnort angibt, hat mir auch von da her einen Brief geschrieben, von dem ich glaube, daß er seiner Schwülstigkeit wegen wohl Ihro Majestät die Königin auf einige Augenblicke erheitern könnte. Ich bin verlegen, wie ich meinem „Sohne" antworten soll...

110. Donnerstag früh [1847]
Bei der herzlichen Freude, die ich in meinem Uralter an allem habe, was den Namen meines Königs verherrlicht und Verständnis Seines schönen und wundersamen Inneren ahnen läßt, kann ich mir selbst und der liebenswürdigen Briefstellerin Lady Westmoreland[285] auch die Freude nicht versagen, Ew. Königlichen Majestät die gestern abend empfangenen Blätter zu Füßen zu legen. Ich kenne Brougham[286] seit mehr als 35 Jahren aus dem dreifarbigen Holland House[287], die Zeit hat die dunkleren Farben verbleicht; er ist immer ganz wahr, wenn augenblickliche Eindrücke ihn zur Bewunderung anregen. Bei der Manier, die „Ra-

---

[284] Konnte nicht entdeckt werden — ob überhaupt gedruckt? Der Verfasser muß Humboldt im Briefe als seinen geistigen „Vater" im wahren Sinne des Wortes angehimmelt haben.

[285] Gemahlin des schon genannten britischen Gesandten und Kunstfreundes, eine geborene Lady Priscilla Wellesley, Tochter des Grafen von Mornington und Nichte des Herzogs von Wellington.

[286] Lord Henry Brougham (1779 bis 1868), britischer Staatsmann, Rechtsgelehrter, Reformer, Mitglied des Oberhauses, zeitweilig (1834) Lord-Kanzler. 1844 gab er „The british constitution, its history and working" heraus, 1845 in 4 Bänden seine meisterhaften Parlamentsreden (Speeches at the Bar and in Parliament, Edinburgh). Nach seinem Tode erschien 1871, in London seine Eigenbiographie in drei Bänden.

[287] Holland House in London westlich des Kensington Gardens, an historischen Erinnerungen reich.

phael" früher hatte, macht seine jetzige „persuasion" im Parlamente einen wichtigen Effekt. Das alles ist Ew. Majestät gleichgültig, aber vielleicht hat die herrliche Königin einigen Genuß von der Lektüre...

111. Donnerstags [August 1847]

Ich flehe, daß Ew. Majestät einen Blick des Erbarmens auf die Not des geistreichen Verfassers der „Dichtergräber"[288] werfen. Ohne zu ahnen, daß Ew. Majestät ihn in Venedig zu sehen wünschen, klagt er, auf die seiner Gesundheit so nötigen Reise aus Armut verzichten zu müssen. Es wird mit wenigen hundert Talern als Geschenk geholfen sein. Sie geben so vielen, die Ihnen ferner stehen. Befehlen Sie, daß er mündlich hier gefragt werde, welche Welle das gestrandete Schiffchen flottmachen könne...

[Anlage]

Alfred Reumont an Alexander v. Humboldt.

Berlin, 18. August 1847.

Hochzuverehrender Herr Geheimrat!

Die Güte, welche Ew. Exzellenz mir jederzeit und neuerdings noch in so reichem Maße bewiesen haben, ermutigt mich, Hochdenselben eine vertrauensvolle Mitteilung zu machen, so schwer es mir wird und so sehr ich mit mir selbst kämpfe.

Ich befürchte sehr, daß ich genötigt sein werde, auf die Reise nach Italien, welche mir durch die huldreiche Bewilligung Sr. Majestät möglich gemacht worden und auf die ich mich so sehr gefreut, zu verzichten.

Seit einigen Monaten bin ich von einer Seite her vom Unglück

---

[288] Die Fürbitte Humboldts gilt der eigentümlichen Gestalt des außerordentlich beweglichen, diplomatisch, kunstgeschichtlich, poetisch, historisch sich betätigenden Schriftstellers Alfred (von) Reumont, dessen bekanntestes Werk das wiederholt schon herangezogene Buch „Aus König Friedrich Wilhelms IV. gesunden und kranken Tagen" (Leipzig 1885) ist. Er schrieb aber eine lange Reihe der verschiedensten Schriften, mehr noch in italienischer als deutscher Sprache. Zeltweise war er auch Kabinettssekretär, Reisebegleiter und Vorleser beim Königspaar selbst. Zweifellos verfügte er über Geist, reiche Kenntnisse, höheren Geschmack und ein geschichtlich abgeklärteres Urteil. Seine „Dichtergräber" erschienen 1846 in Berlin und enthielten die poetische Schilderung der Ruhestätten Dantes, Petrarcas und Boccacios in Ravenna, Arqua und Certaldo. Er las sie selbst unter Beifall im Schlosse vor. Humboldt hat ihn indes später für eine Erscheinung gehalten, die mit jesuitischen Kreisen in Verbindung stand.

wahrhaft verfolgt. Ich habe immer Last von meiner Familie gehabt, indem ich für Mutter und Schwestern viel zu sorgen hatte: durch, ich kann sagen, unablässige Arbeit und Sparsamkeit brachte ich es dahin, daß ich nicht nur dieser Pflicht genügte, sondern auch noch einiges zurücklegte. Leider kam ich durch Schuld eines Bruders (ich schreibe es mit widerstrebendem Gefühle), dem ich das Meinige anvertraut hatte, um einen beträchtlichen Teil, und in diesem Moment steht mir wahrscheinlich der Verlust des übrigen bevor, indem man mir meldet, daß das Grundstück, welches mir als Sicherheit dienen sollte, subhastiert sei und andere Hypothekengläubiger mit Zinsen, Kosten usw. mir vorausgehen. Ich rette vielleicht gar nichts und sitze da mit schwerer, schwerer Last. Seit Ende des Winters habe ich gleich einem Tagelöhner vom Morgen zum Abend gearbeitet, um nur etwas zu erübrigen und den von dort aus an mich gestellten, unaufhörlichen Anforderungen genügen zu können: meine Gesundheit und Augen, die schon so sehr gelitten, gehen darüber zugrunde, und ich sitze nun in lauter Trübsal.

Nachdem ich jahrelang auch beim beschränktesten Einkommen stets anständig gelebt, glaubte ich die Zeit gekommen, wo ich, durch des Königs Gnade ungleich besser gestellt, mich etwas freier bewegen könnte: und gerade jetzt muß solche Not und Verlegenheit ungeahnt und unverschuldet mich treffen!

Verzeihen Ew. Exzellenz, wenn ich Ihnen solche Dinge schreibe! Doch eine Verlegenheit kommt zur anderen. Ich hatte, wie Hochdieselben wissen, und wie ich es auch Ihrer gütigen Bevorwortung verdanke, von des Königs Majestät Urlaub für den Winter erhalten und hoffte mit Aufträgen beglückt zu werden — darf ich nun hoffen, daß Ew. Exzellenz die Gewogenheit haben wollen, auf irgendeine Ihnen passend erscheinende Weise es dem gütigsten Herrscher mitteilen zu wollen, was mich verhindern dürfte, von der mir gewährten, so innig gewünschten Bewilligung Gebrauch zu machen? Ich würde dadurch wenigstens vor dem Könige gerechtfertigt sein. Ich habe keine Schuld, denn ich hatte mühsam Erworbenes in vollem Vertrauen hinzugeben, um die Meinigen zu unterstützen.

Vielleicht ergibt sich noch eine einigermaßen günstigere Wendung: aber meine Hoffnung ist sehr gering, und mit schwerem Herzen überblicke ich so manche schöne Pläne, die sich an den nochmaligen Aufenthalt in Italien knüpften.

Vertrauensvoll habe ich dies Ew. Exzellenz mitgeteilt — Ihrer wohlwollenden Gesinnung bin ich gewiß, und niemand hat wie Sie die Gelegenheit, Sr. Majestät in außerordentlichen Dingen ein Wort zu anderer Gunsten zu sagen. So darf ich mich der Hoffnung hingeben, daß Sie es auch für den tun wollen, welcher in tiefer Verehrung beharrt

Ew. Exzellenz gehorsamst dankbarer

Alfr. Reumont.

112. Berlin, 21. September 1847.

Ew. Königliche Majestät nehmen immer einen so menschlichen Anteil an dem Zustande Ihrer „alten, Einsturz drohenden Häuser", daß ich es schon wagen darf, in meiner schönsten Handschrift diese ehrfurchtsvollen Zeilen an Sie zu richten. Eine heftige Erkältung, die ich mir durch plötzlichen Wechsel des Klimas, Unvorsicht kleiner nächtlicher Exkursionen und durch ein kolossales Weltfeuer in dem Urkamine der schönen Neuen Kammern[289] zugezogen habe, hat mich den idyllischen, der Arbeitsamkeit so günstigen Aufenthalt, den ich auch während Ihrer Abwesenheit der königlichen Munifizenz verdankte, fliehen machen, um mich in Berlin, trotz der Abwesenheit aller meiner Leibärzte, zu pflegen. Die immer wahrheitsliebenden Zeitungen lassen mich zwar zugleich unter den mehr fest- als wissenslustigen, wandernden Naturseelen in Aachen und Venedig erscheinen; ich habe es aber nach meinem eben in Tegel nahe bei einem Grabe gefeierten 78. Geburtstage für verständiger und darum pflichtmäßiger gehalten, hier zu bleiben und arbeitsam zu vollenden das, worauf Ew. Königliche Majestät selbst so huldreichen Wert legen. Die Korrekturbogen, die letzten Zeilen des zweiten Bandes des Kosmos, sind endlich von Stuttgart angekommen, und ich sende morgen schon die offizielle Anzeige der Vollendung und des kühnen Versprechens, den dritten und letzten Teil (falls der Allerhöchste mir meine geistigen Kräfte wie bisher erhält) diesen Winter in Berlin auszuarbeiten, in die Allgemeine (Augsburger) Zeitung. Ew. Königliche Majestät werden es meiner Altersschwäche zuschreiben, daß ich Ihnen, mitten in

---

[289] In Potsdam bei Sanssouci, wo er seine ihm zu kühle und nicht behagliche Wohnung hatte und sich durch ein „Weltfeuer" und durch überhitzung erst recht eine Erkältung zuzog.

Ihrem jetzigen bewegten Leben und nach den so frischen Ein-
drücken der tief und kunstvoll aufgeregten „vielfarbigen" Wel-
len in Mittelitalien, mit deutscher, ernster Pedanterie so wichtige
Dinge erzähle. Meine Gesundheit ist wiederhergestellt aber dem
glücklichen Tage so nahe, wo ich die Freude haben kann, Ew.
Königliche Majestät und unsere herrliche, durch die Badekur,
gestärkte Königin[290] zu sehen, trete ich meine Erheiterungsreise
erst am 3. Oktober an. Vielleicht daß Ew. Königliche Majestät mir
selbst noch einige Befehle oder Weisungen für die beiden Babel,
die zahmere flämische und die gern wild scheinende französische[291] (haced los caras feras[292] heißt das portugiesische Kom-
mando!) mündlich erteilen werden! H

[Nachschrift:]
    Der königliche Gartendirektor in Neapel, Dehnhardt, Vater
des talentvollen jungen Menschen, der lange bei Sello[293] in Sanssouci wohnte, hat sehr interessante Zeichnungen von den neuen
Gartenanlagen in Capo di Monte für Ew. Majestät eingeschickt.

113. Horchheim, 10. Oktober 1847.
    Ew. Königliche Majestät werden gewiß nicht zürnen, wenn
ich dankbaren und vertrauungsvollen Gemütes schon einen
Vorwand suche. Ihnen aus dem anmutigen Landhause meines
Jugendfreundes Joseph Mendelssohn[294] zu schreiben. An dem
Morgen (4. Oktober), an dem ich Berlin verließ, erhielt ich für
Ew. Majestät von dem dänischen Gelehrten Professor Forch-
hammer aus Kiel[295], der den Herkules für einen aufsteigenden
Dampf, die Pyramiden für elektrische Apparate zur Anziehung

---

[290] Sie war seit Februar des Jahres leidend, ging nach Ischl. Der König folgte
       ihr und machte noch einen Herbstausflug nach Venedig.
[291] Brüssel und Paris, in dem er dann bis in den Anfang des verhängnisvol-
       len Jahres 1848 hinein volle fünf Monate, aber zum letzten Male ver-
       brachte.
[292] d. h. wahrscheinlich: „hetzt die lieben Bestien" von cacar, caro und fera
       (portugiesisch) und könnte Kommando in der Kavallerie bei Attacke
       oder Karriere sein. Nur muß dann cazed geschrieben werden.
[293] Hofgartendirektor.
[294] Joseph Mendelssohn, Sohn von Mofes Mendelssohn, der Begründer des
       großen Bankhauses. Sein Landhaus in Horchhelm lag unweit Koblenz.
       Der König pflegte persönliche Unterstützungen Humboldts bei seinen
       Reisen, Forschungen usw. auf dieses Bankhaus anzuweisen.
[295] Peter Wilhelm Forchhammer, Archäologe, 1801 in Husum geboren.

von Wasserdünsten und Befruchtung des dürren Landes, die Ilias für eine Allegorie des meteorologischen Kampfes zwischen Sommer und Winter, Trockenheit und Regen hält, eine etwas zahmere Arbeit über die „zyklopischen Mauren in Italien und Griechenland". Ich halte es für eine Pflicht, die Abhandlung über eine Festigkeit gebende Bauart, die Ew. Majestät gern selbst anwenden, Ihnen zu Füßen zu legen. In Hannover, Bielefeld und Köln sehr gemächlich schlafend, bin ich in bester Gesundheit, aber „vom Nebelherkules" umschattet, zu Wasser Donnerstag abend hier angekommen. Die Providenz der antifinanziellen Schreibegeister, Kammerherr Baron Cotta v. Cottendorf[296], den ich nie vorher gesehen, ist von Stuttgart in Koblenz angekommen, bloß, um meinen „baulichen Zustand" wegen des schuldigen 3. Teils des Kosmos, von dem 12000 Exemplare abgesetzt worden, zu untersuchen. Der krauslockige Baron ist beruhigt zurückgegangen. Ich gehe heute nach Bonn, um die Sternwarte und meine Freunde zu besuchen, auch bei dem trefflichen Bethmann Hollweg[297] zu speisen. Da ich erst Mittwochs, 13. Oktober, morgens in Paris ankomme, so wage ich es schon von hier aus, des großen festlichen, Millionen erfreuenden Tages[298] zu gedenken. Es gibt in den Sprachen, die ich weiß, keine Worte, um die Gefühle der Rührung auszudrücken, mit denen mich der Gedanke an diesen Tag erfüllt. Mit welchen neuen Beweisen der Huld, der zärtlichsten Sorgfalt, der königlichen Munifizienz haben Sie mich in dem letztverflossenen Jahre überschüttet! Wem ist am spätesten Abend seines Lebens so viel Glück geworden! Meine Wünsche werden Erfüllung finden!

Ich flehe, daß Ew. Königliche Majestät und unsere herrliche, mir so huldreich-gnädige Königin den Tribut meiner tiefgefühltesten Dankbarkeit und Ehrerbietung wie immer mit Nachsicht empfangen mögen...

---

[296] Johann Georg der Jüngere, Freiherr Cotta v. Cottendorf (1796–1863), der Verleger des Kosmos und seine buchhändlerische „Providenz", Vorsehung.

[297] Moritz August Bethmann Hollweg, 1840 geadelt, seit 1842 Kurator der Bonner Universität, später Haupt der liberalen Wochenblattpartei und der erste Kultusminister der neuen Ära (1795–1877).

[298] Des Königsgeburtstages am 15. Oktober.

114. [1847] Mittwochs.

Der berühmte Kupferstecher Forster (der Neuchâteler)[299], begleitet von einem anderen sehr ausgezeichneten Kupferstecher, Webers[300] der mit Kaulbach befreundet ist, find diese Nacht aus Paris mit Kunstschätzen, die sie Ew. Majestät zu Füßen zu legen wünschen, hier angekommen. Forster bringt eine heil[ige] Familie von Raphael, schöner als alles, was Sie je von Toschi[301] gesehen; Weber den Napoleon und sein Kind von [d. h. nach] Steuben von unbegreiflicher Zartheit.

Ich flehe: ob ich beide heute nachmittag um 5 Uhr bestellen darf, da Ew. Majestät sie heute wohl noch nicht zur Tafel befehlen wollen...

115. Paris, 24. November 1847, nachts.

Ew. Königliche Majestät werden allerhuldreichst verzeihen, wenn ich, als unwürdiger Kanzler des Ordens Pour le mérite in der Friedensklasse, Sie mit einer alleruntertänigsten Anfrage zu belästigen wage. Bei dem so unvorhergesehenen, als bejammernswürdigen Verluste zweier Ritter deutscher Nation, Felix Mendelssohn-Bartholdy und Dieffenbach[302], kann ich ohne alle Mühe durch die Generalordenskommission die Wahl durch Umlauf an die stimmfähigen Ritter von hier aus anordnen, wenn Ew. Majestät es mir befehlen und zugleich entscheiden wollen, ob der Ersatz in der zwiefachen Kategorie der Kunst und Wissenschaft geschehen soll. Bei der Wichtigkeit aber der beiden Hingeschiedenen, bei dem Schmerze, den ein solcher Verlust allgemein erregt, möchte ich Ew. Majestät alleruntertänigst vorschlagen, lieber nicht mit dem Ersatz zu eilen und, wie man gewöhnlich in der Akademie tut, die Wahl noch auszusetzen, bis in den Anfang des künftigen Jahres. Ew. Majestät werden wohl

---

[299] Francis Forster, zuerst Graveur von Uhrenschalen, dann Kupferstecher (1790–1872), schuf verschiedene Madonnenbilder, nach Rafael u. a., Bildnisse des Hauses Orléans, von Wellington u. a. m. Als Neuenburg wieder preußisch wurde, verlieh ihm Friedrich Wilhelm III. schon die goldene Medaille und zwei Jahresgehalte.

[300] Friedrich Weber, ein geborener Baseler (1813–1882), arbeitete Blätter nach den Galerien von Versailles, nach Bildern von Holbein, Steuben, Winterhalter usw.

[301] Schon erwähnter italienischer Kupferstecher.

[302] Sie starben im November 1847, der erste am 4. in Leipzig, der zweite am 11. zu Berlin.

geruhen, mir durch das Geheime Kabinett Ihren Befehl darüber allergnädigst mitteilen zu lassen.

Mein letzter und fünfter Bericht über die öffentlichen Angelegenheiten vom 15. November ist längst in den Händen des Freiherrn v. Canitz[303]. Ich habe heute nicht zu berichten gewagt, da ich nur über das schreibe, wovon ich persönlich unterrichtet sein kann. Herr Guizot, den ich vor einer Stunde bei der Fürstin Lieven sah, ist voll Zuversicht über die Schweizer Angelegenheit[304] und die Maßregeln, welche beschlossen sind. Er scheint mit mehr Heiterkeit und Gewißheit auf die Nachgiebigkeit der radikalen Partei zu rechnen als der König Louis Philippe, dessen minder optimistische Stimmung durch die Bankette, die Stimmenmehrheit für die Reform der Wahlgesetze im Konseil du Departement de la Seine selbst und die Nöte der Kammern („Zweige aus dem Walde von Windsor") etwas gebräunt ist.

Ich habe trotz des kalten Nebels vor 3 Tagen einen Besuch bei dem kunstgelehrten, prachtliebenden Duc de Lunnes[305] in Dampierre, 2 Stunden hinter Versailles, gemacht. Man fährt bei den Ruinen von Port Royal, die noch in dem Besitz einer Jansenistenfamilie sind, vorbei. Der fast königliche Prachtbau des Schlosses Dampierre, das heißt die Verschönerung des alten Schlosses aus der Regierung Ludwig XIII., ist dem vortrefflichen Architekten der St. Kapelle, Duban, übertragen. Die Kosten an Marmorornamentenskulptur (gefärbte Karyatiden im strengsten antiken Stile), Ornamentmalerei und Vergoldung steigen schon über 800000 Frank, und doch sind nur ein großer Saal von 70 Fuß Länge, eine Treppe und ein Monument zum Andenken an Ludwig XIII. (den Wohltäter der Ducs des Luynes et Chevreuse) vollendet. Der Saal hat zwei große allegorische Wandgemälde von Ingres von edlem Raffaeleskem Stile (das goldene und das kampflustige eiserne Zeitalter), nicht eigentliche Fresken, sondern Ölgemälde auf mit Wachs getränkter Wand. Da Ingres sich nie will helfen lassen, so malt er schon 5 Jahre und wird noch 3 Jahre brauchen. Beide

---

[303] General K. W. Ernst Freiherr von Canitz und Dallwitz (1787 bis 1850), 1845 Bülows Nachfolger als Minister des Auswärtigen.

[304] Der Sonderbundkrieg, der am 4. November 1847 von der Tagsatzung in Bern gegen die sieben Kantone, die an der alten Verfassung festhielten, beschlossen wurde. Die Großmächte standen auf seiten der letzteren; aber die eidgenössische Armee unter General Dufour blieb siegreich.

[305] Ehrenmitglied der Berliner Akademie der Wissenschaften, mit Humboldt seit seinem großen Pariser Aufenthalt befreundet.

Bilder kosten zusammen 80000 Frank. Das Monument besteht in der überaus gelungenen Statue von Ludwig XIII.; ein schöner Jüngling von 17 Jahren von gediegenem, aber gebräunten Silber, lebensgroß. Das Fußgestell hat bronzene Figuren und ist mit Lapis Lazuli ausgelegt. Das Sazellum bildet ein Zelt von purpurrotem Samt mit goldenen Lilien und Wappen. Die seidenen, goldgewirkten Fenstervorhänge sind Lyoner Arbeit. Auch die kolossale Pallas von der Akropolis läßt der Duc de Luynes 8 Fuß hoch ausführen ganz nach dem Rezepte von Quatremere de Quincy, aus Gold, Silber, Elfenbein und schönen Steinen zusammengesetzt — une belle horreur classique! Diese Pallas wird einige hunderttausend Franken kosten. Der Duc de Luynes hat wohl eine Million Franken Einkünfte; er lebt bloß mit Künstlern und Gelehrten, friedlich mit dem Hofe, wohltätig und sittlich. Sein Sohn, der Duc de Chevreuse, haßt Kunst und Künstler leidenschaftlich.

[Nachschrift:]

Ew. Majestät werden dem geraden Sinn des Greises die schiefe Schrift verzeihen.

116. Paris, 11. Dezember 1847.

Ew. Königliche Majestät werden allergnädigst verzeihen, wenn ich es wage, meinem heutigen offiziellen Berichte einige Worte des herzlichsten Dankes und der Bewunderung beizufügen. Sie haben Muße gefunden, in einer Zeitepoche, in der Ihr edles Gemüt durch Besorgnisse für das mutige und bedrohte Neuchâtel und durch den traurigen Polenprozeß[306] beklommen ist, mich durch die schönsten und freiesten Ergießungen Ihres Herzens zu erfreuen. Hätte ich das Glück, in Ihrer belebenden Nähe zu sein, ich würde mich zu Ihren Füßen werfen und flehen, daß kein Blut fließe nach dem großen Urteilsspruche.

In der europäischen Angelegenheit, deren Wichtigkeit Ew. Majestät so tief durchschauen, habe ich in meinem engen Kreise, den individuellen Charakter der Personen aus langer Erfahrung kennend, so gehandelt, als ich ahnen konnte, daß es in der Ab-

---

[306] Von ihm findet sich anderwärts von Humboldt die Einzelheit, daß sich die Polen verschworen gehabt hätten, die Festung Thorn landesverräterisch zu überfallen. Daß die polnische Ränkekunst vor und in der Revolution 1848 eine große Rolle hinter den Vorhängen gespielt hat, steht fest.

sicht meines Königs läge. Ich habe einige der beredtesten Stellen des schönen Briefes, so gut ich es konnte, aber mit vieler Sorgfalt in das Französische übertragen. Diese Stellen haben in der Rue des Capucines wie in St. Cloud eine unendliche Freude erregt, eine Freude, an die man lange nicht gewöhnt war. Die Billigung eines rechtlichen Betragens, eines mutigen Auftretens hat den alten König sehr bewegt und gerührt. Ich habe als Schriftsteller die Früchte dieser Rührung genossen. Man hat meine Übersetzung des „Rêve de Colomb" viel schöner gefunden, als es sonst wäre zu erwarten gewesen. Der König, die Herzogin von Orleans, die ich jede Woche allein sehe, der Duc de Nemours haben mir mit enthusiastischer Wärme aufgetragen, Ew. Majestät zu danken! Von Guizot lege ich einen klemm an mich gerichteten Brief bei, den Sie wohl unter Ihren Autographen aufzuheben geruhen[307]! Ich flehe, daß Sie seine Bitte erfüllen. Sein Herz hängt sehr gemütlich und rechtschaffen an dieser Bitte. Er wird nie von diesem Besitze gegen irgend jemand reden. Der deutsche Brief ist vollkommen harmlos, ist der reinste Abdruck der edelsten Gefühle, dazu wunderschön von Sprache: es stehen in dem Briefe die Worte, die ich Ihnen rauben möchte: „Mendelssohn, mit dem ein Meer menschenbessernder Tongedanken versiegt." Guizot weiß sehr vollkommen Deutsch und hat die Tiefe des Ausdrucks „Tongedanken" ohne Kommentar empfunden. Ew. Majestät brauchen mir ja nur zu befehlen, ich könne den Brief als mein Eigentum, als ein freies Eigentum betrachten. Ich schreibe dann auf den Brief, von dem ich mich allerdings ungern trenne, „courageusement et indiscrètement offert non au Président du Conseil ou Ministre des affairs étrangères, mais á un ami de trente ans. A. H."

Meine Gesundheit ist sehr erfreulich, und wenn Ew. Majestät es allergnädigst erlauben, so bleibe ich zur Erfüllung von drei Monaten und besonders, um die französische Übersetzung des Kosmos zu fördern, bis 13. oder 15. Januar hier.

Für das Ordensfest hatten Ew. Majestät einem sehr bandlustigen Philosophen Leopold v. Buch etwas verheißen.

Empfangen Ew. Majestät und die mir gewiß noch huldreiche

---

[307] Fehlt leider. Die Rue des Capucines ist eigentlich ein Boulevard (am Opernplatz) und Guizots Wohnung, St. Cloud ist das bekannte Königsschloß, westlich am Bois de Boulogne.

Königin den Tribut meiner Ehrerbietung und unerlöschlichen Dankbarkeit ...

117. Paris, 26. Dezember 1847.

Ew. Königliche Majestät haben mich wieder unter dem 16. Dezember mit einem huldreichen, unendlich liebenswürdigen Briefe beglückt. Er enthielt die edeln Worte: „Blut ist das Vorrecht der Revolution." Guizot, den ich diesen Abend (ich schreibe wie gewöhnlich in der Nacht) mit General Radowitz und Graf Colloredo bei der Fürstin Lieven[3] in dem großen diplomatischen Sanhedrin fand, „est charmé de Mr. Radowitz; c'est un bonheur d'avoir à faire à un homme spirituel qui sait dire énergiquement ce qu'il veut". Ich glaubte, er werde hinzufügen: „et qui [sait] comprendre ce qui nous est possible de faire" Es ist Gewitterluft, wie immer vor Eröffnung der Kammern: Das Prophezeien des Ausganges ist allerdings, wie der Vogelflug, ein mißliches Handwerk, doch habe ich die Eingebung („el corazón me da"[308], sagen die Spanier), daß die Schweizer Angelegenheit das Ministerium zwar scheinbar in Gefahr bringen, aber nicht stürzen kann. Von moralischer Achtung, von Zuneigung und ähnlichen Mythen ist keine Rede, aber die Besorgnis vor dem Fallen der Renten, vor der Unsicherheit des Eigentums im ungerochenen Siege einer terroristischen Partei, werden die Stimmenmehrheit erhalten. Ich ermüde Ew. Majestät nicht mit Ansichten, die in meiner Lage nur halbbegründet sein können. Das Übelbefinden des Königs war ganz unbedeutend, ein starker Schnupfen und Heiserkeit. Die Königin sagte mir noch vorgestern, sie allein habe mit Mühe von dem Könige erlangt, „da er das Sprechen liebe", nicht im Abendsalon, wo jetzt bei der Übersiedlung nach den Tuilerien sich alles zusammendrängt, vor dem 28., Tag der Kammereröffnung, zu erscheinen. Einige Zeilen der Herzogin von Orlians, die ich beim Zuhausekommen eben finde, sagen, daß jetzt auch die Heiserkeit gehoben ist. Das nahe Neujahr mit 47 Antworten ist aber eine nahe und drohende Begebenheit! Lord Brougham[309] ist nur zwei Nächte, auf seiner Durchreise nach dem warmen lieblichen Landsitze von Cannes, hier gewe-

---

[308] Ein Gallicismus für: kann.

[309] d. h.: „gewagt und indiskret gewidmet nicht dem Conseilpräsidenten oder Minister des Auswärtigen (was Guizot beides war), sondern einem Freund seit 30 Jahren. A. H."

sen. Wir haben ihn gestern wohl zwei Stunden auf der Sternwarte gehabt. Die letzte Toryinkarnation hindert Buddha nicht, die ältere Genossenschaft vorsichtig zu pflegen: doch sind die Hauptgegenstände des neuen Kultus Lady Westmoreland, der König Ernst und Dupin l'aîné! Auch Raphael hatte vielerlei Manieren, aber bei ihm war die letzte die beste. Lord Brougham hält das Palmerstonsche Ministerium für unerschütterlich!

Guizot mahnte mich heute abend von neuem um den Brief, den er erfleht. Ich habe ihm versprechen müssen, die Bitte, die sein kleines Schreiben an mich enthielt, auf das wärmste zu unterstützen. J'y tiens de cœur et d'âme et Vous savez que je serais incapable de me vanter d'un tel témoignage d'affection." Der Brief scheint mir unendlich harmlos. Er ist der lebendige Ausdruck der edelsten Gefühle, lobt Guizot einzig „wegen des Mutes für eine gerechte Sache"; er verkündigt Grundsätze, von denen die ganze Welt längst weiß, daß sie die Ihrigen sind. Es ist ja ganz einfach, daß Ew. Königliche Majestät die letzten drei Zeilen der ersten Seite „dies Schauspiel würde mich, wenn ich ein Engländer wäre, mit Neid erfüllen", selbst ausstreichen, wenn Ew. Königliche Majestät mir, wie ich hoffe, den herrlichen Brief hierher zurücksenden. Ich werde dann sagen: ich habe selbst ausgestrichen. Gerade die Freiheit und geistige Lebendigkeit, die in dem Briefe herrschen, die so literarisch schöne Stelle über Felix Mendelssohn in großer Eile auf das Papier geworfen — geben ein köstliches Bild von dem, dessen Ruhm mir, dem Greise, an das Herz gewachsen ist. Ich bin stolz genug zu glauben, daß, mitten unter dem Drange der wichtigsten Staatsgeschäfte, Ihnen meine baldige Ankunft angenehm ist. Ich breche also ab, was ich hier begonnen im Einsammeln zum dritten Band des Kosmos, in Beaufsichtigung der französischen Übersetzung des zweiten Bandes: Ich verlasse die „Capitale et le Centre de la Civilisation de l'Europe", wenn nicht besondere Hindernisse eintreten, den 14. Januar. Die letzte Post hat mir noch aus Charlottenburg, ebenfalls von einem 14., ein ganz unerwartetes Glück gebracht, die liebenswürdigsten Zeilen der huldreichsten Königin, voll rührender Erinnerung an meinen hingeschiedenen Bruder, ein Hauch wie des erneuerten Lebens nach kurzer Grabesruhe...

118. Berlin, 18. Januar 1848.

Ew. Königliche Majestät werden allergnädigst verzeihen, wenn ich vor dem nahen Ordensfeste es wage, Sie an Leopold v. Buch und an Hoffnungen zu erinnern, die Sie ihm in einem eigenen Handschreiben erregt hatten. Ich handle nach Ihrem allerhöchsten Befehle und habe die alleruntertänigste Erinnerung schon einem meiner Pariser Berichte[310] beigefügt...

119. B.[erlin], 25. Januar 1848.

Meine Augen sind bei dem späten Erwachen durch das freundliche Himmelblau gestärkt worden. Die Veränderungen in meinem Konzepte[311] scheinen mir ganz harmlos und recht glücklich, da ich mit dem guten Sinn geboren bin, das Fremde meist für besser als das Meinige zu halten". Ich bitte alleruntertänigst, daß Ew. Majestät dem Konzepte des Ministers den Vorzug geben mögen: nur auf der ersten Seite müßte es unten heißen: à calmer de profondes douleurs. Wenn des stehen soll, muß profondes auf douleurs folgen: à calmer des douleurs profondes. Da ich noch Diäten und Reisekosten von dem auswärtigen Departement zu fordern habe, so werden Ew. Majestät wohl nicht meine Pedanterie verraten. Die Veränderungen, die ich sehr lobe, sind in der lobenswerten Absicht gemacht worden, daß in dem Briefe nicht auf politische Einmischungen, auf das „maikeur" der Gefangenschaft von österreichischen Ulanen oder gar auf Gewitter gedeutet werde, die es zu erregen mitgeholfen[312]...

120. Montags [1848].

Ich fürchte, daß es mir nicht geglückt ist. Hätten Ew. Majestät mir doch lieber einige schnell hingeworfene Zeilen geschickt, die mir ein Anhalten und Mut gewährt hätten. Ich bin von den Empfindungen ausgegangen, die den alten weinenden König[313] be-

---

310 Siehe Nr. 106 am Schluß.
311 In Frage steht die Abfassung des französischen Beileidsschreibens, das der König an Louis Philippe von Frankreich anläßlich des Todes der Herzogin Adelaide Cugini« Louise von Orléans richten will. Sie starb am 30. Dezember 1847. Humboldt hat dazu, wie des öfteren den Entwurf gemacht und der Minister des Auswärtigen, Freiherr von Canitz und Dallwitz, ihn teilweise umgestaltet. Vgl. den Entwurf bei Nr. 120.
312 Natürlich alles nicht wörtlich, sondern ironisch zu verstehen.
313 Louis Philippe, dessen jüngere Schwester die verstorbene Herzogin war und der, wie früher erzählt, 1842 seinen ältesten Sohn Ferdinand Philippe

herrschten, als ich eine volle Stunde mit ihm zubrachte. Der Tod des ältesten Sohnes hat auch bei ihm die religiöse Stimmung im Unglück tief erweckt; sein heimliches Glück rühmt er als Trost für so viele Angriffe. Ich beschwöre Ew. Majestät, die Wendung „affecteuse expression" nicht wegzustreichen. Das ist, wie ich den König kenne, der Glanzpunkt des Briefes, und nach dem, was ich von dem Briefe der Königin Viktoria weiß, hatte sie [d. h. die Königin] auch gefühlt, daß man einem rein menschlichen Unglück das zarte Mitgefühl schenken muß. Von dem Ende des Briefes weiß ich nichts: ich glaubte nur zu wissen, daß, da man glückliche Färbungen Ihrer deutschen Reden oft mit vielem Geschick französisch wiedergegeben hat, ein Brief von Ew. Majestät auch einige Lebendigkeit haben müßte. In tiefster Ehrfurcht

der immer gerade handelnde, schief schreibende

Kanzler.

Ich bin imstande, alles wegzustreichen und andere Konzepte zu liefern.

[Anlage.]

Monsieur mon Frère,

C'est par respect pour une grande et noble affliction que j'ai cru devoir tarder à adresser ces lignes à Votre Majesté. Elles ne peuvent Lui offrir que l'affectueuse expression des sentimen[t]s[314] douloureux, qu'a fait naître partout, et à si juste titre, la perte cruelle dont Votre Maison Royale vient d'être frappée. Touchant exemple d'union, d'intelligente sympathie et d'un dévouement courageux, traversant avec résignation des tem[p]s d'orage et de malheurs publics, Son Altesse Royale Madame Adélaide étoit la douce compagne d'une vie dont la sage et énergique activité a eté dirigée à maîtriser l' ardeur des passions déchainées, à cimenter la paix et le repos qui sont les premiers besoins des peuples et le gage de leur prospérité croissante.

Dans les graves momen [t] s où l'âme est consternée, il appartient à la Religion seule de faire entendre un langage consolateur, à calmer de profondes douleurs. Je dois me borner à former des

---

durch Unfall früh verlor. Seine beiden sukzessionsfähigen Enkel waren die minderjährigen Söhne der mecklenburgischen Herzogin Helene, der Graf von Paris und der Herzog von Chartres.

[314] Es ist die ältere Schreibweise, welche in der Mehrzahl die t am Schlusse fortläßt und ètoit, parois usw. noch gebraucht, sonst beibehalten.

vœux pour la longue conservation de ce bonheur domestique dont Votre Majesté jouit sur le trône et qui Vous offre à Vous, Sire, et à la Reine, Votre auguste épouse, les adoucissemen [t] s les plus dignes d'une noble sensibilité.

Je prie Dieu ...

121. 17. Februar 1848. Nachts.

Mit inniger Beschämung muß ich freilich eingestehen, daß der sinnige Herausgeber des „Chur-Cöllnischen Capelln- und Hof-Calenders, Herr Mathias Biber, 1723[315] als Kammerfomier mehr von den mineralischen und chemischen Bestandteilen des Firmaments gewußt hat, als das griechische Altertum mit seinen kristallenen Himmeln und der Verfasser des Kosmos 1847 in seinen Vermutungen über die Komposition der Meteorsterne, „planètes de poche"[316]; aber Ew. Königliche Majestät sorgen huldreichst dafür, daß ich im dritten Teile, falls die böse Grippe ihn möglich macht, die planetarische Siegelerde, die leibesöffnenden Substanzen und das Sperma Ceti[317], das man bisher mehr in der Südsee als in den Himmelsräumen suchte, nachholen kann. Indem ich mich in das kurkölnische Zeremonien nächtlichst vertiefe, habe ich die Vorsicht bewundert, mit der außer 9 wirklichen Kammerdienern, noch 20 tituläre dafür sorgen, daß niemand die Schlafeinrichtungen des Erzbischofs, ehe er sich die Hände wasche, untersuchen könne. In den „siebenerlei Referenzen" ist mir eine Inklination[318] mit einer Schulter etwas unverständlich geblieben.

Ich benutze dieses kleine Blatt, um die Gnade zu erbitten, mein alleruntertänigstes Gesuch auf dem Foliobogen zu genehmigen. Der kenntnisvolle Sohn eines ganz unbemittelten Wachtmeisters Brugsch[319], der, ohne seine anderen Studien zu

---

315 Ein Kuriosum, das der König ihm wohl im Scherz zur Einsicht schickte.

316 =Taschenplaneten

317 Walfischsamen.

318 Verbeugung.

319 Es ist ein besonderer Ruhmestitel Humboldts, sich dieses jungen aufstrebenden Ägyptologen Dr. Heinrich Karl Brugsch, der ein namhafter Gelehrter wurde, mit fast väterlicher Fürsorge angenommen zu haben, obwohl er dabei auf einen gewissen Widerstand seines älteren Freundes Lepsius, dem er vorher mit Bunsen gemeinsam schon die Wege geöffnet hatte, stieß. 1827 in Berlin geboren, widmete derselbe sich schon auf dem Köllnischen Gymnasium dem Studium ägyptischer Denkmäler und gab 1848 noch in der Prima als die erste Frucht davon seine lateinische Ab-

vernachlässigen, von seinem 14. Jahre an keinem jugendlichen Vergnügen nachgeht, ein einziges geistiges Bestreben und eine auffallende Kombinationsgabe offenbart, ist gewiß einer königlichen Unterstützung für die Universitätsjahre würdig. Daß sein Name von dem intimen Feinde meines edlen manethonischen Freundes[320] gemißbraucht worden ist, war für mich ein Grund mehr, dem Schwächeren zu Hilfe zu eilen. Möchten Ew. Majestät zu seiner allgemeinen philologischen Ausbildung auf drei Jahre, wenn er zur Universität abgeht, dem jungen Brugsch monatlich zwanzig Taler verleihen wollen. Was Ew. Majestät davon zu viel scheint, werde ich selbst gern wie bisher zulegen. Ich schicke eben mehrere Exemplare seiner merkwürdigen Jugendschrift an das französische Institut und nach London an Bunsen, den jede Anwendung des Koptischen erfreut.

Mir, dem „Vorsündflutlichen", geht es im Lande des Leoparden[321] minder gut als unter dem milden, geisterschätzenden Zepter Ew. Majestät dem Sohne eines Wachtmeisters. Ich habe

---

handlung über die altägyptische Volksschrift „Scriptura Aegyptiorum demotica" heraus, die deren Kenntnis wesentlich förderte. Auf Grund derselben regte hier Humboldt das königliche Interesse für ihn an und ermöglichte ihm dadurch ein freies und gesichertes Studium auf den Universitäten sowie den Besuch der berühmtesten ägyptischen Museen in Paris, London, Turin und Leiden, zuletzt auch eine zweijährige Reise auf königliche Kosten in Ägypten selbst. Er wurde dann Privatdozent und Assistent am ägyptischen Museum in Berlin, kam zu hohen Ehren, nicht nur in seinem Vaterlande als sprachkundiger Begleiter von Gesandtschaften und reisenden Fürsten, sondern auch in Ägypten beim Vizekönig, der ihn zum Pascha und Leiter der „École d'Égyptologie" machte. Er starb 1894 in Charlottenburg.

[320] Manetho war ein Priester in Heliopolis, der im 3. Jahrhundert v. Chr. eine Geschichte Ägyptens schrieb, von welcher noch Bruchstücke auf uns kamen. Der edle manethonische Freund ist zweifellos Lepsius, gewissermaßen der moderne Manetho. Von einer ihm feindlichen Seite muß die Leistung des jungen Brugsch gegen Lepsius ausgespielt worden sein; vielleicht rührte daher auch dessen Kühle gegen diesen.

[321] Die Behandlung seines „Kosmos" in England hat Humboldt fortgesetzt verstimmt. Wir lernten schon kennen, was er über die Aufnahme beim Prinzgemahl Albert dort dachte (Nr. 108). Nicht weniger ärgerten ihn aber die oberflächlichen und widerspruchsvollen Urteile der Presse, in der Quarterly Review usw. Er ließ sich auch zu Varnhagen darüber bitter aus, daß man ihn bald übermäßig lobe und bald ungerecht tadle. Insonders war es ihm, was er hier ja auch beklagt, unbegreiflich, daß man ihm eine tote, hölzerne Darstellung („not a vivid description") im zweiten Teil vorwarf, während man anderswo ihm eher eine zu poetische Prosa nachsagte.

im zweiten Teil des Kosmos nichts mit mehr Fleiß und Liebe ausgearbeitet als, nach neuen und herrlichen Materialien von Rumohr, die Geschichte der Landschaftsmalerei. In dem eben erschienenen Hefte des Athenäum aus London wird gesagt „ich schreibe über Landschaftsmalerei ohne alles lebendige Naturgefühl". Auch ist der Leopard darüber erglimmt, daß am Abend einige Häuser der Schadowstraße erleuchtet waren, „as if Mr. Schadow had been the hero of a ballet". „In Prussia genius usurps the rights of Thom Thumb." Der Leopard ist eine eigene unverständliche Kreatur, er will, wie es scheint, Seeschlachten bei Palermo oder auf [dem] Genfer See[322]...

122. Sonntags, um den 25./26. Februar [1848].

Ich bin tief gerührt von der liebenswürdigen Sorgfalt, mit der Ew. Königliche Majestät meiner Sehnsucht nach Pariser Nachrichten entgegenzukommen geruhen. Alles[323], was aus Briefen an die Herzogin von Sagan (der Duc Decazes meldet, daß Guizot bei dem Herzog v. Broglie und die Fürstin Lieven bei einer Freundin schlafen) oder aus Briefen an den Marquis de Dalmatie hervorgeht, bleibt bei so vieler Kraft des gouvernementalen Widerstandes die erzwungene Nachgiebigkeit schwer zu erklären. Des guten Arnims[324] Depesche vom 23. Februar ist mehr malerisch landschaftlich als die Zukunft enthüllend. Die patriotischen Kriegserinnerungen lassen ihn sogar an dem „männlichen Geschlechte" einer französischen Feuersbrunst' zweifeln! Möge der heutige Abend Ew. Majestät die wahre Lösung geben. Reumonts[325] Berichte sind die eines Mannes, der die Verhältnisse

---

[322] Humboldt legt damit der absprechenden Kritik das politische Motiv der Preußenfeindschaft unter, indem man es in London gern zum europäischen Kriege in Sizilien oder in der Schweiz treiben möchte. Tom Thumb ist der englische Däumling mit dem Beigeschmack des Dümmlings hier.

[323] Ein Gallizismus; richtiger: Nach allem...

[324] Alexander Heinrich Freiherr v. Arnim, seit 1846 preußischer Gesandter in Paris. Nach dem Sturz des Julikönigtums eilte er nach Berlin und spielte in der Märzrevolution eine bedenkliche Rolle; besonders war er es, der den König zu seinem schwarz-rot-goldenen Umzug und seiner Proklamation für die deutsche Sache („Preußen geht fortan in Deutschland auf") trieb. Arnims „patriotische Kriegserinnerungen" gehen auf 1813/14 und seinen Dienst in der uckermärkischen Landwehrreiterei zurück. Daß Humboldt nicht viel von dem Diplomaten hält, zeigt die spöttische Tonart seiner Kritik. Sogar den Seitenhieb auf den falschen weiblichen Artikel bei der Vokabel „incendie" erspart er ihm nicht.

[325] Er weilte damals in Florenz, seit dem März dann in Rom. Über seine

211

sinnig aufzufassen weiß.

In dankbarster Ehrfurcht und tief bewegt durch Erinnerungen und Revolutionserfahrungen, die bis 1789 bei mir aufsteigen...

123. 28. Februar [1848].

Ich zweifle an der Republik, die republikanische Partei ist so wenig zahlreich und die Nachrichten von Straßburg waren so bestimmt. Ich hörte heute früh um 10 nur, daß aus dem Nassauischen Gerüchte waren, Louis Phil[ippe] und Guizot hätten sich geflüchtet! Ich legte keine Wichtigkeit auf diese Sage [sic]. Von der Herzogin[326] und von Dalmatien[327] nichts! Ich will aber gleich ausfahren und werde Ew. Königlichen Majestät berichten, wenn ich irgend etwas erführe...

124. B.[erlin], 28. Februar 1848.

So ist denn nun auch die letzte Hoffnung eines wenigstens augenblicklich erträglicheren Zustandes, die ich mit Ew. Majestät teilte, seit gestern Abend verschwunden. Mein Kummer, der gemütliche persönliche, ist dazu grenzenlos geworden, seitdem ein Name erschienen ist, der bis dahin allen fremd war, der Name des Mannes, mit dem ich gelebt von seiner Rückkunft aus Algier und der Gefangenschaft in Barcelona, wohin ihn die Gradmessung geführt, von 1809−1348![328] Alles, was den morali-

---

florentinischen Berichte drückte ihm der König in einem längeren Schreiben vom 22. Januar 1848 seine warme Anerkennung aus: „wenn ich einen neuen sehe, macht mir's Freude, denn ich gewinne in einem jeden nicht allein richtige, wohlgeprüfte, mit Takt und Mäßigung aufgefaßte Nachrichten aus so anziehenden und abstoßenden Verhältnissen, wie es die gegenwärtigen italienischen und in specie toskanischen sind, sondern auch den Genuß meisterhaften Vortrags und schöner Sprache... (vgl. Reumont, S. 312). Humbold spricht sich kühler aus.

[326] von Sagan.

[327] Soult. Immer noch Zweifel Humboldts an dem bereits am 24. Februar in Paris vollendeten Umsturze! Er wollte noch immer nicht daran glauben, weil mit dem Hause Orléans auch sein politisch-diplomatisches Gebäude einstürzte.

[328] Sein ältester französischer Freund, der Physiker D. Fr. Arago, in der provisorischen Revolutionsregierung erst Minister des Innern, dann des Krieges. Gegen ihn stand Humboldts andrer langjähriger Freund Guizot. Dessen Geliebte, die Fürstin von Lieven, wurde vom Pariser Pöbel als „Lola" bezeichnet und bedroht im Hinblick auf die Rolle, welche die Tänzerin Lola Montez in München spielte.

schen Ruf, die Schuld berührt, nagt tief an meinem Herzen. So konnte leidenschaftlicher Wahn denn doch so weit führen! Ew. Majestät fühlen zu menschlich, um mich nicht zu bedauern. Ich werde mich freilich tief in die Arbeit versenken, aber Himmelswärme, Licht und magnetische Ungewitter führen mich immer zu dem ungeheuren politischen Ungewitter zurück.

Auffallend ist es mir nicht, daß der Name von Odilon Barrot[329] nicht neben dem von Ledru [?] Rollin (dem Unedelsten aller nach Marrat) erscheine. Die ganze Macht des Journals la Presse (Girardin) und des Constitutionnel (Thiers) ist der Sache fremd wie die Legitimisten (Gironde) trotz ihrer List des Suffrage universel. Am wichtigsten ist mir aber, daß kein Militär genannt ist, nicht einmal der wütige Oppositionsmann, der reiche General Thiers [?] Wo ist überhaupt ein formeller, offizieller Anlaß zu einer solchen despotischen Selbsterhebung? Die Tendenz der republikanischen Partei ist übrigens die, kein Direktorium, sondern einen Präsidenten zu ernennen. Die Fürstin Lieven hat sich mit Gefahr in einer Citadine[330] gerettet. Man rief „mort à la Lola de Mr. Guizot!!"

In tiefster Betrübnis und Ehrfurcht

Ew. Königlichen Majestät

allergetreuester

Al. Humboldt.

125. [Anfang März 1848.]

Ich habe nicht gewagt, „den seligen Herrn v. Robespierre" abzuschreiben! Die Ankunft des H.[erzogs] von Nemours in England beweist leider!, daß auch er von der Revolution sich wenig versprach.

Al. Humboldt.

---

[329] Advokat, der schon in der Julirevolution als Umstürzler hervortrat (1791 bis 1873). Er stand dann seit 1847 an der Spitze der Bewegung auf Änderung des Wahlrechts, die sich gegen Guizot richtete, und führte, obwohl vom König zum Ministerpräsidenten berufen, den Sturz des Königtums herbei, indem er die Truppen zurückziehen ließ und es erst dadurch schutzlos machte.

[330] Eine Droschkenart.

[Beilage:]

Telegraphische Depesche: Die Gesandtschaft zu Brüssel an S. E. den Minister der Auswärtigen Angelegenheiten.

Brüssel, den 29. Februar, 10 Uhr vormittags.

Nachrichten aus Paris vom 26. Dijon und Rouen haben die Republik proklamiert. Neuilly ist nicht abgebrannt. Todesstrafe für politisch...

Köln, den 1. März, ½ 8 Uhr.

Die Depesche ist hier abgebrochen.

Eigenhändig! Eine andere telegraphische Depesche an das gleiche Postamt meldet über Straßburg, daß am 25. um 4 Uhr nachmittags zu Paris die Todesstrafe gegen alle diejenigen verhängt worden ist, die die Republik nicht anerkennen. Le bon vieux tem[p]s des seligen Herrn v. Robespierre[331].

Sub pet. remiss [d. h. mit der Bitte der Rückgabe].

F. W.

126. Mittwochs.

Die Einlage enthält freilich wenig Neues, aber doch die Gewißheit, daß das unglückliche Schießen an Guizots Hause durch die Erneute selbst veranlaßt wurde, auch daß unsere Gesandtschaft von sehr vornehmen Nationalgarden bewacht wird.

Ew. Majestät haben wohl die Gnade, mir den Brief meines Freundes in einigen Tagen zurückzugeben...

127. Berlin, 2. März 1848 (2 ½ Uhr).

Nach den freundlichen Worten, die mir Ew. Majestät bereits heute morgen über die Ursache meines so ganz persönlichen Kummers zu sagen geruhten, durfte ich nicht erwarten, noch

---

[331] Hier liegen also — auch historisch interessant — die ersten telegraphischen Meldungen aus Paris, die nach Berlin und an den König über die Revolution gegen die Julimonarchie kamen, vor; Friedrich Wilhelm IV. hatte sie an Humboldt geschickt, um ihn von dem endgültigen Umschlage dort zu überzeugen. Das Auftauchen des Herzogs von Nemours in England war ein sehr unfreiwilliges; es hing mit der Flucht der gesamten Königsfamilie dorthin zusammen; Louis Philippe lebte seitdem als Graf von Neuilly zu Claremont bei Windsor in der Verbannung. Ebenso erklärt sich das Nichteingreifen des Militärs, auf das Humboldt noch hoffte (Nr. 124), einfach aus dessen Entfernung durch Barrot.

durch ein eigenes, so menschlich mildes Schreiben[332] getröstet zu werden. Während daß[333] Lamartine in seiner Geschichte der Girondins die Terreur und „ce bon Mr. De Robespierre" zu rechtfertigen wagt, hat Arago in zwei öffentlichen Sitzungen des Instituts in seinen Eloges von Monge und Condorcet[334] die Zeit der Terreur auf eine Weise gebrandmarkt, daß er deshalb in den Oppositionsblättern heftig angegriffen wurde. Der exaltierte Bildhauer David[335] war darüber so wütig, daß er vielleicht deshalb aus Rache mir in meiner Büste den Invalidendom zur Stirn gegeben hat. Ich kann in der mir immer unheimlichen mitternächtlichen Stunde, in der (wie Ew. Majestät wissen) ich vorsichtig alle Spiegel vermeide[336], diesen Brief nicht schließen, ohne meine Freude zu äußern über die edlen, würdevollen Worte, die ich diesen Abend in der Allgemeinen Preußischen Zeitung gefunden, Worte bezeichnend des Vaterlandes Aufgabe in dieser ernsten Zeit...

128. 7. März 1848.

Ich bin tief gerührt, daß Ew. Majestät in diesen zukunftschweren Zeiten meiner so gnädig gedenken. Der Bericht aus Florenz macht der Einsicht und auch dem moralischen Ge-

---

332 Fehlt. Die Herzensgüte des Königs sieht wieder mehr auf den Kummer Humboldts, als auf seinen politischen Irrtum.

333 Gallizismus nach dem französischen tandisque.

334 Gaspard Monge (1746–1818), Mathematiker und Physiker; der Marquis von Conborcet, beständiger Sekretär der Akademie der Wissenschaften, ebenso berühmt als Begründer der neueren Mathematik und als philosophischer Schriftsteller, wie als leidenschaftlicher Revolutionär, 1794 nach Sturz der Gironde im Kerker vergiftet.

335 P. Jean David d'Angers (1788–1856), realistischer Physiognomist, der fast alle berühmten Männer seiner Zeit in Kolossalbüsten oder Medaillons verewigte. Er weilte des öfteren dazu auch in Deutschland, nahm Goethe, Schilling, Tieck, Rauch und Humboldt ab, der Davids Büste in seiner Wohnung aufstellte. Politisch war er radikaler Republikaner.

336 Eine merkwürdige Stelle, die an sich zu bedeuten scheint, daß Humboldt den Aberglauben geteilt hat, daß man um Mitternacht im Spiegel sich oder andere als Tote voraussehe. Sie steht freilich in vollkommenem Widerspruch mit den zahlreichen abfälligen Äußerungen, die der große empirische Rationalist sonst über jede Art von Aberglauben, über Gespensterglaube, Spiritismus, Tischrücken usw. getan hat. Selbst über den Geisterglauben seines Bruders in dessen letzten Lebensjahren. So spiegelt der mitternächtliche Spiegel wohl auch hier nur einen schalkhaften Scherz wider.

fühle Reumonts[337] viel Ehre. Der Großherzog tut, was er nicht unterlassen kann.

Daß man auch hier nach Unruhen trachte, betrübt mich, ohne mich zu erschrecken. Ew. Königliche Majestät wissen, daß ich zu jeder Minute tags und nachts erscheine, wenn Sie mich befehlen sollten...

129. [1848] Sonntags.

Ich bin gestern abend erst auf das lebhafteste durch die heimliche, und darum um so liebenswürdigere „pausbackige" Verschönerung meines Zimmers überrascht worden. Ich wohne durch die Gnade Ew. Majestät nun in Tegel und Potsdam zugleich[338] Der Maler, so wie er seine Backen anschwellen kann, läßt auch höflichst den angeschwollenen, inselreichen See dem Schinkelschen Bauwerke nahen. Dazu wird der Spandauer Turm dargestellt, wie ihn das Fernrohr zeigt. Da ich leider mich zu Mittag bei Frau v. Bülow, meiner Nichte, versagt habe, so eile ich vor der abendlichen Stunde, Ew. Majestät schon jetzt meinen freundlichsten und ehrerbietigsten Dank darzubringen...

130. 17. M.[ärz 1848].

Ich glaube, daß, als ein Nachtrag zu den offiziellen Nachrichten, welche Ew. Majestät wahrscheinlich von Wien werden selbst empfangen haben, der Auszug eines Briefes vom 15. abends auch nicht ohne Interesse für Ihre Majestät die Königin sein kann. Der Brief ist von der Schwester der Herzogin von Sagan. Eine Weltbegebenheit, so zukunftsschwer als die Pariser Umwälzung[339]...

---

[337] Vgl. S. 208, Anm. 4.

[338] Der König muß ihm für sein Potsdamer Gemach also eine Ansicht von Tegels Schloß — das ist das Schinkelsche Bauwerk — und von dem Tegeler See verehrt haben, an dessen landschaftlicher Richtigkeit Humboldt einiges aussetzt, die zu große Nähe des letzteren, die fernrohr-mäßige Verzeichnung des Spandauer Turms. Aber wer war der „pausbäckige" Maler?

[339] Der Aufstand in Wien brach am 13. März los und zwang den Fürsten v. Metternich, seine Entlassung zu nehmen. Er vermochte sich vor der Volkswut kaum selbst zu retten und floh über Holland ebenfalls nach England.

131. [1848] Montag früh.

Professor Endlicher[340] kommt um 9 Uhr zu mir, um mit der Eisenbahn um 10 nach Berlin zu gehen, von wo er morgen eiligst nach Wien reist. Mir ist über Nacht eingefallen, daß ihn vielleicht, da er die nicht sehr erfreulichen „Vorparlaments"-Angelegenheiten genau kennt, Ew. Majestät in Reisekleidern eine Viertelstunde sehen könnten, vor der Kirche oder zu Tische um 3 Uhr. Ich würde ihn dann jetzt gleich nach Berlin schicken, damit er sich eine gastliche Gewandung hole, um als Ritter Ihres Ordens zu erscheinen.

Ew. Majestät lassen mich allergnädigst nur mündlich bescheiden. Der Mann selbst, den der kaiserliche Hof jetzt und einst Fürst Metternich sehr auszeichneten, weiß von meinen Schritten nichts. Er ist sehr mit dem Wunsche beschäftigt, den Souveränen bei dem Parlamente den Obereinfluß zu bekräftigen[341]...

132. Montag nachts [1848].

Das jetzige Savoyische Haus stammt von dem Grafen von Savoyen her, dessen ältester bekannter Ahnherr, Beroald, mit Katharina, Pfalzgräfin von Scheyern, vermählt, 1025 starb.

Der älteste Markgraf von Montferrat[342], Aledram, vermählt mit Adelheid, Kaiser Ottos I. Tochter, ist aus derselben Zeit. Er starb 980. Margarete, letzte Erbtochter von Montferrat, brachte durch Heirat ihr Land 1552[343] an die Gonzagas, Herzöge von

---

[340] Professor St. Ladislaus Endlicher, Naturforscher und Hofbibliothekar in Wien, seit 1840 Leiter des dortigen botanischen Gartens. Auch wirkte er mit Hammer-Purgstall und Ettinghausen für Begründung der Wiener Akademie der Wissenschaften und beteiligte sich lebhaft an den Bewegungen von 1848. Mit Hoffmann v. Fallersleben und Maßmann gab er altdeutsche Bruchstücke heraus. Hier kommt er wohl mit politischen Absichten nach Berlin.

[341] Gallizismus, nach confirmer gebildet.

[342] In Piemont.

[343] Gewöhnlich gilt 1536 als Jahr dafür. Die Jahreszahlen der Aufstellung stimmen überhaupt nicht ganz mit den heutigen historischen Forschungen; Humboldt hat sie wahrscheinlich aus einem älteren, heute überholten Handbuch ausgezogen. So vermählte sich Oddo von Savoyen erst 1050 mit Abelheid, der Erbtochter des Grafen Manfred von Turin, und kam daher erst später als 1048 in den Besitz des letzteren. Die Erhebung Savoyens zum Herzogtum durch König Sigmund fand 1416 auf dem Konstanzer Konzil statt; 1439 wurde Amadeus VIII. vom Basier Konzil zum Papst als Felix V. gewählt; die Markgrafschaft Saluzzo wurde von

Mantua. Montferrat wurde 1573 als Herzogtum ein Reichslehen. Die Grafen von Savoyen erbten 1048 Turin und Aosta, nannten sich 1250 Herzöge von Chablais, erbten Piemont und Faussigny, wurden 1334 Fürsten von Achaja und Morea, aber erst 1418 von Kaiser Sigismund für Piemont in den Reichsfürstenstand erhoben; auch unter Amadeus VIII., der eine Tochter Philipps des Kühnen geheiratet und als Kardinal starb, 1439 Herzöge von Savoyen. Victor Umadeus II., Herzog von Savoyen, wurde König, seit 1713 bis 1718 von Sizilien, dann 1718 von Sardinien. Jüngere Prinzen haben bis ans Ende des 18. Jahrhunderts den Titel der Herzöge von Montferrat geführt, wegen Jolanthe von Montferrat, die einen Graf Aymon von Savoyen 1330 geheiratet. Saluzzo aquiriert 1538; Prinzen von Carignan als jüngere Brüder schon 1596. Auch einige romantische Ehen in Cypern und Anna von Savoyen, die 1340 den byzantinischen Kaiser Andronicus III. heiratete.

Leider! kommt meine Erudition gewiß zu spät, da Ihro Majestät die Königin schon alles aus ähnlicher Quelle wird ergründet haben. über die kleine inkorrekte Heiterkeit einer Tochter der Ottonen sind die Biographien, die ich untersucht, anständig schweigsam. In tiefster nächtlicher Furcht und Ehrfurcht

Ew. Majestät alleruntertänigster

Al. Humboldt.

133. Dienstags [1848].

Ich vergesse auch die leisesten Äußerungen der ewig regsamen Wißbegierde meines mir so wohlwollenden Königs nicht. Der Mann, dessen Straße auf den Platz seines leider! hingeschiedenen intimen F. führt, hat mir die Lösung des sehr einfachen Problems der 9 geschickt. Sie beruht auf der Natur unseres Dezimal-Zahlensystems, auf dem Umstand, daß 9 zehn weniger der Einheit ist und daß die zu summierenden Reste Vielfache von 1, also unsere Ziffern sind. Ich habe noch das kleine Kunststück: wie man einer vielzifferigen Zahl an den Gesichtszügen ansieht, durch welche Faktoren sie ohne allen Rest teilbar ist, hinzugefügt. Die böse 7 zeigt darin wieder ihre Tücken.

Karl Emanuel I. von Savoyen erst 1601 im Frieden von Lyon erworben u. a. m. Wie Humboldt selbst vermerkt, waren die Notizen für die Königin aufgeschrieben, vermutlich nach einem Gespräch, daß sich mit den italienischen Wirren damals und Savoyen beschäftigte.

Das Jahr 1848 ist leider! durch 7 teilbar, aber auch durch 2, 4, 3, 6 und 8.

134. T.[egel], Mittwoch früh [1848].

Ich bin noch ganz untröstlich, daß ein unvorsichtig verlängerter Spaziergang an den gestern doppelt anmutigen Ufern des Tegelschen Sees mich die Eisenbahn von 7 Uhr abends um 5 Minuten hat verfehlen lassen! Ich habe erst um 10 Uhr fahren können und so „den griechischen Berg" und „Seedienst" zu meiner großen Scham versäumt. Ew. Majestäten werden mir großmütigst verzeihen …

135. Dienstags [Juli 1848].

Jenes menschliche Unglück hat die beständige, aber lindernde Begleitung einer 78jährigen Mutter und einer 22jährigen Braute

Spandau wegen Nähe beider (die Mutter lebt in Brandenburg bei ihrem Sohne, dem Professor an der Ritterakademie und Schwager des Präsidenten der konst.[itutionellen] Versammlung Grabow) — Spandau ist die Lösung des Knotens, der vor meinem Bette geschürzt wurde[344] Spandau als Festung, um die Strafe abzusitzen.

Wie innigst gerührt bin ich über den gnädigen Besuch. Er hat mir Mut und Heilung gebracht, damit ich „in Bälde" (so hieß es

---

[344] Zu diesem Stück gehört ein Billet des Königs, das auf uns durch das Faktotum Seifert gekommen ist. Humboldt überließ es ihm auf sein Drängen. Darin gab Friedrich Wilhelm Humboldt die Erhörung seiner Fürbitte kund, indem er ihm schrieb: „Mein Knoten, verehrter Freund, hat seine Schuldigkeit getan, und mehrere Stunden, ehe Ihr liebes Billet zu mir gelangt ist, Habe ich meine Befehle nach Spanbau gegeben. Schlafen Sie nun recht sanft mit dem schönen Gefühle einer menschenfreundlichen Handlung mehr. Friedrich Wilhelm." Humboldt selbst schrieb auf diesen Brief: „Zeugnis des edelsten Herzens". Der Knoten, den sich der König an Humboldts Krankenbett, wo er ihn besuchte, in sein Taschentuch betreffs dieser Gnadenbitte machte, hatte also die erwünschte Lösung gefunden. Man hat in dem Spandauer Begnadigten mehrfach Gottfried Kinkel gefunden; das ist nach der Aufklärung hier natürlich ein großer Irrtum. Die Familienangaben (Mutter in Brandenburg, Bruder Professor an der Ritterakademie, ein Schwager der Präsident Grabow) weisen ganz woanders hin, abgesehen davon, daß Kinkel erst Ende Juni 1849 im pfälzisch-badischen Aufstand gefangen wurde. Wer war also der Befreite? Wilhelm Grabow war der bekannte freisinnige Politiker (1802 bis 1874), 1848 der Präsident der Nationalversammlung, 1849 und in der Konfliktszeit Präsident der zweiten preußischen Kammer.

im Oberon, beim Abschiede) auch unserer herrlichen Königin meine ehrfurchtsvollen Dankgefühle persönlich darbringen könne...

[Nachschrift:]

Der eine der beiden Engländer, die Herr von Bonin gesehen, ist wahrscheinlich Herr Lieber aus Nordamerika gewesen, der bei mir eindringen wollte.

136. [1848].

Olfers fleht, daß ich ihn wissen lasse, ob es hinlänglich sei, wegen [der] Aufträge von Ew. Majestät, daß er morgen, Dienstag, um Mittag komme, oder (da vielleicht die Reise nach Paretz[345] stattfände) ob er Dienstag früh schon hier sein müßte. Ein baldiger mündlicher Befehl

an den urältesten

Al. Humboldt,

eben von Berlin kommend.

137. Potsdam, Sonntags [1848].

An dem heutigen, für unsere herrliche Königin so wichtigen festlichen Tage von dem vormosaischen ? Geh. Kabinettssekretär Herrn Tapheroumès [mich] anreden zu lassen, ist eine Freude, die ich nicht mir versagen kann, obgleich der dolmetschende Freund unseres Brugsch, der Vicomte Emanuel de Rougé[346], mir das Greuel antut, von meinem beau Génie zu phantasieren. Was aber nicht phantastisch ist, schreibe ich aus einem sehr schönen Briefe ab, den der Vicomte de Rougé, Direktor des ägyptischen Museums in Paris, mir heute aus Berlin schreibt. Er enthält eine feine Charakteristik:

„Votre jeune et savant Philologue, Mr. Brugsch est devenu un véritable ami pour moi. Il possède au plus haut degré le feu sacré de la science que j'ai trouvé si vivant à Berlin et qui double la valeur d'une nation puissante comme la Prusse. Je regrette vivement que l'absence de Votre Souverain m'ait empêché de sollici-

---

[345] Der König gedachte diesen Sommer sich eine Zeitlang nach tiefem stillen und idyllischen Lieblingsaufenthalt seiner Eltern im Havellande zurückzuziehen.

[346] Französischer Ägyptologe (1811-1872), auch Staatsrat in der Abteilung des öffentlichen Unterrichts und 1853 Mitglied des Instituts.

ter l'honneur de lui être présenté. Pendant que nous jouons en France un triste jeu de la République, il m'eût été bien doux de voir ici un Monarque qui a su allier la dignité du pouvoir avec l'intelligence des tem[p]s et la droiture du coeur. Si vous pensez qu'un double de mon Mémoire hiéroglyphique puisse intéresser Sa Majesté, veuillez bien...

Der Verfasser der „Quinze ans à Paris"[347] erheult bei mir eine gnädige Antwort. Lassen Ew. Majestät sie mich doch machen, lassen Sie mir seinen Brief schicken. Mr. de Forster hat aber auch ein neues politisches, sehr konservatives Buch in Berlin drucken lassen: La République sans Républicains.

138. [5 Juni 1848] Montags.

Der junge Arago (Emmanuel!)[348] ist gestern in Berlin angekommen und hat, wie sein Brief sagt, Sehnsucht, mich zu sehen. Ich muß ihn also heute hier ft. h. in Potsdams sehen. Sollte er mehrere Stunden bleiben wollen, so werde ich ihn, da man politische (polnische) Gespräche am leichtesten in freier Luft vermeidet, nach Charlottenhof und dem Neuen Palais führen, natürlich ohne den „historischen Hügel" zu berühren. Sollten Ew. Majestät etwas anderes befehlen, so lassen Sie mir gnädigst eine Zeile schreiben. Nach dem Azoischen Kompensationssystem[349] empfange ich dann später meinen gräflichen, verhüllt „legitimistischen" Freund — eine politische Schwebe. Barbacanna[350] heißt in der altspanischen Ingenieursprache ein doppeltes Profil, zwei Verteidigungsmauern übereinander, schreibt Zarco delValla...

---

[347] Der polnische Schriftsteller L. Förster, der 1848 in Deutschland reiste und Korrespondent des französischen Journals „La Patrie" war. Sein angeführtes Buch: „Quinze ans à Paris" erschien im gleichen Jahr (1800–1879).

[348] Der älteste Sohn des berühmten Physikers und Humboldtfreundes Emmanuel Arago, der wie sein Vater sich an der Februarrevolution stark beteiligt hatte und von der Konstituante nach Berlin als Gesandter geschickt war. Er bekleidete diesen Posten offiziell vom 25. Mai 1848 bis Januar 1849. 1870 sprach er nachmals gegen die Kriegserklärung an Preußen in der Nationalversammlung.

[349] d. h. wechselseitigem Ausgleich gegenteiliger Kräfte oder chemischer Verbindungen.

[350] Die auch an mittelalterlichen Burgen und Befestigungen wohlbekannte Barbaconna, die dort zur Deckung und Maskierung von Toren und Eingangspforten dient und ungefähr der Tenaille des späteren Vaubanschen Festungsbaus entspricht.

[Anschließend:] [1848] Sonnabend.

Ew. Königlichen Majestät glaube ich alleruntertänigst anzeigen zu müssen, daß der junge Arago gestern morgen die afrikanischen „Lettres de Créance" erhalten hat...

139. [Juni 1848] Mittwochs.

Ich bin gestern nacht um 11 Uhr von meiner konstitutionellen Expedition in die leider ganz unarkadischen, jackenlosen Salons v. Arnim und Hansemann zurückgekehrt.[351] Ich wage, Ew. Majestät mit diesen Zeilen bloß deshalb zu belästigen, weil es möglich wäre, daß Baron Arnim, dessen Villegiatura übrigens nicht Freienwalde, sondern Neustadt ist, unterlassen habe. Ihnen etwas aus einer telegraphischen Depesche von Köln zu melden. Die Depesche zeigt an: „daß ein Regiment in Troyes, auf die Nachricht von der Wahl von Louis Napoleon (Flahault)[352] abgefallen sei und sich für den Prätendenten erklärt habe; man halte den Aufruhr aber für leicht zu unterdrücken." Ist die Einwirkung des jungen Mannes zu erweisen, so kann man es als ein Mittel gebrauchen, ihn in die Kammer trotz der Wahl nicht aufzunehmen. Baron Arnim geht heute nicht in die Kammer, unzufrieden mit Camphausen und den anderen Ministern. Er kehrt nach Neustadt zurück. Je me suis rendu peu agréable durch meine wiederholten Klagen über die Schleswiger Verhältnisse. Die Antworten sind aber nicht tröstlich. Nachgiebigkeit sei der Waffenehre schädlich, die Reizung der Dänen und ihr Vertrauen auf Rußland seien so gesteigert, daß man bei unmittelbarem diplomatischem Kontakt sich großen Avancen aussetzen würde... Graf Trautmannsdorff[353] war über die scheinbare Absonderung des böhmischen Guberniums ganz unbesorgt, nicht so über den panslawistischen Fasching und Maskenball der Privatgesellschaft in Prag. Die Kölner Depesche ist Pariser Zeitungen entnommen...

---

[351] Freiherr Heinrich von Arnim, der vormalige, schon erwähnte Pariser Gesandte, der damals das Auswärtige Ministerium erst unter Arnim-Boitzenburg, dann unter Camphausen leitete; v. Hansemann Finanzminister — beide dem König sehr unsympathisch, so daß es an Zusammenstößen mit ihnen in den wirren Monaten nach dem Märzaufstande, wo ein Ministerium der Konstituante das andere jagte, nicht fehlte.

[352] Louis Napoleon, der spätere Kaiser Napoleon III., wurde nach der Februarrevolution mehrfach in die Deputiertenkammer gewählt und am 10. Dezember 1848 zum Präsidenten der Republik erhoben.

[353] Der österreichische Gesandte.

140. [Juli 1848].

Das heutige „Journal des Débats" vom 12. Juli enthält aus dem „Times":

«Lord Palmerston a donné un grand diner samedi. Parmi les arrivés se trouvait Mr. de Tallenay, chargé d'affaires de France, avec Mr. de Motherot [?], premier secrétaire de la légation francaise.«.

Die Nachricht kann Ew. Majestät interessieren...

141. Potsdam, 31. Oktober 1848.

Ew. Königlichen Majestät lege ich einen für Mich unendlich liebenswürdigen Brief des Königs Maximilian von Bayern, den ich gestern abend empfing, alleruntertänigst zu Füßen und erflehe deshalb, da ich als „der Herr Minister" bald antworten soll, für heute nachmittag eine kleine Audienz. Bei dem noch fortschreitenden „Häutungsprozesse", in den das Frankfurters Parlament das uneinige Deutschland mutwillig gesetzt hat, kann für jetzt der Trimurti, die vielfache Reichsgewalt, an der jeder fortwährend teilzuhaben wähnt, den schlummernd gewähnten Ehrgeiz versöhnen; der Beschluß zur Tatkraft aber, wenn auch nicht die Tatkraft selbst, ist langsamer und schwächer. Es ist die uralte Frage zwischen dem republikanischen Präsidenten und dem Direktorium, der kollegialischen Landesverwaltung und .Mr. Ie Préfet". Um das partielle Leben der Fürsten und Völker zu erhalten, aus dem so viel geistig Schönes und Edles sich in Deutschland entwickelt hat, um bei Rettung des individuellen Lebens doch Einheit in die Vielheit zu finden, wird für jetzt der Trimurti (der scheinbare Anteil aller Teile des verschmolzenen Bundes) noch zwei Vorteile gewähren: 1. er mindert im Zentmm die keine Schranken anerkennende Tendenz, alle Macht gewaltsam an sich zu reißen, einen konstitutionellen deutschen Kaiserstaat zu stiften, als vereinigten sich, aus den Urwäldern kommend, in einer Insel der Südsee die Menschen zum ersten Male zu bürgerlicher Gesellschaft; 2. der Anteil mehrerer an der ausübenden Gewalt belastet nicht den Herrscher eines einzelnen Staates, wo das Herrische in der Gärung aller sich feindlichen Elemente die ganze ungeteilte Geisteskraft zu beschäftigen hat, mit fast entfremdenden Sorgen. Preußen und Österreich bleiben Großmächte, alle Pflichten erfüllend, die das Wohl des gesamten Deutschlands erheischt, aber als Großmächte durch eigene Gesandten für so

viele Interessen vertreten, die aus ihrer individuellen Lage ent-
stehen. Die simultane Vertretung von Preußen und Deutschland
durch dieselben Personen ist, wie in allem rein Menschlichen, als
Doppelnatur verwirrend und Halbheit erzeugend. Man muß nie
das Unmögliche wollen.

So träumt man in den Urwäldern über die wirklichen Dinge,
welche aber als wirkliche in ewigem, von Gottes Gnade gelenk-
tem Werden begriffen sind. Die Staatskunst ist das klare Auffassen dieses Werdens.

142. 19. Januar 1849.

In der süßen Täuschung, daß mein Erscheinen heute abend
und die Lektüre des falschen Chateaubriand[354] Ew. Majestät
angenehm sein könne, und Sie nicht anders über den Abend zu
disponieren befehlen, werde ich den finsteren Urwald durch-
streichen, ohne Furcht vor den „vaterländischen Affen" und der
gehörnten Bisonopposition.

Zugleich wage ich, mich eines Auftrages des vortrefflichen
Ministers v. Ladenberg zu entledigen, den ich in guter Strategik
heute abend von der Erinnerung an die „meilleure des Républi-
ques", wie der Mann „au cheval blanc" das konstitutionelle Kö-
nigtum nannte, fernzuhalten, innere Ursache habe. Minister Ladenberg[355], mein vieljähriger Freund, hat mich gestern Ew. Majestät in guter Stunde an das Herz (das erweichte) zu legen gebeten, ihm sein Gesuch wegen der Professur des Dr. Prutz[356] gnä-

---

[354] Vicomte Francis René Chateaubriand, der Bretagner Schriftsteller und
Staatsmann (1768–1848), der sich vom Freidenkertum zum Apologeten
des Christentums wandelte und seit seinem „Génie du christianisme"
(1802) zum Abgott des jungen Frankreichs wurde, aber auch in Deutschland und am preußischen Königshofe schon unter Friedrich Wilhelm III.
und der Königin Luise viel Bewunderer zählte. 1820 war er Gesandter in
Berlin, später in London. Sein Tod im Juli 1848 gab offenbar Anstoß zur
obigen Vorlesung im Abendzirkel der Majestäten; Humboldt wird freilich in seinen Schriften mehr blendende Pracht als echte Weisheit gefunden haben; daher wohl auch sein haltklingendes Epitheton falsch.

[355] Adelbert von Ladenberg verwaltete nach Eichhorns Abgang 1843 das
preußische Kultusministerium bis 1850; Humboldt stand mit ihm besser
als mit seinem Vorgänger, den er einst selbst an die Spitze desselben gebracht hatte (vgl. Nr. 13).

[356] Robert Eduard Prutz (1816–1872) geriet früh in die Zeitgärung hinein
und trat in Verbindung mit Arnold Ruges verschwommenen Bestrebungen, in Jena mit Herwegh und Dahlmann. Darüber verlor er seine akademische Laufbahn und wurde wegen seiner Spottlieder auf die Zensur

digst zu bewilligen. Er lege einen unendlichen Wert darauf, zu zeigen, daß man ausgezeichnete Talente nicht auf immer zurückstoße, wenn die Talente von selbst von Irrwegen zurückführen.

Dem so natürlichen Verdachte, daß ich als Literat meinen Kollegen, den Literaten, einem Minister mit gewohnter List vakziniere, kann ich das Ehrenwort entgegensetzen, daß ich dem Minister nie von Dr. Prutz gesprochen hatte, daß die Idee als etwas Nützliches und Wohltuendes in ihm selbst entstanden ist.

Mögen Ew. Königliche Majestät diese Äußerungen nicht ungnädig aufnehmen. Ich weiß, wie sehr Sie selbst von jeher in politischen Verhältnissen der erstarrten Isoliertheit entgegen gewesen sind...

[Nachschrift]

Wie sehr habe ich bedauert, den Theaterbesuch, wie so vieles, ignoriert zu haben. „Les naturalistes sont curieux."

143. Tegel [1849], 4½ Uhr.

Es gibt in der Sprache keine Worte, um die Dankgefühle und die Bewunderung auszudrücken, welche die königliche Erscheinung und nun gar dieser neue, huldvolle Brief in den von Wilhelm v. Humboldt erbauten Hallen hervorgerufen. Nach einer solchen „Eröffnungsfeier" sich derer zu erinnern, die mit warmen, dankbaren Herzen einem Monarchen anhängen, steht beispiellos in der Erinnerung da. Freiheit und Stärke des Geistes, großartiges Schweben über den Ereignissen, die gemütlichste Herablassung — alles erhebt gleichartig die Seele.

Ich hoffe in wenigen Stunden, noch vor 9 Uhr, Ew. Majestät mich vorzustellen mit einer Rührung, die ich nicht auszudrücken verstehe, die mich aber aufrichtet und stärkt.

Al. Humboldt.

---

ausgewiesen. Durch seine grimmige Komödie: „Die politische Wochenstube" (Zürich 1845) zog er sich sogar einen Majestätsbeleidigungsprozeß zu, den aber Friedrich Wilhelm IV. niederschlug, nachdem Prutz eine würdige Bittschrift an ihn gerichtet hatte. 1849 erfolgte auf Ladenbergs und Humboldts Verwendung hier sogar seine Anstellung als außerordentlicher Professor der Literaturgeschichte in Halle, doch vermochte er dort mit den Kollegen sich nicht einzuleben und nahm 1857 selbst den Abschied.

144. Berlin, Sonntag, 4. März 1849.

Ew. Königlichen Majestät wage ich auf kleinen Bogen, die die oblique Schlachtordnung meiner Zeilen hoffentlich weniger begünstigen, meinen alleruntertänigsten Dank für die beiden köstlichen Depeschen abzustatten. Ich gehe heute aus Pietät, da die Generalin Hedemann[357] nach Magdeburg zum dolce nido zurückeilt, mit Rauch nach Potsdam; werde aber morgen, Montag abend, den Urwald durchschreitend, den so seltenen Dualismus königlicher Wünsche anregen und zahn- und tonlos nach „Mad.[ame] de Maintenon"[2] oder deren „Gruftmann"[358] greifen. Ich dränge mich auf, als könne ich nützlich werden! Fürst Wittgenstein hat also recht, wenn er sagt, „ich gebe es nicht auf, mein Glück zu machen". Ich glaube fast, ich habe es gemacht; aber bei nicht unedlen Menschen schließt das Glück nicht immer die Dankbarkeit aus. Willisens Depesche[359] ist sehr inhaltsschwer. Auch ich würde den „Sac de campement"[360] heranwünschen, den selbst Barometerreisende auf den Kordilleren hätten brauchen können, — und in Rom der italianissimo Sign.[or] Ministro belle Armi, wie die Anwendung hansemannischer Blutleerungen auf die cattivi, empiezzati, regalatici, anime abiette[361].Ich habe mich erinnert, daß der spanische Gesandte ein neugebackener Marquis[362] aus dem Wildpark ist. una Gama ist eine Hirschmamsell, daim femelle[363]. El Gamo ist der in Spanien so seltene Hirsch, also ein Marquis aus dem Hirschkuhtale. Der Ramal, von

---

[357] Wilhelms von Humboldt Tochter Adelheid, deren Gemahl als Generalleutnant in Magdeburg steht, wo sie also ihr „süßes Nest" hat.

[358] Die bekannte Maltresse Ludwigs XIV. Ihr „Gruftmann" war der frühgelähmte Dichter Paul Scarron (1610—1660), ursprünglich ein Abbe, mit dem sie sich 1652 vermählte. endlich

[359] Wahrscheinlich Friedrich Adolf Freiherr von Willisen (1798 bis 1864), der 1848 General à la suite des Königs war und 1848/49 die Feldzüge Rabetzkys in Italien mitmachte und von dort diese Depesche sandte. Doch könnte es auch Karl Wilhelm, der Generalleutnant sein. Vgl. unten S. 246, Anm. 2.

[360] Feldranzen, Rucksack.

[361] Diese krause Stelle ist geradezu überladen mit verborgenen Anspielungen, wie durch das Schriftstück überhaupt ein buntes Spiel der Laune hindurchgeht. Das Italienische darin heißt: „auf die bösen, gottlosen, üppigen, verworfenen Seelen —". Sollte Humboldt damit nicht ironisch auf sich selbst zielen?

[362] Er entstammte nach den Anspielungen gewiß der Adelsfamilie de Gama, deren berühmtester Name ja Vasco de Gama ist.

[363] D. h. ein Damtier, sowie el gamo der Damhirsch, Schaufler.

dem der Inca Garcilasso de la Vega[364] in der Beschreibung der Statue Sr. phantastischen Kaiserlichen Hoheit, des bärtigen Viracocha zu Cachi[365], spricht, ist ganz, wie Ew. Majestät glücklicher Sprachdämon Ihnen zugeflüstert, „le bout qui pend d'une corde, longe, licou de cheval"[366] Die Stelle von der unbekannten Bestie heißt:

«animal de figura no conocida con garras (griffes) de Leon, atado (attaché) por el pescueco (par le col) con una cadina, y et ramal della (l'autre bout de la longe) en la una mano de la Estatua[367].

In tiefster Ehrfurcht

y. b. I. p. [d. h. spanisch: yo beso los pies», ich küsse die Füße) de V. M.

et ma humilité

(y importuno enfadoso)

Al. Humboldt.

145. Berlin, 6. März 1849.

Die warme und nie erschütterte Anhänglichkeit, die ich für den „Petit de Paris"[368] hege, hat mir die beiden Einlagen aus Mailand zu Händen gebracht.

Sie bezeugen den Eindruck der Achtung, die der längere Bruder[369] sich im österreichischen Hauptquartier erworben hat. Ich gsaube, diese Briefe, besonders der des „Chefs des Großen Generalstabes", können Ew. Majestät interessieren. Da sie wichtige Dokumente für die Familie Willisen sind, die in verwickelten

---

[364] Garcilaso de la Vega ist ein spanischer Historiker, mütterlicherseits von den peruanischen Inkas stammend (1537 bis 1616). Er schrieb: Commentarios reales de los Incas. Er ist nicht zu verwechseln mit dem berühmten spanischen Dichter de la Vega.

[365] Virococha oder eigentlich Huirococha war ein geschichtlicher Herrscher der letzten Inkas, Cachi eine Stadt in den Cordilleren gleichen Namens.

[366] D. h. „das Ende, das von einem Stricke, einer Leine herabhängt, ein Pferbezügel"

[367] Übersetzt aus dem Spanischen: „ein Tier von unbekannter Figur, mit Tatzen des Löwen, angebunden mit einer Kette am Hals und mit dem anderen Strange der Leine in der einen Hand der Statue..."

[368] Der junge Graf von Paris, Sohn des Herzogs Ludwig Ferdinand und der mecklenburgischen Herzogin Helene von Orléans. Die Einlagen haben also gewiß von der letzteren gestammt, bei welcher Humboldt noch von Paris her dauernd in Gnade stand, mit welcher er auch öfter korrespondierte. Sie fehlen, da sie nach Wunsch zurückgereicht worden sind.

[369] Siehe nächste Seite, Anm. 2.

Angelegenheiten gewiß immer in den reinsten Absichten gehandelt hat, so beschwöre ich Ew. Majestät, die Briefe an mich zurückzusenden[1]...

146. Berlin, 12. März 1849.

Ew. Königlichen Majestät allergnädigstem Befehle gehorchend, habe ich denselben Tag die zehn ungemein interessanten, aber betrübenden Depeschen aus Turin und Rom in Graf Brandenburgs Hände gelegt. Hannibal ist nicht bloß vor den Toren, er ist eingezogen[370]. Ich habe gestern mit Petrus Tschichatchef bei Meyendorff[371] gegessen. Er kommt unmittelbar aus dem Elysee Natural, aus Paris und fleht, daß Ew. Majestät die Gnade haben, da er nach 3 jähriger Abwesenheit nach Petersburg zurückeilt, ihm zu erlauben, sich Ihnen noch diese Woche zu Füßen zu legen. Er hat sich für die ihm schon früher erwiesene Gnade sehr dankbar erwiesen. Er bringt nach Berlin eine geognostische Gebirgssammlung von 705 Stücken, Troas, den Olymp, ganz Kleinasien, ein wichtiges Geschenk für das Kabinett. Ew. Majestät werden es gewiß annehmen. Der einliegende Brief enthält die Bitte um gnädigste Annahme. Leopold v. Buch sehnt sich nach dem Zaubermoment des Auspackens.

Ein zweites Schreiben ist von dem unglücklichen Konsul aus Jerusalems. Ich bin überzeugt, daß Ew. Majestät durch eine gnädige Antwort zu seiner Heilung am meisten beitragen werden. Aus dem Briefe an mich sieht man, daß er noch immer glaubt, bei Ew. Majestät angefeindet zu sein. Vielleicht würde dieser seltsame Brief auch Ihre Majestät die Königin interessieren, die einen so zarten, menschenfreundlichen Anteil an diesem Unglück nimmt. Die Hauptmedizin würde sein, wenn Ew. Majestät unter die Kabinettsorder mit eigner Hand bloß die Worte schrieben: „Pflegen Sie vor allem jetzt Ihre Gesundheit!"[372] Das wird heroisch wirken. Graf Perponcher weiß bestimmt, daß eine Liebe, eine unerwartet gescheiterte Hoffnung die Ursache der Geistesverwirrung sei. Er hält aber das Übel für sehr vorüberge-

---

[370] Am 9. Februar 1849 wurde in Rom die Republik ausgerufen, der Papst mußte flüchten; doch rückten im Juli schon französische Truppen ein und stellten die Herrschaft Pius IX. wieder her.

[371] Der russische Naturforscher und Reisende Peter v. Tschichatschew (1808 bis 1890) und der russische Gesandte.

[372] Dr. Schultz.

hend, da des Konsuls Bruder einmal auf kurze Zeit auch in diesem traurigen Zustande war...

147. Berlin, 2. April 1849.

Einige Zeilen, die mir der kleine Willisen[373] aus Novara unter dem 25. März schreibt, zwingen mich, Ew. Majestät in diesen bewegten Tagen mit einer alleruntertänigsten Bitte zu belästigen. Willisen glaubt, und wohl mit Recht, aus dem österreichischen Hauptquartier kommend, seine Reise nach Rom aufgeben zu müssen. Bei der gemeinen Reizung und Volksgewalt, die dort herrscht, könnte er leicht gröblich verletzt werden. Er geht jetzt mit dem Feldmarschall nach Mailand zurück und erfleht, daß Ew. Majestät ihm ja dahin recht bald Ihre Befehle senden lassen. Er wünscht nach Berlin zurückzukehren...

148. [1849] Montag, in tiefer Mitternacht.

Nicht bloß unter den Königen den Größten der Erde, unter den Menschen gibt es nichts Menschlicheres als meinen König. Und was ich über alles bewundere, ist diese Zeit, die zu allem gefunden wird, was edel und hilfreich ist. Ich bin tief gerührt und mußte noch heute nacht meinem Gefühle Luft machen.

Allerdings werde ich den Nichtplatonischen[374] wie den Stolpner morgen begleiten. Wie können Ew. Majestät je in Zweifel setzen, daß ich nicht zu jeder bis zur letzten Stunde für Sie bereit sei? Der Nicht- oder Neuplatoniker ist sehr unglücklich darüber, daß er seine russische Kammerherrnuniform nicht mit in die

---

[373] Von den beiden Brüdern von Willisen (vgl. Nr. 144, Anm. 3) ist „der längere" der Generalleutnant Karl Wilhelm, „der kleine" der Flügeladjutant Friedrich Adolf. Sie befanden sich 1849 beide in Ober-italien, der Flügeladjutant im Hauptquartier bei Feldenarschall Radetzky, der Generalleutnant beim Heer der Österreicher gegen Sardinien, der dorthin abgegangen war, nachdem er 1848 sich als Bevollmächtigter im Großherzogtum Posen durch seine Schwäche gegen die Polen bei den Deutschen wie am Königshofe mißliebig gemacht hatte. Bei Novara war am 22. März der entscheidende Sieg Radetzkys über die Piemontesen. Die Stimmung, die Humboldt hier für beide liberal gerichteten Brüder macht, hat in Berlin für den Generalleutnant wenigstens nichts genützt; denn er wurde noch 1849 verabschiedet und ging dann als Oberbefehlshaber zu dem schleswig-holsteinischen Landesaufgebot, das bei Idstedt den Dänen erlag. Der Flügeladjutant Friedrich Adolf von Willisen blieb dagegen weiter in der besonderen Gunst des Königs.

[374] Das ist der erwähnte Naturforscher Peter v. Tschichatschew. Wer der „Stolpner" (aus Stolp in Pommern?) ist, ließ sich nicht ermitteln.

Fremde genommen hat. Petrus wird schwarz erscheinen. Die römische Depesche habe ich von Graf Arnim empfangen und mich der Republik erfreut, die sich eine „unblutige Jungfrau" nennt. In Lyon singt man: „Vive la blousse et la bonne Canaille"...

Les Bourbons touchant les écrouelles...[375]

149. Berlin, 25. April 1849.

Unser großer Chirurg, Professor Langenbeck[376], ist gestern von Holstein und Schleswig zurückgekehrt. Er hat in seinem edlen Eifer es nicht über sich gewinnen können, nicht die Blessierten und die Hospitäler zu besuchen, welche Wiederholungen seiner eigenen vorjährigen, sehr heilsamen Einrichtungen (an denselben Orten) sind. Es wird Ew. Majestät eine beruhigende Freude sein, aus seinem Munde zu vernehmen, daß die Blessierten sehr gut gepflegt werden. Sein Eifer geht aber viel weiter. Er möchte, sollte der Sturm auf Alsen stattfinden, dem Sturme beiwohnen oder, wenn das unmöglich wäre, doch von Ew. Majestät die allergnädigste Erlaubnis haben, sobald die Nachricht hierher gelangte, hinzueilen, um die Blessierten, deren es leicht 2000 geben könnte, zu behandeln. General v. Prittwitz[377] hat ihn auf das wohlwollendste aufgenommen und kennt den Ruf, den der talentvolle Mann sich dort in der letzten Kampagne erworben hat. Auch in dieser Woche hat er an unseren Verwundeten schöne Operationen vollbracht. Die ganze Abwesenheit würde, wenn die Kriegsoperationen nicht nach unserem heißesten Wunsche sistiert werden könnten, nur von 14 Tagen oder 3 Wochen sein, müßte aber einiger formeller Einleitungen bedürfen.

Professor Langenbeck, von liebenswürdiger Persönlichkeit,

---

[375] Deutsch „Es lebe die Bluse und die gute Kanaille!" und „Die Bourbonen kratzen die Schwäre" (vgl. S. 192 Nr. 94).

[376] Der jüngere Bernhard Rudolf Konrad v. L., seit 1847 Leiter der chirurgischen Klinik in Berlin, meisterhafter Operateur, der sich auch mit der Krlegschirurgie zunehmend befaßte, Organisator des preußischen Sanitätswesens und Generalarzt wurde. Schleswig-Holstein, wo er zuerst Professor in Kiel war, wandte er nicht nur 1848/52 bei seiner nationalen Erhebung gegen das Dänenjoch seine Hilfe zu, sondern nochmals im Kriege 1864 mit größtem Erfolge.

[377] General Karl v. Prittwitz, bekannt durch die tragische Rolle, die ihm als Kommandeur des Gardekorps in den Märztagen 1848 in Berlin zufiel, war 1849 Oberbefehlshaber des preußischen Kontingents in Schleswig und Jütland und zugleich der anderen deutschen Bundestruppen.

fleht (und ich mit ihm), daß Ew. Majestät ihm eine Viertelstunde Audienz gewähren möchten. Er hatte schon diese Gnade erbeten, ehe er die Exkursion nach der Armee machte. Er war durch den Fürsten. Eroy gemeldet worden.

Der Athenienser vom Orient[378] ist heute morgen wieder lange bei mir gewesen. Il a ce que Mr. de Talleyrand nomme "beaucoup de zèle". Man kann die Entwicklung großer Beschlüsse nicht willkürlich beeilen. Die Zeit ist [ein] Element, dem Gott allein nicht unterworfen ist, und die Zeit wird uns günstig sein.

150. [Gegen Ende April 1849.]

Ich bin sehr glücklich über die gnädige Erlaubnis, Langenbeck, der einfach und liebenswürdig ist, als wenn er nicht schnitte, morgen zur Tafel mitbringen zu können. Der Orientale[379] arbeitet allerdings mit lästiger Wohlredenheit daran, mich über sich selbst aufzuklären; ich soll ihm als Mittel zu Zwecken dienen. Ich klage, da er daneben geistreich ist, nicht über die Anziehungskraft, die ich auf ihn allerdings ausübe. Ich halte es für möglich, daß er sich ganz über das ausspreche, was in verschiedenen Produktionen F.[ürst] Schwarzenberg als Nächstes und Späteres wünscht. Ich richte nicht mit ihm, sondern benutze seine absichtsvolle Offenherzigkeit. La ruse n'est pas toujours un péché, elle peut plutôt être une faute[380]. Ich hoffe Ew. Majestät meine Naturbeobachtungen mündlich vortragen zu dürfen, für mich nicht ein alteingeübtes Spiel, sondern weil ich mit ganzer Seele daran hänge, daß edle Stämme des gemeinsamen Vaterlandes nicht getrennt werden, daß mehr als ein nüchternes Schutz- und Trutzbündnis mit dem alten Kaiserhause übrig bleibt. Das Schwierige erscheint mir nie unmöglich.

Ich höre mit Wonne, daß unsere herrliche Königin ja mehr Strahlen der Hoffnung hat...

---

378 Vermutlich der in Nr. 137 genannte „vormosaische" Geh. Kabinettsrat Tapheroumis. „Er besitzt das, was Herr v. Talleyranb nennt, viel Eifer", also Zudringlichkeit.

379 Fürst Felix v. Schwarzenberg (1800–1852), Feldmarschalleutnant, Metternichs Nachfolger als Staatskanzler, Feind der preußischen Einheitspolitik in Deutschland, der mit rücksichtsloser Hand und russischer Hilfe den ungarischen Aufstand niederwarf, den Bundestag wieder belebte und Preußen nach Ölmütz führte. Humboldt scheint den eifrigen Orientalen Tapheroumès für einen Geheimagenten von ihm zu halten.

380 „Arglist ist nicht immer eine Sünde, sie kann vielmehr ein Fehler sein."

151. Berlin, 21. Mai 1849. Abends.

Ew. Königliche Majestät erlauben allergnädigst, daß ich im kleinsten Formate, in dem Wahne weniger schief zu schreiben, und in der Ungewißheit, ob es mir gelingen wird, Ihnen morgen in Charlottenburg meine Kur zu machen, eine flehentliche Bitte von Graf Westmoreland[381] vorzutragen wage. Künftigen Donnerstag, 24. Mai, ist der Geburtstag der Königin Viktoria. Ew. Majestät haben gewöhnlich die Gnade, den Gesandten an diesem festlichen Tage zur Tafel zu befehlen. In diesem Falle pflegte Graf Westmoreland dann sein offizielles diplomatisches Diner erst den 25. zu geben. Die Einladungen müssen bei den Gesandten doch aber nicht zu spät geschehen. Gr.[af] W.[estmoreland] wäre also sehr glücklich, wenn Ew. Majestät mir morgen durch den Flügeladjutanten allergnädigst schreiben ließen, ob Westmoreland, wie andere Jahre, Donnerstag (24. Mai) bei Ew. Majestät wird befohlen werden.

Lady Westmoreland, durch etwas übertriebene Nachrichten von dem plötzlichen Unwohlsein des jüngsten Sohnes erschreckt, den „des palpitations de cœur"[382] (wirkliche, nicht romantische) von Cambridge vertrieben haben, um auf dem Lande Ruhe zu suchen, hat Berlin gestern verlassen. Sie hat unendlich bedauert, nicht vorher Ihre Majestät die Königin um eine Abschiedsaudienz haben alleruntertänigst bitten zu können.

Ehrfurchtsvoll und Karthagos Sturz, das Ende der Paulskirche[383], nun erlebend...

152. B.[erlin], 5. Juni 1849.

Ew. Majestät allergnädigstem Befehle gemäß habe ich durch Stiller[384] die diplomatische Negoziation wegen des architektoni-

---

[381] Der wiederholt schon vorgekommene britische Gesandte und seine Gemahlin Lady Prisilla Wellesley Gräfin v. Mornington, Nichte des Herzogs v. Wellington.

[382] Herzklopfen; er studierte in Cambridge auf der dortigen berühmten Universität.

[383] Die Frankfurter Nationalversammlung löste sich Ende Mai, 1849 auf, das Rumpfparlament von 104 Abgeordneten ging nach Stuttgart, endete aber gleichfalls schon am 18. Juni. Das wurde „Carthagos" letzter Sturz.

[384] Fr. August Stiller (1800—1865), Hofbaurat und Direktor der Schloßbaukommission seit 1832, dem sich unter Friedrich Wilhelm IV. nach Schinkels Tode ein weites Feld architektonischen Schaffens eröffnete. Seine bedeutendsten Bauten wurden das Neue Museum, die Kuppel auf dem Berliner Schlosse, die Potsdamer Nikolaikirche (nach Schinkels Vorent-

schen Albums von Innsbruck bis Venedig angeregt. Der Künstler (Oberingenieur Kreuter) hat allerdings das Album gezeichnet in der Hoffnung, daß es in Ihren Sammlungen Platz finden sollte. Er würde sehr unglücklich sein, wenn seine uneigennützige Bitte kein Gehör fände. Die Federzeichnungen, denke ich, haben auch als solche das Verdienst lebendiger, einfacher Auffassung; sie sind ohne Manier und ohne „métier" haben nichts langweilig Gewebtes und Gestricktes, wohin Federschraffierungen so leicht ausarten. Ein so talentvoller, vielseitig gebildeter, von Prinz Karl von Bayern K. H. empfohlener Mann verdiente wohl den Orden dritter Klasse als Fremder, und da alle irdischen Gelüste in galvanischen Metallreiz ausgehen, so wäre wohl die goldene Kunstmedaille in schamhafter Nacktheit oder in Medaillen-Dosen-Gestalt hinzuzufügen. L'homme propose…[385]

153. [Anfang 1850.] 1½ Uhr nachts.
Votre lettre me charme parceque dans sa noble et éloquente simplicité elle m'offre le doux reflet de votre caractère. Votre anxiété de produire le bien vous donne de l' affliction: Vous scrutez avec une intelligente sagacité les causes de tant de dépravation, d' air indifferentisme, qui s' oppose au bien public, et tout en sondant l'abîme, Vous avez presque l'air de désespérer. Conservez, je vous en conjure, la jeunesse de votre caractère: cet attrait est un pouvoir lui-mêmes et en donne dans les circonstances serieuses auxquelles les Souverains sont exposés. En n' accélérant pas trop les améliorations, en laissant agir le tem[p]s, en vous montraut souvent telque la nature et une excellente éducation vous ont formé, Vous réussirez dans les limites que les tristes réalités de la chose publique préservent dans la moitié du 19em sieclè. Ce que vous dites de l'héritage des races romanes, n'est que trop vrai. Pour sauver la liberté, le gouvernement municipal s'est conservé jusque dans les colonies. La vie partielle, source de tant de biens, s'est répandue dans l'état et s'oppose, par les exigences du particularisme, aux nouvelles formes du gouvernement constitutionnel. La lutte ne s'éteint pas, mais elle diminue par des concessions que le tem[p]s el des événemen[t]s

---

würfen), das Schweriner Schloß und die Königsberger Universität.
[385] „Der Mensch denkt..." (als Fortsetzung von Humboldt gedacht: „und der König lenkt").

amènent. Votre immuable désir de démeurer dans les conditions d'une constitution que de pieux et mémorables souvenirs Vous imposent, Vous fera[386] éviter, Sire, bien des dangers qui accablent nos voisins les plus proches dans leurs oscillations perpetuelles entre des systèmes diamétralement opposés. Une fois entré dans ce genre d'essays, on n'en sort que par une débâcle générale. La bonne foi que vous montrez si noblement dans l'exécution de tout ce que essentiellement le pacte constitutionnel impose, Vous donne l'avantage de pouvoir vous opposer sévèrement à tous les envahissemen [t] s du pouvoir royal. Espérons que la constance avec laquelle vous marchez dans la voye [voie] préscrite par les circonstances que vous n'avez pas amenées et qui sont l'héritage des tem[p]s passés, (sous la protection du Très-Haut) adouciront [1] les amertumes de la routeque Vous Vous êtes si courageusement tracée. Les âmes, choisies et éprouvées par vous même, sont sans doute un appui et une consolation à la fois, mais la solitude du trône démande un autre genre d'adoucissement. Avec la vive affection que Vous m'avez inspiré, Sire, je forme les vœux les plus arden [t] s pour une union digne de Votre beau caractère, comme de la culture de Votre esprit, une union qui ne satisfasse pas uniquement les convenances extérieures. Vous jouirez du bonheur intérieur, tout en le répandant autour de vous.

A. H.

---

[386] Das vorliegende Stück ist besonders zu beachten, weil es ausnahmsweise reinpolitischen Inhalts ist. Es ist weder nach Jahr, noch nach Tag datiert, kann aber nur in die Zelt bald nach der Annahme der konstitutionellen Verfassung 1850 fallen. Sie war dem König bekanntlich erst nach längerem Widerstreben von dem Ministerium Manteuffel aufgenötigt worden, und im Innersten hat er sich mit ihr nie vollständig befreundet. Und hat offenbar in jener Zeit auch mit Humboldt darüber sich ausgesprochen und ihm, wie der Anfang oben zeigt, auch geschrieben. Es liegt nun dessen Antwort hier vor; sie ist bestimmt, den König in dem Festhalten an der Verfassung zu ermuntern. Unter der „union" am Schlüsse scheint auch die deutsche Unionsfrage, welche den König ja immer lebhaft beschäftigte, gemeint zu sein. Mit den „pieux et mémorables souvenirs" sind die Befreiungskriege und die Verfassungszusagen des Königs Friedrich Wilhelm III. angedeutet. Einige Stellen sind sehr schwierig zu entziffern, was die nächtliche Abfassung begreiflich macht.

154. [1850] Sonnabend früh.

Mit meinem gerührtesten Danke für die großmütige Beendigung einer Sache, die unheimliche Folgen, verunstaltet in die Geschichte übergehend, hätte haben können[387], flehe ich, daß Ew. Majestät geruhen mögen, drei recht einfache Zeilen von Ihrem „roten Mathematiker" zu lesen...

[Nachschrift:]
Ich werde Gen[eral] Hedemann zu Mittag mitbringen. Sie haben auch Petrus Tchichatschews Asiae minoris et Sinarum Imperii befohlen. Ne trouveroiton pas à Charlottembourg l'objet que V. M. lui destine?
[Vom König darüber geschrieben:]
En Vous remerciant
F.W.

155. [1850]

Es war allerdings meine Hoffnung, heute abend meine schwachen Dienste anzubieten und Ew. Majestät die Ränke des Oktavius[1] mit heiser[er] Stimme vorzutragen. Nach Ihrem so gnädigen und freundlichen Billete werde ich auf jeden Fall morgen, Montag abend, kommen; denn selbst, um zu tanzen, kann ich noch um 11½ Uhr mich bei Redern einfinden...

[Nachschrift:]
Geschrieben im Kabinett von Lady Westmoreland, wo ich speise, Sonntags.

156. Berlin, 15. Januar 1850.

Ew. Königliche Majestät haben auf eine so unüberschwengliche huldvolle Weise und mit solcher Zartheit des Ausdrucks mir die Erfüllung aller meiner Wünsche verkündigen lassen, daß ich keine Worte finde, die meinem Dankgefühle entsprechen könnten. Sie haben Dienste der Pflege, die mir geleistet worden sind, belohnt, als wären dieselben Ihnen geleistet! So kann ich denn in Gemütsruhe, ohne welche keine Arbeit gedeiht, meine „Werke der Nacht" vollenden, und was im Gelingen etwa Rühmliches damit verknüpft sein könnte, gehört dem Monarchen, der so

---

[387] Welche könnte das gewesen sein?

groß und einfach und liebevoll zu pflegen, zu schützen, aufzumuntern weiß, wenn des Geistes Frische und Helle schon dahinschwinden.

157. Berlin, 10. März 1850.

Eine List des Herzens läßt mich den heutigen festlichen[388] Tag auswählen, um an eine wohltätige Handlung zu erinnern. Ew. Majestät haben am 8. Mai vorigen Jahres, da es untunlich war, die Pension der Mutter auf den Sohn, Dr. Wiese[389], Verfasser des talentvollen Dramas Jesu von Nazareth, zu übertragen, dem geistlichen Dichter ein Geschenk von dreißig Friedrichsdor zu machen geruht. Mit dieser Summe, versichert Ludwig Tieck, lebt der Mann ein ganzes Jahr und bringt, wie Mr. de P. sagen würde, alle Wärme hervor, welche zu einem Epos nötig ist. Ew. Königliches M[ajestät] haben mir damals befohlen: dem Dichter dadurch Trost zu geben, daß, statt einer festen Pension ihm jährlich ein Geschenk gemacht werde. Er schreibt ganz offen darüber an mich und bittet zugleich, daß Ew. M[ajestät] sich (vielleicht Sonnabends?) etwas von seinem ernsten Gedichte „Eines Dichters Leben und Tod" vorlesen ließen. Tieck rühmt sehr die Erhabenheit der Gesinnung und Sprache dieser jüngsten Schöpfung des bescheiden zurückgezogenen, vergessenen Mannes, (Dr. Wiese wohnt Matthäikirchstraße Nr. 12.)

[Nachschrift:]

L'Objet mit der gnädigen eigenhändigen Aufschrift Ew. Majestät ist seit frühem Morgen in meinen Händen. Ich werde es bei Baron v. Meyendorff, wo ich speise, dem Petrus v. Trapezunt übergeben. —

Mein Neffe General v. Hedemann, der schon morgen in seine treue Stadt zurückkehren muß, bringt durch mich flehend in Erinnerung eine in Burg-Derner[390] allergnädigst eröffnete Hoffnung für einstige Anstellung seines vortrefflichen, überaus an-

---

[388] Geburtstag der Königin Luise.

[389] Dr. Sigismund Wiese, Privatgelehrter. Die Schatulle verzeichnet für 1851 einen königlichen Zuschuß von 200 Talern zu den Druckkosten.

[390] Graf Fr. Wilhelm v. Redern (1802–1883), zuerst Kammerherr bei der damaligen Kronprinzeß Elisabeth, dann Generalintendant der Schauspiele, seit 1842 Generalintendant der Hofmusik, zuletzt Ober-Truchseß. Sein Palais war ebenso durch seine edlen Räume wie durch die schönen Feste, welche er darin der Berliner Gesellschaft gab, ausgezeichnet.

genehm geistig und körperlich ausgebildeten Jägers. Meine Herzenslisten werden mehr als unbequem; sie sind aber eine lange und darum vervollkommnete Gewohnheitsübung.

158. Potsdam, 19. Juli 1850.

Ew. Majestät erinnern Sich wohl allergnädigst des russischen mit Kupfern versehenen Werkes des Herrn Aschik, Direktor des Museums zu Kertsch. Es heißt „Das Bosphorische Königreich". Der Herr Gesandte v. Meyendorff hatte französische Erläuterungen zu jeder Kupfertafel einlegen lassen. Er hat mir heute die Anlage durch den gelehrten Direktor des Museums der Eremitage, W. v. Köhne, eingeschickt. Er fleht um eine Anerkennung für W. Aschik[391] in Petersburg, dessen Verdienst bei den Ausgrabungen sehr groß ist. Meyendorf glaubt, daß eine Medaillen-Dose in diesem Falle einer Ordensverleihung vorzuziehen sei. Ich wage es, diesen Teil gelehrter Lebensprosa unumwunden auszusprechen...

159. Potsdam, 2. Oktober 1850.

Es ist mir recht schmerzhaft gewesen, den langen, für mich tatenreichen Tag gestern (von 11 bis 2 Uhr Philologen und Orientalisten, 3 bis 7 Uhr Tegel, 8 bis 10 Uhr ein Prachtfest bei Boeckh[392] mit Kalbskeule und Herrn v. Küstner[393], den Euripides über Sophokles erhebend) von Ew. Majestät getrennt zugebracht zu haben; aber solchen Küstnerisch-Sophokleischen Kälberbraten erlebt man nur einmal im Leben. Ich eile, Ew. Majestät und unserer herrlichen Königin einen eben erhaltenen, recht einfach liebenswürdigen, gefühlvollen Brief aus dem trauernden Claremont[394] zu Füßen zu legen. Er war wie durch Zauber verschlossen, und ich wußte lange ihm nicht beizukommen. Ich glaube,

---

[391] Aschik Wozporskoe Zarstwo, s'jègo drewnostei etc. (russisch), d. h. Aschik, das Bosporische Königreich mit seinen Denkmälern usw. Oben ist hier noch auf blauem Papier der Abschnitt eines Briefes des russischen Gesandten, des feingebildeten Barons v. Meyendorff, an Humboldt, datiert 19. Juli 1850, angeklebt, der den Verfasser empfiehlt. Desgleichen liegt eine erläuternde, kritische Besprechung über dessen Buch bei.

[392] Ph. August Boeckh, der berühmte Philologe, Humboldts Verehrer und vertrauter Amtsgenosse in der Akademie (1785—1867).

[393] Der Generalintendant der Schauspiele.

[394] Das Schloß in England in der Grafschaft Surrey, wo Ludwig Philipp von Frankreich in Verbannung lebte und starb. Im nahegelegenen Weybridge ist die Familiengruft der Orléans.

daß er von der Trauernden selbst diktiert ist.

In tiefster Ehrerbietung
Ew. Königlichen Majestät
auf geraden Linien schreibender, treuester
Al. Humboldt.

160. Berlin, 19. Januar 1851.

Ew. Königlichen Majestät lege ich einen Brief der Frau Erb-großherzogin v. Meckl.[enburg] Schwerin aus Rudolstadt aller-untertänigst zu Füßen, den ich gleich nach dem gestrigen, so ernst-prächtigen, durch geist- und kraftvolle Worte des Monarchen verherrlichten Ordensfeste empfing. Könnte der noch tief-bekümmerten hohen Frau doch die Freude gewährt werden! Der Rudolstädtische Oberlandjägermeister Bernhard v. Holleben (a. D.) hat den spanischen Feldzug im Sächsischen Kontingent in Spanien mitgemacht, war ein Liebling des alten Herzogs v. Weimar[395], der ihn in militärischen Angelegenheiten mehrmals nach Frankfurt sandte. Er soll ein gelehrter, unter Cotta in Tha-rand ausgebildeter Forstmann sein, dem, wie sich die Frau Erb-großherzogin ausdrückt, „das räuberische Jahr 1848" die Auf-sicht über die Forsten genommen...

161. Berlin, 25. Januar 1851.

Wieder durch mich ein Brief von der Frau Erbgroßherzogin von Meckl.[enburg] Schwerin, und zu meinem kleinen Schrecken gar ein Dankbrief für Ew. Majestät! Ich bin gewiß schuldlos; denn mit der mir eigenen List hatte ich nur entfernte „Hoffnun-gen" erregt. Meine Beruhigung ist die Zuversicht, daß die so edle, gewissenhafte Frau Erbgroßherzogin gewiß nicht danken würde, wie wohl auch strategisch nützlich ist, um die Bitte in Erinnerung zu bringen...

162. Sonnabend, 31. Januar 1851.

Hier ist das Beste, was ich von der phönizischen Schreibkunst besitze. Was Ew. Majestät noch zu ändern befehlen, werde ich heute bei der Tafel hören, da ich deshalb schon wieder erschei-nen werde, und zwar belastet mit gelbem Tee aus dem (schen-

---

[395] Karl August; die Frankfurter Sendung v. Hollebens ging zum Bundesta-ge.

kenden) Löwenrachen und [mit] Modellen von Diamanten.

Ich werde selbst auch um eine Viertelstunde Audienz flehen, damit die vortreffliche Ernennung des berühmten, nicht meerumschlungenen Chemikers Bunsen[396] aus Marburg für Breslau nicht wieder rückgängig werde...

163. [1851] Freitags.

Da Ew. Majestät vielleicht gestern keinen Privatbrief von Bunsen[397] gehabt und, [da] in Privatbriefen das Urteil über politische Gegenstände immer viel offener ausgedrückt ist als in den Depeschen, so glaube ich folgendes aus einem Briefe von Bunsen an mich ausschreiben zu müssen. Der Brief ist vom 24. Februar.

„Wir erhalten endlich eine Koalition der gemäßigten Whigs mit den Tories des Fortschritts, denen Aberdeen sich als Sir Robert Peels Verehrer angeschlossen hat. Das Ministerium wird sehr stark werden. Die Königin hat eine sehr schöne, einflußreiche, vermittelnde Stellung eingenommen..."

Das ist geschrieben, nachdem Stanley (mit Lord Aberdeen) der Königin erklärt hatte, kein alleiniges Ministerium zustande bringen zu können, kein rein[es] Tory-Ministerium. „Tories des Fortschritts"[398] ist eine Art Vollblut, das man auf dem Kontinent wenig kennt und statt der Rennpferde vermehren sollte...

Ehrfurchtsvoll
Ew. Königlichen Majestät
Eingeengter[399]
Al. Humboldt.

164. [1851]Potsdam, Sonntag früh.

Ew. Königliche Majestät wollen allergnädigst meiner lästigen Kühnheit verzeihen, wenn (durch meine sorgsame Freundschaft

---

[396] Robert Wilhelm Bunsen, 1811 in Göttingen geboren, ein sehr bedeutender Gelehrter, der in Island 1846 wichtige chemisch-geologische Untersuchungen zum Vulkanismus machte, über Harnstoff, Gase, Dämpfe, Photochemie, galvanische Elemente, Magnesium, usw. viel Neues entdeckte und mit Kirchhoff die umwälzende Spektralanalyse fand. Er kam 1851, Humboldts Bitte gemäß, an die Breslauer Universität, schuf das chemische Institut dort, ging aber schon 1852 nach Heidelberg und starb nach längerem Ruhestande 1899.

[397] Hier ist selbstverständlich der Londoner Botschafter gemeint.

[398] Also Reformkonservative.

[399] „Eingeengt", da Humboldt nur noch wenig Platz zum Schreiben auf der Seite hat.

für Meyerbeer angeregt) ich flehe, da das nur eine halbe Stunde dauernde ruhmrauschende Konzert ohnedies verlängert werden soll, daß Sie an Meyerbeer den schriftlichen Befehl ergehen lassen, die Ouvertüre zum Strumsee mit auf das Programm zu setzen. Ohne diesen Befehl wird mein Freund, wegen der uns allen (Gelehrten und Künstlern) unweltlich angestammten, krankhaften Bescheidenheit es nicht wagen! Die Ouvertüre kann das Danske-Ministerium, das neu sich bildende, wohl nicht erschüttern. Den „Herzog"[400] August) von Schleswig-Holstein-Sonderburg-Augustenburg, den und fein bärtiges Fusionskind werde ich heute abend auf einem mathematisch nicht nächsten Wege (über Tegel) von Berlin abholen…

165. B.[erlin], 2. März 1851.

Zuerst eine sehr gewagte, alleruntertänigste Bitte! Könnten nicht zu dem mardi gras[401] zwei Hofmaler Ew. Majestät, Eduard Hildebrandt und Vegas, befohlen werden? Sie bangen sich beide nach solchem Lotterieglück; denn wir Literaten und Künstler streben nach der höheren ätherischen Hofluft.

Der rheinische Gesandte Graf Görtz[402], der die Tugend gehabt

---

[400] Es kann sich in diesem Zusammenhang nur um den Herzog Christian (K. Fr. Großvater der Kaiserin Auguste Viktoria (1798–1869), handeln. Er war mit seiner Familie nach der mißglückten Erhebung der Elbherzogtümer gegen die dänische Vergewaltigung 1848 verbannt worden, führte aber den Kampf für seine Erbrechte und die Landesfreiheit mutig fort. 1851 spitzte sich dieser erneut scharf zu, indem ein neues eiderdänisches Ministerium in Kopenhagen die Einverleibung und Lostrennung Schleswigs offen forderte und andererseits die schleswig-holsteinischen Stände in Rendsburg eine gemeinschaftliche Verfassung und Anschluß an den Deutschen Bund beschlossen. Damals suchte der Augustenburger Herzog Rückhalt an Preußen, besuchte den König in Berlin und hatte den Erfolg, daß dieser am 24. März d. J. eine Proklamation erließ, worin er die deutschen Hauptforderungen (Untrennbarkeit, Selbständigkeit und heimische Erbfolge der Herzogtümer) Dänemark gegenüber anerkannte. Humboldt, der ganz auf Seiten der nationalen Sache stand, mochte sich auch dafür eingesetzt haben. Daß er damals zum Empfang und als Begleiter des Augustenburgers ausersehen war, ist unseres Wissens bislang nicht bekannt. Das „bärtige Fusionskind" (wegen der Fusion mit dem Deutschen Bunde) ist ein drolliger Ausdruck Humboldts für den Erbprinzen, späteren Herzog Friedrich VIII.; er begleitete seinen Vater.

[401] Fastnachtsball; Vegas, der damals berühmte ältere Maler Karl Vegas (1794–1854); C. Hildebrandt, Humboldts besonderer Freund, schon bekannt von seinen Bildbeigaben, die das Buch zieren.

[402] Graf Karl Görtz machte 1844 bis 1847 eine Reise um die Welt; sein mehrbändiges Werk erschien doch noch 1853/54 in Tübingen.

hat, seine Reise nach Persien, China und Ostindien nicht zu beschreiben, schenkt dem Museum beiliegende indische, sehr hübsche Malereien, welche er mich ersucht, beiden Majestäten vorher zu zeigen. Ich denke, Ihre Majestät die Königin sollten sich
einige dieser Bilder für Ihre Sammlung reservieren, ehe sie an M.
v. Olfers kommen. Graf Görtz sagt sehr bescheiden:

„Es ist eine Abgabe von Doubletten aus dem großen Album,
das ich besitze; es kann mir die kleine Gabe daher zu keinem
Verdienste angerechnet werden. Ich habe andere Doubletten in
das Museum zu Darmstadt gelegt. Es ist ehrenvoll für mich,
Erwerbungen meiner Reise in Berlin aufbewahrt zu wissen..."

166. [1851] Sonntags.

Wie soll ich Ew. Majestät für so viel Sorgfalt und Gnade danken! Die Abendexkursionen nach Charlottenburg schaden mir
gar nicht, und ich bin reich dafür belohnt. Allerdings wünsche
ich heute abend bei Ladenberg zu tanzen; von einer soirée bei
Lady Horsefrau[403] ist mir nichts bekannt. Morgen mittag werde
ich gewiß das Glück haben, mich Ew. Majestät zu Füßen zu legen.

[Nachschrift:]

Geschrieben im Mendelssohnschen Hause, wo die Ministerin
von der Heydt diniert...

167. [1851] 7. November.

Ew. Königliche Majestät werden huldreichst verzeihen, daß
ich, aus Interesse für meinen teuren Neffen, den Generalleutnant
v. Hedemann, es wage, mit diesen wenigen Zeilen lästig zu werden. Die Veranlassung dazu ist, alleruntertänigst zu melden, daß
der General von seinem noch immer schmerzlichen Krankenlager[404] aus dem Kriegsminister angezeigt, wie er bei seinem Entschlüsse beharre, sobald ihm eigenhändig zu schreiben möglich
fei. Ew. Majestät sein Entlassungsgesuch zu Füßen zu legen. Er
erfülle damit eine traurige Pflicht, und der Krankheitsanfall in
Berlin, gleich nach der Inspektion der bei Nordhausen zusam-

---

403 Schwer zu entziffern — ist Lady Westmoreland als Verehrerin des Renn-
     sports vielleicht gemeint?
404 Er litt an Gichtanfällen und starb schon 1859 daran, ohne Erben zu hinter-
     lassen.

mengezogenen Truppen, habe ihn allein hindern können, ein alleruntertänigstes Gesuch abgehen zu lassen, durchdrungen von dem schmerzhaften Gefühl, nicht mehr leisten zu können, was er mit freudiger Anstrengung und unverbrüchlichster Treue getan...

[Nachschrift:]

Da die Ministerin Bülow, in dem Wunsche, die Potsdamer Gesellschaft zu beleben, heute abend ihr Haus eröffnet, so verzeihen Ew. Majestät gnädigst, wenn ich erst etwas nach 9 Uhr erscheine.

168. [Dezember 1851]

Vielleicht ist eine offizielle jactance des französischen Kriegsministers Ew. Majestät in der Ursprache nicht vorgelegt worden! Sechs Tage, ehe die Adler auf die Fahnen kamen, steht in dem Rapport, adressé au Président de la République par Mr. Le Général A. de St. Arnaud[405], Ministre de la guerre, en date du 25. décembre 1851, „La 6me Division militaire est celle de Strasbourg, destinée par sa forme et sa position à ne jamais changer tant que les frontières elles mêmes ne changeront pas...

(Moniteur)

Al. Humboldt nächtlichst.

169. Berlin [1852], Sonnabend.

In der Schüchternheit meiner Waldnatur vom Orinoko habe ich gestern im Schlosse und in der Oper mich Ew. Majestät nicht zu nähern gewagt und trage deshalb jetzt, schriftlich, die alleruntertänigste Bitte vor: ob Ihre Majestät, unsere herrliche Königin, nicht mit der Kaiserin[406] von Charlottenburg aus in einer Spazier-

---

[405] Der ehrgeizige und abenteuerliche Marschall Jacques Leroy de Saint-Arnaud, seit Oktober 1851 Kriegsminister in Paris. Er war es, der den Staatsstreich Louis Napoleons am 2. Dezember 1851 militärisch vorbereitete und durchführte. Als geschworener Gegner des neuen Reiches wies Humboldt seinen Königlichen Herrn nicht ohne Absicht auf diese wiederkehrenden Rheingelüste des kaiserlichen Vertrauensmannes und Fahnenadlers hin. Im Krimkriege wurde Saint-Arnaud Oberbefehlshaber der französischen Truppen und starb an Bord des Schiffes, das ihn von dort nach Frankreich 1854 zurückbringen sollte.

[406] Die zu Besuch weilende russische Zarin. Die Borsigschen Treibhäuser sind bis in die Neuzeit eine Berliner Sehenswürdigkeit geblieben.

fahrt das so zierliche Treibhaus und die Anlagen von Borsig in Moabit, wo jetzt eine Wohltätigkeitsausstellung der Frauen ist, besuchen wollten?

Der vortreffliche Besitzer verdiente wohl dieses Glück...

170. [1852]

Carus[407] schreibt an mich, 24. November: „Wenn ich hier in Dresden Kunstsammlungen einpacken sehe von einem vermeintlichen Feinde, der den Beruf hat und ihn übt, die Intelligenz von Deutschland zu vertreten, so fühle ich mich tief beschämt und verletzt."

171. [1852] Freitag morgen.

Ein überaus einfach und geschmackvoll geschriebener Brief der Lady Priscilla[408] enthält einen so lebendigen Ausdruck der Dankbarkeit für das, was Ew. Majestät zur Feier des „ehernen Herzogs" getan, daß ich der Versuchung nicht widerstehen kann, denselben diesen ausnahmsweise geraden und schön leserlichen Zeilen beizulegen. Ich werde nicht heute, aber morgen Ew. Majestät den Ausdruck meiner tiefsten Ehrerbietung zu Füßen legen...

172. Berlin, 17. Dezember 1852.

Ew. Königliche Majestät nehmen einen so warmen Anteil an dem Glänze des Ordens,[409] den Sie gestiftet, daß selbst an diesem viel bewegten Tage der freudigen Ankunft des Kaisers ich es glaube wagen zu dürfen, Ihnen alleruntertänigst anzuzeigen, daß Ihrem Wunsche gemäß gestern abend der Duc de Luynesi den ersten Platz auf der Wahlliste mit 19 Stimmen erhalten hat, während seine Mitbewerber, der Royal Astronomer Airy in Green-

---

[407] Karl Gustav Carus, Leibarzt des Königs Johann von Sachsen, des Schwagers Friedrich Wilhelms IV. (1789–1869). Er war ein tätiger Gelehrter, Landschaftsmaler, Goethefreund und Präsident der Leopoldo-Karolmischen Akademie der Naturforscher, nebenher aber auch mystischer Magnetist und darum kaum Humboldts Freund.

[408] Westmoreland, Nichte des „ehernen" oder öfter noch eisern genannten Herzogs von Wellington.

[409] Von ihm gab Humboldt selbst hinreichende Kunde in seinem Briefe Nr. 115 S. 215. Jedenfalls auf seine Verwendung wurde er nun Ritter des Verdienstordens der Friedensklasse, wie er auch der Akademie seit längerem als Ehrenmitglied angehörte.

wich nur 6 und der französische Mathematiker General Poncelet[410] nur 2 Stimmen haben. Die zum ersten Male akademisch angewandte Diplomatik ist mir sogar ganz leicht geworden...

173. [1853] 22. Februar.

Der Entwurf des Briefes enthielt keine Inkorrektion, aber Ew. Majestät haben ihn, wie ich verstanden, etwas gemütlicher und kulanter gewünscht. Möge es mir geglückt sein!

Ich wage es, Ew. Majestät einen zum Teil politischen und deshalb erfreulichen Brief von Baron Meyendorff[411] an mich, den er vor 3 Tagen geschrieben, zu Füßen zu legen. Ich sollte glauben, einiges Detail des Briefes müßte der herrlichen Königin Zerstreuung gewähren. Le Baron est sous le charme et erinnert an Mad. de Sévigné nach dem Menuett in Versailles. Da die langen Haare und die „jeunes figures patibulaires" verschwinden, so wird das Papiergeld sich notwendig heben, und der Bundestag wird sich zweifelsohne „par lettres particulières en peu de jours et par télégraphes en quelques heures" zustande bringen lassen. Wie die Karnevalzeit doch alles erheitert, selbst die, welche wie Baron M.[eyendorff] einen Blick in die Geschichte getan haben und die zusammengesetzten Elemente kennen, von denen die Stabilität und die politische, äußere und innere Sicherheit abhängen. Die Stelle über F[ürst] Schwarzenberg und unseren Ministerpräsidenten[412] ist überaus erfreulich und schön geschrieben...

174. B.[erlin], 26. März 1853.

Ich weiß, daß Ew. Majestät nicht ohne Interesse einige Notizen über den Tod und die Beerdigung des Kommandanten von Moskau, General v. Staal, lesen werden. Er hat vier Rubel und zwei Töchter, Fräulein Katharine und Amalie, hinterlassen, aber

---

[410] Jean Viktor Poncelet, Oberkommandeur der Pariser Nationalgarde, ausgezeichneter Mathematiker und Mechaniker; er übte gerade in Deutschland den größten Einfluß auf die Entwicklung der neueren Geometrie (1788−1867).

[411] Des russischen Botschafters. Seinen Brief, der fehlt, betrachtet Humboldt anscheinend mehr als charmante Geistesanmut, wie sie Marie de Rabutin-Chantal, Marquise de Sivigni (1626−1696) in ihren „Lettres" offenbarte, wie als ernsthaft politisch. Es muß sich darin um deutsche Bundesangelegenheiten gehandelt haben, die Humboldt in satirischer Weise mit den Sévignéschen Schilderungen vom Versailler Tanzfest vermengt.

[412] Nach dem Tode des Grafen von Brandenburg Otto Freiherr v. Manteuffel 1850−1858.

auch eine Kaufmannschaft, die 3000 Silberrubel zu schenken weiß. General Staal war einst der Wohltäter des braven, wohlunterrichteten und darum blutarmen Dr. Altmann, den bei dieser Gelegenheit der unerschöpflichen königlichen Huld von neuem zu empfehlen wagt

Al. Humboldt

175. Berlin, 22. April 1853.

Ein Privatdozent in Bonn, Dr. Schauenburg, der mir unbekannt ist, dringt in mich, Ew. Königlichen Majestät seine sehr gelungenen Versuche zu Füßen zu legen. Sie beweisen, daß, wenn ein Tisch lange hintereinander vom animalisch-magnetischen Fluidum, besonders zarter Kinder, durchdrungen worden ist, er intelligent wie „ein wohldressierter Hund" (S. 9) wird, nach dem Willen des ihn laut Anredenden sich dreht oder haltmacht, sich höflichst auf Befehl nach der Person hinneigt (S. 16), die genannt wird, durch Klopfen sehr richtig sagt, daß er 14 Taler gekostet (S. 13), verneint, wenn man ihn fragt, ob er Schmerz empfinde; auf strenge Vorwürfe achtet, trotz Niebuhr pater die Zahl der astrologischen oder meteorologischen Könige von Rom kennt, Buchstaben aus einem Taschenbuch genau angibt, Fräulein Antoine Neußer für die genialste der Gesellschaft hält, den Stand der Uhr liest und einer schwerfälligen, aber zuvorkommend grüßenden, alten Kommode keine Artigkeit versagt. Der Professor der Physik zu Bonn, der durch elektromagnetische Entdeckungen berühmte Plücker[413], hat, diplomatisch wie ich selbst, sich als überbeschäftigt melden lassen, und der Mann des Mittelalters, Professor Simrock, hat alles gesehen, alles mitgemacht, aber als Zeuge aufgefordert, Charakterschwäche gezeigt...

176. Berlin, 13. Dezember 1853.

Ew. Königlichen Majestät habe ich alleruntertänigst zu melden, daß der Dichter Uhland[414] mit Manzonischen Skrupeln be-

---

[413] Julius Plücker, Mathematiker und Physiker 1801 – 1868.
[414] Die Ablehnung, welche der Dichter und Volksforscher Ludwig Uhland der Verleihung des Verdienstordens der Friedensklasse zuteil werben ließ, regte Humboldt als Kanzler wie als ihren Urheber stark auf. Uhland konnte sich nicht dazu entschließen, teils aus seiner mehr demokratischen Gesinnung, teils weil er sonst den bayrischen König, der ihm schon

haftet, aus katonisch-tugendhafter Albernheit den Orden nicht annimmt und mich ersucht, Ew. Königlichen Majestät seinen gerührtesten Dank für die erteilte Huld zu Füßen zu legen. Er hatte wenige Tage früher, als er meine vertrauliche Anzeige von der Wahl empfangen, die Ordensverleihung in München schon offiziell ausgeschlagen. Man wird also statutenmäßig eine neue Wahl anordnen müssen. Wand behauptet, aller politischen und literarischen Welt abgestorben zu sein, und vielleicht hat ihn, als Lichtfreund, die Nachteule geschreckt! Ich wage es Ew. Majestät einige Nachrichten aus Afrika mitzuteilen, die Sie sich vielleicht vorlesen lassen. Gegen die Nigerfahrt des brustkranken, schwächlichen Hallens [?] protestiere ich sehr!

Mit dankbarster Ehrerbietung
Ew. Königlichen Majestät
allergetreuester und
heute lesbarer
Al. Humboldt.

177. Berlin, 12. Mai 1854.

Ew. Königlichen Majestät eile ich, alleruntertänigst zu melden, daß nach dem anliegenden Briefe, den ich heute morgen von dem Duc d'Albert de Luynes aus Paris empfangen, er in wenigen Tagen hier eintreffen wird, bloß in der Hoffnung, Ihnen persönlich seine ehrfurchtsvollen Dankgefühle ausdrücken zu können. Ich glaubte, daß die Ankunft dieses edlen, kenntnisvollen Kunstkenners Ew. Königlichen Majestät angenehm sein werde. Vegas, dessen vortreffliches Bild von Radowitz, voll Geist und innerem Leben, ich heute (gemeinschaftlich mit der Witwe) zum ersten Male gesehen, fleht um einen Blick des Monarchen! Er wünscht in nächster Woche die Reise nach Rom antreten zu können, um, nach seiner schweren Krankheit, vor dem Eintreten der Hitze sich in der Umgegend der „ewigen Stadt" etablieren zu können...

---

den Marimilians-orden ebenfalls vergebens angeboten hatte, brüskiert hätte. Diesen Gründen wird Humboldt nicht hinreichend gerecht, sondern behandelt die Weigerung wie einen böswilligen oder „katonischen" Affront. Uhland hat ihm würdig über seine Motive geschrieben und ihm für seine Bemühungen noch persönlich gedankt.

178. Berlin, 19. Mai [1854]. 4 Uhr.

Ew. Königlichen Majestät eile ich, alleruntertänigst anzuzeigen, daß der Duc de Luynes mir eben eine Karte schickt und sagen läßt, daß er im Hotel du Nord angekommen ist. Ich werde ihn in einer Stunde, ehe ich bei dem Herrn v. Maltza[h]n[415] (wahrscheinlich mit Schinas [?] und Dönniges)[416] speisen gehe, besuchen; selbst aber auf jeden Fall morgen, Sonnabend, in Potsdam bei Ew. Majestät zur Tafel kommen. Wenn Ew. Majestät den Duc de Luynes nicht schon morgen zur Tafel befehlen (ich vermute, daß er dem französischen Gesandten fremd bleibt und sich selbst bei dem Hofmarschall Graf v. Keller melden wird), so vermute ich, daß Sie ihn Montag oder in den ersten Tagen der kommenden Woche in Charlottenburg sehen wollen. Professor Lepsius, den der Herzog am meisten kannte, und Geh. Rat v. Olfers werden sich am meisten mit ihm hier beschäftigen können. Sanssouci wird ihm ein Glanzpunkt der Reise sein.

[Nachschrift:]

In dem Augenblick, wo ich das Schreiben schließe, hat der Duc de Luynes, um mich nicht zu erwarten, die Güte, zu mir zu kommen. Die Trauer seines Hauses (er hat seinen einzigen Sohn verloren) läßt ihn nur fünf bis sechs Tage in Berlin bleiben. Er ist doch bei dem Marquis de Moustier, seinem Gesandten, persönlich gewesen, und seine Ankunft wird durch diesen bei Hofe auf gewöhnlichem Wege gemeldet werden. Ew. Majestät werden dieser Meldung nicht bedürfen. Der Duc de Luynes glaubt nicht einmal Dresden besuchen zu können.

[Anlage.] Paris, 1854, Mai I I.

Monsieur le Baron,

Une occasion comme celle du voyage du Duc de Luynes à Berlin est trop unique pour ne pas m'inspirer la confiance de dérober un instant à vos fécondes occupations, et de me recommander respectueusement à votre Souvenir. Nous n'avons ici personne, qui soutienne autant, que le Duc de Luynes le poids d'

---

[415] Reichsfreiherr Heinrich von Maltzahn (1826–1874), Reisender in Tunis, Algier, Tripolis, Arabien.

[416] Fr. A. Fr. Wilhelm von Dönnlges, Historiker, Staatsrechtslehrer und Legationsrat in München, Vater der Helene v. Dön-niges, der Geliebten Lassalles, (1814–1872).

un grand nom, et les obligations de ce que nos ancêtres appe-
laient "la Seigneurie". Erudit, artiste, connaisseur du premier
rang, utile de mille manières à la science qu'il protège, éclairé et
cultivé, il a consacré quelques années aux affaires publiques, et,
dans nos assemblées délibérantes, a trouvé l'occasion de grandir
encore son caractère. Il est rentré dans la vie privée au moment,
où la nation a cessé de s' appartenir. Une circonstance bien affli-
geante vous a fait de nouveau paraître, sur notre scène intellec-
tuelle, avec la hauteur de pensées et la fidélité d'affections qui
vous ont depuis si longtemps acquis en France tant de fervents
adenirateurs. Arago a, du moins, assez vécu pour prendre
connoissance des dernières parties du Cosmos; et son intelligence a quitté cette vie passagère ,après avoir goûté la plus vive
jouissance que l'étude pût lui donner.

Depuis le moment où j'ai essayé, à Berlin, de servir en quelque manière la cause de la paix générale, de l' ordreet de la civilisation, la monarchie prussienne ne s'est pas trouvee dans des circonstances plus remplies de dangereuses alternatives. Je fais des
vœux ardents pour qu'elle en sorte avec la plénitude de sa puis-
sance et l'accroissement de son honneur. Rien n'importe d'avantage à l'avenir du monde.

Oserais-je vous prier de mettre mes respects aux pieds du
Roi?

Veuillez, Monsieur le Baron, agréer l'hommage de ma haute
et respectueuse considération

Adolphe de Circourt[417].

179. Donnerstag [1854]

Ew. Königlichen Majestät habe ich die kühne Bitte vorzutragen, ob Sie nicht die allerhöchste Gnade haben wollten, mich
heute, Donnerstag, zur Tafel zu befehlen, da ich so unvorsichtig
gewesen bin, ohne die Spätstunde (4 Uhr) und ihre unakademi-
schen Folgen zu bedenken, die Einladung bei Sr. K. H. dem Prinz
von Preußen anzunehmen. Meine Seelenruhe hängt an dieser
Lösung...

---

[417] Aus einer Pariser Grafenfamllie, deren Salon noch im zweiten Kaiserreich
eine politische Rolle spielte.

180. Sonntag abend [1854].

Ew. Majestät glaube ich melden zu müssen, daß der Leutnant Pim [?] (Royal Navy), traurig und wahrscheinlich recht enttäuscht, von Petersburg zurück ist. Er war bei mir, ohne mich zu finden, und da er bei seiner schnellen Durchreise gewiß keine Zeit haben wird, sich förmlich selbst zu melden, so wage ich Ew. Majestät mit diesen Zeilen zu belästigen. Er wohnt, statt bei den Samojeden, im Hotel de Russie...

181. Berlin, 17. September 1854.

Wenn die „Wäsche", die der historische Hügel in so glänzender Reinheit darbietet, die pedantische Wäscherin[418] zu verzweiflungsvoller Untätigkeit verdammt, so muß diese doppelt fürchten, auf der Liste der Hofdienerschaft gestrichen zu werden. Der Brief ist von untadelhaftester Korrektheit, voll liebenswürdiger, gemütlicher Natürlichkeit, zart anspielend auf die Forderungen einer bewegten Zeit, ganz des Hügels wert, auf dem große Geister gewohnt, mich aufopfernd „comme bête rare, mais parfois difficile", wie der Erhabenste unter den dort wohnenden Geistern es auch zu tun pflegte. Des Ohnmächtigen Rache ist, im Widerspruch mit dem Eingang dieses Briefchens, den Konsens eines so leicht anzuhängenden Buchstaben e (Zeile 2) zu erflehen: „ni est parvenue un peu tard".

In dankbarster Ehrerbietung und sehr leserlicher Schrift ohne oblique Schlachtordnung Ew. Königlichen Majestät bis in den nahen Tod

getreuester Alexander v. Humboldt.

182. Berlin [1854], Donnerstag nacht.

Zwei huldreiche Worte des Monarchen sind der höchste Schmuck eines Ehrentages! Savigny feiert am Ostermontag, den 17. April, seine goldene Hochzeit. Er gehört gewiß zu den getreuesten Dienern Ew. Majestät und ist, anerkannt in Europa, die größte Zierde unserer Universität gewesen. Es ist eine gedrückte Stimmung in dem einsamen Familienleben. Das einfache Gefühl aussprechend, fürchte ich nicht durch meine kühne Bitte Ew. Majestät zu mißfallen...

---

[418] Humboldt, der den Auftrag hat, einen französischen Briefentwurf des Königs zu „reinigen".

183. [1854] Sonnabend.

Die ältesten Monumente am Titicacasee, die der Inca Garcilasso[419] beschreibt, als den riesenhaften Bauwerken in Cuzco[420] zum Vorbild dienend, und die meiner immer zunehmenden Imbezilität entfallen warm, sind die Ruinen vor Tiahuanaco[421].

Ich werde kommen, heute mittag Ew. Majestät den kleinen Plan von Cuzco, leider! bloß geometrisch, aber mit allen alten Namen, zu Füßen zu legen. Er ist von Pentland, dem berühmten Geologen [422].

184. Berlin, 10. Januar 1855.

Ew. Königlichen Majestät eile ich, alleruntertänigst zu melden, daß ich soeben mit dem Generalleutnant v. Stockhausen die Wahlzettel zum Ersatz des verstorbenen, durch sehr gründliche Gelehrsamkeit ausgezeichneten Geh. Oberjustizrats Dr. Eichhorn erbrochen, und daß der Professor und Staatsrat Ranke[423] mit großer Stimmenmehrheit gewählt worden ist zum inländischen Ritter des Ordens Pour le mérite für Wissenschaft und Kunst. Er erhielt 11 Stimmen, während wir oft nur mit 8 Stimmen wählten. Dem vortrefflichen Ranke kam keiner näher als Schlosser in Hei-

---

[419] Siehe S. 244, Anm. 3
[420] Hauptstadt des gleichnamigen Departements ln Peru, in einem Hochtal der Anden.
[421] Tiahuanaco ist ein Dorf in Bolivia (Dep. La Paz), südlich vom Tlticacasee, noch heute durch seine merkwürdigen Ruinen ausgezeichnet.
[422] Vgl. S. 109, Anm. 7.
[423] Der große Geschichtsschreiber Leopold v. Ranke (1795–1886), dem wir auch eine wichtige Biographie übel Friedrich Wilhelm IV. verdanken, und den der König außerordentlich nicht nur wegen seiner tiefgrabenden Forschungen, seiner pragmatischen und abgeklärten Darstellung, sondern auch wegen seiner hochstehenden, religiös fundamentierten Weltanschauung schätzte. Humboldt war ihm abgeneigt, sowohl wegen der letzteren und wegen seines politischen Konservatismus wie wegen seiner historischen Methode. Er hatte auch bei der vorliegenden Wahl kein gutes Gewissen; denn er war dabei ein Gegner Rankes gewesen und hatte für v. Raumer als Kandidaten agitiert, der aber bei den andern gänzlich ausfiel. Der König dankte ihm gleichwohl mit folgendem warmfühlenden Handbillet (Bruhns II, 284): „Verehrter Freund, allerherzlichsten Dank für den lieben Brief vom heutigen Datum. Sie haben mir eine Freude machen wollen, das ist Ihnen gelungen. So haben Sie in Rankes Haus Freude bringen wollen und werten wohl denselben Erfolg gehabt haben. So haben Sie sich selbst einen sonnigen Tag gemacht, und der sei Ihnen gesegnet. Auf frohes Wiedersehen. Ihr treuer Freund und Verehrer Friedrich Wilhelm."

delberg, der es bis auf 4 Stimmen brachte; alle anderen hatten nur 1 oder 2 Stimmen. Da ich vor der Wahl schon aus dem Munde Ew. Majestät die allergnädigste Äußerung vernommen habe, daß Ihnen die Wahl Rankes durch Stimmenmehrheit angenehm sei und die offizielle Bekanntmachung zum 24. Januar so nahe ist, so schreibe ich gleich heute, wenn Ew. Majestät mir nicht das Entgegengefetzte befehlen lassen, an den Geh. Kabinettsrat Illaire, um ihn aufzufordern, die Ausfertigung der bestätigten Wahl von Prof. Ranke, Historiograph des Preußischen Staates, jetzt gleich besorgen zu lassen. Ich war sogleich in dem Hause des Erwählten, um ihm freundlichst Glück zu wünschen...

185. [1855] Januar, Sonntag nacht.
Wenn ich auch die Hoffnung habe, mich morgen, Montag, mittag Ew. Majestät zu Füßen zu legen und Ihnen für die übergnädige Art zu danken, mit der Sie meine Meldung von der Ernennung unseres geistreichen Geschichtsschreibers aufgenommen, so habe ich doch mich beeilen wollen, auf Fürst Metternichs Wunsch Ew. Majestät den Ausdruck seiner ehrerbietigen Anhänglichkeit früher mitzuteilen:
«Le gage de mon attachement pur Votre Roi repose dans la conscience même de Sa Majesté. Ma conscience me dit que j'ai marché dans les voyes de la vérité! Les voyes sont-elles également suives dans le tohubohu du joir? J'ai peur qu'il n'en soit point ainsi...»

186. Berlin, 18. Februar 1855.
Die Heiligkeit des Sonntags ist recht eigentlich dazu geeignet, Gefühlen der tiefsten Rührung und der innigsten Dankbarkeit einen Ausdruck zu gewähren. Ich konnte gestern nach der Tafel keinen freien Augenblick finden, um Ew. Königlichen Majestät, meinem immer so zart und so unüberschwenglich gnädigen Herrn, für den erneuerten Beweis einer Huld zu danken, bei der die Überraschung des Unerwarteten die sanfte, wohltuende Rührung des Gemüts nicht gemindert hat. Je mehr meine Kräfte abnehmen (doch fängt der organische, unabwendbare Versteinerungsprozeß nicht vom Herzen an!), desto mehr sind Ew. Majestät großmütig beschäftigt, meine letzten Lebenstage zu verschönern. Wie hätte ich eine so königlich reiche Gabe auch nur ahnen können. Sie trägt zur Freude und — warum sollte ich es ver-

schweigen? — zur Heiterkeit meines Lebens bei, da die Ungleichheit dessen, was meine Arbeitssamkeit und die wachsende Gunst des Publikums mir verschafft, durch unverständige Gewohnheit des Gebens, meine Lebensprosa bisweilen etwas inkorrekt und ungrammatisch gemacht hat. Der naturfreie Ausdruck der Freude eines alten Mannes durfte meinem Könige nicht vorenthalten werden. Es ist die Form des Dankes, welche Ew. Königliche Majestät die allein angenehme ist. Meines edlen Freundes Flottwells Jubiläumsfeier hat auch mir Glück gebracht. Ich hatte die Freude, neben dem Herrn Minister des königlichen Hauses zu sitzen. Er hatte die Güte mir zu verkündigen, was mir, dem Ungläubigen, am goldgelben Horizont wie eine „Fata Morgana" erschien...[424]

187. Berlin, 19. Juli 1855.

Ew. Königlichen Majestät habe ich in den letzten schönen Tagen von Aranjuez keine Gelegenheit gehabt, einen Brief von Hittorf[425] vorzulegen, der (neben vielen mythischen Schmeicheleien für mich) doch auch manche wilde Architektenprojekte enthält, die nicht ohne Interesse sind. Mögen diese Projekte, von denen der Hippodrom wohl am ersten ausgeführt wird, einige Erheiterung gewähren, wenn, wie gestern in Tegel, wohin ich Emma Gaggiotti[426] führte, es „mit Mollen" gießt. Mit großer Freude habe ich durch die Freundschaft des Gen.[eral] Leutnants v. Reyher Kenntnis erhalten von der Schätzung der einzig schönen Scharnhorstischen Kartensammlung. Der Preis erreicht noch

---

[424] Dieser fast überschwengliche Dankbrief Humboldts läßt mit Grund vermuten, daß die „goldgelbe" Unterstützung aus den Königlichen Dispositionsfonds, die ihm der Hausminister beim 50. Staatsjustizdienstjubiläum des hochverdienten Staatsmannes und damaligen Brandenburgischen Oberpräsidenten C. H. von Flottwell ankündigte, eine reiche gewesen ist.

[425] Vgl. S. 107, Anm. 1.

[426] Die italienische Malerin, welcher wir das vorn wieder-gegebene Altersbildnis Humboldts verdanken. Sie war 1825 in Rom geboren und starb erst 1912 in Velletri, verheiratete sich mit dem Engländer Richards und machte sich zuerst in London durch ihre Porträts und religiösen Bilder Ausstellung bekannt, vornehmlich am Hofe und in der Aristokratie. Auf der Royal Academie 1851 erwarb der preußische König ihr Selbstbildnis. Sie kam mit Empfehlung des preußischen Botschafters Ende 1854 nach Berlin, um dort mehrere Fürstlichkeiten, wie Prinz Wilhelm und andere, zu malen; weiter ging sie nach Paris, wo sie für Napoleon III. die Vier Jahreszeiten schuf.

nicht ganz das Doppelte von dem, was Ew. Majestät dem Andenken Leopold o. Buchs gewidmet haben. Es wäre ein Jammer, wenn dieser Kartenschatz wiederum in die Hände des Kaisers Napoleon oder nach Washington in das überreiche „Smithsonian-Institut" überginge! Welche Arbeit, solch eine Sammlung zu bilden! Empfangen Ew. Königliche Majestät und unsere herrliche Königin huldreichst den Ausdruck meiner dankbarsten Ehrerbietungsgefühle, mit denen ich mich nenne...

[Nachschrift:]

Meteorologika: es regnet. Dienstag nacht hat bei einem furchtbaren Gewitter, mir zur physikalischen Ergötzung, der Ableiter des mir gegenüberliegenden Posthauses zwei Stunden lang wie eine rotglühende Eisenstange geleuchtet! Ein sanftes Abführungsmittel[427].

Ugolino[428], aus der Toskanischen Familie der Grafen Gherardesca...

[Anlage.]

Extrait d'une lettre du Cardinal Antonelli à Madame Emma Gaggiotti-Richards [von Humboldts Hand.]

Roma, 26 Luglio 1855.

Gentilissima Signora,

„Non dubitavo punto della buona accoglienza che avrebbe ricevuta in codesta corte; una sicurezza me ne somministravano le distinte qualità di codesto ottimo Monarca – e l'amore che egli ha per le arti belle, comme pure il di lei merito aristico che tanto giustamente la distingue – Gradisca, e faccia gradire alla sua signora Madre i miei distini complimenti, e mi creda con sincera stima."

Servitor vero

L. Cardinal Antonelli

---

[427] Nämlich der Blitzgefahr.

[428] Man hatte über diesen vermutlich im Anschluß an sein tragisches Ende 1289 im Hungerturm mit seinen Söhnen, das schon Dante im Inferno (33) ergreifend geschildert und nach ihm auch deutsche Dramatiker (v. Gerstenberg, Graf Schack) dargestellt haben, am Hofe gesprochen.

188. Berlin, 24. Juli 1855.

Ew. Königliche Majestät haben mich durch Ihr allergnädig-
stes, so menschlich liebevolles, heiteres Schreiben vom 20. tief
gerührt. Das Fieber gehört schon zur dunkeln Urgeschichte: ich
habe etwas ersinnen wollen, welches abends im königlichen
Stilleben durchblättert werden könnte, doch unter der Bedingung, nicht davon zu träumen. Die Lahmheit meines Armes hat
mich nur sehr langsam die phönizische Abhandlung excerpieren
lassen, und ein Besuch des grämlichen Jomini[429] läßt mich fast
die Post versäumen. Mögen Ew. Königliche Majestät die Frucht
meines guten Willens nachsichtsvoll aufnehmen! Zum Stilleben
gehört Zerstreuung. Der Oberst Schenk, „Chr. Columbus v. Sardinien", hat Ew. Majestät auf das herkulische Land längst vorbereitet. Die Geographen hoffen, daß der üppige Regen das „dicke
Rindsleder" erweichen wird[430].

Alles Heil Ihnen und der teuren Königin erwünschend, mit
dankbarer Ehrerbietung...

189. Berlin, 2. August 1855.

Ew. Königliche Majestät würde ich nicht wagen, nach den
„Gesichtern" aus der phönizischen Vorwelt, von neuem mit
meiner mikroskopischen Schrift zu belästigen, wenn die Wichtigkeit einer geschichtlichen Entdeckung mich nicht dazu anreg-
te. Erst seit wenigen Tagen wissen wir durch einen Besuch, den
ein Gelehrter aus Cambridge (bei seiner Durchreise durch Berlin)
dem im ganzen Auslande hochgeschätzten Dr. Brugsch machte,
daß in fünf Papyrusrollen des Britischen Museums die biblischen
Namen: Moses als Volksführer, Jannes[431], Balak[432] und Hebräer
aufgefunden worden sind, und zwar unter Beziehungen, die mit
unseren heiligen Büchern ganz übereinstimmen. Die Papyrusrol-

---

[429] Henry Baron von Jomini, französischer, später russischer General und
Militärschriftsteller (1779–1869).
[430] Der Brief, anscheinend vom Krankenlager Humboldts, läßt einige Dun-
kelheit in seinen Anspielungen übrig.
[431] Jannes und Jambres, die Widersacher Mosis, die seinen Wunderzeichen
ihre Zauberkünste entgegensetzen (Ti. 3, 8). Im Alten Testament finden
sie sich selbst nicht; Paulus hat sie nach Theodoret der jüdischen Überlieferung entnommen, wo sie in verschiedenen apokryphischen Abarten
vorkommen.
[432] Balak ist der König der Moabiter, der Israel zu verderben suchte (4. Mose
22,2ff. usw.). Er ist der Sohn Zippors.

len sind aus den Zeiten des Sohnes Ramses des Großen. Ich hoffe, der Auszug, den ich Brugsch veranlaßt habe aus der Schrift des Rev. M. Heath[433] für Ew. Majestät anzufertigen, wird Ihnen eine angenehme Zerstreuung gewähren. Der arme Brugsch ist wieder sehr traurig und macht mich traurig. Er hat auf eigene Kosten, ohne irgendeine Behörde zu belästigen, eben jetzt, von dem Vicomte de Rouge (Direktor des ägyptischen Museums) eingeladen, eine Reise nach Paris gemacht und die Inschriften (600 an der Zahl), ehe man sie als Stelen hoch einmauert, aus Liebe für die Wissenschaft abgeschrieben.

Brugsch, der Frau und Kinder hat, und sich sorgenfrei mit der Herausgabe der Schätze beschäftigen möchte, die er zwei Jahre lang durch die Wohltätigkeit Ew. Majestät hat sammeln können, muß jetzt wieder für Geld Stunden geben. Ich habe mich trostlos selbst in die Eisregion[434] gewagt. Meine Ida[435] haben wir kaum einige Tage besessen. „Die Battas[436] haben mich geschont, weil ich zwei Redensarten, die der Rajah von Sarawak (James Brooke) in Borneo mich gelehrt, im reinsten Battadialekt aussprechen konnte: „Friß mich nicht" und „Ich bin ein altes Weib und habe deshalb schon zähes Fleisch." Ida war jetzt in Chile, Peru, Quito, San Franzisko, wo sie Möllhausen[437] gesehen, am Niagara, in den Azoren. In Boston hat man uns beide nebeneinander „aufgehangen". Sie hat dieses Mal für die Wiener Sammlung einige Käfer

---

433 Anliegend.

434 Des Ministeriums

435 Die Wiener Reisende Ida Pfeiffer, geb. Reyer, mit einem österreichischen Advokaten vermählt, aber bald getrennt. Seit 1842 unternahm sie weite Ausflüge auch in noch ganz unbekannte Gegenden, 1851–1855 eine besonders ausgedehnte Weltfahrt; von dieser ist hier die Rede. 1856 ging sie wieder nach Madagaskar, wurde aber lanbesverwiesen, kehrte nach Wien zurück und starb 1858. Ihre Reiseberichte, obwohl ohne eigentlichen wissenschaftlichen Wert, wurden viel gelesen; 1861 gab ihr Sohn noch ihre Lebensgeschichte und ihre Abenteuer in Madagaskar heraus. Sie war Ehrenmitglied verschiedener geographischer Gesellschaften, auch der Berliner.

436 Ein merkwürdiger, seitdem vielerforschter Malayenstamm auf Sumatra, bei denen noch Menschenfraß, sogar als gesetzliche Strafe für Ehebruch und Landesverrat, herrschte.

437 Balduin Möllhausen ist der deutsche Reiseschriftsteller, der eine Tochter des Humboldtschen Dieners Seifert heiratete und 1854 als Topograph und Zeichner eine amerikanische Expedition nach dem äußersten Westen begleitete. Über San Franzisko und den Isthmus von Panama kehrte er nach Potsdam zurück, wo ihn der König als Kustos der Schloßbibliotheken anstellte.

und „anderes Ungeziefer" mitgebracht; auch für die könig.[liche] Bibliothek ein Battamanuskript. „Es soll aber schlechtes Zeug sein, das ein ehrliches Weibsbild nicht lesen darf"; zwei Bände der Reise, die sie in vier Monaten auf den Azoren geschrieben, werden englisch und deutsch im November erscheinen. Während des großen Erdbebens in Japan ist bei Formosa eine neue Insel in einem dicken Ehrenbergischen Infusoriennebel (unanständig stinkender Natur) aufgestiegen.

Möchte meine süße Hoffnung, mich Ew. Majestät und der herrlichen Königin am 10. zu Füßen legen zu können, nicht getäuscht werden.

[Nachschrift:]

Meine Kräfte schwinden sehr, wegen des schlechten Unterhauses —[438] Auflösung ist für mich leichter zu erwarten als Verbesserung der Konstitution.

[1. Anlage.]

Der englische Theolog Dunbar Isidore Heath aus Cambridge hat in einem soeben unter dem Titel „The Exodus papyri" erschienenen Werke die Übersetzungen fünf altägyptischer (hieratisch, d. h. in der Schnellschrift der Hieroglyphen abgefaßten) Papyrusrollen des Britischen Museums veröffentlicht.

Der Umstand, daß darin der Name Moses zweimal, Iannes fünfmal genannt, und daß Balak der Sohn Zippors von Huzoth, das Wort Hebräer und das Fest des Auszuges erwähnt wird noch mehr aber, daß Moses als Führer eines Volkes erscheint, welches auf der Straße von Tasacartha, Migdol und Zoar, womit die Namen Midian und Aram verbunden sind, dahinzieht, daß ein Kampf an dem Orte einer großen Überschwemmung stattfindet; daß ferner ein geknechtetes aramäisches Volk oberhalb Tahpenes von dem Gouverneur der Stadt verhindert wird, die vier Festtage ihres Jahresanfanges zu feiern, daß unter ihnen, als Herdenbesitzer, wiederum ein Moses genannt und der plötzliche Tod eines vornehmen Jünglings (Erstgeborener Pharaos?) erzählt wird, daß hierauf ein königlicher Befehl erfolgt, das Volk eiligst zur Feier abziehen zu lassen und daß endlich Wunderzeichen ihres Füh-

---

[438] d. h. wegen der zunehmenden großen Schwäche seiner Beine und seines Ganges.

rers in Heliopolis berichtet werden: scheint es dem englischen in der Entzifferung des Altägyptischen nicht ungeübten Forscher außer Zweifel zu stellen, daß in jenen Papyrusrollen aus der Zeit Meneptahs (Sohnes Ramses II., des Großen) und seines Nachfolgers Seti II. aus der 19. Dynastie die ägyptische Tradition von dem Auszuge der Juden aus Ägypten (um 1291) enthalten sei.

Brugsch.

[2. Anlage.] [Auszug eines Briefes von Charlottenberg bei Heidelberg]

24. Januar 1856.

Ein bedeutender Denker und Schriftsteller, der Verfasser der Geschichte der neueren Philosophie Dr. Kuno Fischer, der mir von meinem Freunde, dem Oberkirchenrat Rothe, warm empfohlen worden ist, ein geborener Preuße, hält sich fern von allen unchristlichen Parteien, dennoch ist ihm hier die venia docendi aus böser Deutung entzogen. Die Berliner Fakultät wünscht seine Zulassung dringend. Ich bin überzeugt, unser teurer, geistreicher, auch den Geist schützender König wird auch ihn schützen.

Die Entdeckung der 13 Bücher des Uranios ist ein ungeheures Ereignis: das einzige gelehrte und zusammenhängende Schriftstück über Ägyptens Geschichte aus den alten Tempelvorzeichnungen. Ich hoffe, der König hat den Antrag der Akademie bereits genehmigt. − Auch Hermas[439] ist ein wichtiger Fund: die Handschrift bestätigt meine in dem ersten Teile der zweiten englischen Ausgabe des Hippolytos gegebene Unordnung und Erklärung dieses Ur-Dante, und [der] zweiten Bibel der alten Christen. − Mure hat uns eine Zeichnung der am Felsen von Pergamus (Bunarhaschi) gefundenen pelasgischen Mauer (Polygone) mit einer Inschrift in phönizischen Buchstaben (als Steinmarke) von London mitgebracht, Dr. Bochwer hat sie entziffert als Zelah Tr., das heißt hebräisch zelah' (mit französischem sanf-

---

[439] Der Geschichtsschreiber der neueren Philosophie, der in Heidelberg 1854 mit dem badischen Ministerium, welche das weitere Erscheinen seines Werkes verbot, in Konflikt kam. Seine von Humboldt hier unterstützte Berufung nach Berlin scheiterte, obwohl sie der Könitz wünschte und befahl. Denn der damalige Kultusminister im Ministerium Manteuffel, Karl Otto v. Raumer (nicht zu verwechseln mit dem früher hier vorgekommenen Historiker und Akademiesekretär) hatte sie zuvor seinerseits abgeschlagen, und Fischer hatte daher inzwischen eine andere gleichzeitige Berufung nach Jena angenommen.

ten Z-Laut) und erklärt es — = rupes (arx) Trojae. Wir werden bald weitere Untersuchungen haben. Seitens der Adeniralität: Die Zeichnung ist von Graves eingesandt, einem mir bekannten sehr gebildeten und zuverlässigen Manne und zwar an Adeniral Beaufort.

Lord Clarendon hat mir angezeigt, daß er alles bewilligt, wie ich es vorgeschlagen, und Barth hat gern meinen vertraulichen Vorschlag angenommen, der Fräulein Overweg 300 £ davon zu zahlen. Wir wollen aber doch auch bei Clarendon um etwas für sie einkommen; ich schreibe an Ritter darüber. Ich glaube an den Frieden; aber nur, wenn man's in Petersburg ehrlich meint. Gott behüte Sie und König und Vaterland! [440]

Mit treuer Verehrung

(gez.) Bunsen.

„Der Hirt des Hermas"[441], ein Denkmal aus dem zweiten christlichen Jahrhundert, war besonders in den letzten Jahren ein Gegenstand sehr eingehender Dogmen geschichtlicher Untersuchungen gewesen. Leider war die Urkunde nur in einer sehr dunklen lateinischen Übersetzung vorhanden. Herr Prof. Anger in Leipzig hat das griechische Original unter den Papieren des Simonides in einem Papierkodex (drei Blätter) aus dem 15. Jahrhundert entdeckt. Vor allem geht daraus die Identität des Heiligen Geistes mit dem präexistenten Sohn Gottes unleugbar hervor.

190. Berlin, 10. März 1856.

Ich wage zu schreiben, weil mich bangt. Es beginnt die zweite Woche, seitdem es mir nicht vergönnt ist, mich Ew. Majestät zu nahen. In dem Ausdruck meines Schmerzes liegt die Rechtfertigung dieser Zeilen. Ich stehe jeden Abend, an dem Sie sich nicht

---

[440] Diese Auszüge Humboldts aus den Mitteilungen seines Freundes Bunsen, der 1856 selbst in Heidelberg lebte, sind ein buntes Gemisch seiner archäologischen und theologischen Beschäftigungen, sowie seiner englischen Beziehungen; wir geben hierzu nur folgende kurze Anhalte, ohne auf Bunsens Ansichten weiter einzugehen: der trojanische Pergamosforscher ist William Mure; (Heinrich) Barth der berühmte deutsche Geograph und Reisende, der mit Adolf Overweg zusammen Innerafrika erschloß (1821—1865); Overweg war 1852 bereits am Tschadsee gestorben. Graf v. Clarendon (1800—1870) war damals der britische Minister des Auswärtigen.

[441] Hermae pastor, graece ed. [Rudolf] Anger, mit Vorrede von Dindorf [Leipzig 1856]

zurückziehen wollen, wie immer zu Ihrem allergnädigsten Befehle. Ich werde mit Freude zu Ihren Füßen eilen, wenn Sie es mir auch noch so spät am Abend befehlen ließen[442]...

191. [1856] Potsdamer Schloß, Dienstag früh.

Gestern früh, nach langer Einsamkeit in Berlin, hier in Potsdam angekommen, ist es mein sehnlichster Wunsch, nur auf einige Augenblicke zugelassen zu werden, um Ew. Königlichen Majestät die Huldigung meiner Glückwünsche zur so glücklichen Überkunft Ihrer Majestät, der herrlichen, mir immer so gnädigen Kaiserin zu Füßen zu legen...

192. [1856] Donnerstag.

Ew. Königliche Majestät haben mir allergnädigst befohlen, Sie jetzt an Bezahlung und Ablieferung des bestellten Bildes der Flora[443] mit reichem Rahmen zu erinnern. Es ist derselbe Preis, der zuletzt gezahlt wurde, als der sehr kunstverständige Hofstaatssekr.[etär] Bußler den Schatz, über den als Gelddrache la Signora Madre, Angelina die Serafini Gaggiotti, wacht, die eine „Jahreszeit" abholte. Ew. Majestät werden wohl huldreich erlauben, daß Emma die Flora vorher mit sich selbst und der Revene, die gewiß gelbrot träumt, bei Sachse ausstellen darf...

193. [1856] Sonntag früh.

Emma[444], die das Flehen mir verschönert, war am frühen Morgen bei mir. Möchte es Ew. Majestät doch möglich werden, morgen, Montag, aus dem Pontus und des Ooids (auch damals)

---

[442] Eine rührende Bitte des bald 87 jährigen Greises, zugleich aber auch ein Merkmal seines abnehmenden Verkehrs am Hofe. Dieser steht schon unter dem Schatten der erschütterten Gesundheit und baldigen Erkrankung des Königs, dessen Befinden es namentlich der Königin seit einiger Zeit erwünscht erscheinen läßt, ihn von zu geistig anregenden oder ermüdenden Gesprächen ferner zu halten. Gleichwohl wäre es ein Irrtum und eine ungünstige Einseitigkeit, wenn man nach der Form des Verkehrs der letzten Jahre, bei denen auch bei Humboldt das natürliche Nachlassen der Kräfte mit in Betracht kommt, die Art der Gesamtbeziehungen zwischen ihm und dem Königspaar kennzeichnen wollte.

[443] Weitere Gemälde der Malerin Emma Gaggiotti-Richards, von der die vier „Jahreszeiten" in Paris für Napoleon III. geschaffen wurden. Sie machte in diesem Jahre wieder, wie 1854 in Berlin, eine Ausstellung ihrer Bilder; Sachse ist der Kunstsalon.

[444] Gaggiotti, die in ihrer italienischen Heimat abwechselnd in Florenz, Velletri, Ancona oder Rom lebte.

langweiligem Verbannungsorte[445] sich in dem Palazzo Gaggiotti (Verlängerte Dorotheenstraße 55) zu erheitern oder die nach Ankona „al dolce nido" Zurückeilenden diese Woche noch zu beglücken. Emmas eigenes großes Bildnis ist über alles gelungen, fast schöner als sie selbst. Es hat dazu die Tugend, nichts zu erbitten. Ehrerbietigst, dankbar und doch unbequem Ew. Königlichen Majestät allergetreuester

Al. Humboldt.

194. Berlin, 3. Juli 1856.

Eine Antwort, die ich, wie viele andere, schuldig geblieben bin. Die Loire, deren oberer Lauf fast ganz von Süden gegen Norden gerichtet ist, und die erst etwas östlich von Orleans gegen Westen zu fließen anfängt, entspringt im südlichen Frankreich, allerdings in hohem Gebirge. Die Quelle der Loire liegt im Departement d'Ardeche, auf 4220 Fuß[446] über dem Meere in dem nördlichen Abfall der Sevennen auf dem Mont Gerbier de Jones, westlich von Valencay und dem rechten Ufer der Rhone, zwischen Valencay und Le Puy. Die Gebirgswasser der Loire, die unter 45 Grad Breite entspringt, werden bei Nevers durch die Gebirgswasser des l'Allier verstärkt, dessen Quellen noch südlicher liegen im Mont Lozere, ebenfalls in den Sevennen, auf einer Höhe von 4220 Fuß, nur 14 deutsche Meilen von dem Ufer des Mittelmeeres bei Montpellier entfernt.

[Anlage]

Armes indirectement parlantes[1].

Des lettres de Paris, non imprimées, rap[p]ortent que Mr. De Morny a fait peindre sur ses voitures de couronnement de Moscou, un écusson portant la fleur Hortensia, surmontée d'un aigle à ailes deployées, prenant son vol vers une étoile, avec légende:

"Tace, sed memento[447]"

---

[445] Tomi, 8–17 n. Chr. Ovids Verbannungsort, wo seine fünf Bücher Triftien (Klagelieder) entstanden, heut Anadoköi bei Konstanza.

[446] Heut auf 1373 m und 1425 m bestimmt.

[447] D. h.: Ein Wappen, das mittelbar spricht. Pariser ungedruckte Briefe berichten, daß Herr v. Morny auf seinen Moskauer Krönungswagen eine heraldische Kartusche hat malen lassen, die eine Hortensienblüte trägt, überflogen von einem Adler mit entfalteten Schwingen, der seinen Flug zu einem Sterne nimmt mit der [lateinischen] Umschrift: „Schweige, aber gedenke!" Dieser Herr v. Morny galt als natürlicher Sohn der Königin

Um eine Kompensation für die allzugroße Heiterkeit darzubieten, lege ich Ew. Königlichen Majestät im Namen des Barons v. Korff, Direktor der Kaiserlichen öffentlichen Bibliothek zu St. Petersburg, ein mit sehr geschmackvollen kolorierten Kupfern geziertes Evangelienbuch alleruntertänigst zu Füßen.

195. B.[erlin], 16. Dezember 1856.

Ich siehe um die beiden Berichte von Schlagintweits[448] wenn Ew. Majestät Sich daran erbauet und Sich Ihres großen Werkes, des Überganges über den Kuenlien, werden erfreut haben.

Ritter[449] hat schlaflose Nächte...

196. [1856] Dienstag oder vielmehr Mittwoch, 2½ Uhr nachts, neben dem unbeweglichen Chamäleon.

Die Autorfurcht vor meinem Tyrannen aus Stuttgart, der mein „aurum potabile" für nichts Symbolisches, sondern für eine Wirklichkeit hält, die man auf den Markt bringen kann[450], hat mich schändlich vergessen lassen, Ew. Majestät die schmerzhafte

---

Hortensia von Holland, die auch die Mutter Napoleons III. war, mit ihrem Großstallmeister, Grafen Flahault, und wurde von dem kinderlosen alten Grafen v. Momp nur adoptiert. Verschuldet durch Spiel und Spekulationen, half er als Minister des Innern den Napoleonischen Staatsstreich mit durchsetzen und war dann in den Jahren 1856/57 französischer Gesandter in Petersburg. Dort wurde gerade am 7. September 1856 der neue Zar Alexander II. nach dem Tobe von Nikolaus I., dem Schwager Friedrich Wilhelms IV., gekrönt. Hiemach liegen die Anspielungen des seltsamen Wappens wohl hinreichend klar. Erwähnenswert wäre nun noch, daß Napoleon III. selbst, der Sohn von König Louis Bonaparte, von Humboldt, seinem grimmigen Hasser, gelegentlich gleichfalls als Napoleon (— Flahault) angeführt wird (vgl. Nr. 139, S. 238). Graf de Morny hat viel geschadet. dem zweiten Kaiserreich in Frankreich durch seine frivole Leichtfertigkeit

[448] Die drei bayrischen Brüder und Reisenden Schlagintweit, Robert, Hermann und Adolf, die sich zuerst um die Erforschung der Alpenwelt verdient machten und dann 1853 vom preußischen König durch Humboldts Vermittlung und im Einverständnis mit der Brltisch-Ostindischen Kompagnie den Auftrag zu einer wissenschaftlichen Reise durch Indien und ins Himalayagebirge erhielten. Erst 1857 kehrten sie von dort zurück. Hermann und Robert waren die beiden ersten Europäer, die den hohen Gebirgszug des Kuenlün oder, wie er jetzt geschrieben wird, Kwenlun, überstiegen.

[449] Der berühmte Geograph, auch als Mensch ein Liebling des Königs.

[450] Also der Baron Cotta, der ihn mit der Fertigstellung des weiteren Manuskripts zum „Kosmos" drängt — denn das ist das „trinkbare Gold", das er für sich auf den Markt bringt.

Nachricht mitzuteilen, die ich von Bonn erhalte, und die mir Bunsen in seinem gestrigen Briefe aus Charlottenburg bestätigt, daß mein Altersgenosse, der brave Arndt, sich durch zufällige Verwicklungen in seinem kleinen Hauswesen in sehr betrübender Geldverlegenheit befindet. Ein Geschenk von 300 bis 400 Talern würde ihn jetzt ganz ermutigen; denn großer Heilmittel bedarf es nicht. Der 26. Dezember ist des Greises Geburtstag, schreibt mir Bunsen. Arndt ist von so zarter, gemütlicher Anhänglichkeit für Ew. Majestät persönlich, daß drei Linien von Ihrer Hand und der Scherz, „er würde in dem verflossenen Jahre gewiß auch von der ungewöhnlichen Teuerkeit gelitten haben", ihm die alte Heiterkeit wiedergeben. Den heilenden Wunderkräften der Königsgeschlechter haben die neuen Zeiten allerdings viel Maß vorgeschrieben, aber der fromme und dankbare Glaube des Berührten verleiht kleinen Mitteln wohltätige Kraft[451]...

197. [1856] Sonntag nacht nach 2 Uhr
    in Grauel erregender Klopfstunde[452].

Der Genuß ist mir leider! nicht geworden, mit meinem Alters- und Glaubenskollegen, dem Urdeutschen[453], die Freude zu teilen, welche Ew. Majestät mit so rein menschlicher Huld in Bonn bereiten werden. Ich erhielt Ihre gnädigen, freundlichen Zeilen heute abend um halb zehn Uhr; aber so vorsichtig ich auch den Byssus[454] des Kuverts aufgeschnitten und mit Luchsaugen gesucht habe, Ew. Majestät haben vergessen, die Kopien deren das Briefchen erwähnt, beizulegen. Ich habe dieselbe nicht erhalten. Es ist eine Entbehrung für mich, ich bin gerührt durch dieses neue Zeichen des Vertrauens, aber ebenso gewiß, daß das, was

---

[451] Ein Hilfsgesuch für den greisen Vorkämpfer der Befreiungskriege, Dichter und deutschen Volksmann.

[452] Hier sichtlich ironisch und schalkhaft im Hinblick auf den königlichen Leibarzt Carus in Dresden und die Lektüre seines magnetisch-spiritistischen Buches gemeint. Die Besprechung desselben erfolgt seitens Humboldts wohl nicht ohne Absicht, um vor seinem Inhalt am Hofe zu warnen.

[453] d.h. Ernst Moritz Arndt, auf dessen bedrängte Lage Humboldt (vgl. Nr. 196) hingewiesen hatte und dem Friedrich Wilhelm IV. sofort, mutmaßlich noch über Humboldts Vorschlag hinaus, beisprang.

[454] Der Byssus war ein feines Gewebe von weißen oder gelblichen Leinenfäden, das im alten Ägypten zur Einhüllung von Mumien gebraucht wurde; hier auf das offenbar ähnliche Leinenpapier des Umschlages übertragen.

von Charlottenburg „rheinwärts" morgen gehen soll[455], meiner aztekischen Zutat (Verunstaltung) nicht bedurfte. Von dem geistreichen Carus habe ich heute wieder eine wunderbare Schrift erhalten über Lebensmagnetismus, die Nachtseite des seelischen Lebens, die sympathischen Wirkungen des Mondes, der Planeten und gewisser Pflanzen, das Versehen der Schwangeren, die Macht der Katzenaugen und den Zauber, der in der Ausdünstung der Meerschweinchen waltet, das Tischrücken und Geisterklopfen, den bösen Blick, die magischen Heilungen durch farbige Steine und Amulette, ahnende Träume, Besprechen und Verschreiben, zweites Gesicht, Verzückung, religiöse Heilungen, Verwünschungen und Segnungen. „Der Psychograph kann in einzelnen Fällen, vermöge des Tiefahnungsvollen vom Unbewußten, diesen letzteren körperbewegenden Menschen Wahrheit geben." Quoique voyageur qui vient de loin, je n'invente pas, je transcris[456].

198. Berlin, 25. Dezember 1856.

Ew. Königliche Majestät haben huldreichst noch vor Ende des Jahres dem langen Kummer des Gener.-Dir. [Generaldirektors] der Museen, dessen Dienste Ihnen so angenehm sind, ein Ende machen wollen. Olfers, seit 16 Jahren Rat erster Klasse, hat vor 14 Jahren, 1843, den Roten-Adler-Orden zweiter Klasse erhalten. Die Ursache des Kummers ist, daß drei Ritter derselben Klasse dieses Jahr mit dem Stern dekoriert worden sind, die 5 bis 6 Jahre später als er die zweite Klasse empfingen. Baron Stillfried erst 1848, Graf Dönhoff 1849, Graf Keller 1848. Ich langweile durch diese Chronologie der Lebensprosa (des gehemmten Fortschrittes, des Reitens mit Hindernissen), weil Ew. Majestät mir gestern abend ausdrücklich befohlen haben, in dies Detail einzugehen. , Da es dem Geh. Rat v. Olfers und seiner liebenswürdigen Familie ein großes Weihnachtsgeschenk (ein Trost) sein würde, wenn die

---

455 Nämlich des Königlichen Briefes, der für Arndt bestimmt ist; er ist auch das, was „rheinwärts" von Charlottenburg, der Residenz des Königs damals, am nächsten Tag abgehen soll.

456 „Obwohl ein Reisender, der fernher kommt, erfinde ich nicht, schreibe nur nach." Das vorangehende Zitat ist nicht leicht zu lesen; in der gegebenen Form ist es nach seinem Sinne am verständlichsten; es besagt, daß jene Wunderheilungen, Segnungen und Verwünschungen auch die Körper bewegen und daher an ihnen tatsächliche Wirkungen auslösen. Das glaubt Humboldt seinerseits natürlich nicht.

Auszeichnung von den zahlreichen Ernennungen des Ordensfestes getrennt werden könnte, so wage ich alleruntertänigst zu äußern, ob Ew. Majestät das leuchtende Symbol nicht einfach an einem der übrigen 6 bis 7 Tage nach der Tafel eigenhändig schenken wollten, was den Wert hundertfach, „milchstraßenartig" erhöhte. Die offizielle Ausfertigung könnte ja träge nachfolgen...

199. Berlin, 2. Februar 1857.

Ew. Königliche Majestät haben allergnädigst befohlen, Ihnen den durch literarisches Talent und Gesinnungen gleich ausgezeichneten Herausgeber des „Magazin für die Literatur des Auslandes", dem Sie den Roten-Adler-Orden vierter Klasse huldreichst erteilen wollten, noch einmal ins Gedächtnis zu rufen. Herr Joseph Lehmann ist Translator im Königlichen Ministerium der auswärtigen Angelegenheiten, von meinem Neffen (Minister v. Bülow) sehr begünstigt und noch gegenwärtig gebraucht, und Vorsitzender der Direktion der Niederschles.[ischen] Glogauer Eisenbahn. Seit 1848 kennt Graf v. Rittberg die vortrefflichen Eigenschaften und die sehr nützliche politische Wirksamkeit von dem tätigen Manne; auch hatte Graf Rittberg bei dem vor wenigen Tagen gefeierten 25jährigen Jubiläum des viel gelesenen „Magazin des Auslandes" den Vorsitz freundlichst übernommen. Ich wage es, meine Bitte alleruntertänigst zu wiederholen...

[Anliegend]

Personalnotizen von I. Lehmann selbst (vom 31. Januar 1857), die im wesentlichen nur dasselbe bieten. Er lebte in Glogau, war Eisenbahndirektor, Stadtverordneter und Gründer eines konservativen Vereins dort.

200. König Friedrich Wilhelm IV. an Alexander v. Humboldt.

Charlottenburg, 29. März 1857.[457]

Verehrtester Freund.

Hierbei die Abschrift des jüngsten Briefes des Schlagintweiti-schen Kleeblattes für den unwahrscheinl.[ichen] Fall, daß Ihnen das Original noch unbekannt wäre.

Gegen die übrigen kleeblättlichen „Restenverwicklungen" scheinen mir Ihre und Bunsens gemeinschaftliche, lobend emp-fehlende Stimmen bei den Repräsentanten des East-India-house das beste, ja das einzige Mittel zu sein. Die Kompanie hat den Brüdern zugesagt, Überschreitung des Kredits honorieren zu wollen. Dieselbe ist oder soll teilweise in Acquisitionen für die hiesigen Sammlungen bestehen. Diese letzte Summe ist nach ihrer Rückkehr in London zu berechnen, Puis il faut pondérer et voir. Vale.

F.W.

201. Berlin, den 25. September 1.853 (im Ausbruch der Cholera)[458].

Allerdurchlauchtigster, großmächtigster König,
allergnädigster König und Herr!

Ew. Königliche Majestät wage ich in diesen Zeilen, die erst nach meinem wahrscheinlich nahen Tode in Ihre Hände gelan-gen, um eine letzte Gnade anzuflehen. Ich habe bei der völligen Zertrümmerung meines Vermögens in wissenschaftlichen Un-

---

[457] Nach einer Abschrift. Ein Blatt mit der Aufschrift:
Schreiben / A. v. Humboldt / an / den Geh. Kämmerier Schöning / vom 25. März 1857 /betr. verschiedene Forderungen. n Ais [Actis] des Geh. Käm. Schöning de 1836 ff. betr. Gnadensachen pp. Rep.K. Schatulle.
Das Obige betrifft die königlichen Unterstützungen des Indienreisenden Schlagintweit, die vom König wieder großmütig erhöht werden. Vgl. Nr. 195.

[458] Wir wissen, daß König Friedrich Wilhelm IV. mehrmals ohne Aufsehen aus seinen Dispositionskassen Humboldts immer sich wieder einfinden-de Verbindlichkeiten bei dem Bankhause Mendelssohn abgelöst hat, daß er sogar sich auf dessen Bitten seines Faktotums Seifert und dessen fami-liärer Verwandtschaft annahm. In dieser Hinsicht hatte der Gelehrte, als er im Jahre 1853 bei der damals herrschenden Choleraepidemie mit der Möglichkeit eines baldigen Ablebens rechnete, und wohl gedrängt von seinem Diener, an den König obige Eingabe gemacht, welche sich nach Abschrift von Fräulein Seifert bei Bruhns, II, 469/70 findet. Vgl. auch den Aufsatz von H. v. Petersdorff, Alexander v. Humboldt und die Preuß. Seehandlung (Dt. Rundschau Jahrg. 53, Heft 12).

ternehmungen und Herausgabe eines Prachtwerkes oft mit Unmut daran gearbeitet, die große Geldschuld, die ich hatte, als ich von des hochseligen Königs Majestät nach Berlin zurückgerufen wurde, ganz zu tilgen. Ich habe in dem unglücklichen Jahre 1848 allein 1100 Taler abbezahlt, wovon der größere Teil mir von der Seehandlung abgefordert wurde. Trotz meiner nächtlichen Arbeitsamkeit ist es sehr ungewiß, ob ich dahin gelange, meine Schuld in dem mir seit 70 Jahren befreundeten Bankier-Haus Mendelssohn bis zu meinem Hinsterben ganz abzubezahlen. Um nun von der mich quälenden Besorgnis befreit zu werden, daß meinem treuen Diener, dem durch die Gnade Ew. Majestät zum Kastellan ernannten Jäger Seifert, der mich auf meiner sibirischen Expedition begleitet hat, meine ihm in meinem Testament vermachte kleine Gabe nicht ganz unverkürzt verbleibe, richte ich in sicherem Vertrauen frei und unerschrocken an Ew. Königliche Majestät in dieser ernsten Stunde die fußfällige Bitte, daß Sie mir, der ich so oft für andere Geld erfleht, nach meinem Tode zu Hilfe kommen und meine Schuld, von der ich hoffe, daß sie mein einjähriges Gehalt nicht übersteigen wird, im Mendelssohnschen Hause durch ein Geschenk, einem Ihnen so lange ehrfurchtsvoll ergebenen uralten Manne gespendet, allergnädigst tilgen lassen. Der bloße Ausspruch dieses Wunsches gewährt mir Linderung! Wenn man, wie mir das Glück zuteil geworden, so viele Jahre in der Nähe Ew. Königlichen Majestät und der tieffühlenden, herrlichen, mir gnädigen Königin gelebt hat, schämt man sich nicht eines so kühnen Schrittes...

202. König Friedrich Wilhelm IV. an Alexander v. Humboldt.

Berlin, den 21 März 1857.

Nachdem Ihre zu meiner aufrichtigen Freude so schnell und so vollständig erfolgte Herstellung von anscheinend schwerer Krankheit[459] mich mit der Hoffnung erfüllt hat, mich noch lange Ihres geistreichen, mir so unentbehrlich gewordenen Umganges zu erfreuen, betrübt es mich, aus Ihrem Schreiben vom 18. dieses Monats zu ersehen, daß Sie in Ihrem Gemüte durch die Besorgnis sich beunruhigt fühlen, als könne Ihre zugunsten Ihres treuen Dieners getroffene letztwillige Verfügung über Ihre Habe durch

---

[459] Humboldt hatte einen Schlaganfall erlitten, von dem er sich indessen bald erholte.

Ansprüche vereitelt werden, welche an letztere aus noch nicht getilgten Schuldverhältnissen dereinst geltend gemacht werden möchten. Indem es daher mir zur Befriedigung gereicht, diese Sorge durch die Versicherung von Ihnen zu nehmen, daß ich bei Ihrem hoffentlich noch ferngerückten Ableben die Ordnung dieser Angelegenheiten als ein mir wertes Vermächtnis ansehen werde, benutze ich gern diese sich darbietende Gelegenheit, Ihnen hierdurch einen erneuten Beweis meiner Ihnen gewidmeten Teilnahme und Zuneigung zu geben.[460]

Friedrich Wilhelm.

---

[460] Die zarte Fürsorge für Humboldt verrät noch zuletzt ein Handschreiben des Königs vom 27. März 1857, in dem er für den gelehrten Freund eine Zahlung von 6726 Talern anweist und schreibt: „Ich hätte nicht ruhig schlafen können in der Besorgnis, es möchte mir jemand zuvorkommen." Vgl. v. Petersdorff a. a. O. S. 201.

II. Aus der Korrespondenz mit Prinzessin Augusta.
A. Briefe der Prinzessin Augusta.

1. Samedi Soir.

Si je ne devais pas Vous gronder hautement, mon cher Monsieur d'Humboldt, de m'avoir jugée avec trop de partialité, je vous trahirais tout bas qu' en écrivant aujourd'hui à ma Mère, je lui ai confié l'impression que m'a fait votre demeure, impression qu'il n'est donné qu'aux lieux historiques de produire! J'ai senti une certaine emotion chez Vous, croyez-le moi, et pardonnez-moi la petite vanité de vouloir être désormais presente à vos yeux comme je desire l'etre a votre souvenir, en faveur de ce mouvement du cœur qui m'a fait si bien comprendre les nobles paroies de Votre ami à un serviteur fidèle! Gare aux fureurs d'Oreste, elles nous ont fait tressaillir, et ont retenti vis à vis dans les ruines du temple d' Apollon,qui ne se soueient nullement de la soi-disante réhabilitation classique de Votre terrible correspondant, et qui demandent tout au contraire qu'une œuvre nouvelle de notre grand artiste vienne leur ramener la gloire! -

Veuillez me tenir au courant de ce qui conoerne la victime des mesquines rivalités actuelles, et de ce qui se fera ou ne se fera pas; nons voyons une preuve nouvelle d'une certaine prudence dans le retard fort politique de la lettre que je voudrais tout voir disparaitre avant le retour du maestro! Veuillez enfin être notre interprête aupres de Madame la Comtesse de St. Aldegonde, et lui offrir au nom du Prince et du mien l'assurance d'un souvenir qui ne saurait être séparé des meilleurs vœux pour Elle même et pour son aimable fille. J' ajoute à ces lignes l' envoi qui nons lui destinons et dont vous pourrez attribuer le retard a quelque délai involontaire.

Adieu, mon cher Monsieur de Humboldt, et à revoir bientôt.

Princesse de Prusse.

[Übersetzung.] Sonnabend abend.

Müßte ich Sie nicht laut schelten, lieber Herr von Humboldt, daß sie mich mit so viel Parteilichkeit beurteilt haben, so würde ich Ihnen ganz leise verraten, daß ich heute in einem Brief an meine Mutter schrieb, welchen Eindruck Ihre Wohnung auf mich machte, einen Eindruck, den nur eine historische Stätte hervorrufen kann. Glauben Sie mir, ich empfand eine gewisse Bewegung, als ich bei Ihnen war, und verzeihen Sie mir die kleine Eitelkeit, wenn ich Ihnen von nun an so vor Augen stehen möchte, wie ich in Ihrer Erinnerung bleiben will, in Anbetracht der Regung des Herzens, die mich die edlen Worte Ihres Freundes[461] zu einem treuen Diener so gut verstehen ließ! — Man hüte sich vor den Rasereien des Orestes, sie ließen uns erzittern und hallten gegenüber in den Ruinen des Apollotempels wider, die sich keineswegs um die sogenannte klassische Rehabilitierung Ihres fürchterlichen Bekannten kümmern und ganz im Gegenteil verlangen, daß ein neues Werk unseres großen Künstlers ihnen ihren Ruhm wiedergibt.

Ich bitte Sie, mich auf dem Laufenden über das Opfer der augenblicklichen kleinlichen Eifersüchteleien zu halten und über das, was geschieht oder nicht geschehen wird. Wir sehen einen neuen Beweis einer gewissen Vorsicht in der stark politischen Verzögerung des Briefes, den ich vor der Rückkehr des Meisters gern verschwunden sehen möchte. Dann wollte ich Sie noch bitten, bei der Gräfin de St. Aldegonde unser Dolmetscher zu sein und ihr im Namen des Prinzen und in dem meinen zu versichern, daß wir uns ihrer erinnern und ihr gleichzeitig unsere besten Wünsche für sie und ihre liebenswürdige Tochter aussprechen. Ich füge diesen Zeilen das für sie bestimmte Paket hinzu, dessen Verzögerung Sie einem unfreiwilligen Aufschub zuschreiben wollen.

Adieu, lieber Herr von Humboldt, und auf baldiges Wiedersehen.

Prinzessin von Preußen.

2. [Übersetzung.]

Lieber und berühmter Physiker!

Rechnen Sie auf meinen Dank für Ihr liebenswürdiges Gedenken. Zweimal habe ich fürchterliches Pech gehabt, einmal weil ich nicht erfahren habe, daß Sie am 19. in Potsdam krank waren, wo ich sicher versucht hätte. Sie einen Augenblick zu

---

[461] Ein hoher Begleiter, der bei dem Besuche dabei war und der Humboldt als Freund und treuen Diener rühmte. Es kann der König selbst gewesen sein, auch Prinz Wilhelm oder ein Weimarischer Fürst; jeder von diesen hätte von Humboldt so sprechen können.

sehen. Das zweite Mal, weil ich von Ihrer Rückkehr hierher nichts erfahren habe. Ich hätte sogleich zu Ihnen geschickt, um zu hören, wie es Ihnen geht. Doch hoffe ich, daß wir uns in ein paar Tagen wiedersehen werden. Es ist in jeder Beziehung eine traurige Zeit, und ich habe es wirklich nötig, meine geistigen Kräfte zu stählen, indem ich die Stütze an Ihrem ständigen Interesse und Ihrer Überlegenheit wiederfinde, dieser Überlegenheit, die von der ganzen Welt geachtet und bewundert wird.

Also auf baldiges Wiedersehen und unterdessen tausend Empfehlungen für Sie und Frau von Bülow.

3. [1845] Jeudi Soir.

Mon cher Physicien,

Vouz m'avez fait un sensible plaisir en me communiquant la lettre «qui part d'une source élevée», car tout en ne partageant pas les douceurs du séjour de la eolline historique, la vie sérieuse et monotone de la Métropole ne laisse pas que de prêter un intérêt tres-vif aux nouvelles provenant des rives de la Seine - rares et lumineux rayons à travers un brouillard épais! Il n'y a pas jusqu'au style lapidaire qui ne me plaise, car là, où 1'on fait beaucoup, il est aisé d'être court - tandis que - suppleez, je vous en prie, en faveur de ma prudenée, au reste de la phrase! -

Mais ce qui me charme bien, plus que 1'incluse, c'est Votre souvenir, c'est l'assuranee de cet intérêt constant que notre aimable Duchesse définit si bien, et qui je sais apprécier! Si 1'on ne m'avait annoncé 1'arrivé des Bülow déjà pour le commencement de cette semaine, je serais retournee à Tege1; maintenant je dois les attendre ici pour pouvoir chercher à les voir le plus souvent possible, et pour temoigner a Votre nièce le respect qu'elle m 'inspire. La sejour de 1a ville offrira des ressources au malade, mais je ne vois d' autre pour 1a sante de sa femme, que cette force morale qui ne la quittera point, et qu'on peut qualifier d'heroique.

Les mauvaises 1angues ont souvent aceusé votre calligraphie, mon chèr ci illustre physicien, mais vous venez de confondre les calomniateurs en devenant de fait le Champollion des hiérog1yphes Saganiennes. N'en déplaise à la main qui les a tracées, et qui est 1'instrument intelligent d'unesprit vraiment aimable. Deux ou trois personnes de cette trompe et des deux sexes qui plus est, ne seraient pas de trop ici, avouez-1e, mon illustre ami, mais i1 est vrai qu'à denaut de supériorités nous avons beaucoup d'autres choses - - - - Il est temps d' en finir, car vous allez me trouver fastidieuse et cela ne m'arrangerait pas du tout. En repondant à la Duchesse parlez lui de moi dans les termes que vous jugerez analogues a mon interet pour Elle, et pour la France. Je ne le nie pas, mes regards intellectuels sont souvent tournés de son côté, et ils y rencontrent les Vôtres! - Maintenant à dieu pour tout de bon, je désire vous revoir bientôt et vous retrouver toujours le meme pour moi

Psse. de Prsse.

Notre digne Mad. de Wolzogen a été bien malade, mais une lettre qui m'est parvenue hier de ma Mere, m'apprend, qu'elle est mieux. -

[Übersetzung.] [1845] Donnerstag abend.

Mein lieber Physiker!

Sie haben mir durch die Sendung des Briefes, „der von einer hochgelegenen Quelle kommt", lebhafte Freude bereitet, denn da ich die Annehmlichkeiten des Aufenthaltes des historischen Hügels[1] nicht teile, so habe ich bei dem ernsten und einförmigen Leben der Metropole sehr lebhaftes Interesse für die Nachrichten, die von den Ufern der Seine hergelangen — seltsame und leuchtende Sonnenstrahlen durch einen dichten Nebel! Alles, selbst der Lapidarstil gefällt mir, denn dort, wo man viel tut, ist es leicht, sich kurz zu fassen — während — .ergänzen Sie, ich bitte Sie, im Hinblick auf meine Vorsicht, das Ende des Satzes.

Aber was mich noch mehr als die Einlage entzückt, das ist Ihr Gedenken, die Versicherung Ihres ständigen Interesses, das unsere liebenswürdige Herzogin[462] so gut erklärt, und das ich zu schätzen weiß! Hätte man mir die Ankunft von Bülows nicht schon für den Anfang dieser Woche angekündet, so würde ich nach Tegel zurückgekehrt sein; jetzt muß ich sie hier erwarten und versuchen, sie so oft wie möglich zu sehen und Ihrer Nichte den Respekt zu bezeugen, den sie mir einflößt.

Der Aufenthalt in der Stadt wird dem Patienten[463] Hilfsquel-

---

[462] Champollion war der erste Gelehrte, dem es gelang, einen Schlüssel zur Entzifferung der Hieroglyphen zu finden.

[463] Heinrich v. Bülow, von dem Humboldt selbst in jener Zeit tiefbetrübt über seinen leiblichen und geistigen Verfall schreibt. Nach diesem Anhalt fällt das Schreiben in das Jahr 1845.

len bieten, aber für die Gesundheit seiner Frau sehe ich keine andere Stärkung als diese moralische Kraft, die sie nicht verlassen wird und die man mit heldenhaft bezeichnen kann.

Die bösen Zungen haben Ihre Schönschreibekunst oft beschuldigt, lieber und berühmter Physiker, aber Sie haben die Verleumder soeben geschlagen, indem Sie wirklich der „Champollion" der Hieroglyphen aus Sagan wurden. Seien Sie der Hand, die sie niedergeschrieben hat und die das kluge Werkzeug eines wirklich liebenswürdigen Geistes ist, nicht böse. Zwei oder drei Personen mit diesem Posaunenton, und was noch mehr ist, beider Geschlechter, gestehen Sie, würden hier nicht unwillkommen sein, mein berühmter Freund, aber es ist wahr, in Ermanglung von hervorragenden Persönlichkeiten haben wir viel andere Dinge   Es ist Zeit, daß ich aufhöre, denn Sie werden mich langweilig finden, und das würde mir durchaus nicht angenehm sein. Wenn Sie der Herzogin antworten, so sprechen Sie in den Worten von mir, die Ihnen, meinem Interesse für sie und für Frankreich entsprechend, als richtig erscheinen. Ich leugne nicht, daß meine geistigen Blicke sich ihm zuwenden und dort die Ihren treffen! — Jetzt will ich aber wirklich Schluß machen, ich möchte Sie bald wiedersehen und Sie immer als den Gleichen für mich wiederfinden.

Prinzessin von Preußen.

Unsere liebe Frau von Wolzogen[464] ist recht krank gewesen, aber aus einem Brief, den ich gestern von meiner Mutter erhielt, habe ich ersehen, daß es ihr besser geht.

4.

Illustre et cher Physicien.

Voici les belles pages concernant notre aimable Md. de Wolzogen que vous m'avez redemandées naguere, et que le flux et reflux de la vie Potsdamite m'a empêché de trouver jusqu'ici. Adieu, en attendant l'heure où nous nous transportevons dans les régions des principes compromettan [t] s ...

---

[464] Karoline v. Wolzogen, die Schwester von Schillers Lotte, die noch in Jena lebte.

[Übersetzung.]

Berühmter und lieber Physiker!

Ich sende Ihnen die schönen Briefe über unsere liebe Frau von Wolzogen, die Sie neulich von mir zurückerbaten, und die ich infolge des unruhigen Potsdamer Lebens bis jetzt noch nicht gefunden hatte. Adieu, in Erwartung der Stunde, wo wir uns in die Regionen kompromittierender Prinzipien begeben werden.[465]

5. Babelsberg, Jeudi Soir.

Je comprends, mon cher Monsieur de Humboldt, qu'il y ait de quoi être fatigué, et je vous offre mes sympathie [s], mais je me flatte .que le récit de santé ne se trouveque par hasard dans ce billet, et que vous vous portez aussi bien que la beauté du climat, et les charmes du genre de vie le permettent. De grâce, soignez Vous! Vous nous dédommagerez bientôt du dîner industriel et du repas diplomatique. - Quant aux projets de Samedi, ils sont nouveaux pour moi, et je vois avec plaisir que Tégel est a l'ordre du jour et qu'on veut bien nous y attendre. Mais je suis plus dise-rè [e] de remettre notre visite à la semaine prochaine,et il me semble ,que Mardi (jour [du] dinner .quite industrial) seroit aussi le jour au guel le Prince donneroit la préférence pour réali-ser ce projet. Excusez ce griffonage très à la hâte et priez le physi-cien de la cour de conserver ses, bonnes grâces à la châtelaine grelottante du Babelsberg.

P [rince] sse de Pr [usse].

[Übersetzung.] Babelsberg, Donnerstag abend.

Ich begreife, lieber Herr von Humboldt, daß Grund dazu da ist, erschöpft zu sein, und ich bringe Ihnen meine Teilnahme entgegen, aber ich hoffe, daß der Krankheitsbericht nur zufällig in dieses Briefchen gelangt ist und Sie sich so wohl fühlen, wie es bei der Schönheit.des Klimas und den Reizen der Lebensweise sein müßte. Um Gotteswillen, pflegen Sie sich! Sie werden uns bald für das industrielle Diner und das Diplomatenessen ent-schädigen. Was die Sonnabendprojekte an betrifft, so sind sie neu für mich, und mit Vergnügen sehe ich, daß Tegel an der Tagesordnung ist, und man uns dort gern erwarten will. Aber

---

[465] D. h. wo politische Gespräche, wie sie damals nicht wenig gefährlich und bloßstellend sein konnten, gepflogen werden.

ich halte es für richtiger, unseren Besuch bis zur nächsten Woche aufzuschieben, und es scheint mir, daß Dienstag (der Tag des ganz industriellen Diners) auch der Tag sein wird, dem der Prinz den Vorzug geben würde, um diesen Plan zu verwirklichen. Entschuldigen Sie die in großer Eile geschriebene Kritzelei und bitten Sie den Hofphysiker, der zähneklappernden Schloßherrin von Babelsberg seine Gewogenheit zu bewahren.

Prinzeß von Preußen.

B. Briefe Alexander von Humboldts.

1.

Madame,

Il y avait jadis quatre frères Aymon, il y a trois frères Schomburgk. L'ainé Sir Robert, protégé par le Prince Albert, est devenu Consul Général à St. Domingue. Des deux autres, l'un Richard a fait une belle et utile expedition d'histoire naturelle à la Guyane, dont [sic !] la Comtesse Pauline offre un minee débris d'Ex-Souveraine; l'autre a été Professeur au Handwerksverein et employé à la rédaction du voyage de notre aquati'que et excellent Prince Adalbert. Or les trois frères ont la monomanie des cadeaux. Sir Robert a ordonné à son frère Richard de mettre son bel ouvrage (3 gros volumes) comme une marque de reconnaissance respectueuse, aux pieds de Votre Altesse Royale. Il obéit 4 jours avant son départ pour la Nouvelle Hollande; les deux frères, Otton et Riechard, ont eu le rare bonheur de trouver des épouses sans aucune fortune, de la pureté philosophique la plus touchante! L'un a épousé, il y a 3 jours, une Demoiselle noble de Thuringe, nièce du Major Holleben (des Cadets), l'autre la fille d'un Zimmermeister de Potsdam. J'ai cru devoir entrer dans ces détails dynastiques pour me justifier aux yeux de mon auguste Protectrice et pour prouver qua je n'ai pas eu le pouvoir de calmer le Voyageur de la Guyane. Les 2 premiers volumes de son ouvrage pourront d'ailleurs offrir an «Prince de la Jeunesse, Princeps Iuventutis» (le pédant montre le bout de l'oreille), une lecture agréable et instructive; le tableau des mœurs d'un peuple un peu sauvage. Peut-être faudra-t-il cacher au jeune Prince l'image de la belle Indienne Warran (Vol.I p. 120) capable de donner des distraetions périlleuses.

Hommage d'admiration, de respect et de reconnaissance
Al. Humboldt.
ce vendredi.

[Übersetzung]

Königliche Hoheit!

Es gab einmal die vier Heimonskinder[466], und es gibt drei Brüder Schomburgk. Der ältere, Sir Robert, den Prinz Albert protegiert, ist Generalkonsul in St. Domingo geworden. Von den beiden anderen hat Richard eine schöne und nützliche naturwissenschaftliche Expedition nach Guyana gemacht, wo die Gräfin Pauline ein winziges Überbleibsel einer Ex-Souveränin darstellt. Der andere ist Professor im Handwerksverein gewesen und wurde mit der Abfassung des Reiseberichts unseres ausgezeichneten im Wasser lebenden (aquatique) Prinzen Adalbert[467] beauftragt. Nun leiden die drei Brüder an der fixen Idee, Geschenke zu machen. Sir Robert hat seinen Bruder Richard beauftragt, sein schönes Werk (drei dicke Bände)[468] als ein Zeichen seines Respekts und seiner Dankbarkeit Eurer Königlichen Hoheit zu Füßen zu legen. Vier Tage vor seiner Abreise nach Neu-Holland führte er diesen Auftrag aus; die beiden Brüder Otto und Richard haben das seltene Glück gehabt, Frauen ohne jedes Vermögen von der rührendsten philosophischen Reinheit zu finden. Der eine hat vor drei Tagen ein adliges Fräulein aus Thüringen geheiratet, eine Nichte des Majors Holleben (bei den Kadetten), der andere die Tochter eines Zimmermeisters aus Potsdam. Ich habe geglaubt, diese dynastischen Einzelheiten erwähnen zu müssen, um mich in den Augen meiner erhabenen Gönnerin zu rechtfertigen, und um zu beweisen, daß ich nicht die Macht gehabt habe, den Reisenden von Guyana zu beruhigen. Die beiden ersten Bände seines Werkes werden überdies dem „Fürsten der Jugend, Princeps Juventutis (der Schulmeister läßt das Eselsohr sehen) eine angenehme und belehrende Lektüre bieten, die Sittenschilderung eines etwas wilden Volkes. Vielleicht müßte man vor dem jungen Prinzen das Bild der schönen Indianerin Warran (Band I, S. 1,20) verstecken, da es dazu angetan ist, ihm gefährliche Zerstreuungen zu bereiten.

---

[466] Vier Söhne des Grafen Haimon von Dordogne nach der Sage, die auch L. Tieck und Bechstein bearbeiteten.

[467] Adalbert, Prinz von Preußen, Oberbefehlshaber der jungen preußischen Marine, Sohn des älteren Wilhelmschen Prinzenpaares, hatte weite Reisen gemacht und 1847 seine Brasilienfahrt 1842/43 aus seinem Tagebuch veröffentlicht.

[468] Reisen in Britisch-Guyana 1840—44, in Leipzig dreibändig 1848 erschienen, über die Brüder Schomburgk vgl. S. 179, Anm. 4.

Ich drücke Ihnen meine Bewunderung, meine Achtung und meine Dankbarkeit aus.

Al. Humboldt.

2. à Potsdam ce mercredi.

Madame,

Je ne trouve pas d' expressions pour remercier assez vivement Votre Altesse Royale de ce charmant et gracieux souvenir dont le Physicien de la Cour a été honoré ce matin. Puisse l'air du «dolce nido de la Patria» Vous faire du bien. Vous nous laissez dans les jouissances scandinaves, nederlandaises et guelfes. Je suis assez gibelin pour m' en plaindre. La santé du «lieber Herr .Greis» se rétablit malgre les médécins. Nous venons d'avoir à table la toujours belle Princesse Wittg.[enstein] et la Perle de 1'Orient, agreable mais éloquente, comme le mari est morne [Madame de Circourt-Lamartine]. J'ai eu un gracieux et spirituel billet du Belvédère, de S. A. R. Mgr. Votre frère. J'attends pour repondre que mes «Views of Nature» arrivent et puissent changer de robes pour paraltre en habit de Cour. Je me mets aux pie[d]s de mes bienfaiteurs a Weimar, de Vos augustes Parents qui ne cessent d'embeller Athenes en embellissant la bibliothèque qui renferme des trésors litteraires. Et la nomination de Bodelsch. [wingh]. Jene sais rien prevoir, rien diviner. Que de souvenirs s' attachent à ce nom! On a de la predilection pour les revenants, diraient les malins, auquels je n'.appartiens heureusement pas. Puissiez-Vous enfin nous revenir, brillante de santé, comme je sais Vous rêver.

De V. A. R.

le plus respectueusement dévoué pour un petit reste de la vie

A. H.

[Übersetzung.] Potsdam, Mittwoch.

Königliche Hoheit!

Ich finde keine Worte, um Ew. Königlichen Hoheit lebhaft genug für dieses reizende und graziöse Andenken zu danken, mit dem der Hofphysikus heute morgen geehrt worden ist. Möge die Luft des süßen Heims des Vaterlandes Ihnen gut tun. Sie lassen uns in den skandinavischen, niederländischen und welfischen Genüssen zurück. Ich bin gibellinisch genug, um mich darüber zu beklagen. Die Gesundheit des „lieben Herrn Greis" wird trotz der Ärzte wieder besser. Wir haben soeben an der Tafel die noch immer schöne Fürstin Wittgenstein gehabt, und die Perle des Orients, die angenehm, aber ebenso gesprächig wie ihr Mann verschlossen ist, Madame de Circourt-Lamartine. Ich habe ein gnädiges und geistreiches Briefchen aus Belvedere[469] von Sr. Königlichen Hoheit Ihrem Bruder gehabt. Ich warte mit der Antwort, bis meine „Views of Nature"[470] ankommen und ihr Gewand wechseln können, um in Hoftracht zu erscheinen. Ich lege mich meinen Wohltätern in Weimar zu Füßen: Ihren erhabenen Eltern, die nicht aufhören, Athen zu verschönern dadurch, daß sie die Bibliothek, die literarische Schätze enthält, verschönern.

Und die Ernennung von Bodelsch[wingh]. Da kann man nichts voraussehen, nichts ahnen. Welche Erinnerungen knüpfen sich an diesen Namen! Man hat eine Vorliebe für die aus einer anderen Welt „Zurückgekehrten", würden die Boshaften sagen, zu denen ich glücklicherweise nicht gehöre. Könnten Sie doch endlich in strahlender Gesundheit zu uns zurückkehren, so wie ich Sie mir in meinen Träumen vorstelle.

Ew. Königlichen Hoheit für den kleinen Rest des Lebens ehrerbietigst ergebener

A. H.

3. [Ende März 1848]

Je connais la grandeur de Votre âme, la force de Votre caractère, la résignation aux coups de la Destinée que déjà Vouz avez éprouvés en surabondance. Cependant je suis tourmenté d'une vive douleur en adressant ces lignes à Votre Altesse Royale. Le moyenage de l'Italie, le tem[p]s des Condottieri, est le nôtre. Dieu a veillé sur Lui! Il sera en sûreté dès qu'il sera au milieu des troupes. Tout ce voyage est UD sacrifice; je le Erois cependant noble et utile. Mad. de Bülow me quitte. Elle vouloit se l'endre au Babelsberg ; elle est dans une grande affliction sur cet affreux événement. Je ren ai empeche. On doit respecter Votre solitude. Weimar Vous sera du bien. Pour Dieu, soignez Votre santé. Je n'ai pas le courage de Vous parler de ma belle ecriture. Elle est

---

[469] In Weimar.
[470] Seine früher erwähnte Schrift, die er kostbar in Hoftracht einbinden lassen will.

entre Vos mains.

Hommage de reconnaissance et d'adeniration, dévouement jusqu'a la mort! Et ce jeune Prince qui recoit des impressions de sang à un âge où tout devoit lui sourire. On aime à croire que c'était une main étrangère … Faible consolation! La Providence veillera sur le Père...

A. Humboldt.

ce vendredi.

[Übersetzung.] [Ende März 1846]

Ich kenne die Größe Ihrer Seele, die Stärke Ihres Charakters, Ihre Ergebung den Schlägen des Schicksals gegenüber, die Sie schon im Überfluß erfahren haben. Doch während ich diese Zeilen an Ew. Königliche Hoheit schreibe, quält mich heftiger Kummer. Unsere Zeit ist wie das Mittelalter Italiens, wie die Zeit der Kondottieri. Gott hat über ihm gewacht. Sowie er inmitten seiner Truppen ist, wird er in Sicherheit sein. Diese ganze Reise ist ein Opfer; doch halte ich sie für edel und nützlich. Frau von Bülow verläßt mich. Sie wollte sich nach Babelsberg begeben; sie hat großen Kummer über dieses entsetzliche Ereignis. Ich habe sie in ihrem Vorhaben gehindert. Man muß ihre Einsamkeit respektieren.

Weimar wird Ihnen gut tun. Um Gotteswillen, schonen Sie sich. Ich habe nicht den Mut, Ihnen von meiner schönen Schrift zu sprechen. Sie ist in Ihren Händen.

Ich empfehle mich Ihnen in Dankbarkeit und Bewunderung und bleibe Ihnen bis zum Tode ergeben! Und dieser junge Prinz, der so blutige Eindrücke in einem Alter empfängt, wo alles ihm zulächeln müßte. Man neigt dazu, zu glauben, daß es die Hand eines Fremden war... Schwacher Trost! Die Vorsehung wird über den Vater wachen!

A. Humboldt.

Freitag.

4. Berlin 1850, le 7 avril.[471]

Madame.

Les absents n'ont certes jamais tort près des personnes de cœur, capables d'admiration et de la plus affectueuse reconnaissance. La vie de Berlin et de Charlottenbourg (en y comprenant le grand evenement d'un diner chez le Prince Guillaume père rajeuni par Madame de Lestocq). se passe dans une si douce uniformité que de jour en jour je me sois attendu a quelque nouvelle digne d'etre mandee a Votre. Altesse Royale. A Erfurth on s'est debattu jusqu'á la nuit et rien n'a été décidé, quoique non seulement le General Radowitz, mais aussi le Cte Brandenbourg et Mr. de Manteuffel se louent chaleureusement des excellentes dispositions morales de cette assemblée introuvable 2. Lorsque Rad. [owitz] est venu communiquer les inspirations recues ici, il n'y a pas eu une voix en sa faveur. Depuis ce tem[p]s je ne comprends plus rien de ce qui se passe là bas. On dit que cela va s'éc1aircir mardi. En attendant mon grand ami doctrinaire dont l'éloquence a vraiment été Cadmirable dans le premier debut, s'est faché dans la séance nocturne, comme ont fait jadis les dieux de l'Olympe. La colère l'a rendu serieusement malade, Mr. de Massow (croyant Stahlien), ce .qui frète le Gerlach, est revenu ce matin et n'a pu penetrer chez Rad. [owitz]. Vous avez l'horreur des journaux et je fais le bulletin de la sante des grands hommes. Le General Kanitz est dans si un etat pitoyable donnant beaucoup d' inquietude à sa famille et à ses amis (non Eracoviens), son triste état ressemble beaucoup a celci', de notre excellent feu Roi. Il ne peut prendre aucune nourriture, presque pas de bouillon et du pain. La General Rauch aussi a eté gravement malade (calculs des reins 1). Mr. de Meyendorff assure, toujours que

---

[471] Ein sehr wertvolles Schreiben Humboldts, das erneut zeigt, wie fern er selbst dem Treiben der Revolutionäre, die er mit den Kondottieri des italienischen Mittelalters, den Sforza und Borgia vergleicht, gestanden hat, welchen sichtlich innigen Anteil er auch an dem Schicksal des Prinzen Wilhelm nahm. Von dessen Entfernung aus Berlin handelt es; am 22. März 1848 fuhr dieser, nachdem er sich auf der Pfaueninsel verborgen hatte, auf Wunsch des Bruders nach England. Das ist die „Reise", von welcher Humboldt spricht. Die tapfere Frau Gabriele v. Bülow, die hier schon nach Babelsberg zu Hilfe eilen wollte, hatte, als am 8. Juni d. J. Prinz Wilhelm wieder aus England zurückkehrte, bei seiner Ankunft in Potsdam den Mut, ihm ein öffentliches Willkommen mit Blumen zu bereiten, an dem sich noch einige andere Damen beteiligten. Sie illuminierten abends sogar in der Stadt.

l'Empereur arrive en 15 jours ou 3 semaines à Varsovie et il n'y a aucun espoir que le General soit assez retabli en 6 semaines pour entreprendre le voyage panslaviste. On croit que les affaires du Danemark avancent, á ce que disent les Mages, peut-être pour en rire, lorsqu'ils sont seuls entre eux. Weither, le père assure que d' apres les lettres du fils, le Roi de Dan. [emarc] jouit d'une excellente sante, malgre les journaux:. Celui d'Hannovre baisse beaucoup. Mr. de Persigny nous revient, a ce .qu'on assure, a moins qu'il n'aille aux: Pyramides resoudre le grand probleme de la réaction du paravent. J' ai eu la satisfaction de diner chez le Roi en tres petit comite avec Curtius avant son depart nuptial pour Leipzig. On s'est beaucoup occupé de lui, il a ete tres affectueusement traité, plus que jadis. Il l'a senti lui meme et j'en ai été agreablement frappé. Je ne parle pas a Votre Altesse de mes propres chagrins les plus amers. La mort tragique de mon ami celebre botaniste Mr. Kunth, vicedirecteur du Jardin botanique, Vous est connue sans doute. Il était dans un état de demence, d'alienation mentale depuis deux: a trois mois. Tous les rasoirs avaient été ôtés: il parait qu'il en tenait caché un. Sa femme, Parisienne digne de lui, le soignant avec un dévouement héroique, était seule avec une tres jeune nièce dans la chambre du malade. Il s'est élancé du lit, sans qu'on ait pu l'atteindre. Les deux femines le trouverent sur le sol, baigne de son sang. La mort n'a terminé cet horrible drame que 7 heures plus tard. Il paroissoit ne pas souffrir, m'a dit Langenbecq. Il a demeuré avec moi à Paris de 1812 a 1827, doux de caractere, eleye dans ses sentimen [t]s, jouissant d'une grande estime en France et en Angleterre. J'ai publié avec lui les «Plantes du Voyage aux Regions equinoxiales», 9 gros Volumes en folio. Il me laisse une veuve á soigner et un des plus grands herbiers qu'ait jamais possedé un particulier. Un objet de ce genre paraitra un luxe bien inutile à nos hommes de finance, a ceux qui n'ont donne a la veuve du Ministre Rother que 500 ecus de pensionl Certes que je m'interesse vivement acebon et savant Prof. Kochqui dans ses voyages d' Asie a montré un si noble devouement. La Faculté ne le choisira pas à la place de Mr. Kunth. Il a été question de deux grandes illustrations dans la science, de Mohl et de Schleiden. On s' est decidé á ceque l' on me dit pour le premier. Puisse-t-on du moins en meme tem[p]s trouver quelque amélioration pour ce pauvre Koch qui a revelé au monde une région de Flore entierement inconnue, les montagnes du Pont reunissant l' Armenie au plateau d'Erzeroum. Il paroit bien decide que la cour reste a Charlottembourg moins au delá des noces Meiningiennes, peut-etre jusqu' au 18 ou 20 mai. Je suis hardi en fixant des dates. Je veux conserver l'espoir de Votre arrivee, quoique les malins en doutent sourdement. Je n' ai pas été effrayé de la petite fièvre de printem[p]s du Princeps juventutis. Il est adoré de tous ceux qui l' a [p] prochent, m' écrivent des professeurs de Bonn. C'est un charme que Vous lui avez transmis, sans Vous en défaire Vous même. Chez Madame la Princesse Charles on est très occupé de la représentation d'une piece de théatre. Je l' ai trouvé dans de grandes anxiétés pour avoir perdu un «opère noble». On a eu la cruauté de ne pas m'offrir le rôle, me trouvant sans doute trop. volage ou trop mexicain de prononciation. J'ai proposé le Batoukhan de la Kreuzzeitung ,qui auroit pu quitter Erfurth pour 2 jours. Un père noble doit être court et gros. Le Cte Dieren remplit les conditions requises. On lui a préféré Mr. de Tronchin,: par des considérations politiques, je crois. Grande révolution; dans le Mecklenbourg. On a fait sans doute une excellence acquisition dans le Cte Bülow. C'est un véritable homme d'état, mais comme j'ai la manie de voir toujours le reflet de mes croyances dans eux ,que j'estime beauoup, je suis tout surpris de la faveur que les Montmorencys de ce pays pourront accorder à ce Diplomate. On le trouvera range à Strelitz. Je prends un vif intérêt au jeune Grand Duc. Puisse la concession du moins lui donner de la tranquillité. J' en doute. Nous avons eu ici la visite d'un homme aimable et très spirituel légitimiste de Frohsdorf et de Venise, plus chaleureux que Mad. de Lacy, ce ,qui promet. Le nom de Mr. Henry Blaze Vous est connu par la «Revue des deux Mondes». En faisant, je pense, la revue de ses propres archives, il s' est trouvé être le Baron Blaze de Burg cequi me parait un luxe pour un homme d'un esprit si distingué, traducteur de Faust, ayant été traité très gracieusement á Weimar surtout de S. A. Impériale. Il a epousé depuis une Miss Stuart qu' on dit fille très naturelle de Lord Brougham. La chaleur avec laquelle l'Exgrandjuge me 1'a recommandé, me fait croire á des «effets naturels». Aussi, en ruses diplomates, Lady Westmoreland et moi, nous nous sommés avertines à fèter le Baron et la Baronne {lui parle l' allemand comme moi et est une très jolie personne, malgre le paysage d'un Jardin ou Parc anglais lui offre sa coiffure phantastique. On parle

aussi d'un roman de sa composition. On assure que Lord Brougham y a mis la main ce qui n' a pas gaté l' affaire. La Baronne a
d' abord voulu accompagner Md. de Lacy[?] 17 ,qui part pour
VersaiIIes et reste un jour à Cologne, mais malgré le pouvoir
magnétique, le départ simultane ne s'est pas arrangé. Les voya-
geurs qui ont éte tres bien traités à Charlottenbourg, nous arri-
voient de Venise par Vienne et Dresde. IIs ont vu le «jeune Roi»
et sa tante «la Reine» et Madame de Berry. sans accepter une
autre jouissance, celle du Roi d'Hanovre en allant à Venise. Ils
espèrent trouver Lord Brougham à Paris et retournant de Cannes. J'ai lu de mes yeux dans une lettre de Lord Brougham. Nous
avons été en dernières semaines dans le doux espoir du change-
ment total du Ministère, mais la faiblesse de Stanley et l' antipathie du Duc de Richmond contre les lois agraires de Sir Robert
Peel ont tout gaté. Vous voyez, Madame, .que j'agis tout à fait
d'apres Vos ordres si je n'ai nommé personne, j'ai évité toute
nouvelle politique (meme celle qui le Duc de Cobourg était allé à
Londres dans l'intention d'abdiquer) je n'ai dit du mal de personne et j'ai été d'une prudence à toute épreuve. La peur de la
grande sociéte à Paris est au delà de ce que´on pourroit imaginer.
C'est une maladie avant que le mal arrive. Mad. [ame] de Bülow
est on ne peut pas plus reconnaissante du gracieux souvenir de
V. A. R. J' ai diné chez elle, il y a quelques jours. Elle a la chagrin
de voir sa fille s'établir à Berlin. Daignez de grace excuser la
peine que Vous aurez à déchiffrer mes hieroglyphes. Je n'ai pas le
courage de relire et de repeindre. Il manquent, j'en suis sûr, des
lettres et des mots entiers. La vieillesse est incorrecte de gram-
maire et d'orthographie, mais non de coeur, de devouement sans
bornes, d'admration et de reconnaissance. J'ose ambitionner aussi
que mon nom soit prononcé devant Monsieur le Prince en pla-
cant a Ses pie [d]s I'hommage de ma profonde vénération. Je
voudrois composer d'autres belles phrases pour S. A. R. l'Infante
estudiante, pour le bonheur futur de la spirituelle et bonne (?)
Princesse Fanny, pour les Dames da Votre Cour, qui ne se sou-
cient guere de ma tete neigause; mais l' excès de sensibilité

  est un danger chez vieillards.   A. Ht.

  La prudence me defend de signer mon nom.

  L'aimable lettre de V. A. R. datée du I nov.

  ne m' est arrivée que le 5 au matin. Elle était

  cependant pudiquement intacte.

[Übersetzung.] Berlin, 7. April 1850.

Königliche Hoheit!

Bei Menschen mit Gemüt, die der Bewunderung und der herzlichsten Dankbarkeit fähig sind, haben die Abwesenden sicher nie unrecht. Das Leben von Berlin und Charlottenburg (zu welchem das große Ereignis eines Dieners beim Prinzen Wilhelm Vater, der durch die Gegenwart von Madame de Lestoca[472] verjüngt erschien, gehört) verfließt in einer so sanften Einförmigkeit, daß ich von Tag zu Tag auf eine Neuigkeit warte, die würdig wäre, Ew. Königlichen Hoheit mitgeteilt zu werden. In Erfurt[473] wurde bis ein. Uhr nachts debattiert; aber nichts ist entschieden worden, obgleich nicht nur General Radowitz, sondern auch Graf Brandenburg und Herr von Manteuffel außerordentlich mit der ausgezeichneten moralischen Stimmung dieser unauffindbaren Versammlung zufrieden sind. Als Radowitz hinging, um die hier empfangenen Vorschläge mitzuteilen, hatte er nicht eine Stimme zu seinen Gunsten. Seit dieser Zeit habe ich keine Ahnung mehr, was da unten vorgeht. Man sagt, es würde sich am Dienstag aufklären. Inzwischen hat sich mein großer doktrinärer Freund, dessen Beredsamkeit bei dem ersten Debüt wirklich bewundernswert war, in der Nachtsitzung geärgert, wie einst die Götter des Olymps. Durch den Ärger ist er ernstlich krank geworden; Herr von Massow (ein Anhänger Stahls), der Gerlach ausgerüstet hat, ist heute morgen zurückgekehrt und ist bei Radowitz nicht vorgelassen worden. Die Zeitungen widern Sie an, und ich will Ihnen über die Gesundheit der großen Männer berichten. General Kanitz [474]befindet sich in einem kläglichen Zustand, der seiner Familie und seinen Freunden (nicht den Kra-

---

[472] Wohl eine Nachkommin des aus den Befreiungskriegen bekannten preußischen Generals v. L'Estocq.

[473] Vom 20. März bis 29. April 1850 tagte in Erfurt das sogenannte Unionsparlament, das eine allgemeine deutsche Verfassung unter Preußens Führung zustande bringen wollte. Der Gedanke stammte vom König und Radowitz, dem „kriegerischen Mönch", wie man ihn genannt hat, dem „Wundermann", als den ihn der König verehrte; scheiterte aber, wie alle derartigen Versuche zu „moralischen Eroberungen" Preußens. Die folgenden Bemerkungen Humboldts beschäftigen sich mit den noch stattfindenden Verhandlungen dort; „Introuvable" hieß einst die französische Deputiertenkammer 1815 nach Napoleons Sturz, weil man keine royalistischere finden konnte.

[474] Der General und Staatsminister K. W./C. v. Kanitz und Dallwitz; er starb bald, am 25. April 1850.

kauern) ernste Besorgnisse verursacht; sein trauriger Zustand erinnert sehr an den unseres vortrefflichen verstorbenen Königs. Er kann gar keine Nahrung zu sich nehmen, kaum noch Bouillon und Brot. General Rauch[475] ist auch schwer krank gewesen (Nierensteine), Herr von Meyendorff versichert beständig, daß der Kaiser in vierzehn Tagen oder drei Wochen nach Warschau kommen würde, und daß keine Hoffnung bestände, den General in sechs Wochen so herzustellen, daß er die panslawistische Reise unternehmen kann. Man glaubt an einen Fortschritt in den dänischen Angelegenheiten, nach dem, was die Magier[476] sagen, vielleicht um sich darüber lustig zu machen, wenn sie allein unter sich sind. Weither, der Vater, versichert, daß nach den Briefen seines Sohnes der König trotz der Zeitungsnachrichten sich einer ausgezeichneten Gesundheit erfreut. Die des Hannoveraners läßt viel zu wünschen übrig. Wie man behauptet, kehrt Herr von Persigny[477] zu uns zurück, falls er nicht nach den Pyramiden geht, um das große Problem der Rückwärtsdrehung des Windschirmes zu lösen. Ich hatte die Freude, in sehr kleinem Kreise mit Curtius[478] zu speisen, bevor er zu seiner Hochzeit nach Leipzig fuhr. Man hat sich viel mit ihm beschäftigt. Er wurde sehr herzlich behandelt, herzlicher als früher. Er selbst hat es auch empfunden, und ich war davon angenehm überrascht. Ich will Ew. Königlichen Hoheit nicht von meinem eigenen bitteren Kummer berichten. Zweifellos haben Sie von dem tragischen Tod meines Freundes, des berühmten Botanikers Kunth[479] des

---

[475] General v. Rauch gehörte mit den beiden Brüdern v. Gerlach, dem auch genannten Hausminister v. Massow, den Grafen v. Alvensleben-Errleben, v. Voß-Buch, v. Keller, den beiden v. Kleist, dem Freiherrn Edwin v. Manteuffel, dem Kabinettsrat Markus Niebuhr, den Professoren H. Leo und I. Stahl zu dem gesinnungsverwandten Freundeskreise des Königs, den man gewöhnlich als Camarilla bezeichnet. Hiernach scheint es, daß General Rauch zuerst bestimmt war, nach Warschau zum Zaren zu reisen; tatsächlich führte Graf Brandenburg im Herbst 1850 dort die Konferenzen.

[476] Diplomaten.

[477] Herzog V. Fialin de Persigny (1808 bis 1872), der Napoleon III. ergebene französische Staatsmann, sein Vertrauter beim Staatsstreich, Minister des Innern, Londoner Gesandter usw. Nach Ägypten ging er jedoch nicht.

[478] Professor Dr. Ernst Curtius, der klassische Gelehrte und Erzieher des Prinzen Friedrich Wilhelm.

[479] K. Sigismund Kunth (1788 bis 22. März 1850), der bei Humboldt in Paris über dessen mit Bonpland gesammelte Pflanzen von 1819 bis 1828 mehrere bedeutende Werke veröffentlichte, zuletzt die Nova genera et species

Vizedirektors des Botanischen Gartens, gehört. Seit zwei oder drei Monaten war er infolge geistiger Zerrüttung wahnsinnig. Man hatte ihm alle seine Rasiermesser fortgenommen, aber es scheint, daß er eins versteckt hatte. Seine Frau, eine Pariserin, seiner würdig, die ihn mit heldenhafter Aufopferung pflegte, befand sich mit einer sehr jungen Nichte in dem Zimmer des Kranken. Er war aus dem Bett gesprungen, und man konnte ihn nicht fassen. Die beiden Frauen fanden ihn im Blut schwimmend auf dem Fußboden liegen. Der Tod endete dieses entsetzliche Drama erst sieben Stunden später. Wie mir Langenbeck sagte, schien er nicht gelitten zu haben. Kunth wohnte zusammen mit mir in Paris von 1812 bis 1827. Er war ein sanfter Charakter, von erhabenen Empfindungen, der in Frankreich und England große Achtung genoß. Ich habe mit ihm neun große Foliobände über „Die Pflanzen auf der Reise in den Aquinorialgegenden" veröffentlicht. Er hinterläßt mir seine Witwe, für die ich sorgen muß, und eins der größten Herbarien, das jemals ein Privatmann besessen hat. Ein solcher Gegenstand wird unseren Finanzmännern als sehr überflüssiger Luxus erscheinen, diesen Finanzmännern, die der Witwe des Ministers Rother nur 500 Taler Pension bewilligten!

Natürlich interessiere ich mich lebhaft für diesen guten und gelehrten Professor Koch[480], der bei seinen Reisen in Asien so viel Aufopferung zeigte. Die Fakultät wird ihn aber nicht an Stelle Kunths wählen. Es ist die Rede von zwei großen Berühmtheiten der Wissenschaft, von Mohl und von Schleiden, gewesen. Wie man mir sagt, hat man sich für den ersteren entschieden. Wenn man doch wenigstens dem armen Koch auch eine Aufbesserung zuteil werden ließe! Er hat der Welt eine noch ganz unbekannte Form der Flora enthüllt, die Gebirgszüge des Pontus, die Arme-

---

plantarum usw. 1815–1828, 7 Bände mit 700 Kupfern. Sein Herbarium umfaßte über 30 000 Arten.

[480] Der Botaniker Karl Koch, ein 1809 auf dem Ettersberg geborener Weimaraner, weswegen die Prinzessin besondere Teilnahme an ihm nehmen mochte. Er machte die angedeuteten. Reisen in Rußland 1836–1838 und 1843/44 und habilitierte sich 1847 in Berlin. Sein Reisewerk erschien 1842/43 in Stuttgart, 1850 brachte er noch eine Karte Kaukasiens und Armeniens heraus. Seine beiden Rivalen sind der Schwabe Hugo v. Mohl, der viel über den Bau der Pflanzen schrieb (1805–1872) und der Hamburger M. Jakob Schleiden, der nachherige Professor in Jena und Dorpat, der sich durch populär-wissenschaftliche Schriften und Vorträge bekannt machte (1804–1881).

nien mit dem Plateau von Erzerum verbinden. Es scheint ganz bestimmt, daß der Hof mindestens über die Meiningensche Hochzeit[481], vielleicht bis zum 18. oder 20. Mai, in Charlottenburg bleibt. Es ist eine Kühnheit von mir, Daten anzugeben. Ich will weiter auf Ihre Ankunft hoffen, obgleich die Boshaften leise daran zweifeln, über das kleine Frühlingsfieber des Princeps juventutis bin ich nicht erschreckt gewesen. Die Bonner Professoren schreiben mir, daß er von allen, die ihm nähertreten, vergöttert wird. Das ist ein Zauber, den Sie ihm übertragen haben, ohne sich selbst dessen zu berauben. Bei der Frau Prinzessin Carl ist man sehr mit dem Einüben eines Theaterstückes beschäftigt. Ich fand sie in großer Sorge, weil sie den Darsteller des „Heldenvater"[482] verloren hatte. Man war so grausam, mir die Rolle nicht anzubieten, weil man mich zweifellos zu flatterhaft und meine Aussprache zu mexikanisch fand. Ich habe den „Batoukhan" von der Kreuzzeitung vorgeschlagen, der Erfurt zwei Tage lang ganz gut verlassen kann. Ein Heldenvater muß klein und dick sein. Graf Dieren[483] entspricht diesen Bedingungen. Aus politischen Erwägungen, glaube ich, hat man ihm Herrn von Tronchin[484] vorgezogen. In Mecklenberg[485] ist eine große Umwälzung. Zweifellos hat man mit dem Grafen Bülow eine vortreffliche Errungenschaft gemacht. Das ist ein wirklicher Staatsmann; aber da ich die Manie habe, immer bei denen, die ich sehr schätze, den Widerschein meiner eigenen Meinungen zu sehen, so bin ich ganz überrascht von der Gunst, welche die Montmorencys[486] dieses Landes jenem Diplomaten[487] zuzubilligen scheinen. Man wird

---

481 Die Hochzeit des Herzogs Georg II. von Sachsen-Meiningen mit der preußischen Prinzeß Charlotte, Tochter des Prinzen Albrecht, 1850; diese starb jung und kinderlos schon 1855.

482 d.h. als Darsteller.

483 Graf K. A. von Dyhrn (1803–1869), ein wegen seines schlagfertigen Witzes volkstümliches, liberales Mitglied des Erfurter Unionsparlaments und später des Landtags, Vizepräsident des Schlesischen Landwirtschaftsvereins.

484 Oberst von Tronchin, Kammerherr bei der Prinzeß Friedrich, Schloßhauptmann von Benrath.

485 In Mecklenburg-Schwerin herrschte damals Friedrich Franz II., in Strelitz Großherzog Georg, der Lieblingsbruder der Königin Luise (1816 bis 1860).

486 Unter den „Montmorencys" pflegt, auch in der Mark, Humboldt den eingesessenen Landadel, besonders den Hochadel zu verstehen.

487 Es gab einen tapferen, spanischen General Don Luis de Lacy, der 1817 in Majorka wegen Verschwörung füsiliert wurde und mit einer geborenen

ihn in Strelitz geeignet finden. An dem jungen Großherzog nehme ich ein fabelhaftes Interesse. Möchte dieses Zugeständnis ihm wenigstens Ruhe verschaffen. Ich zweifle daran. Wir haben hier den Besuch eines liebenswürdigen Mannes und sehr geistreichen Legitimisten aus Frohsdorf und Venedig gehabt, der feuriger als Frau de Lacy' war, was viel sagen will. Henry Blazer Name ist Ihnen durch die „Revue des deux Mondes" bekannt. Als er eine Revue seiner eigenen Archive vornahm, scheint er herausgefunden zu haben, daß er Baron Blaze de Burg[488] ist, was mir als überflüssig für einen Mann von so ausgezeichnetem Geist erscheint, einen Faustübersetzer, der in Weimar ganz besonders von Ihrer Kaiserlichen Hoheit so überaus gnädig behandelt worden ist. Er hat seitdem eine Miß Stuart geheiratet, die man für eine natürliche Tochter von Lord Brougham hält. Die Wärme, mit der sie mir der Exoberrichter empfohlen hat, erscheint mir ganz selbstverständlich. Als gewiegte Diplomaten haben Lady Westmoreland und ich darauf bestanden, den Baron und die Baronin zu feiern, die so gut wie ich deutsch spricht und eine sehr niedliche Frau ist, trotzdem sie einen ganzen Garten oderenglischen Park auf ihrem phantastischen Hut hat. Man spricht auch von einem Roman, den sie verfaßt hat. Man versichert, daß Lord Brougham mit daran gearbeitet hat, was der Sache nicht geschadet haben soll. Die Baronin wollte zuerst Frau de Lacy begleiten, die nach Versailles fährt und einen Tag in Köln bleibt; aber trotz der magnetischen Kraft hat sich die gleichzeitige Abreise nicht einrichten lassen. Die Reisenden, die in Charlottenburg sehr gut behandelt worden sind, kommen von Venedig über Wien und Dresden zu uns. Sie haben den „jungen König" gesehen und Madame de Berry[489], aber auf die Freude, den König von Hannover auf dem Wege nach Venedig zu sehen, haben sie verzichtet. Sie hofften, als sie von Cannes zurückkehrten, Lord Brougham in Paris zu finden. Mit eigenen Augen habe ich einen Brief von Lord Brougham gelesen. In den letzten Wochen wiegten wir uns in der lei-

---

de Quimper vermählt war; er weilte gelegentlich auch in Berlin. Aber der ganze Name ist unleserlich.

[488] Henri Blaze, ein Sohn des bekannten französischen Komponisten und Musikschriftstellers Franz-Heinrich-Ioseph Blaze, war 1816 geboren und begann zuerst für die „Revue" als „Hans Werner" zu schreiben; er verkehrte in Weimar.

[489] Herzogin K. F. Louise de Berry, Tochter des Königs Franz I. von Neapel (1798−1870).

sen Hoffnung einer völligen Änderung des Ministeriums[490]; aber Stanleys Schwäche und die Antipathie des Herzogs von Richmond gegen Sir Robert Peels Agrargesetze haben alles verdorben. Sie sehen. Königliche Hoheit, daß ich ganz nach Ihren Anordnungen gehandelt habe, wenn ich niemand genannt habe; ich habe jede politische Neuigkeit vermieden (sogar die, daß der Herzog von Koburg nach London gegangen ist in der Absicht, abzudanken); ich habe von niemandem Schlechtes gesagt, und ich bin seht vorsichtig gewesen!

Die Furcht der großen Gesellschaft in Paris geht über jede Vorstellung hinaus. Das sind die Vorboten der kommenden Krankheit. Frau von Bülow ist außerordentlich dankbar für das gnädige Gedenken Ew. Königlichen Hoheit. Ich habe vor einigen Tagen bei ihr diniert. Mit Kummer sieht sie, daß ihre Tochter sich in Berlin niederläßt. Geruhen Sie, die Mühe zu verzeihen, die ich Ihnen mit dem Entziffern meiner Hieroglyphen bereite. Ich habe nicht den Mut, sie noch einmal zu lesen und zu malen. Ich bin sicher, daß Buchstaben und ganze Worte fehlen.[491] Das Alter ist in Grammatik und Orthographie nicht zuverlässig, aber in Gemüt, grenzenloser Aufopferung, Bewunderung und Dankbarkeit. Ich wage nach dem Ehrgeiz zu streben, daß mein Name dem Prinzen genannt werde, indem ich ihm die Huldigung meiner tiefen Verehrung zu Füßen lege. Ich möchte andere schöne Worte formen für Seine Königliche Hoheit den studierenden Thronfolger, für das künftige Glück der geistreichen und guten (?) Prinzessin Fanny, für die Damen Ihres Hofes, die sich um mein graues Haupt kaum kümmern; aber die überaus große Empfindlichkeit ist bei Greisen eine Gefahr.   A. Ht.

Die Vorsicht verbietet mir, meinen Namen zu unterschreiben.

Der liebenswürdige Brief Ew. Königlichen Hoheit, vom 1. April datiert, ist erst am 5. morgens in meine Hände gelangt. Er war jedoch völlig unberührt.

---

490 In England. Robert Peel wollte ein Koalitionsministerium aus Whigs und Tories bilden.

491 Leider, so daß manche Namen und Stellen unsicher bleiben. famille eploree. Puissiez-Vous, Madame, en repandant tant da

5. Potsdam le 30 Septembre 1850.

Madame

Si de nouveau dans ce jour solennel J'ose vous importuner de ma petite écriture illisible, c'est, je sens, besoin irrésistible de mettre aux pie[d]s de Votre Altesse Royale, en mon nom et celui des habitan[t]s de Tegel l'hommage de cette reconnaissance et de cette vénération qu'inspire une âme élevée et une haute intélligence. Ce noble intérêt que dans une longue serie d'années Vous avez daigné montrer pour ma famille et surtout pour le vieillard qui professe un dévouement égal à la plus tendre admiration. A Tegel où Madame de B.[ulow] souffre aussi de tem[p]s en tem[p]s de ces petits fièvres de la saison, nous avons rappelé hier à notre mémoire comment seule, dans cet oublieux pays, Vous avez voué au delà de la tombe le plus constant et le plus gracieux attachement un homme d'état qui, moins entclavé dans ses mouvemen[t]s, auroit dirigé avec succès le timon des affaires. Avec quelle touchante sollicitude n'avez Vous pas séché 1es larmes d'une bien autour de Vous, jouir plus librement (d'une manière digne d'une belle âme et de l'etendue de votre intelligence), de ceque devroit offrir la position elevée dans laquelle la Providence Vous a placé. Puisse apres tant d'orages un peu de calme et de satisfaction intérieure Vous venir en partage! Ces Voeux, en souvenir des orages passés, me conduisent aux orages qui menacent la patrie, l' Allemagne du Nord par I'impudence du misérable qui insulte une population dont on ne sauroit assez louer la noble modération. Ce misérable, vante encore aujourd'hui dans la vacation réactionaire et piétiste d'ici, ne trouvera pas de soutien dans notre Gouvernement, et n' en trouvera pas chez le nouveau Ministre des affaires étrangeres dont la nomination a été un des secrets les plus soigneusement gardés. Vivement attaché que je suis à la cause unitaire de l' Allemagne et a l'honneur du nom Prussien, je saluerai cette nomination si plus pour une manifestation irritante pour l' étranger, elle sera suive d' actions combinées avec une énergique habileté, si l'homme exéllent, doué d'un beau talent parlementaire, noble de sentiments, compromis [sic!] à ne pas pouvoir reculer, ne diminue pas d'influence par la même qu'il devient membre d'un Ministère constitutionnel.

„Ihre Betrachtungen und Wünsche", m'écrit Mr. de R. [adowitz] le lendemain de sa nomination, „wiegen manchen Kummer auf, der sich an diese Ernennung knüpft. Ich brauche Ihnen wohl nicht die Versicherung zu erneuern, daß von meiner Seite nichts unausgesprochen geblieben ist, um vorzustellen, welche gehässige Aufregung dieser Schritt des Königs in Wien, in Petersburg und fast noch mehr in dem Lager mancher Parteien im eigenen Lande hervorrufen wird. Hätte ich mich nicht Gewissens halber gefügt, so wäre aus der Personenfrage eine gefahrvolle Systemsfrage erwachsen."

Ces lignes dont V. A. R. aimera peut-être un jour à se rappeler quand après un triste drame la toile sera baissée, prouve [nt] que «le Cagliostro mystique», comme dit très malignement le«J. [ournal] des Débats», connait bien le «state of partys». L'acharnement est contre lui, existe contre lui surtout chez les personnes qui ne le connoisse [ni] aucunement de près. Er ist ihnen „unheimlich", on lui croit einen roten Strumpf au pied gauche, Une disposition aux sortilèges. Mi'. de Gagern qui lui conserve une noble amitié, en a une toute autre opinion, et je me plais à rendre témoignage à la franche et énergique défense qui lui a voué avec un généreux dévouement pendant son dernier séjour à Potsdam Mgr. le Prince de Prusse. L'aspect des choses rendroit la guerre probable. J'ai la faiblesse de ne pas y croire, même de la craindre à cause da l'irruption de l'est. Cette lettre auroit besoin d'une grande purification, si elle devoit perdre la teinte politique que l'imprudence du vieillard lui a donnée. Pour me corriger en terminant, je dirai qu'un de mes deux neveux, Hermann, que 1'on dit un peu rougeâtre, ayant beaucoup plus de couleur que le Physicien de la Cour, épouse une jolie, une peu grosse person ne (moonlikeface) connue jadis a Berlin comme Mlle de Reizenstein. Elle est veuve d'un Mr. val) der Hagen, vivant dans le Magdebourg. Ma famille est tres contente de cette union, croyant qu'elle va operer un blanchissement teltovien [sic!?]. Le pauvre Wilhelm, amoureaux d'une jolie Demoiselle de Werder (moins 1'éloquente Maman), perd par la l' espoir d' un bel héritage de son oncle possédant la moitié de la Herrschaft Ottmachau. Mr. et Mad. de Meyendorff partent samedi avec des intensions bien hostiles contre M. de R. [adowitz], plus hostiles encore que chez 1'Orientaliste au beau langage, mélodramatique. J'ai toujours beaucoup à me louer des faveurs de Mad. la Princesse Charles. Je vais à Glinike demander ce que Vos lettres ne nous revelent point encore. Le Prince de la Fusion Don Alonzo est encore à Frohsdorf. On a pris ici 1e deui1 si tard espérant que 1a mort seroit annoncé par le Duc de Nemours. On a pris des informations à Vienne. Il a été repondu que Ia aussi rien n'avoit été annoncé. Le Prince-Président se presse un peu trop. Ce n'est quelque fois pas le moyen d'avancer. Mille et mille hommages d'admiration respectueuse!

[Um einen Tintenklecks am Rande:] La Caspienne ou lac Nyami, nouveau lac africain.

A. Ht.

[Übersetzung.] Potsdam, den 30. September 1850.

Königliche Hoheit!

Wenn ich an diesem feierlichen Tage[492] Sie wieder mit meiner kleinen, unleserlichen Schrift zu belästigen wage, geschieht es aus dem unwiderstehlichen Bedürfnis, Ew. Königlichen Hoheit in meinem Namen und dem der Bewohner Tegels die Huldigung dieser Dankbarkeit und dieser Verehrung zu Füßen zu legen, die eine erhabene Seele und eine große Klugheit einflößen. Sie haben geruht, lange Jahre meiner Familie ein hochherziges Interesse zu zeigen, und besonders dem Greis, der eine Ergebenheit bekennt, die der zärtlichsten Bewunderung gleichkommt. In Tegel, wo Frau von Bülow auch von Zeit zu Zeit an diesen kleinen Fieberanfällen der Jahreszeit leidet, haben wir uns gestern ins Gedächtnis zurückgerufen, wie Sie allein in diesem vergeßlichen Lande bis über das Grab hinaus einem Staatsmann die ständigste und gnädigste Anhänglichkeit bewiesen haben, der bei mehr Bewegungsfreiheit das Staatsruder mit Erfolg gelenkt hätte. Mit welch reizender Fürsorge haben Sie die Tränen einer klagenden Familie getrocknet! Mögen Sie, Königliche Hoheit, die Sie so viel Gutes um sich verbreitet haben, freier genießen können (auf eine Weise, die einer schönen Seele und der Größe Ihrer Intelligenz würdig ist), was Ihnen die erhabene Stellung, zu welcher die Vorsehung Sie berufen hat, bieten müßte. Möge Ihnen nach so viel Stürmen ein wenig Ruhe und innere Befriedigung zuteil werden! Diese Wünsche erinnern mich an vergangene Stürme und führen meine Gedanken zu denen zurück, die das Vaterland bedrohen, wie Norddeutschland[493] durch die Unverschämtheit

---

[492] Geburtstag der Prinzessin.
[493] Schleswig-Holstein, das damals nach Niederwerfung seiner nationalen

jenes Elenden es ist, der eine Bevölkerung beschimpft, deren edle Mäßigung man nicht genug loben kann! Dieser Elende, der heute noch hier in der reaktionären und pietistischen Sitzung gerühmt wurde, wird bei unserer Regierung keine Stütze finden und auch nicht bei dem neuen Außenminister, dessen Ernennung eines der sorgfältigst gehüteten Geheimnisse gewesen ist. Ich, der ich so sehr an dem Einheitsgedanken Deutschlands und der Ehre des preußischen Namens hänge, fasse diese Ernennung mehr als eine das Ausland aufreizende Manifestation auf; ihr wird eine Aktion folgen, die mit energischer Gewandtheit verknüpft ist, wenn der hervorragende Mann, der mit einem schönen parlamentarischen Talent begabt ist, eine edle Gesinnung besitzt, die, wenn sie sich einsetzt, nicht mehr zurückweichen kann und seinen Einfluß dadurch nicht verringert, daß er Mitglied eines konstitutionellen Ministeriums wird. „Ihre Betrachtungen und Wünsche", schreibt mir Herr von Radowitz[494] am Tage nach seiner Ernennung, „wiegen manchen Kummer auf, der sich an diese Ernennung knüpft. Ich brauche Ihnen wohl nicht die Versicherung zu erneuern, daß meinerseits nichts unausgesprochen geblieben ist, um

---

Erhebung von Kopenhagen aus, von König Friedrich VII. und seinem el-ber-diinischen Ministerium auf das gewaltsamste bedrückt wurde. Diese traurige Lage verschärfte sich noch dadurch, daß durch dl« Schwarzenbergischen Ränke In Wien und das Eingreifen des russischen Zaren zugunsten Dänemarks Preußen, dessen König 1849 sich für die deutschen Grundrechte der Clbherzogtümer erklärt hatte, ähnlich wie in der Unionsfrage mehr vnd mehr an die Wand gebrückt wurde. Die starke Erregung Humboldts, der wie die Prinzessin immer für Schleswig-Holstein eintrat, verrät sich hinreichend in der Wahl seiner Ausdrücke. Wenig vorausschauend ist dagegen seine Begeisterung für die Amtsführung des neuen auswärtigen Ministers.

[494] General I. M. v. Radowitz, der infolge dieser zunehmenden Zerfahrenheit am 27. September förmlich das Auswärtige übernommen hatte. Er wirkte in Petersburg und Wien wie rotes Tuch, insofern er entschlossen schien, gegen den Druck in der Unionsfrage und Schleswig-Holstein die Entscheidung der Waffen anzurufen; Preußen war indessen zu schwach gerüstet, um gegen die mehrfachen, mächtigen Gegner auf einen Sieg rechnen zu können, v. Radowitz mußte bereits Anfang November wieder zurücktreten, nachdem er seinen König und das Land bis an den Rand eines Abgrundes geführt hatte, v. Manteuffel aber in Olmütz das Odium dieser schweren Niederlage tragen. Humboldts Erwartungen zerrannen so in einem einzigen Monat vollständig. Wie er seine Abneigung gegen einen Krieg mit Radowitzens Plänen vereinen konnte, ist ein politisches Rätsel; denn dieser war mit seiner doktrinären Mystik und Regeldetrie bereit, um der Unionsfrage willen, die schon in Erfurt eigentlich gescheitert war, loszuschlagen.

vorzustellen, welche gehässige Aufregung dieser Schritt des Königs in Wien, in Petersburg und fast noch mehr in dem Lager mancher Parteien im eigenen Lande hervorrufen wird. Hätte ich mich nicht Gewissens halber gefügt, so wäre aus der Personenfrage eine gefahrvolle Systemfrage erwachsen."

Diese Zeilen, deren Ew. Königliche Hoheit sich eines Tages vielleicht erinnern werden, wenn sich über einem traurigen Drama der Vorhang gesenkt haben wird, beweisen, daß der „mystische Cagliostro", wie das „Journal des Débats" sich recht boshaft ausdrückt, den „Stand der Parteien" gut kennt. Man ist gegen ihn erbittert, und besonders sind es die Personen, die ihn nicht näher kennen. Er ist ihnen unheimlich, man traut ihm einen roten Strumpf am linken Fuß zu, eine Neigung zur Zauberei. Herr von Gagern, der ihm eine edle Freundschaft bewahrt, hat eine ganz andere Meinung darüber, und es freut mich, über die offene und energische Verteidigung berichten zu können, die ihm Seine Hoheit der Prinz von Preußen während seines letzten Aufenthaltes in Potsdam in großmütiger Zuneigung widenete.

So wie die Dinge stehen, ist der Krieg wahrscheinlich. Ich habe die Schwäche, nicht daran zu glauben, ich fürchte ihn sogar wegen des Einfalls von Osten. Dieser Brief würde einer großen Reinigung bedürfen, wenn er die politische Färbung verlieren soll, welche die Unvorsichtigkeit des Greises ihm gegeben hat.

Um mich vor dem Schluß noch zu bessern, will ich sagen, daß einer meiner beiden Neffen, Hermann, dem man nachsagt, daß er ein wenig rot ist und viel mehr Farbe als der Physiker des Hofes hat, eine hübsche, etwas dicke Person geheiratet hat (Mondgesicht), die in Berlin einst unter dem Namen eines Fräulein v. Reitzen sehr bekannt war. Sie ist die Witwe eines Herrn von der Hagen und lebte in Magdeburg. Meine Familie ist über diese Verbindung sehr zufrieden und hofft, daß sie eine „Teltower Bleiche" bewirken wird. Der arme Wilhelm, der in ein niedliches Fräulein von Werder verliebt ist (nicht so gesprächig wie Mama), verliert dadurch die Hoffnung auf eine schöne Erbschaft seines Onkels, der die Hälfte der Herrschaft Ottmachau besitzt. Herr und Frau von Meyendorff reisten Sonnabend mit sehr feindlichen Absichten gegen Herrn von Radowitz ab, noch feindlicher als bei dem Orientalisten mit der schönen melodramatischen Sprache. Ich genieße noch immer die Gunst der Frau Prinzessin Karl[495]. Ich gehe nach Glienicke, um nach dem zu fragen, was Ihre Briefe uns nicht berichten. Der Prinz der Fusion Don Alonzo ist noch in Frohsborf[496]. Man hat so spät Trauer angelegt, weil man hoffte, der Tod würde vom Herzog von Nemours angekündet werden. Es sind Erkundigungen in Wien eingezogen worden. Die Antwort lautete, daß dort auch nichts mitgeteilt worden ist. Der Prinz-Präsident[497] beeilt sich ein wenig zu sehr. Das ist manchmal nicht das Mittel vorwärts zukommen. Taufend und taufend Empfehlungen respektvoller Bewunderung. [Um einen Tintenklecks am Rande: Der Kaspi- oder Nanami-See, neuer afrikanischer See.

A. Ht.

6. à Berlin, le 31 Décembre 1854

Madame,

Ce n'est pas dans la crainte de déroger à une longue habitude, c'est pour céder au plus doux penchant, au mouvement irrésistible du coeur que je prends la plume le dernier jour d'une année, riche en calamités publiques, menacante par tout ce que elle, a paru porter dans son sein. Sous l'influence de graves préoccupations je sens doublement le besoin, la veille d'un jour solennel, d'offrir à Votre Altesse Uoyale, en mon nom et au nom de la famille de Md de Bülow, le tribut de la plus respectueuse et vive reconnaissance et d'un dévouement, qui se fondent sur la réminiscence des bienfaits d'une inépuisable bonté. Comme je tâche de me pétrifier lentement et comme le procédé de pétrification ne commence pas par le coeur, je nourris des réminiscences .qui me sont si chères. Vous avez daigné, Madame, les rafraichir tout récemment encore par de gracieuses et douces assurances que 1e jour même de son depart, ce jeune Prince qui se fait aimer sans s'en apercevoir, m'a transmises dans une lettre pleine da naturel et d'affection.

Je ne parle pas de mes vreux pour le bonheur et le repos da Votre Altasse Royale, pour la gloire de Mgr. le Prince, pour la continuation d'études beaucoup trop sévères et trop agglomerées

---

[495] Die Schwester der Prinzessin Augusta, geborene weimarische Prinzeß Maria.

[496] Das Dorf und Schloß in Niederösterreich, wo seit 1846 Graf Heinrich v. Chambord während des Sommers im Exil zu leben pflegte († 1883).

[497] Louis Napoléon (III.).

du «Princeps Luventutis», pour l'aimable et spirituel possesseur du dangereux Album. Ce que l' on sent, se dit le moins bien.

Je suis avec le plus profond respect et la plus profonde veneration

Madame, De Votre Altesse Royale

Le très humble très obéissant et très dévoué Sr. [serviteur]

Al. de Humboldt, Physicien de la Cour in partibus...

[Übersetzung.] Berlin, den 31. Dezember 1854.

Königliche Hoheit!

Nicht weil ich fürchte, einer alten Gepflogenheit zuwiderzuhandeln, sondern allem um der angenehmsten Neigung zu folgen, aus einem unwiderstehlichen Bedürfnis des Herzens heraus, ergreife ich die Feder am letzten Tage eines Jahres, das reich an öffentlichen Mißgeschicken war, bedrohlich durch alles, was es in seinem Schoß zu tragen schien. Unter dem Einfluß ernster Sorgen fühle ich doppelt das Bedürfnis, am Vorabend eines feierlichen Tages Eurer Königlichen Hoheit in meinem Namen und im Namen der Familie von Bülow den Tribut der ehrerbietigsten und lebhaftesten Erkenntlichkeit darzubringen, sowie einer Ergebenheit, die sich auf die Erinnerung an Wohltaten von unerschöpflicher Güte gründen. Da ich versuche, mich langsam zu versteinern und der Versteinerungsprozeß nicht mit dem Herzen beginnt, pflege ich Erinnerungen, die mir so teuer sind. Sie haben geruht. Königliche Hoheit, sie erst kürzlich noch durch gnädige und freundliche Versicherungen aufzufrischen, die mir dieser junge Prinz, den man lieben muß, ohne sich dessen bewußt zu werden, sogar am Tage seiner Abreise in einem Briefe voll von Natürlichkeit und Herzlichkeit übermittelt hat. Ich spreche nicht von meinen Wünschen für das Glück und die Ruhe Ew. Königlichen Hoheit, für den Ruhm Sr. Hoheit des Prinzen, für die Fortsetzung der viel zu strengen und zu gehäuften Studien des „Princeps Juventutis", für den liebenswürdigen und geistvollen Besitzer des gefährlichen Albums[498]. Das was man fühlt, sagt sich

---

[498] Gemeint dürfte hier jenes Album sein, das Prinzeß Augusta 1849 mit vielen autographischen Einträgen für die Dichterzimmer im Weimarer Schloß stiftete und wozu Alexander v. Humboldt ein sehr schönes Vorwort geschrieben hatte. Unter dem Besitzer dieses Albums ist der Weimarer Großherzog selbst zu verstehen, der Bruder der Prinzessin, Karl Alexander (1853–1901).

am wenigsten gut.

Ich bin mit der tiefsten Achtung und der tiefsten Verehrung Eurer Königlichen Hoheit untertänigster, gehorsamster und ergebenster Diener

Al. von Humboldt, Physiker des Hofes in partibus.

7. Berlin le 26 Nov. 1857.

Madame,

De ces expressions de souvenirs les plus gracieux et le [s] plus émouvants m'ont été rapportées par le plus spirituel et le plus méconnu de mes amis, le digne Hippoerate, dont la perte ajoutera aux malheurs publies. Je m'étois flatté de l'espoir, lors du premier passage de Votre Altesse Royale le soir à Potsdam, de pouvoir me présenter à la voiture, mais un fort aceès de grippe me condamne même aujourd'hui encore à n'articuler que de tristes regrets. Liés géomètres depuis longtem [p] s ont appelé la vie humaine une équation de conditions. Il faut convenir que les conditions, imposées à la vie dans l'époque actuelle, sont d'autant plus pénibles, qu'elles ont de si fausses et trompeuses apparences. Une âme noble et forte comme la Vôtre, mère heureuse de ce qui la reflète elle même, sait trouver ,quelque consolation au milieu des incertitudes que fatiguent l'esprit autant que le coeur. Apres 2 mois de contraintes je me sens grandement le besoin de ,quelques épanchements; je promets que pour avoir été si longtem [p] s retiré, ils n' en seront pas moins discrets. Je tenterai d'annoncer, en peu de jours, à mon auguste Protectrice: que je puis aller déposer a Ses pie[d] s,quand Elle daignera l'ordonner, l'hommage de mes sentimen[t]s inguérissables. Je ne connois aujourd'hui qu'une seule maison, où tout me sourit. Mad. de Bülow a l'air de croire que le bonheur peut être de quelque durée. J'ose prononcer ce nom à la fin de ma lettre comme celui d'une personne qui (après l'homme des bois) Vous est le plus ardemment devouée de coeur et d'âme!

Hommage d' admiration, de reconnaissance immuable de respectueuse soumissionl

«Santo, ma non ragiono»

Al. Humboldt.

[Übersetzung.] Berlin, den 26. November 1857.[499]

Königliche Hoheit!

Worte der gnädigsten und rührendsten Erinnerungen sind mir durch den geistreichsten und verkanntesten meiner Freunde berichtet worden, den würdigen Hippokrat, dessen Verlust das öffentliche Unglück noch vermehren würde. Ich gab mich der Hoffnung hin, mich bei der ersten Ausfahrt Emer Königlichen Hoheit abends in Potsdam am Wagen vorstellen zu können, aber ein starker Grippeanfall verurteilt mich auch heute noch, nichts als trübe Klagen vorzubringend Seit langem haben die Geometer das menschliche Leben eine Gleichung von Bedingungen genannt. Man muß zugeben, daß die Bedingungen, die dem Leben in der gegenwärtigen Epoche auferlegt sind, umso peinlicher wirken, als sie einen so falschen und trügerischen Schein haben. Eine edle und starke Seele wie die Ihre, eine glückliche Mutter dessen, der sie selbst wieder zurückstrahlt, weiß einigen Trost inmitten der Ungewißheiten zu finden, die den Geist ebenso wie das Herz ermüden. Nach zwei Monaten der Zurückhaltung fühle ich in hohem Grade das Bedürfnis nach einigen Aussprachen. Ich verspreche, daß nachdem ich so lange zurückgezogen gelebt habe, sie deshalb nicht weniger vertraulich sein werden. In einigen Tagen werde ich versuchen, meiner erhabenen Gönnerin anzukündigen, daß ich wieder imstande bin, Ihr die Huldigung meiner unwandelbaren Gefühle zu Füßen zu legen, sobald Sie es zu befehlen geruhen wird. Ich kenne heute nur ein einziges Haus, wo alles mir zulächelt. Frau von Bülow sieht so aus, als ob sie glaubt, daß das Glück von einiger Dauer sein könne. Ich wage, diesen Namen am Schluß meines Briefes auszusprechen als denjenigen einer Person, die (nächst dem Waldmenschen) Ihnen am feurigsten mit Leib und Seele ergeben ist.

Mit bewundernder und dankbarer Huldigung und nie wankender achtungsvoller Ehrerbietung

«Sento, ma non ragiono» A. Humboldt.

---

[499] Dieser Brief ist unmittelbar während jenes schweren Grippeanfalls im November 1857 entstanden, welcher der Anfang zu dem weiteren Leiten und zum Sterbelager Humboldts wurde. Die Schrift ist sehr zittrig, die Buchstaben sind viel verschrieben oder verbessert. » Das „Glück" bedeutet Humboldts Wiedergenesung; es war freilich nur ein kurzes.

7. Sonnabend.

Ew. Königliche Hoheit

hätten dem „illustren Physizien" keinen gefährlicheren und beredteren und angenehmeren Negoziateur als Überbringer schöner, huldreicher Zeilen senden können als den geistreichen, milden, mir so teuren Dr. Brandis[500]. Ich habe mich nicht geschämt, ihm den elenden Zustand der Gesundheit und meine Trägheit ent[ge]genzusetzen. In einer von mir so oft diskutierten Sache ist es nicht die Furcht der Arbeit, die mich abhält, es sind moralische Gründe, die Einmischung in ein Geschäft, das mir fremd steht. Die Wiedereinführung des Conseil de perfectionnement, den mein Bruder eingeführt, wird gewiß Widerstand finden. Der einfachste Weg scheint mir der der jetzigen Oberbehörde zu sein. Se. Königliche Hoheit der Regent könnte zugleich den Herrn Kultusminister Bethmann Hol[l]weg und Direktor Waagen zu sich beordern und dann beschließen. Vor fast 20 Jahren schickte der hochselige König zweimal Fürst Wittgenstein zu mir, um in mich zu dringen, die Direktorstelle anzunehmen, um den jetzigen König zu verhindern, die vakante Stelle für Bunsen zu petitionieren, dessen Aufenthalt in Berlin man damals nicht wünschte.

Rauch und alle ausgezeichneten Künstler quälten mich, Olfers, mit dessen liebenswürdiger weiblichen Familie ich sehr vertraut war, vorzuschlagen. Ich tat es, und der jetzige König, dem ich es meldete, hatte den Edelmut, mich zu beklagen, weil ich den damaligen Sturm [auszuhalten hatte?].

Ein von anderen redigiertes, der Ietztwelt feindliches Memoire müßte ich auf jeden Fall vertreten, und dies widerspricht meinen Grundsätzen.

Der Einfluß von Bethmann Hollweg ist der allein erlaubte und daher natürliche. Für die Restauration der Akademie wäre vielleicht, da kein weltberühmter Mann zu finden ist, ein Ausschuß, Schrader, Magnus, der alte Herbig oder Richters ein interimistisches Mittel?[501] Graf Ratzynski[502] als Präsident wird noch mehr als H. v. Olfers von den Künstlern gefürchtet. Ich fürchte nicht den Eindruck dieser Zeilen. Sie gönnen mir einen friedli-

---

[500] Kabinettssekretär der Prinzessin.
[501] Sämtlich Mitglieder der Akademie der Künste, meist namhafte Historienmaler. Herbig war Vizepräsident der Akademie.
[502] Der polnische Magnat und Kunstliebhaber, vgl. S. 120 Nr. 29.

chen wenngleich feigen Tod und haben bei den ehrlichen,

freien Weigerungen von Frau v. Bülow sich so großmütig nachsichtsvoll benommen[503].

Entziehen Sie mir nicht Ihre Gnade[504]!...

---

[503] Vermutlich, als die Prinzeß den kranken Humboldt selbst zu sprechen wünschte.

[504] Schon die ganze zittrige, kaum noch zu entziffernde Schrift dieses Stücks zeigt, daß es aus Humboldts allerletzter Lebenszeit und von seinem Krankenbett stammt. Zuweilen scheint sie wie vom Fieber geschüttelt. Einen bestimmten Anhalt bietet dann die darin erwähnte, bereits angetretene Regentschaft des Prinzen Wilhelm, die am 7. Oktober 1858 begann, sowie v. Bethmann Hollweg als Kultusminister (seit November 1858). Erörtert wird hier eine Neuordnung der Akademie der Künste und der Museumsleitung, die bei der wachsenden Fülle der Aufgaben dem Generaldirektor v. Olfers zu Hilfe kommen sollte. Humboldt bespricht die Wahl und Befähigung einiger Kandidaten und kommt dabei auf das uns schon bekannte einstige Anerbieten an ihn, die Museumsleitung zu übernehmen, zurück. Er lehnte es damals ab, weil er sich keinerlei Verwaltungstalent zutraute.

Editorische Notiz

Der Text der vorliegenden Edition folgt der Ausgabe:
Conrad Müller: Alexander von Humboldt und das Preußische
Königshaus. Verlag von R.F. Koehler, Leipzig 1928.

Die Orthographie wurde an einigen Stellen behutsam moderni-
siert, der originale Lautstand und grammatikalische Eigenheiten
bleiben gewahrt. Die Interpunktion folgt der Druckvorlage.